U0058008

心理與教育測驗

葉重新 著

作者簡介

葉重新

學歷

- 國立台灣大學心理學碩士
- 國立政治大學教育學博士

經歷

- 淡江大學教育資料科學系副教授兼教育研究中心執行長
- 國立台中師範學院數理教育學系教授兼系主任
- 國立台中師範學院國民教育研究所教授
- 國立台中師範學院諮商與教育心理研究所教授
- 國立彰化師範大學教育研究所兼任教授
- 國立台中教育大學兼任教授
- 台中健康暨管理學院心理學系教授兼系主任
- 亞洲大學心理學系教授兼系所主任
- 考試院心理師考試典試委員

著作

《心理測驗》、《心理學》、《教育研究法》、《教育心理學》、《心理與教育測驗》、《心理與生活：幸福人生關鍵一百》、《變態心理學》、《學生行為改變技術》、《學生參與教學評鑑》，以及已發表學術性論著一百餘種

序

　　在高度科學化的今日社會，凡是與人有關的決策或決定，常需藉助於心理與教育測驗。舉凡各級學校經常實施的各種學科考試、工商企業人力資源的員工甄選與訓練、學校或精神醫療機構實施的心理諮商或心理治療、就業輔導機構的就業輔導工作等，都常使用心理測驗。此外，司法機構、交通機構、軍事部門、公務人員高普考試、兒童與青少年福利機構、犯罪防治機構、學術研究工作、社會服務與扶助機構，擔任心理輔導人員，例如：張老師、家庭扶助中心、生命線、自殺防治中心、監獄、心理復健中心、家庭婚姻輔導中心、兒童保護與收容機構、青少年犯罪矯治機構、藥物濫用防治中心、家庭暴力防治中心、菸毒防治、社區心理衛生中心等機構，各地方法院少年法庭也都普遍需要使用心理測驗。

　　筆者在台灣大學心理學研究所畢業之後，首先至台灣台北監獄從事受刑人的心理測驗工作，因而引起對心理測驗的興趣。後來到大學校院教學將近四十年，出版第一本心理測驗大學教科書由大洋出版社出版，後來又在三民書局出版心理測驗一書。因為擔任心理測驗課程常使用英文教科書或中文課本，學生常有一知半解的情形，學習效果不如預期，因而再度引發撰寫本書的動機。本書內容新穎、符合時代需求，希望本書能使心理、教育、諮商輔導、犯罪防治、企業管理等相關學系學生，畢業之後能學以致用，對其未來升學、就業有所幫助。

　　最後感謝心理出版社的協助，本書才能順利出版。因為筆者在撰寫本書過程中，兼任大學行政工作，因此書中疏忽之處在所難免，懇請國內外賢達先進不吝指正。

葉重新　謹識

2010 年 9 月於 亞洲大學心理學系

目次

contents

第一章　測驗的基本概念

　　心理測驗（psychological testing，簡稱測驗）是一種測量人類行為的科學工具，它的歷史發展雖然不長，但是用途卻相當廣泛，例如：學生、求職者、考預備軍官、心理異常者、出國留學的人等，大都曾經做過心理測驗。本章將分別說明心理測驗的涵義、心理測驗的用途、測驗的基本要素、測驗資訊的來源等，進而使讀者對心理測驗有基本的認識。

第一節　心理測量的涵義

　　心理測驗又稱為**心理測量**（psychological measurement），它是採用標準化的刺激，對人類行為進行系統化與客觀化的測量科學工具，旨在增進對個人正確而且充分的了解。教育學者偏好使用**評量**（evaluation）或**評鑑**（assessment），心理學者則喜歡採用測驗或衡鑑（assessment）。以下就心理測量的特性、心理測驗的定義、心理測驗的種類、心理測驗的實施、解釋與應用等，分別說明之。

心理測量的特性

一、物體可以直接測量

　　一般自然界的事物，都可以直接利用各種度量衡的科學儀器測量，例如：身高、桌子的長度、木板的厚度、土地的寬度、道路的長度等，都可以用尺來測量，測量結果以公分、公尺或公里來表示；測量任何物體的重量，可以使用磅秤來測量，測量結果以公克、公斤或公噸來表示；測量物體的體積，可以用容器來測量，

測量結果以立方公分或立方公尺來表示；測量溫度可以使用溫度計來測量，測量結果以攝氏或華氏幾度來表示；測量速度可以用碼表、測速器來測量，測量結果可以用時速幾公里來表示。上述都可以精確測量，並且產生客觀的數字，因為自然界的各種物體都是有形的，而且可以直接觀察得到的。

二、心理特質可以間接測量

　　心理測驗常以人類的心理特質為測量的對象，因為心理特質比較抽象，不容易直接觀察到，所以只能間接測量，例如：智力、性向、人格、動機、態度、興趣、自我觀念、自卑感、焦慮、領導能力等，都可以藉心理學者所**建構**（construct）的理論，來間接測量。如果心理學者想了解一個人的**情緒智商**（Emotional Quotient，簡稱 EQ），就可以根據情緒智商的理論，來編製 EQ 量表。受測者接受 EQ 量表的測量之後，就可以來分析其情緒智力。

三、心理測量有誤差

　　雖然自然界的任何物體，都可以直接利用各種度量衡的科學儀器測量，但是也無法完全精確，例如：同一張桌子使用相同的一把尺去測量，冬天與夏天測量的長度資料不會完全一樣，因為物體會有熱脹冷縮的現象；又如測量同一個人的身高，在早上、中午、晚上分別去測量，測量結果也不會完全一樣。而人類的心理特質容易受到情緒、動機、環境、生理狀態、性格、智力、態度……等因素的影響，因此測量結果容易產生**誤差**（error）。簡言之，心理測驗無法做到百分之百正確，但是誤差愈小愈好。

　　個人在測驗上的**實得分數**（obtain score, X），等於**真實分數**（true score, T）加上**誤差分數**（error score, E），例如：甲生期中考試數學得到 80 分，但是因為他作弊多得 5 分，所以他數學真實的分數為 75 分；又如乙生期中考試數學得到 80 分，但是因為他生病少得 5 分，所以他數學真實的分數為 85 分。因此，實得分數（X）、真實分數（T）與誤差分數（E）三者的關係，可以使用以下公式來表示：

$$X = T + E$$

　　心理測量的誤差愈小，測驗結果就愈可靠；反之，測量誤差愈大，測驗結果就愈不正確。心理測量的誤差來源，大致可以分為以下幾類。

（一）時間取樣誤差

　　時間取樣誤差（time sampling error）是指，在不同時間測量所產生的差異，例如：某學生在今天接受魏氏成人智力測驗，得到智商 95；六個月後再接受同一份智力測驗，得到智商 110。就理論上來說，該生接受同一份智力測驗的結果應相同或很接近，為什麼會有這麼明顯的差異？這可能是在兩次測驗之間，該生受到身心成長、學習、健康狀況、情緒、動機、疲勞、溫度、噪音、照明、溼度……等因素的影響。

（二）內容取樣誤差

　　內容取樣誤差（content sampling error）是指，由於測量工具內容不同所產生的差異，例如：某學生參加大學入學指定考試，如果英文題目有 90%出自高中教科書第二至五冊，第一及第六冊的題目只占 10%，這樣不容易測量出該生真實的英文程度，這種誤差是由內容取樣誤差所造成的。

（三）系統性誤差

　　系統性誤差（systematic error）是指，受測者測量結果所產生的差異，是由於某些因素產生系統性變化所造成的，例如：練習次數愈多，測量得到的分數就愈高；又如：小學生年齡愈大，智力測驗的分數愈高。

（四）非系統性誤差

　　非系統性誤差（unsystematic error）是指，受測者測量結果所產生的差異，是由於某些因素產生不規則性變化所造成的，例如：不同教師對同一份作文的評分結果並不一致。

貳 心理測驗的定義

長久以來，國內外心理與教育學者對測驗有狹義與廣義兩種見解。狹義而言，心理測驗是指測量個人心理特質的科學工具，也就是test；心理特質包含：智力、性向、人格、態度、興趣、自我觀念……等。廣義而言，心理測驗是指，實施測驗需要有標準化的過程，也就是 testing。

筆者在本書將心理測驗定義為：「心理測驗是指，在標準化的情境之下，以科學工具有系統測量人類的行為，並且對行為樣本進行客觀計分與解釋的過程。」心理測驗要成為科學工具，至少要具有以下三個特性。

一、標準化

為了使測驗結果真實可靠，測驗的情境、實施測驗的過程、計分方式，都必須標準化（standardization）。測驗的標準化至少涵蓋兩個層面：第一個層面是指，編製測驗的過程標準化；另一個層面是指，實施測驗過程的標準化。就前者來說，從編製測驗題目、選擇題目、組合題目、題目分析、測驗信度與效度、常模的建立等，都需要經過一定的標準化程序，才能夠完成一份適宜且合用的測驗。此外，測驗材料標準化，所有受測者拿到的測驗題目內容都一樣，而且題目印製一樣清晰。

其次，測驗實施過程標準化，包括：實施測驗程序、計分與結果解釋的一致性。在實施測驗的步驟方面，指導語、時間限制、測驗空間的物理環境，例如：空間、溫度、濕度、噪音、照明、時間限制、桌椅……等，都應保持一致。

此外，主試人員的行為也要一致，例如：有五個測驗場所同時進行相同的測驗，每一個測驗場所的主試者，其朗讀指導語聲音的高低、講話的速度、臉部的表情、服裝儀容、在測驗場所中站立的位置等因素都要一致，否則就會影響受測者的測驗分數。

二、行為樣本

就測驗的理論而言，測驗編製者在測驗的範圍內，可以編製出無限多的測驗題目，受測者要對所有測驗題目做反應，這樣才能夠測出受測者的真實能力。但是，一般測驗因為受到時間、人力、物力的影響，所以只能出少數題目來測量受測者，受測者只針對這些少數題目來反應。換句話說，只能測量受測者在部分題目的行為反應，所以受測者的作答反應只是**行為樣本**（behavior sample），例如：要測量學生對數字加法的理解程度，命題者可以出幾千題甚至幾萬題，但是實際測驗時只測量少數題目，例如：以 50 題做為題本，學生只對這 50 題來作答，由答對的分數來顯示其加法的成績。

又如：在汽車駕駛員取得駕駛執照之前，需要先通過筆試再接受監理單位安排的路考，路考的題目通常包含：倒車入庫、斜坡起步、S 形駕駛……等，這些題目只是獲得駕駛執照之後，實際駕駛路況的一部分而已。同理，許多職業性向測驗的題目，也只是將來實際工作的樣本而已。

心理測驗與其他科學的檢驗方法相似，都只觀察受測者的一部分行為。正如生物化學家為了檢驗水質，而只抽驗部分的水來檢驗；心理學家檢定兒童的字彙能力；測量文書人員計算數學的能力或測量一名飛行員的手、眼協調能力，在實施測驗的時候，只對受測者呈現一些具有代表性的文字、數學問題或動作的題目。而測驗題目是否能夠適當的涵蓋全部行為，則視題目的數量與性質而定，例如：數學測驗只有 5 個題目，或只有 1 題乘法的問題，就不容易測量受測者真實的計算能力；又如字彙測驗的題目，如果只包含一些有關球類的字詞，就不容易測量兒童的字彙能力。所以測驗題目不能太少，而且必須具有代表性。

三、客觀計分

一個測驗應具有客觀的測量，然而用什麼方法可以使測驗達到客觀的水準？一般而言，測驗的實施、計分以及解釋，都不應受到個人主觀因素的影響，才能達成測驗客觀的要求。

目前一般學校所實施的智力測驗或成就測驗，大都注意到題目計分的客觀性。事實上，除了題目安排要具有客觀性之外，題目的選擇也必須客觀，其主要方法通常是以受測者接受測驗，每一道題目所答對人數之百分比來決定的。有些題目答對的人數百分比很高，則該題屬於簡單題目；有些題目答對人數的百分比很低，就是太難的題目，這兩類題目都必須加以刪除，因為這些題目很難測量出受測者真正的能力。

參 心理測驗的種類

隨著時代的發展與社會的需求，心理與教育學者不斷研發出各種測驗，茲就心理測驗的種類，整理如下。

一、認知測驗與情意測驗

（一）認知測驗

認知測驗（cognitive test）旨在測量個人的心智能力，包括以下幾種：

1. **智力測驗**（intelligence test）：是測量受測者的普通能力或學習能力，所以又稱為普通能力測驗或**學術性向測驗**（academic aptitude test）。

2. **性向測驗**（aptitude test）：旨在測量個人的潛在能力，也就是測量個人未來學習任何事物成功的能力。性向可以分為普通性向與特殊性向兩種：普通性向是學習一般事物的潛在能力；特殊性向則是學習特殊才能的潛在能力，例如：學習美術、音樂、機械、體育、科學等能力。

3. **成就測驗**（achievement test）：是指測量學習之後所得到成就的測驗，例如：學生在學校數學、英文、國文等學科學習之後所接受的測驗。

4. **創造力測驗**（creativity test）：是指測量一個人推理、創新、思考、發明、變通等能力的測驗。

（二）情意測驗

情意測驗（affective test）是指，測量個人的人格、興趣、態度、價值觀、人際關係、自我觀念、氣質、動機、情緒、焦慮等心理特質的測驗。情意測驗的測量方法包括：**自陳量表**（self-report inventory）、**投射技術**（projective technique）、行為觀察、**社會計量法**（sociometric method）、**面試**（interview）、**評定量表**（rating scale）等。

二、文字測驗與非文字測驗

（一）文字測驗

文字測驗（verbal test）是指，題目內容、作答說明都以文字來呈現，受測者作答也是以文字來作答的測驗。一般學校的學科測驗、性向測驗、人格測驗、興趣測驗、自我觀念測驗等，大都採用文字測驗。

（二）非文字測驗

非文字測驗（nonverbal test）是指，測驗題目的內容以非文字來呈現，例如：以圖形、符號或實體物（如積木）作為測驗的材料，受測者作答以文字或實際操作來反應的測驗。非文字測驗大都在測量個人的智力、**特殊性向**（specific attitude），例如：音樂、美術、機械操作、手指靈巧、手眼協調等能力的測驗。

三、個別化測驗與團體測驗

（一）個別化測驗

個別化測驗（individual test）是指，一次只能測量一位受測者，例如：實施**比西智力量表**（Binet-Simon Intelligence Scale）、**魏氏智力量表**（Wechsler Intelligence Scale）等的智力測驗。個別化測驗比較花時間，受測者不容易作弊，但是實施測驗的步驟以及計分、解釋都比較複雜，主試者需要接受過嚴謹的專業訓練。個別化測驗不容易同時施測許多人，大都使用在諮商輔導、臨床心理治療與學術

研究等方面。

（二）團體測驗

團體測驗（group test）是指，一次就能夠同時測量許多人的測驗，例如：教師在自己授課的班級實施的測驗、高中入學考試、大學入學指定考試、公務人員普通考試、公務人員高等考試、公務人員特種考試、國中基本能力測驗、中小學教師檢定考試、心理師證照考試等，都屬於團體測驗。

團體測驗的優點：時間比較經濟、花費比較少、實施測驗的步驟比較簡單，主試者通常不需接受過嚴謹的訓練，只要按照測驗指導手冊的說明就可以進行測驗，測驗結果可以使用電腦計分。團體測驗的缺點：受測者比較容易作弊，主試人員無法注意到每一個受測者的作答反應。

四、客觀測驗與主觀測驗

（一）客觀測驗

客觀測驗（objective test）是指，題目有正確的標準答案，而且有客觀的計分標準，測驗卷可以採用電腦計分的測驗。一般學校教師自編的測驗、智力測驗、性向測驗等，大都是屬於客觀測驗。這類測驗的題型以是非題、選擇題、配合題、填充題居多。

（二）主觀測驗

主觀測驗（subjective test）是指，測驗題目沒有正確答案，或沒有客觀計分標準的測驗，例如：問答題、口試、藝術作品、音樂演奏、作文、演講、**申論題**（essay questions）等測驗，都由評分者依照其個人主觀來認定。

五、標準化測驗與非標準化測驗

（一）標準化測驗

標準化測驗（standardized test）是指，由測驗與學科專家共同來編製的測驗。

這種測驗依照測驗標準化程序來進行命題，測驗資料計分很客觀，同時有做信度分析、效度分析，並且有建立常模，提供主試者實施測驗的指導手冊，測驗結果依照常模來解釋，因此測驗結果值得信賴。一般測驗公司出版的測驗，都屬於標準化測驗；標準化成就測驗不僅是在教育上的用途很大，它同時也可以作為企業機構與政府有關單位人事甄選的重要工具。

在 19 世紀以前，美國各級學校考察學生成績都以口試為主，因為以口試來評量成績相當主觀，而且口試不是標準化測驗，所以其公平性普遍受人質疑。1845 年，美國麻塞諸塞州教育學家曼恩（Horace Mann），在波士頓主張以筆試代替口試，他認為這種測驗改革至少具有以下五個優點：(1)公平客觀；(2)時間經濟；(3)測驗結果可靠；(4)受測者不因臨場情緒不穩定而影響測驗成績；(5)測驗情境一致。

在 19 世紀初期，美國許多學校開始使用標準化成就測驗，來測量學生學習的效果。這類測驗題目都有標準答案，計分也相當客觀。此時，許多學校教師都認為，接受申論題考試的受測者，作答太浪費時間，題目的評分相當主觀，對考生不公平。於是許多學者主張測驗編製、測驗實施過程、測驗結果的計分，都應遵循標準化程序來進行。

美國許多教育測驗學家致力於建立州際、地區性或全國性測驗計畫，其中最著名的計畫就是由**大學入學考試委員會**（College Entrance Examination Board，簡稱 CEEB）所設計的。該委員會的測驗計畫與卡內基基金會（Carnegie Foundation）以及**教育測驗服務社**（Educational Testing Service，簡稱 ETS）合作，後來教育測驗服務社負責大部分大學的教育測驗計畫，並且對職業學校、政府機關以及其他機構提供協助。1959 年，教育測驗服務社設計了幾個大型的全國性測驗計畫，來甄選大學生及申請獎學金的學生。

（二）非標準化測驗

非標準化測驗（nonstandardized test）是指，在編製測驗題目的過程中，沒有測驗學者與學科專家參與，不按照標準化程序來實施測驗，測驗之後所得到的資

料，沒有做信度分析、效度分析，也沒有建立常模，未提供主試者實施測驗的指導手冊，測驗結果沒有依照常模來解釋，因此測驗結果比較不可靠。

　　教師自編成就測驗的題目，是由教師自己來命題，這種測驗通常屬於非標準化測驗。命題者依照自己主觀的想法來設計題目，測驗之後不做信度分析與效度分析。測驗實施不符合標準化程序，也沒有依照常模來解釋。因此，非標準化測驗比較不嚴謹，不適合作為升學或就業的測驗。

六、常模參照測驗與標準參照測驗

（一）常模參照測驗

　　常模參照測驗（norm-referenced test）是指，測驗結果根據受測者的測驗分數，在團體中的相對位置而加以解釋的測驗。簡言之，凡是將測驗結果拿來與他人比較，才能顯示個人能力在團體中的地位，就是屬於常模參照測驗，例如：甲生在英文成就測驗的原始分數為 65 分，對照常模的百分等級為 85，這表示甲生的英文成就測驗分數贏過 85%的人。

（二）標準參照測驗

　　標準參照測驗（criterion-referenced test）是指，測驗結果與預設的標準做比較的測驗，如果高於標準就通過，低於標準就不通過。簡言之，標準參照測驗的主要特徵，在於它對受測者在測驗上表現的解釋，其焦點著重於受測者對學習領域的了解有多少，測驗結果不必拿來與他人比較，只要與某一預設的標準做比較的測驗，就屬於標準參照測驗，例如：研究生論文口試只要達到 70 分就及格；師範大學畢業生參加教師檢定考試，凡是考試科目達到 60 分該科目就算通過；又如：在汽車駕駛執照考試中，凡是筆試與路考科目都達到 60 分，就可以取得汽車駕駛執照。在學校教育上普遍採用標準參照測驗，學生各個學科考試只要 60 分就及格。

　　葛拉舍（Glaser, 1963）首先提出標準參照這個名詞，後來有些學者提出**內容參照**（content-referenced）、**領域參照**（domain-referenced），以及**客觀參照**（objective-referenced）等意義相似的名詞。

七、最大表現測驗與典型表現測驗

（一）最大表現測驗

最大表現測驗（maximum performance test）是指，測量個人最佳反應或最佳成就表現的測驗；也就是說，個人盡最大能力表現的測驗，例如：智力測驗、性向測驗、學科成就測驗等，都是屬於這類測驗。

（二）典型表現測驗

典型表現測驗（typical performance test）是指，測量個人在正常情況之下所表現的行為，例如：人格測驗、生活適應測驗、自我觀念測驗、興趣測驗、態度測驗等，都是屬於典型表現測驗。

八、難度測驗與速度測驗

（一）難度測驗

難度測驗（power test）是指，測量解決問題能力的測驗。難度測驗通常題目很多，而且有充裕的作答時間，一般受測者很難在規定時間之內，答完所有的題目，例如：一般學校入學考試、高等考試、公務人員特種考試等測驗。

（二）速度測驗

速度測驗（speed test）是指，測量作業反應速度的測驗，每一個題目的難易度都很接近或相同。速度測驗通常有時間的限制，讓受測者在規定的時間內來完成作業，例如：測量受測者一分鐘能打幾個字、文章一分鐘能閱讀幾個字等。

第二節 心理測驗的用途

歷年來，心理測驗的主要功能在測驗個人行為的差異，或測量同一個人在不同情境下的各種行為反應。雖然心理測驗的發展歷史並不長，但是其用途卻相當

廣泛，舉凡各級學校經常實施的各種學科考試、工商企業人力資源部門的員工甄選、學校或精神醫療、療養院等機構，所實施的心理諮商或心理治療、就業輔導機構的就業輔導工作、司法人員特種考試，例如：觀護人考試等，都常使用心理測驗。

此外，交通機構（如：民航局）、軍事部門、公務人員高普考試、兒童與青少年福利機構、犯罪防治機構、學術研究、社會服務與扶助機構，例如：張老師、家庭扶助中心、生命線、自殺防治中心、監獄、心理復健中心、家庭婚姻輔導中心、兒童保護與收容機構、青少年犯罪矯治機構、藥物濫用防治中心、家庭暴力防治中心、菸毒防治中心、社區心理衛生中心等機構，也都普遍需要使用心理測驗。心理測驗的用途相當廣泛，至少可以分為以下幾類。

壹 了解個別差異

個別差異（individual difference）是指，不同個體由於受到遺傳與生長環境交互作用的影響，造成個人身心發展特徵的差異。心理學者使用測驗，可以測量個人心智能力、性向、興趣、人格、態度等方面的差異情形，測驗結果可以協助個人自我了解以及自我正向發展，由測驗所獲得的資訊，有助於個人對自己的生涯做正確的評估與決定，並且作為心理諮商輔導或心理治療之用。個別差異大致可以分為以下四個方面：

1. 生理方面：每一個人的身高、體重、外貌、體格、遺傳基因、健康情形等因素，大致都有差異存在。

2. 心智能力方面：每一個人的智力、性向、各個學科的學業成就等因素，大致都有差異存在。

3. 人格特質方面：每一個人的興趣、動機、情緒、內外向、人際關係、自信心、領導能力、價值觀等因素，大致都有差異存在。

4. 社會背景方面：每一個人的社會背景，包括：父母教育程度、父母職業、居住環境、個人職業、婚姻關係、宗教信仰、參與政黨、友伴關係等因

素，大致都有差異存在。

 心理診斷

　　心理診斷是經由測驗結果，來判斷個案的身心狀況，例如：以魏氏智力量表的分數，來判斷受測者是否**心智遲緩**（mental retardation）；又如：教師使用測驗來了解學生否資優或智能不足，依據學生的能力做為因材施教的依據，並且測量與診斷學生學業成績低落的原因，以做為學習輔導的參考。

　　臨床心理學者常使用各種人格測驗，來診斷案主是否有偏差行為、情緒障礙或其他各種精神疾病，以便做為實施心理諮商輔導或心理治療的參考依據。

參 預測

　　預測（prediction）通常是對個人未來行為表現的預估，例如：由職業性向測驗的分數，可以預測將來從事某職業成功的可能性；教育測驗學者由學生在某學科的測驗表現，可以預測該生將來在這個學科的成就。當測驗題目愈具有學科領域的代表性，該測驗愈具有預測力，例如：某心理學者設計了一份音樂性向測驗，該性向測驗的題目愈具有代表性，接受測驗的學生分數愈高，將來學習音樂的表現也愈好。

肆 甄選與人員安置

　　學校、工商企業或政府機構，有時會以心理測驗作為**人員甄選**（personnel selection）的工具。學校實施學科測驗可以甄選學生，例如：中學、大學或研究所入學測驗，通過者就錄取，不通過者就不錄取。工商企業或政府機構常使用心理測驗來甄選新進員工，從生產線的作業員到高階經理人，工作安置、升遷、打考績等人事作業，也時常運用心理測驗。

　　心理測驗在軍事上的人事分類與甄選，也具有很大的功用。自從第一次世界大戰以來，美國國防部陸軍使用心理測驗來作為遴選新兵的工具，依據測驗結果分派適當的任務，戰力因而大幅度提升。在第一次世界大戰結束之後，美國的工商企業機構隨即仿效軍事單位，採用心理測驗作為甄選新進員工的工具。

伍　學術研究

　　許多社會與行為科學家所從事的學術研究，常以心理或教育測驗作為蒐集研究對象行為的工具，例如：某學者想探討國中資優生的人格特質與職業興趣之關係，就對國中資優生實施人格測驗以及職業興趣測驗，然後將蒐集到的資料進行統計分析，就可以了解國中資優生的人格特質與職業興趣之間的關係。

　　發展心理學家研究個人一生的發展，時常以心理測驗作為測量的工具，藉以了解個人的身心發展是否正常。近年來，在心理諮商輔導、職業輔導、教育計畫以及臨床等方面，也逐漸使用心理或教育測驗作為學術研究的工具。

第三節　測驗的基本要素

壹　信度

　　信度（reliability）是指，一個測驗結果的**一致性**（consistency）或**穩定性**（stability）；測驗的信度是指，相同的受測者在接受某測驗得分的一致程度，也就是測驗結果值得信賴的程度。如果一個兒童接受同一份智力測驗，在 3 月 5 日的測量結果其智商為 110，在 4 月 30 日重新測量一次，結果其智商為 80，這樣我們無法確實知道，該兒童真正的智力商數是 110 或 80。也許其中一個智力商數是錯誤的，甚至兩個智力商數都是不正確的。換言之，該智力測驗測量結果的可信

度不高。

　　測驗使用者在使用或解釋測驗之前，必須先了解該測驗的信度。一般而言，以某些測驗題目在不同時間內測量相同受測者，由受測者的測驗分數就可以知悉該測驗的信度。任何測驗使用何種方法求得信度，其信度的高低如何，都應該詳細加以說明，以免使用測驗者對該測驗產生誤解。當然，一個測驗的信度愈高愈好。

 效度

　　效度（validity）是指，一個測驗所欲測量某種行為的正確程度；一個測驗最重要的條件就是它的效度。換句話說，效度旨在檢定測驗達成其功能的程度。在決定一個測驗的效度時，通常需要確定一個測驗所欲測量的外在標準，簡稱為效度標準或**效標**（criterion），例如：某班學生參加大學入學考試，數學成績愈高者，大學數學畢業成績也愈高，這樣就可以證明大學入學考的數學分數，能有效預測大學數學畢業成績。在上述例子中，進入大學之後的學科成績就是外在標準。簡言之，具有高效度的測驗，可以預測受測者未來的行為表現。

　　有一些測驗的效度標準，必須從各種不同的調查資料長久累積而獲得，例如：要了解某職業性向測驗的效度，通常需要以錄取者在工作上的表現資料作為效標，而該資料需要長時間蒐集一群具有代表性受測者的工作表現，經由分析該職業性向測驗分數與工作表現的相關，就可以知道此測驗的效度；如果使用這種方法可以證明測驗具有效度，就可以用它作為其他樣本的測量標準工具。

　　在解釋測驗分數的時候，應說明該測驗的效度，如果測驗的效度偏低，則該測驗就比較不可靠。在學業性向測驗與人事分類測驗上，需要特別注意該測驗的效度。

參 常模

個人在任何測驗上所得到的分數只是**原始分數**（raw score），原始分數並沒有特殊的意義，必須與所隸屬團體相互比較，才能夠知道個人測驗分數在團體中所占的位置，例如：有一名 8 歲兒童數學考 86 分，從這個分數來看，這名兒童的數學成績相當不錯，但是全班數學平均 95 分，由此可知，該生的數學在班上的數學成績並不理想。

常模（norm）是將所有接受測驗者的原始分數，經過統計分析之後，轉換成**衍生分數**（derived score）（例如：百分等級、Z 分數、T 分數等），然後將原始分數與衍生分數，依照高低順序排列成**常模表**（norm table），從常模表中就可以發現受測者的原始分數，在該團體中的相對位置。

許多心理測驗的結果，不像一般學科測驗以 100 分為滿分，也未必設定通過或失敗的標準。受測者在每一個測驗的表現，是以實際的資料作為評估的標準。個人的測驗分數需要與其他人在相同測驗上的分數相互比較，就可以知道個人得分的意義。原始分數除非依據常模來解釋，否則並沒有實質的意義。

肆 實用性

一個良好的測驗，除了需要有高的信度、高的效度，以及合適的常模等三個要素之外，還需要具備以下幾個特徵：

1.經濟實惠：如果一個測驗價錢非常昂貴，或很不容易取得，就不符合經濟原則。在選用測驗的時候，需要考慮測驗的價錢，有些外國的測驗必須透過代理商購買，從申請購買到取得測驗，有時需要花上幾個月的時間，甚至取得之後，因為其內容不合乎國情，信度、效度又偏低，或缺乏合適的常模，這樣就不是一個好的測驗。

2.實施方便：如果一個測驗的指導語相當複雜，實施測驗者不容易了解，或是有許多**分測驗**（subtest），測驗時間不容易控制，容易導致測驗結果的**誤差**（er-

ror）；測驗題目與答案紙如果分開，受測者容易誤填。因此，在選用測驗時，需要考慮測驗實施的方便性。測驗要容易實施，必須具備以下幾個條件：(1)測驗的指導語很清楚，受測者容易了解；(2)測驗時間不宜太長，最好不要超過一小時；(3)分測驗不要太多，最好不超過五個；(4)題目與答案紙最好在同一份測驗上。

3.計分簡便：在實施測驗之後，依據計分標準就可以正確又快速來完成計分。測驗資料如果可以使用電腦計分，不但迅速而且客觀、經濟、正確；反之，如果測驗題目只能用人工來評分，這樣評分過程就相當花時間，計分也容易產生差錯或相當主觀。

4.容易解釋：測驗分數的解釋通常依據原始分數與常模對照表，然後找到與受測者相同性別、年齡、年級、教育程度的常模。因此，測驗指導手冊需提供常模有關資料，以方便使用者容易解釋。

第四節　心理測驗的發展歷史

壹　中國測驗的理念

中國是考試的故鄉，也是心理與教育測驗理念的發源地。遠在西元前 1115 年，中國古代的文官典試，就以八股文來甄選應試者。惟，當時的測驗題型屬於非客觀測驗。不過，我們老祖宗早就有測驗的概念，例如：

1. 論語先進篇：「柴也愚；參也魯；師也辟；由也喭。」
2. 孟子梁惠王篇齊桓章：「權，然後知輕重；度，然後知長短。物都然，心為甚。」
3. 三國時期劉劭著《人物志》一書，提出：「八觀和五視」（245 A.D.），「八觀」由人的行為舉止、情感反應、心理變化，由表象而深至內裡，反覆察識，是為「觀察法」之運用，也就是性向鑑定的方法之一。

4. 南梁劉勰撰《文心雕龍》（520 A.D.），曾提及一心不可二用的道理：「使左手畫方，右手畫圓，令一時俱成，而不可得。」

5. 南北朝時，北齊顏之推（531-590 A.D.）曾在《風操篇》中記載南方「周歲試兒」的方法。現在的「抓周」那時叫做「周歲試兒」，就是在孩子滿一周歲的時候，「男用弓矢紙筆，女就用刀尺針縷，並加以飲食之物及珍寶服飾，放置在兒前，觀其發意所取，以驗貪、廉、智、愚」。

6. 春秋時期鬼谷子，姓王名訒，鬼谷子為縱橫家之鼻祖，蘇秦與張儀為其最傑出的兩個弟子（見《戰國策》）。另有孫臏與龐涓亦為其弟子（見《孫龐演義》）。縱橫家所崇尚的是：權謀策略及言談辯論之技巧。

　　有一天，鬼谷子叫孫臏與龐涓兩位弟子來到一個房間，要測試兩位弟子的性格。他先讓龐涓進來，鬼谷子說：「我在這間房子，你有什麼辦法把我請到房子外面？」龐涓想了很久，想不出什麼好辦法，最後向鬼谷子說：「如果你不離開這間房子，我就要放火燒房子，這樣你必須離開這個房間吧！」

　　鬼谷子接著叫孫臏進來，對他說：「我在房子裡面，你有什麼辦法把我請到房子外面？」孫臏想了一想，說：「老師，我沒有什麼辦法把你請到房子外面，可是如果你到房子外面，我就有辦法把你請進來！」鬼谷子想一想覺得很有道理，於是就走出房外，這時孫臏對鬼谷子說：「老師，我已經把你請房子外面了。」後來鬼谷子分析兩位弟子的性格，龐涓想對老師放火，可見生性凶暴，孫臏則善於計謀。

貳 19 世紀心理測驗啟蒙時期

　　法國醫師薛貴因（E. Sequin）是心智遲緩（mental retardation）者教育的先驅，他反對心智不足者無法接受教育的觀念，曾經以生理學方法進行多年的實驗，在 1837 年設立世界上第一所心智缺陷兒童教育學校。1848 年，他首創感覺訓練

與肌肉訓練的方法，來協助嚴重智能缺陷兒童，這些方法即成為後來智力或性向測驗中，實作測驗或非語文測驗的主要內容。

1838 年，法國醫師艾斯魁羅（J. E. D. Esquirol），提出辨識智能缺陷兒童的方法，他認為心智發展遲緩者有輕重之別，於是採用語文材料來測量患者的心智。1879 年，德國心理學者馮特（W. Wundt）在萊比錫（Leipzig）大學從事心理實驗，他以物理、生理學儀器與科學方法，探討人類的行為。後來，有不少實驗心理學家參與他的研究工作行列，他們研究的問題包括：視覺、聽覺、對感覺刺激的反應時間等，這是早期心理測驗發展的開端。

1888 年，美國心理學家卡泰爾（James McKeen Cattell），積極從事心理實驗以及測驗之推展工作，具有很大的貢獻。1890 年，卡泰爾在其著作中使用**心理測驗**（mental test）這個名詞，他使用一系列的測驗來測量大學新生的智力，這些測驗採用個別對象施測，包括：測量肌肉力量、動作速率、對痛覺的敏感、視覺、聽覺、重量辨別、反應時間，以及記憶能力等。在他所使用的各種測驗中，仍然同意高爾登（F. Galton）的觀點，也就是可以經由測量感覺辨別與反應時間，來測量一個人的智能。

卡泰爾所使用的測驗，在 19 世紀末期廣被許多小學、大學、學術機構所採用。到了 1893 年，查斯羅（J. Jastrow）在美國芝加哥的哥倫比亞博覽會場，邀請參訪者接受感覺、動作知覺歷程實驗，同時將各種技能測驗結果與常模相比較。

歐洲心理學家柯拉培林（Kraepelin, 1912），致力於精神疾病患者的臨床研究，他以一系列的測驗，測量個體特徵的基本因素，測驗題目涵蓋：數學計算、記憶、注意力等方面。後來，柯拉培林的學生歐恩（Oehrn, 1889），使用知覺、記憶、聯想、動作功能，研究心理功能之間的關係。另外，德國心理學者愛賓豪斯（Ebbinghaus, 1897），使用數學計算、**記憶廣度**（memory span）以及**句子完成測驗**（Sentence Completion Test）測量小學生，結果發現這三個測驗中，句子完成測驗的測驗結果與學童的學業性向之間有密切的關係。

後來，義大利心理學家斐拉麗（Ferrari, 1896）與其學生，將上述測驗修訂後使用在臨床上，他們將這些測驗設計成生理的測量與動作測驗等兩部分，以便了

解受測者的病情。比奈（Binet）以及亨利（Henri）認為，許多測驗太重視感覺的測量，只能測量一些簡單的或特殊的能力，而無法測量更複雜的心理能力，因此他們提出一些建議，期望測驗能夠涵蓋：記憶力、想像力、注意力、理解力、美感等方面，這些建議後來乃孕育了著名的**比西智力量表**（Binet-Simon Intelligence Scale）。

英國生物統計學家高爾登（F. Galton），對於心理測驗運動的推展有很大的貢獻，他對人類行為與遺傳關係的研究很感興趣，例如：研究父母與子女、兄弟姊妹之間、孿生子之間各種行為相似程度。高爾登曾經在英國各級學校，以心理測驗儀器測量學生，並且分別給予記錄。1884 年他在世界博覽會，設置一個人類測量實驗室，觀眾可以接受視覺與聽覺敏銳度、反應時間以及其他簡單的感覺動作功能的測量。

高爾登在他的人類實驗室設計了一些簡單的測驗，例如：辨別木棒長度、辨別物體重量。他認為測量感覺辨別能力，可以作為衡量個體智能的指標。高爾登認為，在冷、熱、痛覺等方面的辨別能力，正常人優於**白痴**（idiot），因此他深信：「感覺的辨別能力，能夠顯示出個人智能的高低。」

高爾登也是使用**評定量表**（rating scale）以及問卷方法的先驅，同時也採用**自由聯想**（free association）技術，並且以統計方法分析心理測驗的資料。後來，皮爾遜（Karl Pearson）與斯皮爾曼（Charles F. Spearman）更將其方法加以發揚光大。

20 世紀心理測驗草創時期

20 世紀初期，法國教育當局計畫對學業成績低落學生實施特殊教育，於是需要先診斷這些學生是否為心智遲緩。該國心理學者比奈（A. Binet），主張兒童應接受心理測驗，以便決定是否接受正規教育或特殊教育。比奈對心智遲緩兒童心理的研究成果，引起法國教育當局的興趣，於是被延攬為學童智力測驗計畫的主持人。他以個別智力測驗來分辨兒童是否心智缺陷或精神失常，測驗結果提供法

國教育局制定教育政策的參考。

1917 年第一次世界大戰爆發，當時美國需要甄選大批新兵投入戰場，然而個別智力測驗相當費時，於是美國心理學會乃成立一個委員會，委託葉克斯（Robert M. Yerkes）負責設計團體測驗，以便迅速地測量所有新兵的智能。另一方面，將智能合格的新兵分派至各軍事單位服務。在這種情境之下，乃發展出**陸軍普通分類測驗**（Army General Classification Test，簡稱 AGCT），這是團體智力測驗的開端。

在美國陸軍服務的心理學家編製各種測驗材料，其中最著名者首推奧提斯（Arthur S. Otis），他將研發的團體智力測驗轉介至陸軍。奧氏的團體智力測驗最主要的貢獻，即是其測驗題目採用**多重選擇**（multiple option）以及客觀式的測驗題目。

該份測驗後來發展成**陸軍甲種量表**（Army α Scale）與**陸軍乙種量表**（Army β Scale）。陸軍甲種量表屬於語文測驗，適用於施測認識英文的士兵；陸軍乙種量表之測驗題目包括一些簡單圖形，適用於文盲或說英語不流利的美國人。上述這兩種測驗都屬於團體測驗。

第五節　測驗資訊的來源

近年來，由於社會快速的變遷與經濟繁榮，導致在學校、諮商、臨床心理、人事甄選以及教育機構，對心理與教育測驗的需求量大量增加。過去台灣的許多測驗是由心理與教育學者直接翻譯國外的測驗，然後再加以修訂，近年來台灣學者自行編製的測驗則日漸增多。以下說明國內外測驗資訊的來源。

 美國心理測驗的資訊

一、心理測驗年鑑

《心理測驗年鑑》（*Mental Measurements Yearbooks*，簡稱MMY）在1938年出版，當時僅列出測驗的目錄、作者、出版商、價格、型式、受測者適用年齡等資料。目前《心理測驗年鑑》大致還保留原來的型態，但是另有書目電腦資料庫，提供查詢目錄資料服務，每個月份有關測驗的最新資料，都加以建檔。從《心理測驗年鑑》第八冊起，開始提供書目檢索服務。

布洛斯（Oscar K. Buros, 1978）所編輯的《心理測驗年鑑》是由美國內布拉斯加大學（University of Nebraska-Lincoln）的**布洛斯心理測量學苑**（Buros Institute of Mental Measurements）出版，其內容涵蓋商業的、心理的、教育的，以及職業的所有測驗，主要內容為紙筆測驗。每一份年鑑包括某一期間所出版的測驗，而且不斷增補先前的測驗，這份年鑑已普遍流傳至世界各先進國家，對於心理測驗的推廣、研究，都具有很大的貢獻。

二、測驗出版品

布洛斯心理測量學苑所出版的**《測驗出版品》**（*Tests in Print*），其內容涵蓋各種著名的商業測驗，測驗內容以英文為限。

三、教育測驗服務社

美國**教育測驗服務社**（Educational Testing Service，簡稱 ETS）位於美國紐澤西（New Jersey），是目前世界上規模最大的測驗出版公司（如照片所示，該公司址：P. O. Box 6051 Princeton, NJ 08541-6051）。ETS提供各類測驗的出版資料，其範圍相當廣泛，至少有超過14,000個測驗資訊，並包括各類型的測驗，例如：托福考試、GRE、學生評量教師教學量表、工商企業員工甄選測驗，以及作特殊用途與特殊對象（例如：身體殘障者）使用的測驗。其內容包含：作者、出版日

註：1.筆者與二位同事到 ETS 觀摩，於其入口處拍攝。
　　2.筆者站在最右邊。

期、出版者、測驗對象、測驗的目的等。除了出版各類測驗以外，尚有許多未出版的書籍、期刊或報告。目前這類未出版的測驗資料，可以經由測驗**微縮膠片**（microfilm）來獲取，其資料由教育測驗服務社所提供，每一年都有一些新增加的資料，同時有索引可以供查詢，但是限定只有測驗的學者、專家才能夠購買使用。

　　測驗使用者對各種測驗資料的來源，可以透過測驗出版商與各種測驗手冊得知，在美國各種測驗出版者及其通訊地址，都可以由最新的《心理測驗年鑑》來獲得。目前測驗的目錄也可從主要的代理商（例如：文景書局）取得，但是購買者通常需要具備一定的資格，以免測驗被濫用。

四、其他測驗資訊

　　1. Psychological Assessment Resource, INC.。

　　2. Personality Tests and Reviews。

　　3. Intelligence Tests and Reviews。

　　4. Mathematic Tests and Reviews。

5. Reading Tests and Reviews。

6. English Tests and Reviews。

7. Science Tests and Reviews。

8. Social Studies Tests and Reviews。

9. Vocational Tests and Reviews。

10. Journal of Educational Measurement。

11. Education and Psychological Measurement。

12. Measurement and Evaluation in Guidance。

13. Journal of Projective Techniques and Personality Assessment。

英語系國家的心理與教育測量工具，除了從上述來源去尋找之外，研究者可以從 ERIC Clearinghouse on Assessment and Evaluation 去找尋，網址是 http://www.ericae.net/。ERIC 的測驗資料庫，目前有超過 9,000 個以上的心理與教育測量工具。因為 ERIC Clearinghouse 的網址有時候會改變，所以遇到這種情形時，可以使用網際網路搜尋引擎（search engine）來找到 ERIC 的網址。

 台灣的測驗資訊

 一、測驗出版商

台灣地區以往所使用的各種心理與教育測驗，大都由各大學心理學系、教育心理學系或輔導與諮商學系的教師，依據國外的心理測驗為藍本加以修訂；自行設計編製的測驗比較少數。但是近年來，由於教育事業蓬勃發達、經濟繁榮，導致工商企業、社會醫療機構、學校等，使用測驗的需求大增，於是本土學者編製的測驗日漸增多。至於國內的心理測驗出版商，以中國行為科學社歷史最為悠久，規模也最大，其出版的測驗以心理及教育測驗為主，供學校使用者最多。

近年來，心理出版社、測驗出版社、千華數位文化公司，也出版有關心理及教育測驗，其出版之測驗仍然以學生為主要對象。此外，國內少數書局也有出版

一些測驗，購買使用者都有嚴格的限制；而適合工商業界甄選新進員工使用的心理測驗，則比較少見。此外，《台灣心理與教育測驗彙編》、《測驗與輔導雙月刊》、《測驗年刊》（現已改為《測驗學刊》），也有提供各種測驗的重要參考資料。目前台灣四家測驗出版公司的出版品，可以參見各公司的目錄，各測驗公司的資料如下：

1. 中國行為科學社（http://www.mytest.com.tw/）
   地址：台北市南昌路二段 206 號 9 樓；電話：02-23656349
   傳真：02-23650525；E-mail: cbsc.test@msa.hinet.net

2. 心理出版社（http://www.psy.com.tw）
   地址：新北市新店區光明街 288 號 7 樓；電話：02-29150566
   傳真：02-29152928；E-mail: psychoco@ms15.hinet.net

3. 測驗出版社（http://www.psytest.com.tw/）
   地址：台北市內湖區瑞光路 188 巷 58 號 7 樓；電話：02-77200868
   傳真：02-77201568；E-mail: pac@psytest.com.tw

4. 千華數位文化公司（http://www.chienhua.com.tw/）
   地址：新北市中和區中山路三段 136 巷 10 弄 17 號；電話：02-22289070
   傳真：02-22289076；E-mail: chienhua@chienhua.com.tw

二、測驗期刊、圖書

1. 《測驗學刊》：中國測驗學會出版。

2. 《測驗與輔導》：行政院青年輔導委員會出版。

3. 《輔導季刊》：台灣輔導與諮商學會出版。

4. 《中華心理學刊》：台灣心理學會出版。

5. 《教育學刊》：國立高雄師範大學教育學系出版。

6. 《教育心理學報》：國立台灣師範大學教育心理與輔導學系出版。

7. 《教育與心理研究》：國立政治大學教育學院、心理學系出版。

8. 《心理與教育測驗彙編》（陳明終等人編著）。

心理與教育測驗

關鍵詞彙

行為樣本	最大表現測驗
認知測驗	成就測驗
情意測驗	客觀測驗
典型表現測驗	速度測驗
難度測驗	陸軍甲種量表
常模參照測驗	陸軍乙種量表
標準參照測驗	心理測驗年鑑

自我評量題目

1. 試說明心理測量的特性。

2. 心理測量誤差有哪些種類？

3. 試說明心理測驗的用途。

4. 試說明測驗的基本要素。

5. 實得分數、真正分數、誤差分數有何關係？試舉例說明之。

6. 試說明標準化測驗的涵義。

7. 一個實用性的測驗，需具有哪些特徵？

8. 如何取得美國心理測驗的資訊？

第二章　常　模

　　受測者在任何心理與教育測驗的原始分數，都是沒有特殊的意義，例如：某生在數學推理測驗上答對了 20 題，在語文測驗上答對了 18 個生字，或在 1 分鐘內完成拼圖。如果只憑這些測驗結果的資料來解釋他的能力，是不合乎測驗原理的。

　　心理與教育測驗所得到的分數，需要參照**常模**（norm）來解釋，常模是由標準化樣本的測驗分數依照統計原理而求得的。個人的測驗分數與常模相互對照，就可以知道測驗分數在團體中所占的地位，例如：測驗分數高於平均數或低於平均數多少個標準差。

　　為了正確決定個人測驗分數在標準化樣本中的地位，原始分數通常需要採用其他計算方式，以求得轉換分數，使用轉換分數有以下目的：第一，它表示個人分數在常模樣本中的相對地位，並且可以評估個人與其他人的表現情形；第二，轉換分數可以直接比較個人在不同測驗上的表現，例如：有一名學生國文考 75 分，數學考 80 分，不可立即就判斷其國文成績低於數學，因為不同測驗的原始分數，通常是以不同單位來表示，所以將原始分數直接比較是不合測驗的原理。因此對不同科目的得分應加以轉換，使其具有相同的單位才能夠做進一步的比較。

　　在了解原始分數轉換成可以相互比較的分數之前，先介紹一些常用的統計方法，讀者熟悉這些方法以後，就可以應用到各種測驗的實際情境。

第一節　統計的概念

　　統計方法的主要功能，在於將一些龐雜的資料化繁為簡，以便讀者容易了解，例如：55 名學生的數學科測驗分數，事實上並無任何特殊的意義。首先，應將這一堆混雜的原始分數，編製成表 2-1 的次數分配表。

表 2-1　55 名學生數學科測驗的次數分配　　　　　　　　（ N = 55 ）

組距	人數
85～89	1
80～84	3
75～79	5
70～74	6
65～69	10
60～64	9
55～59	7
50～54	6
45～49	5
40～44	2
35～39	1

　　由表 2-1 可知，將 55 名學生在數學科測驗分數細分為相同組距，以方便統計分析，將所有學生測驗得分人數計算出來，其所得人數總和與接受測驗學生總人數相等。測驗分數介於 85 至 89 分者 1 人，介於 80 至 84 分者 3 人，介於 75 至 79 分者 5 人，其餘類推。由表 2-1 的資料，可以繪製成如圖 2-1 之分布。

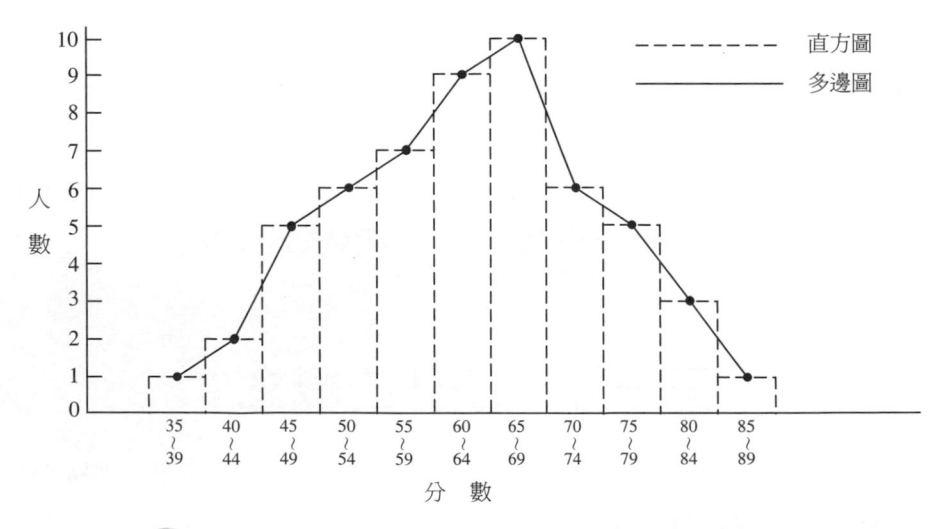

圖 2-1　55 名學生數學科測驗分數的多邊圖與直方圖

　　圖 2-1 為 55 名學生數學科測驗分數的多邊圖與直方圖。圖 2-1 之縱座標為表 2-1 的人數，就是各組距內的人數，橫座標則為測驗所得分數。該圖包含**次數多邊圖**（frequency Polygon）與**直方圖**（histogram）。直方圖各組距間的最高點，表示分數介於上限與下限間的人數；在次數多邊圖中，各組距之間人數是以組中點表示。

　　將圖 2-1 繪成圓滑曲線，就可以成為鐘形的**常態曲線**（normal curve），其結果如圖 2-3 所示。該曲線的特徵是大多數人集中於中間部位，逐漸向兩個極端遞減，而且兩邊相互對稱，曲線的最高點就集中在中間部位。人類大多數的特質，例如：身高、體重、性向、興趣、態度以及人格性質，幾乎都是呈現常態分布曲線。

　　一般而言，樣本人數愈多，就理論上來說，其各類資料愈接近**常態分布**（normal distribution）。由測驗所求得一群受測者的分數，其**集中趨勢**（central tendency）通常以**平均數**（mean，簡稱 M）表示，由集中趨勢就可以知道該群受測者測驗分數的特性；平均數的求法，是以所有受測者的測驗分數總和，除以總人數之所得。另外，測驗分數集中趨勢稱為**眾數**（mode），所謂眾數是指，次數最多的值或最多受測者所得到的分數。在一個次數常態分布中，眾數是各組中出現人數最多那一組的組中點。在表 2-1 中，眾數落在 65～69 此組的組中點，也就是 67，該分數由圖 2-1 也可以得知。第三種測驗分數的集中趨勢就是**中數**（median），中數是將受測者測驗分數的大小，依次序加以排列，位於最中間那一個人的得分就是中數。

　　為了進一步了解受測者測驗分數的分散情形，可以使用測量分數的**變異量**（variability）來表示，常用的變異量數有：(1)**全距**（range）；(2)平均差；(3)**變異數**（variance）和**標準差**（standard deviation，簡稱 SD）；(4)四分差（quartile deviation）。其中又以標準差在推論統計時較為常用，茲舉一例說明如下：

　　有 13 名學生，在數學性向測驗上的得分，依序為：25、24、23、21、19、18、17、15、13、11、9、7、6。其變異數與標準差的計算，如表 2-2 所示。

表 2-2　測驗分數集中趨勢與變異量的例子

受測者	分數（X）	x = X-M	x²
1	25	9	81
2	24	8	64
3	23	7	49
4	21	5	25
5	19	3	9
6	18	2	4
7	17	1	1
8	15	−1	1
9	13	−3	9
10	11	−5	25
11	9	−7	49
12	7	−9	81
13	6	−10	100

$$\Sigma X = 208 ; \Sigma x^2 = 498$$

$$M = \frac{\Sigma X}{N} = \frac{208}{13} = 16$$

$$變異數\ \sigma^2 = \frac{\Sigma x^2}{N} = \frac{498}{13} = 38.31$$

$$標準差\ SD\ 或\sigma = \sqrt{\frac{\Sigma x^2}{N}} = \sqrt{\frac{498}{13}} = 6.19$$

　　由表 2-2 可知，13 名學生測驗分數的平均數為 16，變異數為 38.31，標準差為 6.19。變異數愈大，表示受測者測驗分數的個別差異也愈大。標準差是由變異數開根號而求得，標準差可作為比較不同組別受測者的變異情形。圖 2-2 是具有相同平均數，但變異量不同的分布圖。由該圖可知，低闊形分布圖的標準差比較大，也就是個別差異比較大，高狹形分布圖的標準差比較小，其個別差異也比較小。

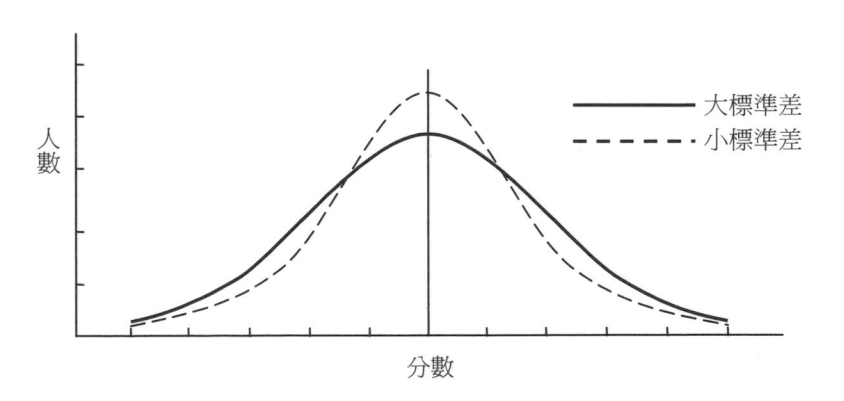

圖 2-2 相同平均數，不同變異量的次數分布

　　假設一群受測者的測驗分數呈常態分布圖，高於或低於平均數 2 或 3 個標準
差，占全體人數的百分比，如圖 2-3 所示。由該圖可知，高於或低於平均數 1 個
標準差，其人數各占總人數的 34.13%，兩者合計為 68.26%；高於或低於平均數 1
至 2 個標準差之間，其人數各占總人數之 13.59%。換言之，測驗分數在平均分數
上下各 2 個標準差的人數，占總人數的 95.44%，如果測驗分數介於平均數之上與
平均數之下各 3 個標準差之間，則（M + 3σ）～（M − 3σ）占總人數的 99.72%。

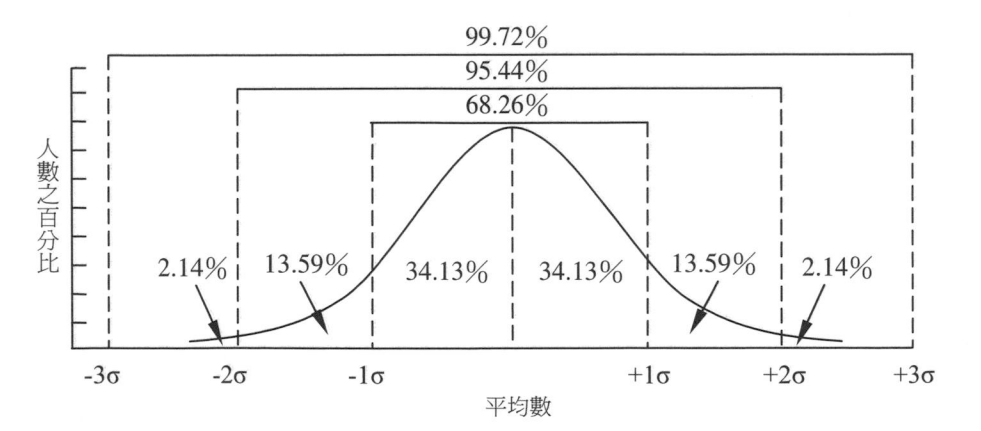

圖 2-3 在常態分布曲線高於或低於平均數不同標準差的人數百分比

第二節　常模的涵義

壹　為什麼需要常模？

假如有一位國中生，第一次月考的國文成績 75 分，英文成績 67 分，數學成績 60 分，這時你能判斷他哪一個學科比較好嗎？從**原始分數**（raw score）來看，國文最好，英文其次，數學最差；可是，如果全班學生的國文平均 82 分，英文平均 70 分，數學平均 50 分，這樣你能說他的國文最好，英文其次，數學最差嗎？

又如：某生在機械性向得 20 分，推銷性向得 31 分，音樂性向得 25 分，從以上分數來看，推銷性向得分最高，機械性向最差，但其實並無法直接比較，因為這三種性向的平均數與標準差都不一樣，只有經過統計分析之後，才能夠相互比較。也就是將原始分數依照某個參照標準，轉換成**衍生分數**（derived score）之後，再來比較才有意義。

貳　常模的定義

常模（norm）就狹義來說，是指某一群受測者在某一測驗工具上得分的平均數，例如：**托福測驗**（Test of English as a Foreign Langauge，簡稱 TOEFL）的平均數為 500 分，申請美國大學入學許可，TOEFL 需要超過 500 分，因此 TOEFL 500 分也就是托福測驗的常模；又如：假設小學一年級男生的平均身高為 100 公分，如果低於 100 公分，就表示身高低於一般國小一年級男生。

就廣義來說，常模是指將一個團體的測驗原始分數，轉換成衍生分數，由此衍生分數，就可以了解個人測驗分數在團體中的相對地位，例如：甲生的國文、數學、物理考試成績，分別為 64、51、88，經計算**百分等級**（percentile rank，簡

稱 PR）之後，甲生的百分等級分別為：73、91、82，就可以知道甲生這三個學科在團體中，以數學最好，物理次之，國文再次之，因為甲生的數學在團體中贏過 91%的人；而如果沒有參照常模，就會使人誤認為物理成績最好。

 常模的功能

一、提供自己測驗分數的比較依據

由心理與教育測驗的結果，可以協助受測者了解自己各種不同能力或心理特質的涵義，心理與教育測驗的原始分數經由常模的對照，就可以直接比較自己在各個測驗上分數的差異情形，例如：表 2-3 是小明在五個學科上的原始分數，與經由百分等級轉換的衍生分數。

表 2-3　小明五個學科原始分數與百分等級

學科	國文	數學	社會	英文	自然
原始分數	88	64	84	70	75
百分等級	72	84	77	78	80

從表 2-3 的原始分數來看，國文成績 88 最好，社會 84 次之，自然 75 再其次，數學 64 最差。可是從百分等級來看，小明數學成績最好，因為贏過 84%的人；自然次之，贏過 80%的人；英文再次之，贏過 78%的人；國文最差，只贏過 72%的人。

二、提供個人之間測驗分數的比較依據

一個人的測驗分數，在團體中如果不與他人比較，就無法知道贏過多少人，或輸給多少人，只有經過比較之後，才能知道自己的測驗分數在團體中所占的位置，如表 2-4 所示。由該表來看，如某生之友善性原始分數 12 分，百分等級 86；神經質原始分數 7 分，百分等級 45；開放性原始分數 13 分，百分等級 90；自律

性原始分數 10 分，百分等級 70；外向性原始分數 6 分，百分等級 38。由此可見，該生人格特質以開放性最高，友善性次之，自律性再次之，外向性最低。

表 2-4　人格特質的百分等級常模

原始分數	百分等級常模					原始分數
15	99	99	99	99	99	15
14	95	97	92	98	94	14
13	90	89	90	92	88	13
12	86	84	85	82	87	12
11	80	83	81	78	78	11
10	73	71	73	70	73	10
9	65	62	65	67	60	9
8	57	50	57	52	54	8
7	48	45	46	40	49	7
6	34	36	34	35	38	6
5	30	30	31	33	28	5
4	20	27	29	22	25	4
3	15	14	16	17	19	3
2	8	9	13	7	12	2
1	5	7	7	5	9	1
0	2	3	4	1	2	0
人格因素	友善性	神經質	開放性	自律性	外向性	人格因素

肆　常模應具備的條件

　　測驗編製者所建立的常模，必須具備以下條件，這樣測驗使用者在解釋測驗分數時，才不致發生偏差。

一、測驗樣本需具有代表性

當樣本就是母群體中的每一份子時，就叫做普查（complete census）。在心理與教育測驗中比較少採用普查，因為這種調查人數眾多，所需花費的時間與經費都相當可觀。因此大多數研究者採用抽樣調查，如果抽樣方法正確，樣本對母群體就具有很高的代表性。心理與教育學者常採用以下幾種隨機抽樣法，抽取樣本來實施測驗。

（一）簡單隨機抽樣

簡單隨機抽樣（simple random sampling）是指，在進行簡單隨機抽樣之前，需將母群體中的每一個人都編上一個號碼，例如：母群體總共有 700 人，就從第 1 號編到第 700 號，在每一張紙上或每一個小球上寫上一個號碼，然後將這些紙張或小球放入箱子，經過澈底攪拌均勻之後，隨手抽取若干紙張或小球，這些抽出的紙張或小球上的號碼，即是被抽中的樣本。由於這種抽樣方法是隨機抽樣法中最簡單的，所以稱為簡單隨機抽樣。由簡單隨機抽樣所得到的樣本，其代表性很高，但是如果母群體人數龐大時，就可以考慮使用其他抽樣法。

（二）系統抽樣

系統抽樣（systematic sampling）是從母群體中，有系統地每隔相等若干個人，抽取一個作為樣本，又稱為**等距抽樣**（equal interval sampling）。在進行系統抽樣之前，應先決定需要抽出的樣本人數（n），知道母群體人數（N），就可計算出應間隔幾個人抽出一個作為樣本，例如：教育學者想了解某大學 4,000 名學生的學習態度，於是決定抽取 400 名學生作為樣本，也就是樣本學生占全體學生的十分之一，然後依學號次序，每隔 10 位就抽出 1 位。如果先以簡單隨機法抽中第 1 個樣本為 57 號，則第 2 個樣本為 67 號，第 3 個樣本為 77 號，依此類推。當抽到最後接近 4,000 號尚不足所需要的樣本人數時，應再回頭繼續抽取，例如：7 號，17 號，27 號……。

（三）亂數表抽樣

　　亂數表（random table）是由毫無規則的零亂數字所組成的，亂數可以由電腦套裝軟體來產生，亂數表如表 2-5 所示。在使用亂數表抽樣之前，應將母群體中的每一個個體編號，然後利用該表所抽出的號碼作為樣本。茲舉一例說明如下：

　　假設某校有 2,000 名學生，心理或教育學者想以亂數表隨機抽取 60 人，先將所有學生從 1 號編到 2,000 號，因為母群體 2,000 為 4 位數，所以在亂數表上必須抽取 4 位數。這時可以拿一枝鉛筆在該表上滾動，以停止時筆尖所指最近的數字作為起點，假如筆尖指向第 2 縱行、第 3 橫列的 0，向右取 4 位即 0163，則 163 號被抽中，其次為 7,434 號，再其次為 1,116 號，這樣一直抽下去，凡抽出號碼超出 2,000 者就捨棄，小於 2,000 者保留，以此類推，就可以隨機抽取所需要的樣本。

表 2-5　亂數表

28516	58651	85647	11922	34673	57672	45973	28123	99332
33756	23456	30126	09365	24629	34416	34565	12146	53921
60163	00163	74341	11697	75497	54972	15469	57012	21829
14243	25231	95017	29364	15669	15497	35492	90114	53922
28490	57611	86520	91072	10073	86722	48973	92041	16841
33123	35456	30691	34679	39676	36569	81334	51340	02687
60847	45676	00846	76467	46873	73721	61335	23554	69122
19084	23648	94683	25713	64570	15387	87013	66849	56978
67851	09334	42168	52493	48716	45426	25497	23652	40495
48902	46625	64238	80691	55324	09285	04628	36519	66052
72148	56941	69124	41236	38126	75740	76824	12156	16527

（四）分層隨機抽樣

　　分層隨機抽樣（stratified random sampling）是在抽樣之前，研究者根據某些標準，將母群體分為若干組（或類），每一組稱為一層，然後在各層中隨機抽出

若干個體作為樣本。採用這種方法抽樣時，為了使樣本結構與母群體結構完全一致，自各層中抽出的樣本數，占全部樣本數的比率，應與每一層總人數占母群體總人數之比率相同。因此分層隨機抽樣，又稱為**比率抽樣**（proportional sampling）。

例如：某學系共有學生 340 人，其中一年級 100 人、二年級 90 人、三年級 80 人、四年級 70 人，如果想了解該系學生的職業性向，可以從 340 名學生中，隨機抽出 34 人作為樣本來實施測驗，也就是樣本占母群體人數的 10%。這時可以自一年級學生 100 人中，隨機抽出 10 人，自二年級 90 名學生中隨機抽出 9 人，自三年級 80 人中隨機抽取 8 人，自四年級 70 人中隨機抽取 7 人，合計 34 人來實施測驗。

（五）叢集抽樣

叢集抽樣（cluster sampling）是指，為了節省人力、物力和時間，於是在抽樣時以團體為單位，先將母群體按照某一種標準，例如：班級、地區、組別等分成若干類，每一類就是一個團體，再從這些團體中以隨機抽樣方法，抽出若干個團體，最後對這些被抽中的團體分別實施測驗，例如：某心理或教育學者想了解一所國中學生的職業興趣，於是在全校 50 班中，隨機抽出 6 個班，凡是被抽中的班級學生全部都接受職業興趣測驗。這一種抽樣實施測驗雖然相當簡便，但是測驗所得到的資料比較不可靠，因為可能會有幾個班級都沒有被抽中，所以這 6 班學生來代表全校學生就比較不可靠。

二、建立常模的時間性

一個測驗常模的建立，如果時間距離現在已經幾十年，在解釋測驗分數時，就必須慎重考慮。因為該測驗建立常模實施的測驗對象，在當時的時空背景，經過一段漫長時間之後，隨著社會環境的變遷而有所不同。一般來說，心理或教育測驗者超過 10 年以上的常模就不適用，例如：有一個職業興趣測驗，在 30 年前以台灣 100 個大學學生為對象，將測驗所得到的分數建立百分等級常模，如果以

現在大學生在該測驗的分數對照此常模，就容易產生誤差。

三、建立常模的對象

在解釋測驗分數的時候，必須注意目前受測者與原來測驗建立常模時，實施測驗的對象是否相同，如果不同就不可將受測者的測驗分數，拿來與原來測驗的常模相互對照比較，例如：現在對台灣的大學生實施職業性向測驗，測驗所得分數就不適合與美國大學生的職業性向分數比較；又如：目前一般國中學生測驗分數，不可以拿來與資優班學生比較；現在大學生的職業興趣測驗分數，不可以直接與 25 年前的常模來對照比較。

任何測驗的常模，不論其表示方式為何，都是以特殊標準化團體來建立的，因此，使用測驗者應該注意建立該常模標準化樣本的特性。心理或教育測驗的常模並沒有絕對的或永遠不變的，它只代表一群標準化樣本的測驗分數；在選取建立常模樣本的時候，應注意該樣本的代表性。

由於母群體的數量通常很龐大，因此不容易對母群體實施測驗，所以測驗的對象大都依據統計學的抽樣原理，自母群體中抽取有代表性的樣本，然後對此樣本實施測驗，再將測驗分數依據統計學方法來建立常模，例如：要建立台灣中部地區 10 歲兒童的智力分數常模，可以從台灣中部地區的台中市、彰化縣、南投縣等縣市，隨機抽取 1,000 名兒童作為代表樣本，但是抽取各縣市兒童作為樣本人數時，這些樣本兒童人數，占這三縣市兒童總人數的比率應相同，例如：台中市樣本兒童 500 人，占全台中市兒童人數的 40%，彰化縣、南投縣樣本兒童也要各占 40%。

在建立測驗常模時所選用的樣本，應依據地理區域、社會經濟地位水準、種族以及其他相關的特徵，抽取具有代表母群體特徵的樣本，以便根據常模資料解釋受測者分數，減少產生誤差。此外，代表性樣本需要考慮以下因素：如果以學校作為樣本，應注意班級學生的學業成績特性。一般言之，以資優班學生為對象建立的常模，與後段班學生的常模有所差異。假如以受刑人、醫院心智科的病人、智能不足或身體殘障者，作為建立常模的樣本，則其常模不適合作為正常人使用。

　　任何測驗在建立其常模時，僅能以某一特定的群體作為母群體，但是由於母群體的人數通常相當龐大，因此為了實際的需要以及研究者人力、物力的限制，大都依據統計學的抽樣原理來抽取研究樣本，然後將某些測驗施測於這些標準化樣本，根據標準化樣本的填答反應，再來建立常模。在解釋測驗分數時，宜依據建立該測驗常模原來樣本的性質，以便將測驗所得到的分數作客觀比較。

第三節　常模的類型

 依照常模的母群體來區分

一、全國性常模

　　全國性常模（national norms）是指，以全國作為母群體，在全國各地區抽取具代表性的樣本，測驗對象的母群體涵蓋全國各地區，受測者在某測驗的結果，與全國性常模互相比較，就可以知道他在全國所占的位置，例如：有一名鄉下學生的英文測驗成績在班上屬於中上，但是與全國常模比較結果，英文成績是屬於中下。一般來說，智力測驗、性向測驗最好建立全國性常模。

二、地區性常模

　　地區性常模（local norms）是指，以某一特定地區為母群體所建立的常模，例如：某研究者要分別建立台北市、台中市、台南市、高雄市高中生二年級的數學常模，於是以台北市、台中市、台南市、高雄市的高中二年級學生為母群體，分別實施數學能力測驗，這樣就可以建立這些區域的地區性常模。

　　因為建立全國性常模所涵蓋的母群體相當龐大，實施測驗相當費時、費力，而且各地區的文化背景差異相當懸殊，所以受測者測驗分數若參照所屬地區常模，比較不會產生誤差，例如：大都市的教育環境普遍優於偏遠地區，所以偏遠地區

學生測驗分數與偏遠地區比較，就比較適當。

有些測驗使用者為了特殊的需要，建立地區性常模，例如：一家公司對其新進員工的工作表現建立測驗分數常模；一所大學學生諮商輔導中心，對該校學生建立性向測驗分數常模；某一縣市教育局建立該縣市國民小學學生的智力分數常模。有時候地區性常模在預測學生的成就表現上，比全國性常模更為適合。

地區性常模測驗對象的母群體，僅限於某個地區。因為各個地區的社會、教育、經濟與文化因素等，都有很大的差異，例如：院轄市的國民所得、房屋價錢，普遍比偏遠地區高出很多，所以將偏遠地區學生的測驗分數，拿來與都市比較，就會產生失真的現象。大體來說，地區性常模比全國性常模，較適於提供城鄉差異比較之依據。

三、特殊團體常模

特殊團體常模（special group norms）是指，以某一個特殊團體為母群體，實施測驗結果所建立的常模。受測者在某個測驗上的得分，只與自己所隸屬的團體比較，例如：以國中資優生為母群體，實施測驗結果所建立的常模，就是特殊團體常模。資優生在某個測驗上的得分，只與資優生的常模互相比較。

特殊團體包括：身體障礙、精神異常、行為異常、音樂資優生、美術資優生、特殊職業團體、犯罪者、特殊文化背景者、運動資優生、會計人員、飛行員、保育人員、律師、建築師、智能發展遲緩、學習障礙、藥物上癮者等。

四、發展常模

發展常模（developmental norms）是指，以不同年齡者為對象所建立的常模。個人在成長過程中，在各個年齡層的心理特質產生不同的變化，由個人心理特質的測量分數與常模相互對照，就可以發現個人心理特質的狀況，例如：一個 8 歲兒童在某智力測驗上的得分，與 10 歲兒童的平均智商相同，就顯示出其智商高於 8 歲兒童；如果有一名心智發展遲緩的成人，其智商等於 10 歲兒童的平均智商，就顯示其智力比正常的成人低。

五、年級常模

年級常模（grade norms）是指，以某一個年級學生為對象所建立的常模。教育成就測驗的分數，通常依據年級作為指標，例如：有一名國小四年級兒童，在數學測驗上的得分與五年級學生的平均數相同；但是，他在國語測驗的得分，已達到六年級學生國語測驗的平均數。由此可知，其語文的發展程度優於數學。

將某一年級學生的測驗分數，計算其原始分數的平均數，就可以轉換成年級常模。假設以國小四年級學生作為標準化樣本，該年級學生數學測驗得到 75 分，如果有一名三年級學生在此測驗考試分數得 75 分者，則其數學能力就相當於一般的四年級學生了。

年級常模雖然使用得很普遍，但是年級常模容易使人做錯誤的解釋，例如：有一名五年級學生在數學測驗上的得分，等於國中一年級學生的平均數，這並不表示該生的數學程度，等於國民中學一年級學生的數學程度，只能說該生的數學能力顯著的優於國小五年級學生，也不能說該生已具備國中一年級學生數學的基本能力了。

以常模的統計方法來區分

一、百分等級常模

百分等級（percentile rank，簡稱 PR）是指，將一個團體測驗的分數分成 100個等級，看受測者的測驗分數在哪一個等級，即可了解他在團體中贏過多少百分比的人，例如：某高中生的智力測驗得到 73 分，換算成百分等級是 85（P85），就是說該生的智商贏過 85%的高中學生。一般心理與教育測驗，最常使用百分等級常模，因為容易使人了解，同時對測驗分數亦能做正確解釋。但是，百分等級是一種次序變數（ordinal variable），所以它的等級單位並不相等。

百分等級與百分位數（percentile）的意義不同，百分位數是指，在某一個百

分等級所對應的分數，例如：在某一測驗中第 30 等級（P30）的受測者，測驗得 80 分，也就是其百分位數為 80 分。

　　若以百分位數表示個人分數及在團體中的相對地位，比較容易讓沒有受過統計專業訓練者了解測驗分數的意義。此外，百分位數的應用相當普遍，但其最主要的缺點是它沒有相同的單位，尤其是在非常態分配時更為明顯。由圖 2-4 可知，在一個常態曲線之下，大多數受測者的測驗分數是向中間集中，其百分位數的間隔比較小，在分布圖的兩邊受測者較少，因此其百分位數的間隔比較大。

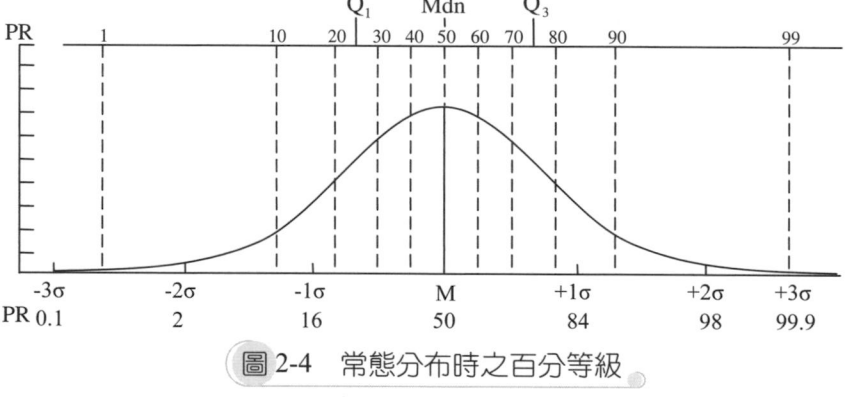

圖 2-4　常態分布時之百分等級

　　許多性向與成就測驗組合，利用常態化百分位數圖（如圖 2-5）來表示，由該圖可以顯示，不同受測者在同一個測驗上的百分位數。同時也可以表示，相同受測者在不同測驗分數的差異情形。

二、標準分數常模

　　標準分數（standard scores）是指，個人測驗分數與平均數之間的差距，有多少個標準差。不同受測者的測驗分數，可以由標準分數來相互比較；同一個受測者在不同測驗的分數，也可轉換為標準分數，然後做比較，就可了解他在不同測驗得分的差異情形。

　　標準分數可以將原始分數作**直線轉換**（linear transformation）或**非直線轉換**

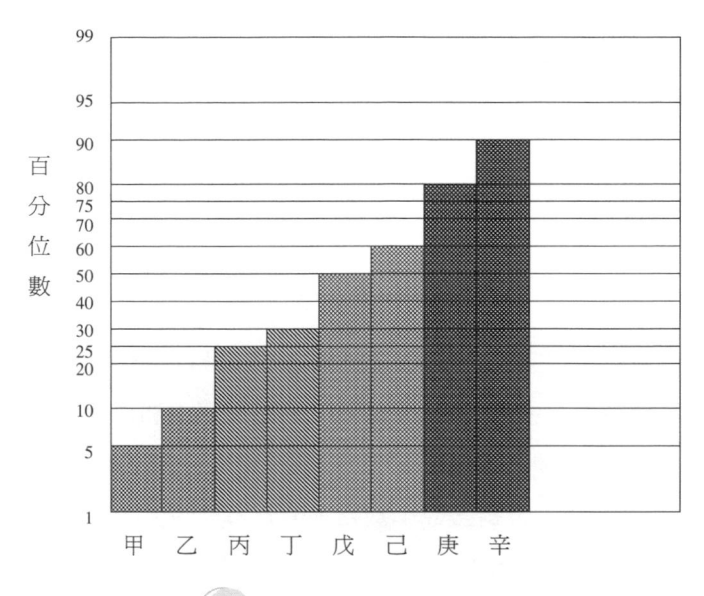

圖 2-5　常態化百分位數

（nonlinear transformation）。經由直線轉換所得到的標準分數間的差異大小，與原始分數之間的差異大小成正比。換言之，原始分數原來分布的屬性與標準分數的分布相似，也就是原始分數是常態分配，轉換後仍是常態分配；反之，原始分數不是常態分配，轉換後也非常態分配。因此，經由直線轉換所計算出來的標準分數，不會扭曲原始分數。

　　直線轉換的標準分數通常以「標準分數」或「Z」分數來表示。Z 分數的計算，是將個人在某測驗上所得到的原始分數，減去團體平均數之後，除以團體的標準差而得到的。其公式如下：

$$Z = \frac{X - M}{SD}$$

　　式中：Z 為標準分數；X 為個人原始分數；M 為團體平均數；SD 為團體的標準差。表 2-6 為甲乙兩名受測者，Z 分數的計算例子。

表 2-6　標準分數的計算例子

團體平均數（M）＝ 70 分	團體標準差（SD）＝ 5 分
甲生數學考 75 分	乙生數學考 80 分
甲生的標準分數如下：	乙生的標準分數如下：
Z ＝（75 － 70）÷ 5 ＝ 1.0	Z ＝（80 － 70）÷ 5 ＝ 2.0

　　從表 2-6 來看，甲生數學的分數高於平均數 1 個標準差，乙生數學的分數高於平均數 2 個標準差。由圖 2-3 可知，甲生在團體中贏過 84.13%（即 50%＋34.13%）的人，乙生在團體中贏過 97.72%（即 50%＋34.13%＋13.59%）的人。

　　由於標準分數可能出現負數或小數點，因此容易使人產生混淆，在使用時不太方便，例如：某生國語與數學的標準分數，前者為＋1.00，後者為－0.56，兩者 Z 值的差異看來只差 1.56。事實上，該生此這兩學科的成績在團體中所占的地位相差很大。於是不少學者常進一步採用直線轉換，將標準分數依其原來的比率擴大，使人更清楚了解其差異情形，例如：美國大學**學術性向測驗**（Scholastic Aptitude Test，簡稱 SAT），其平均數是 500，標準差是 100，某生的學業性向測驗如果得到 400 分，表示其標準分數為－1，也就是（400 － 500）÷ 100 ＝－1。

　　任何測驗的原始分數經過直線轉換之後，就可以直接相互比較，但是其基本條件是不同測驗分數的分布型式要相近。如果某一個測驗分數呈常態分布，另一個測驗呈偏態分布，就不可以直接比較。如果不同測驗其分數的分布型態不相同，就需要作經非直線轉換之後才可以來比較。心理年齡與百分位數的數值通常是非直線轉換的。大體而言，一個團體測驗的分數呈常態分布較佳，它比較適合心理計量的理論，同時方便計算。

　　要了解受測者的得分在團體中所占的地位，除了由直線轉換而來的直線標準分數之外，另一種就是常態化標準分數。常態化標準分數是將測驗分數的分布轉換成一常態曲線的標準分數。此分數可以在常態曲線中，根據距離不同標準差的受測者人數百分比來計算。首先需找出在常態化樣本中，每一原始分數的人數

百分比，然後將此百分比放入常態曲線次數表中，就可以得到常態化標準分數。

常態化標準分數其平均數為 0，標準差為 1。由圖 2-4 來看，在一常態化標準分數為 0 的情況下，表示個人分數落在一常態曲線的平均數（M），超過團體的 50%。當標準分數為 −1 時，表示受測者的測驗分數贏過團體中 16% 的受測者；當標準分數為 +1 時，就表示高過團體 84% 者。

三、T 分數常模

常態化標準分數與直線轉換標準分數，都可以使用更簡易的型態來表示。如果將常態化標準分數乘以 10 再加上 50，就可成為 **T 分數**（T-score），T 分數是由馬可寇爾（McCall, 1939）首先採用的。其公式如下：

$$T = 10Z + 50$$

假設某校舉行數學成就測驗，得到平均數 70 分，標準差 5 分。甲生數學考 75 分，乙生數學考 80 分，丙生數學考 65 分，則甲、乙、丙數學分數的 T 分數，分別如下：

$$甲生 \quad T = 10\left(\frac{75 - 70}{5}\right) + 50 = 60$$

$$乙生 \quad T = 10\left(\frac{80 - 70}{5}\right) + 50 = 70$$

$$丙生 \quad T = 10\left(\frac{65 - 70}{5}\right) + 50 = 40$$

四、AGCT 分數常模

AGCT 分數（AGCT-score）常模是指，以美國陸軍普通分類測驗（Army General Classification Test，簡稱 AGCT）所發展出來的一種常模。美國陸軍普通分類測驗的平均數是 100，標準差是 20。AGCT 的公式如下：

$$AGCT = 20Z + 100$$

假設某校舉行英文成就測驗,全校學生的平均數 70 分,標準差 5 分。如果甲生英文考 75 分,乙生英文考 80 分,丙生英文考 65 分,則甲、乙、丙三人英文成就測驗的 AGCT 分數,分別如下:

$$甲生 \quad AGCT = 20\left(\frac{75-70}{5}\right) + 100 = 120$$

$$乙生 \quad AGCT = 20\left(\frac{80-70}{5}\right) + 100 = 140$$

$$丙生 \quad AGCT = 20\left(\frac{65-70}{5}\right) + 100 = 80$$

五、CEEB 分數常模

CEEB 分數(CEEB-score)常模是指,由美國大學入學考試委員會(College Entrance Examination Board,簡稱 CEEB)所發展出來的一種常模。美國大學入學考試委員會所設計的測驗,平均數是 500,標準差是 100。CEEB 的公式如下:

$$CEEB = 100Z + 500$$

假設某校舉行英文成就測驗,得到平均數 70 分,標準差 5 分。甲生英文考 75 分,乙生英文考 80 分,丙生英文考 65 分,則甲、乙、丙英文分數的 CEEB 分數,分別如下:

$$甲生 \quad CEEB = 100\left(\frac{75-70}{5}\right) + 500 = 600$$

$$乙生 \quad CEEB = 100\left(\frac{80-70}{5}\right) + 500 = 700$$

$$丙生 \quad CEEB = 100\left(\frac{65-70}{5}\right) + 500 = 400$$

六、標準九常模

標準九(stanine)是指,將測驗分數分成九個等分所衍生出來的一種常模。標準九是由美國空軍,在第二次世界大戰期間發展出來的。標準九常被用在性向

測驗與成就測驗上，其平均數設定 5，標準差接近 2。標準九是將受測者測驗分數從 1 排至 9，在解釋上相當方便，如表 2-7 所示。

表 2-7　標準九與常態曲線百分比對照

標準九	1	2	3	4	5	6	7	8	9
百分比	4	7	12	17	20	17	12	7	4

由表 2-7 可知，如果團體共有 100 人，4%的人其標準九為 1，其次 7%的受測者，其標準九為 2，12%的人其標準九為 3，其餘類推。當團體人數多於或少於 100 人時，則人數百分比與標準九依比率計算之，例如：受測者有 200 人，標準九 1 的人數百分比為 8（就是 200×4%＝ 8）。

七、離差智商常模

離差智商（deviation IQ，簡稱 DIQ）是指，個人測驗分數距離平均數多少個標準差。**史比智力量表**（Stanford-Binet Intelligence Scale）的平均數 100，標準差 16；**魏氏智力量表**（Wechsler Intelligence Scale）的平均數為 100，標準差為 15。在現代團體智力測驗中，常廣泛的採用離差智商。離差智商的公式及標準分數轉換成離差智商的計算實例如下：

1. 史比智力量表離差智商的公式：$DIQ = 16Z + 100$
2. 魏氏智力量表離差智商的公式：$DIQ = 15Z + 100$

表 2-8　標準分數轉換成離差智商的計算實例

學生	Z 分數	史比智力量表 離差智商	魏氏智力量表 離差智商
甲	−1	84	85
乙	0	100	100
丙	1	116	115

表 2-9 是在常態分布下，平均數 100，標準差由 12 至 18，在每一智商範圍內的人數百分比。由該表可知，標準差等於 16，智商低於 70 以下者，占總人數的 3.1%；當標準差等於 12，則智商 70 以下者占總人數 0.7%。智商 70 以下者屬於智力發展遲緩，也就是以智商 70 作為一分界點；智商 130 以上者為智力優異；智商介於 90 和 110 之間屬於中才，占全人口 42%～59.6%。

表 2-9　在平均數 100 常態分配下，不同標準差各智商範圍內的人數百分比

IQ 範圍	人數百分比			
	SD = 12	SD = 14	SD = 16	SD = 18
130 以上	0.7	1.6	3.1	5.1
120-129	4.3	6.3	7.5	8.5
110-119	15.2	16	15.8	15.4
100-109	29.8 ⎫ 59.6	26.1 ⎫ 52.2	23.6 ⎫ 47.2	21.0 ⎫ 42.0
90-99	29.8 ⎭	26.1 ⎭	23.6 ⎭	21.0 ⎭
80-89	15.2	16	15.8	15.4
70-79	4.3	6.3	7.5	8.5
70 以下	0.7	1.6	3.1	5.1
合計	100.0	100.0	100.0	100.0

受測者的測驗分數在團體內的相對地位，可以將其原始分數經由統計學方法，轉換成 Z 分數、T 分數、CEEB 分數、離差智商、標準九與百分位數。如果團體測驗分數呈現常態分布，在求得該團體測驗分數的平均數以及標準差之後，可以將上述六種轉換分數與測驗常態分布圖，繪製成可以相互對照比較的圖形，如圖 2-6 所示。

在圖 2-6 中，魏氏智力量表的離差智商是 15。由該圖可知，假設甲生在某一學科測驗分數，高於團體平均分數 1 個標準差，其測驗分數贏過 84.13%的受測者，當其標準分數為 Z = +1，T 分數則為 60，也就是 T = 10（+1）＋ 50 = 60，CEEB 分數為 600，也就是 CEEB = 500 + 100（1）= 600，又相當於魏氏智力量表離差智商 115，也就是 DIQ = 100 + 1SD = 100 + 1×15 = 115。換句話說，

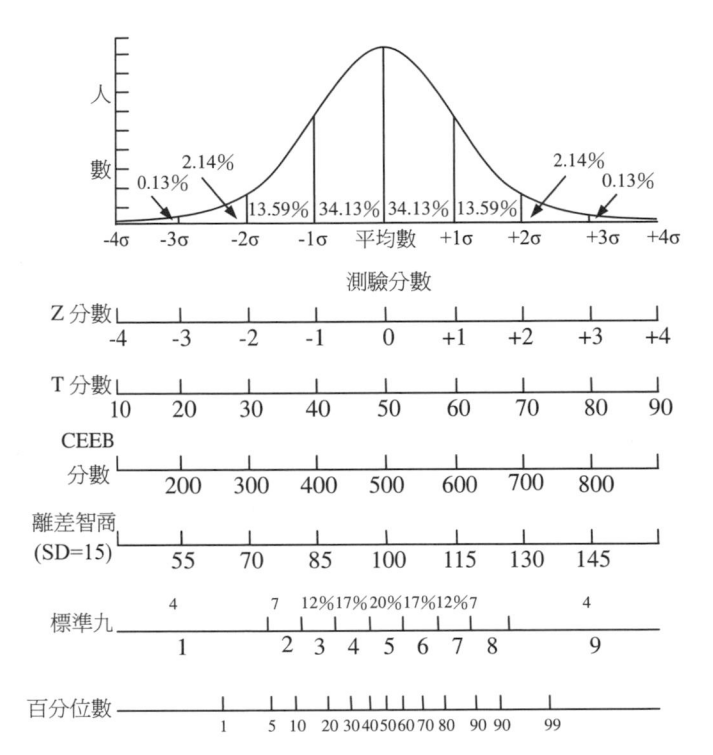

圖 2-6　在常態分布下，原始分數轉換成各種分數的關係

不同的轉換分數可以相互比較，也就是測驗所得的原始分數，可以採用不同的方式，來表示個人在團體中的相對地位。

參　定準常模

　　一個測驗如果沒有常模，可以利用某一個具有常模的測驗，作為**定準測驗**（anchor test）來建立其常模，例如：同一個團體的受測者在測驗 A 所測得的平均智商為 115，在測驗 B 所測得的平均智商為 120，則在測驗 A 所得到的智商 115，就相當於測驗 B 的智商 120。

　　一個新出版的測驗，最好以全國性的標準化樣本建立定準測驗常模。美國教育測驗服務社（ETS）曾經進行定準測驗研究，該項研究是以美國國民小學常用的閱讀成就測驗，建立可以比較以及真正代表性的全國性常模。以美國 50 個州四至六年級的 30 萬名小學生，作為實施測驗的對象。

關鍵詞彙

原始分數	標準九
衍生分數	百分等級
系統抽樣	定錨常模
分層隨機抽樣	標準分數
全國性常模	常模
地區性常模	離差智商
特殊團體常模	百分位數
年級常模	發展常模

自我評量題目

1. 試說明常模的定義。

2. 試說明常模的用途。

3. 試說明常模應具備的條件。

4. 如果某生數學測驗得 80 分，該班學生數學平均 70 分，標準差 10 分，則該生的 T 分數等於多少？

5. 如果某生數學測驗得 80 分，該班學生數學平均 60 分，標準差 10 分，則該生的 AGCT 分數等於多少？

6. 如果某生數學測驗得 70 分，該班學生數學平均 75 分，標準差 10 分，則該生的 CEEB 分數等於多少？

7. 試說明百分等級與百分位數的意義。

8. 史比智力量表與魏氏智力量表的標準差各是多少？

第三章　信　度

　　一份優質的心理或教育測驗，必須具有高的**信度**（reliability）。本章將分別探討信度的涵義與原理、信度的類型、標準參照測驗與速度測驗的信度、影響信度的因素，以及信度的解釋與其應用等部分。

第一節　信度的涵義與原理

壹　信度的涵義與特性

一、信度的涵義

　　信度是指，相同的受測者在不同的時間，以相同的測量工具或複本，測量結果的**一致性**（consistency）。如果兩次測量結果有很高的一致性，就表示測量分數具有高度的**穩定性**（stability）、**可靠性**（dependability）以及**可預測性**（predictability）；反之，如果兩次測量結果的一致性很低，就表示測驗的穩定性、可靠性或可預測性不高，例如：某生第一次接受魏氏成人智力測驗，結果得到 IQ 100，間隔二週再接受該測驗，結果 IQ 為 125，可見兩次測量得到的智商差距頗大，表示測量的智商不穩定。因此，難以確定該生真正智商為何。

　　從測量的誤差來分析，信度是指測驗分數中，真實量數或**測量誤差**（error of measurement）的程度。由測量誤差的大小，可以了解受測者測驗分數受到無關因素影響的程度。大體來說，測驗分數愈一致，受誤差的影響就愈小；反之，測驗分數愈不一致，受誤差的影響就愈大。因此，由測驗分數中測量誤差所占的比率，就可以得知信度的高低。換言之，由測量**誤差的變異量**（error variance）占測驗分

數總變異量的比率，就可以求得測驗的信度，例如：測量同一位學生的智商，在不同時間、不同情境之下，以相同智力測驗測量結果的差異，其差異就屬於誤差變異量。

二、信度的特性

測驗的信度具有以下幾項特性，它有助於了解信度的真實涵義，茲說明如下：

第一，心理與教育測驗的信度大都比自然科學較低，因為心理與教育測驗旨在測量人類行為的特質，這些特質通常因時空的變化而有所改變，因此只能間接測量；而自然科學測量的對象是物體，它們通常可以直接測量或精確測量。此外，心理與教育測驗的測量工具，其精確性大都低於自然科學的測量工具。

第二，測驗的信度並非**全有或全無**（all-or-none）的。換言之，測驗沒有完全可靠的或完全不可靠的。但是使用測驗之前應先了解其信度，方可對測驗作正確與客觀的解釋。一般而言，測驗具有愈高的信度，測量結果的可靠性也愈高。

第三，信度的高低可以用統計方法處理與分析。就理論上而言，想要確定測驗的信度可以採用兩種主要方法：

1. 對某一個受測者以同一份測驗重複多次測量，然後求得測驗得分的平均數、標準差，並且分析受測者在各次測驗得分的內在變異大小，就可以得到**測量標準誤**（standard error of measurement，簡稱 SEM）。但是在心理與教育測驗情境中，事實上並無法對同一名受測者重複測量無限多次，因此很難測量受測者內在的變異情形。通常只能讓許多受測者，接受某一測驗所得到的資料，進而分析受測者之間的變異情形。

2. 對一群受測者以相同測驗測量兩次，根據其得分在團體中的相對位置，進而分析受測者彼此間的變異量，該變異量通常以**相關係數**（correlation coefficient）表示之。在心理與教育測驗中，大都以皮爾森積差相關係數來表示信度的高低。

凡是與測驗目的無關的因素，都屬於誤差變異量。主試者控制測驗環境、指

導語、時間限制、對受測者友好的態度等因素，都可減少誤差變異量，並且使測驗所得到的分數更具有可靠性。一個測驗信度的測量，應在標準化的情境以及以標準化樣本作為施測的對象，然後根據標準化樣本施測結果來加以分析。

貳 信度的基本原理

各種測驗信度的分析，大都與相關係數有關，因此本章先說明相關係數的基本特徵，至於相關係數的詳細計算方法與過程，請讀者參閱心理與教育統計學書籍。

一、相關係數的意義

相關係數表示兩組分數間的關聯程度，代表相關係數的符號是英文字母小寫 r。假設第一名受測者在變項 1 與變項 2 都得到最高分；第二名受測者在變項 1 與變項 2 均得到次高分，依此類推，就可得到相關係數＋1.00。圖 3-1 為一假設的完

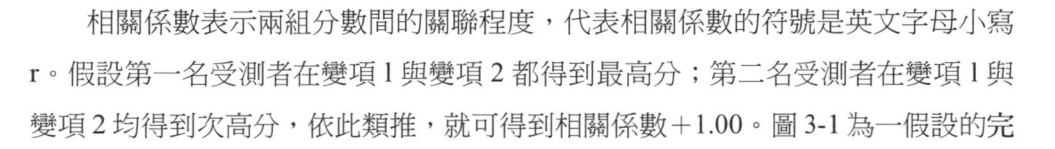

圖 3-1　完全正相關

全正相關（perfect positive correlation）（r ＝ 1.00），該圖橫座標為變項 1 的得分，縱座標為變項 2 的得分。相關係數介於 0 至＋1.00 之間為**正相關**（positive correlation）；假設相關係數等於零，則為**零相關**（zero correlation）；假如相關係數介於 0 至－1.00 之間則為**負相關**（negative correlation）；如果相關係數為－1.00，則稱為完全負相關，如圖 3-2 所示。

變 項 2 的 分 數

	90—99	//
80—89	///// /
70—79	///// /////
60—69	///// ///// ///// ///
50—59	///// ///// ///// /////
40—49	///// ///// ///// /
30—39	///// ///// //
20—29	///// ///
10—19	///

10—19 20—29 30—39 40—49 50—59 60—69 70—79 80—89 90—99

變 項 1 的 分 數

圖 3-2　完全負相關

相關係數可以利用**皮爾森積差相關**（Pearson Product-Moment Correlation）計算。相關係數有簡捷的計算法，茲舉表 3-1 為例，說明其計算過程。該表的計算過程易於了解，由 10 名學生的國文與數學測驗成績，求得相關係數。

該表最左端為 10 名學生的姓名代號，國文測驗分數以 X 表示，數學測驗分數以 Y 表示，X 與 Y 的總和與平均數（M）列於底下，第四欄 x 與 y 分數是分

別將這 10 名學生的國文與數學測驗分數，與其平均數相減的結果，其總和 Σx 與 Σy 均等於 0，然後將每一名學生的 x 與 y 數值分別平方，也就是 x^2 與 y^2，並且分別相加其總和為 Σx^2、Σy^2，再將 x 與 y 數值相乘可以得到 xy 值，累加之後就是得到 Σxy 值。這 10 名學生國文、數學測驗分數的標準差分別為 SD_x、SD_y，其計算方法乃分別為將 x^2 與 y^2 除以學生人數，再開根號就可求得，最後將 Σxy 除以學生人數 N×（SD_x）×（SD_y），就可以得到相關係數（r_{xy}）。

表 3-1　Pearson 積差相關係數的計算

學生	國文（X）	數學（Y）	x	y	x^2	y^2	xy
A	40	27	0	+6	0	36	0
B	47	23	+7	+2	49	4	14
C	43	20	+3	−1	9	1	−3
D	41	24	+1	+3	1	9	3
E	36	15	−4	−6	16	36	24
F	34	18	−6	−3	36	9	18
G	32	16	−8	−5	64	25	40
H	48	22	+8	+1	64	1	8
I	38	28	−2	+7	4	49	−14
J	41	17	+1	−4	1	16	−4
Σ	400	210	0	0	244	186	86
M	40	21			24.4	18.6	8.6

$$SD_x = \sqrt{\frac{244}{10}} = 4.94 \quad SD_y = \sqrt{\frac{186}{10}} = 4.31$$

$$r_{xy} = \frac{\Sigma xy}{N(SD_x)(SD_y)} = \frac{86}{10(4.94)(4.31)} = .40$$

二、統計的顯著水準

　　由表 3-1 的相關係數 r =.40 可知，國文與數學成績呈現中度相關。換言之，這些學生國文成績較高者，其數學成績大致也比較高。但是，此相關係數的樣本

數（N）僅有 10 人。在心理學或教育學研究中，通常要將樣本所得到的統計結果推論到母群體，以了解母群體的結構，在這種情境之下，樣本數只有 10 人顯然太少。

一般而言，樣本人數愈少，其相關係數要愈大，才能夠達到統計上的顯著水準。簡言之，相關係數的大小是否有顯著的相關，不能僅由相關係數表面數字來判斷，至於相關係數的顯著程度與樣本人數多寡的關聯，可以由統計學相關係數之附錄表查得，例如：相關的顯著水準為 .05，就是誤差率為 5%。大多數心理與教育測驗的研究採用 .01 或 .05 水準。

表 3-1 中相關係數 .40，雖然其數字並不大，但是卻已經達到統計上的顯著水準（$p < .05$），如果樣本人數為 10 人，欲達到統計上的顯著水準，其相關係數為 .63，其餘相關資料請參閱統計學書籍。

三、信度係數

一個測驗信度的高低，通常以皮爾森積差相關來表示。信度係數的範圍介於 0 到 1 之間，在圖 3-3 中的 104 名學生，在數學成就測驗複本得分的相關係數為 .72，此一相關係數已經達到統計上的顯著水準；然而該相關係數並非很高，因為高的**信度係數**（index of reliability）宜介於 .80 至 .90 之間。

四、實得分數、真實分數與測量誤差

在**古典測驗理論**（classical test theory）中，假設受測者在某測驗上的**實得分數**（obtained score），等於**真實分數**（true score）加上**誤差分數**（error score）。實得分數就是原始分數；實得分數（X）＝真實分數（T）＋誤差分數（E），受測者的真實分數，等於原始分數減誤差分數。

就數理統計學的理論而言，真實分數是受測者在標準情境下，對測驗接受無限量次測量之後，求其得分的平均數。但是，實際上受測者不可能無限量次的接受同一個測驗。因此，測驗欲獲得真實分數僅能以統計方法推論之。

數學成就測驗複本 2 之分數	15–19	20–24	25–29	30–34	35–39	40–44	45–49	50–54	55–59	60–64	65–69	70–77
75–79												/
70–74												
65–69												
60–64												
55–59								//		//		
50–54							卌	/		//	//	
45–49				/		//	卌/		////	/		
40–44					//	卌/	//		///	//		
35–39				/	///	卌	//		////			
30–34				/	////	卌/	卌////	/		/		
25–29					卌	//	//	/				
20–24		/				///						
15–19				/								

數學成就測驗複本 1 之分數

圖 3-3　相關係數 .72 示意圖

資料來源：取自 Anastasi & Drake (1954)

　　表 3-2 假設 10 名學生，在某測驗上的實得分數、真實分數、誤差分數以及誤差變異量。其中誤差分數主要有兩個來源，就是**非系統性誤差**（unsystematic error）與**系統性誤差**（systematic error）。非系統性誤差主要來自受測者的身心狀況，例如：身體健康、動機、情緒、注意力、性格等，其次來自測驗情境（例如：噪音、照明、通風、溫度、濕度等）以及測驗題目（例如：題目長度、難度、計分、內容等），這些因素是使用測驗的人無法嚴格控制的，但是它們對測驗分數的影響是不可預測的，因此又稱為**隨機誤差**（random error）或**機會誤差**（chance error）。

　　系統性誤差是指，對測驗結果產生一致性的影響，例如：實施智力測驗的時

表 3-2　10 名學生在某測驗的實得分數、真實分數與誤差分數

受測者	實得分數＝真實分數＋誤差分數		
A	45	45	0
B	33	35	−2
C	26	30	−4
D	35	25	+10
E	25	25	0
F	27	25	+2
G	23	25	−2
H	16	20	−4
I	17	15	+2
J	3	5	−2
Σ	250	250	0
$\overline{X}$	25.0	25.0	0
SD^2_x	120.2	105.0	15.2
SD	10.9	10.2	8.9

候，主試者未依規定多給受測者兩分鐘的作答時間，以致受測者的得分增加，這種誤差就是屬於系統性誤差。因為系統性誤差是固定的，因此又稱為**常誤**（constant error）或**偏誤**（bias error），測驗系統性誤差主要來自訓練、學習、測量工具與主試人員等因素。

　　測驗系統性誤差與非系統性誤差，在測驗上有時是同時存在的。有時在某一情境之下屬於系統性誤差，在另一情境之下就屬於非系統性誤差，例如：在不同測驗情境之下，再對一群受測者實施測驗，此時測驗情境的誤差屬於非系統性誤差；又如：所有受測者都在照明不足的教室內接受測驗，此時測驗情境所造成的誤差，就是屬於系統性誤差。

五、各種測量分數與信度的關係

　　根據前述的古典測驗理論，測驗實得分數等於真實分數加上誤差分數。同理，

實得分數變異量，等於真實分數變異量加上誤差分數變異量，公式如下：

$$S_x^2 = S_t^2 + S_e^2$$

將上式公式，左右兩邊分別除以實得分數總變異量（S_x^2），就可得到真實分數與誤差分數的變異量，占實得分數總變異量的比率。其公式如下：

$$\frac{S_x^2}{S_x^2} = \frac{S_t^2}{S_x^2} + \frac{S_e^2}{S_x^2} = \frac{S_t^2 + S_e^2}{S_x^2} = 1$$

就測驗理論而言，真實分數變異量在實得分數總變異量中所占的比率，就是信度係數（以 r_{xx} 表示），以公式表示如下：

$$r_{xx} = \frac{S_t^2}{S_x^2} \quad r_{xx} = 1 - \frac{S_e^2}{S_x^2}$$

此公式常使用在計算測驗的信度，而且頗具有實用的價值。如果將此公式應用於表 3-2 中之數字，就可以求得其信度係數：

$$r_{xx} = 1 - \frac{15.2}{120.2} = .87$$

第二節　常模參照測驗的信度

心理與教育測驗估計信度的方法，因為測量誤差來源不同，分析信度的方法也隨之而異。**常模參照測驗**（norm-referenced test）的信度最常用以下幾種方法，茲就其涵義及應用分別說明如下。

 **壹　重測法**

重測法（test-retest method）又稱再測法，是指對受測者重複實施同一份測

驗,將兩次測驗分數求皮爾森積差相關,就可得到該測驗的重測信度,積差相關係數愈大(愈接近 1.00),就表示重測信度愈高。重測信度係數可以顯示,測驗經過一段時間之後測驗分數的穩定性,所以重測信度又稱為**穩定係數**(coefficient of stability)。

　　如果前後兩次測驗所得分數相差很大,則重測信度低,表示測驗結果不穩定,這通常是受到非系統因素的影響,其誤差變異來源為兩次測驗之間的各種因素,例如:測驗情境、受測者身心狀況、主試人員狀況等,其中測驗情境包括:天氣、照明、噪音、測驗室內環境等;受測者身心狀況包括:疲勞、情緒、動機、焦慮、健康情形等;主試人員狀況包括:使用指導語、穿著、談吐、態度等因素。

　　重測信度的高低,與兩次測驗時間間隔的長短有密切的關聯。通常間隔時間愈短,信度愈高;反之,間隔時間愈長,信度愈低。因此,在解釋重測信度的時候,應考慮前後兩次測驗間隔時間的長短。假如兩次測驗時間間隔很短,就容易受到受測者練習、心理疲勞、記憶等因素的影響,以致使重測信度偏高。假如時間間隔很長,會受到受測者身心成長、學習效果變化的影響,因此變異誤差也會比較大,重測信度也會降低。

　　在實施重測的時候,究竟時間要間隔多長比較合適?這通常要依測驗結果的使用而定。不過,大致來說,對兒童實施重測信度的時間間隔,應較年紀大者縮短為宜,因為兒童的心智成長相當快速。一般心理與教育測驗兩次測驗時間的間隔,以 2 至 4 週為原則,最長以不超過 6 個月為宜。

　　大多數人格測驗、動作測驗與感覺辨別測驗,都比其他測驗適於採用重測法,但認知測驗、智力測驗、成就測驗就比較不適宜使用重測法來分析信度。在學校以學生為重測對象時,如果學生畢業離校或放寒、暑假都不容易再實施測驗,因此使用重測法必須選擇適宜的時間,並且控制測驗情境以及在主試者與受測者都處於最佳的身心狀況下實施之。

貳 複本法

複本法（alternate-forms method）是指，對受測者實施一份正本，一份複本的測驗。**複本**（alternate-forms or parallel forms）是指，兩份測驗的題材都取自相同範圍，測驗內容、題型、題目數、難易度、鑑別度、指導語、例題、測驗時間限制等，都必須非常類似。每一個測驗都可以從其測驗範圍內，編製出許多內容相似的複本題目，讓受測者接受複本測驗，再將受測者在正本與複本測驗的分數求相關，就可以計算出複本信度。

但是，實際上各種心理與教育測驗，不容易編製許多複本來對受測者施測。為了克服重測信度的缺點，大多數測驗僅提供一份正本，一份複本，讓受測者先接受第一份正本測驗，再接受第二份複本測驗，然後將受測者的正本與複本測驗分數求相關係數，就可以得到**複本信度**（alternate-forms reliability）。複本信度愈高，表示所測量的題目，愈能代表該範圍的測量內容。

複本測驗的實施方式，可以分為以下兩種：第一，做完正本測驗之後接著馬上做複本測驗，以這種方式所求得的複本信度，可以顯示出測驗工具所造成誤差的大小；因為正、複本幾乎同時實施，在理論上受測者與測驗情境是相等的，因此無法反映出受測者本身狀況與測驗情境所造成的誤差量，這種信度係數又稱為**等值係數**（coefficient of equivalence）；第二，在做完正本測驗之後，間隔一段時間再做複本測驗，這樣所求得的複本信度，不但可以顯示出測驗內容的誤差量，而且也可以顯示出間隔一段時間，受測者在不同測驗情境所造成的誤差量，因此這種信度係數又稱為**穩定與等值係數**（coefficient of stability and equivalence）。

複本信度的使用比重測信度較為普遍，但是它有幾項限制：第一，假如受測者接受多次的練習，使用複本會降低測驗的功能；第二，受測者做過第一個測驗以後，會對第二個測驗題目的解答，產生觸類旁通的學習遷移效果；第三，要編製良好的複本，事實上是很不容易的；第四，如果複本施測時間間隔很短，受測者容易產生身心疲勞。反之，如果時間相隔很長，就容易受到學習、身心成熟以及測驗環境等因素的影響。

 **內部一致性**

以前述重測法與複本法分析測驗的信度，受測者都要接受兩次測驗，受測者接受第二次測驗的動機、情緒、合作意願以及疲勞因素，與第一次測驗不會完全相同。為了避免上述缺點，如果只對受測者實施一次測驗，依據這次測驗結果來分析該測驗的信度，就可以採用內部一致性方法，這種方法比較常用者包括：(1) 折半法（split-half method）；(2)庫李法（Kuder-Richardson method）；(3)α係數（Cronbach alpha coefficient），以及(4)侯伊特變異數分析（Hoyts analysis of variance）等。茲將這些方法的意義及應用，分別說明如下。

一、折半法

一個測驗如果沒有複本也無法再重複施測，就可以採用折半法來分析其信度，然後將一群受測者在這個測驗兩半的分數求相關係數，就可得到**折半信度**（split-half reliability）。由此可知，折半信度可以測量測驗內容的一致性，其信度係數又稱為**內部一致性係數**（coefficient of internal consistency）。

在分析測驗折半信度時，首先要將一個測驗分為相對等的兩半。將一份測驗分為對等的兩半，最常採用**奇偶切分法**（odd-even division method），也就是一半為奇數題，一半為偶數題。如果題目原來就依照難度次序排列，則奇數題與偶數題的難度將很接近。

當以受測者在某測驗上得分分成兩半，並且求其相關係數時，事實上此相關係數只有半個測驗，因為折半以後，每一半的題目數量只有原來的一半，例如：某一測驗原有 100 題，計算折半信度係數時，只以兩組 50 個題目來分析，在分析重測信度與複本信度時，其信度係數都以測驗的全部題目來分析。

一般而言，在其他條件相等的情況下，測驗題數愈多其信度愈高。因此，將題目數量減半求信度時，其信度必然降低。一個測驗題目的多寡對其信度係數的影響，可以利用**史布公式**（Spearman-Brown formula）加以校正。史布公式如下：

$$r_{nn} = \frac{nr_{tt}}{1 + (n - 1)r_{tt}}$$

式中：r_{nn}為該測驗的真正信度係數；r_{tt}為測驗未增減題目時的信度係數；n為測驗題目增長或縮短的倍數。

例如：某一個測驗原來有 20 題，增至 80 題後，n 就等於 4；如果題目由 80 題減為 40 題，n 就等於 0.5。以折半法求得測驗信度，可以採用史布公式校正，許多測驗指導手冊都有說明校正後的信度係數。當應用在折半信度時，這個公式通常包含測驗長度的 2 倍。在此情況之下，n 等於 2，前述公式可以更改為：

$$r_{tt} = \frac{2r_{hh}}{1 + r_{hh}}$$

式中：r_{hh}是半個測驗的相關係數。但是，史布公式假設兩半測驗分數的變異量必須相等，而實際測驗所得資料未必合乎此一假定，因此可以採用盧農公式或范氏公式，直接求得測驗的信度係數。**盧農公式**（Rulon formula）如下：

$$r_{tt} = 1 - \frac{SD_d^2}{SD_x^2}$$

式中：SD_d^2是指每一個人在兩半測驗得分之差的變異量；SD_x^2為整個測驗總分的變異量。**范氏公式**（Flanagan formula）如下：

$$r_{tt} = (1 - \frac{SD_a^2 + SD_b^2}{SD_x^2})$$

式中：SD_a^2與SD_b^2分別表示兩半測驗分數的變異量；SD_x^2表示整個測驗總分的變異量。茲舉一計算實例，如表 3-3 所示。

表 3-3 以折半法計算信度係數

學生	奇數題（a）	偶數題（b）	a＋b	d	r
A	11	8	19	3	
B	10	6	16	4	
C	6	2	8	4	
D	5	1	6	4	
E	12	5	17	7	.79
F	4	1	5	3	
G	4	4	8	0	
H	8	6	14	2	
I	8	5	13	3	
J	2	2	4	0	

$$史布公式校正：r_{tt} = \frac{2 \times .79}{1 + (2 - 1) \times .79}$$

$$盧農公式：r_{tt} = 1 - \frac{3.8}{26.6} = .86$$

$$范氏公式：r_{tt} = 2(1 - \frac{10.0 + 5.2}{26.6}) = .86$$

二、庫李信度

一份測驗如果只施測一次，就可以採用**庫李法**（Kuder-Richardson method）來分析其信度，這種信度是分析受測者對測驗中**題目的內部一致性**（interitem consistency），其一致性的大小受到以下兩項變異誤差的影響：(1)**內容取樣**（content sampling）；(2)測驗題目的**異質性**（heterogeneity）。測驗題目的**同質性**（homogeneity）愈高，其題目間的一致性也愈高（Anastasi, 1982），例如：第一個測驗只有加法的題目，第二個測驗包含減法、乘法與除法的題目，則前者題目一致性高於後者，後者的異質性高於前者。測驗題目的同質性是指，測驗中所有題目測量相同特質性的程度。

庫德（G. F. Kuder）與李查遜（M. W. Richardson）共同發表了分析題目間一

致性的方法，該方法適用在一個測驗僅實施一次，而且不必將測驗分數分為兩半。它是分析受測者對每個題目的作答反應。他們原先設計出許多公式，不過其中最常用的是**庫李 20 號公式**（Kuder-Richardson formula 20），其公式如下：

$$r_{KR20} = (\frac{k}{k-1})(1 - \frac{\Sigma pq}{S^2})$$

式中：r_{KR20} 代表庫李 20 號公式所估計出來的信度係數；k 代表題數；p 代表答對某一題的人數百分比；q 代表答錯某一題的人數百分比（即 q = 1 − p）；Σpq 代表 p 與 q 成績的總和；S^2 為總分的變異量。茲舉一例，如表 3-4 所示。

表 3-4　以庫李 20 號公式（KR_{20}）計算信度係數

| | | 測 驗 題 目 | | | | | 總分 | 平均數（X） |
		1	2	3	4	5		
學生	甲	1	1	1	0	1	4	
	乙	1	1	1	0	0	3	2
	丙	0	0	1	0	0	1	
	丁	0	0	0	0	0	0	
	p	$\frac{2}{4}$	$\frac{2}{4}$	$\frac{3}{4}$	0	$\frac{1}{4}$	$\Sigma pq = \frac{14}{16}$	
	q	$\frac{2}{4}$	$\frac{2}{4}$	$\frac{1}{4}$	1	$\frac{3}{4}$		

計算：1. n = 5

2. $SD_t^2 = \frac{(4-2)^2 + (3-2)^2 + (2-2)^2 + (1-2)^2 + (0-2)^2}{4} = \frac{10}{4}$

3. $r_{KR20} = \frac{5}{4}(1.00 - \frac{14/16}{10/4}) = 0.81$

由庫李 20 號公式計算測驗的信度，需分別計算每個題目答對與答錯人數百分比的乘積總和，以確定所有題目的變異量，如果測驗題數很多計算就相當費時，在學校教師自編的學科測驗，各個題目的變異量如果相當一致，在這種情況之下，就可以採用**庫李 21 號公式**（Kuder-Richardson formula 21），該公式如下：

$$r_{KR21} = (\frac{n}{n-1})(\frac{SD_t^2 - \Sigma \bar{p}\bar{q}}{SD_t^2})$$

$$= (\frac{n}{n-1})(1 - \frac{\Sigma \bar{p} \bar{q}}{SD_t^2})$$

$$= \frac{nSD_t^2 - \bar{X}(n - \bar{X})}{(n-1)SD_t^2} = \frac{n}{n-1}\left[\frac{\bar{X}(n - \bar{X})}{nSD_t^2}\right]$$

式中：r_{KR21}：全份測驗的信度；n：測驗的題數；SD_t：測驗分數的標準差；SD_t^2：測驗總分的變異量。

$$\bar{q} : \bar{q} = 1 - \bar{p}$$

式中：$\bar{p}$：題目的平均難度；$\bar{q}$：測驗總分的平均數。

以表 3-4 的資料帶入上述公式，可以得到庫李 21 號公式的信度係數如下：

$$r_{KR21} = \frac{5}{4}\left[1 - \frac{2(5-2)}{5(10/4)}\right] = 0.65$$

庫李信度適用於答對 1 題得 1 分，答錯 1 題得 0 分的一般標準化測驗。由庫李 21 號公式所計算出來的信度係數，通常低於庫李 20 號公式所估計的結果，同時其正確性也比較低。

三、Cronbach α 係數

在多重計分的測驗題，例如：人格測驗、評定量表、態度量表等；又如：受測者填答「非常贊同」給 5 分，「贊同」給 4 分，「無意見」給 3 分，「不贊同」給 2 分，「非常不贊同」給 1 分，這種李克特式題型（Likert-type format）的測驗或態度量表，應採用寇龍巴（Cronbach, 1951）所設計的 α 係數，其公式如下：

$$\alpha = \frac{n}{n-1}(1 - \frac{\Sigma SD_i^2}{SD_t^2})$$

式中：α：估計的信度；n：測驗的題數；SD_i^2：每一題分數的變異量；SD_t^2：測驗總分的變異量。

茲以表 3-5 的資料為例，說明 α 係數的計算方法。

表 3-5　Cronbach α 之計算過程

		測 驗 題 目					分數
		1	2	3	4	5	合計
學生	甲	6	8	9	1	7	31
	乙	8	8	8	2	4	30
	丙	0	3	6	1	3	13
	丁	2	1	1	0	2	6
合計		16	20	24	4	16	80
平均數		4	5	6	1	4	20

計算：1. $n = 5$

2. $SD_t^2 = \dfrac{SS(x)}{n} = \dfrac{(31-20)^2 + (30-20)^2 + (13-20)^2 + (6-20)^2}{4}$

$\qquad = 116.5$

3. $SD_1^2 = \dfrac{(6-4)^2 + (8-4)^2 + (0-4)^2 + (2-4)^2}{4} = 10.0$

4. 同理 $SD_2^2 = 9.5$，$SD_3^2 = 9.5$，$SD_4^2 = 0.5$，$SD_5^2 = 3.5$

5. $\Sigma SD_i^2 = 10.0 + 9.5 + 9.5 + 0.5 + 3.5 = 33.0$

6. $\alpha = \dfrac{5}{4}\left(1.00 - \dfrac{33.0}{116.5}\right) = 0.90$

　　α 係數公式是由庫李 20 號公式衍生出來的，當測驗題目完全同質性時，α 係數與庫李 20 號公式所計算出來的信度係數，或與折半信度係數都很接近。但是，當測驗題目為異質性時，α 係數與庫李 20 號公式所計算出來的信度，就低於折半信度。這兩種信度係數與范氏公式、盧農公式，所估計的折半係數的平均數相等（Hopkins & Stanley, 1982）。

　　庫李信度與 α 信度係數的應用都有日益普遍的趨勢，但是它有以下兩項限制：第一，不適用於估計速度測驗的信度，如果使用這兩種信度，對速度測驗信度會有高估的傾向，但是它們對於非速度測驗就容易產生低估的傾向（Aiken, 1982）；第二，無法顯示**時間取樣**（time sampling）對測驗分數的影響，只能顯示測驗內

容取樣以及內容異質性所占的誤差量。

四、侯伊特信度係數

侯伊特（Hoyt, 1941）另創一種分析測驗內部一致性的方法，將**變異數分析**（analysis of variance）求得題目的變異量、受測者間的變異量與誤差變異量，帶入下列公式，即可求得信度係數。其公式如下：

$$r_H = 1 - \frac{MS_{errors}}{MS_{individuals}}$$

式中：r_H：侯伊特信度係數；MS_{errors}：誤差的均方；$MS_{individuals}$：受測者間的均方。

上述變異量的計算例子請參見表 3-6 與表 3-7，以**離均差平方和**（sum of square，簡稱 SS）除以**自由度**（degree of freedom，簡稱 df），就是**均方**（mean of square，簡稱 MS）。侯伊特信度係數的計算，是用 1 減誤差的均方與受測者間均方的比值。利用侯伊特變異數分析法所求得的測驗信度，與庫李 20 號公式（KR_{20}）以及寇龍巴 α 係數，所計算的結果相同。

表 3-6 五名學生在 4 個測驗題目得分之變異數分析

學生	測驗題目 1	2	3	4	x	x^2
甲	3	5	4	3	15	59
乙	5	4	3	5	17	75
丙	1	3	2	3	9	23
丁	4	2	4	2	12	40
戊	3	4	2	4	13	45
Σ	16	18	15	17	66	242

總變異量 $= 242 - \frac{(66)^2}{20} = 24.2$

$$題目間離均差平方和 = \frac{(16)^2+(18)^2+(15)^2+(17)^2}{5} - \frac{(66)^2}{20} = 1$$

$$受測者間離均差平方和 = \frac{(15)^2+(17)^2+(9)^2+(12)^2+(13)^2}{4} - \frac{(66)^2}{20} = 9.2$$

$$誤差之離均差平方和 = 24.2 - 1 - 9.2 = 14$$

表 3-7　變異數分析摘要

變異來源	離均差平方和 SS	自由度 df	均方 MS	F
題目間	1	3	0.33	0.28
受測者間	9.2	4	2.30	1.97
誤差	14	12	1.17	
總變異量	24.2	19		

$$r_H = 1 - \frac{MS_{errors}}{MS_{individuals}} = 1 - \frac{1.17}{2.30} = .49$$

肆　評分者法

　　評分者法（scorer method）是指，由評分者來評分的測驗。測驗如果屬於客觀式題目，計分有一定客觀的標準，不會受到評分者主觀判斷的影響，這種測驗不必估計其評分者信度。但是有一些測驗，例如：作文、藝術作品、申論題、投射測驗、創造思考測驗、情境測驗等，缺乏客觀的評分標準，這些測驗的信度，適合求其評分者信度（scorer reliability）。

　　評分者信度是由不同評分者分別評閱測驗卷或評量不同作品，再以統計方法求其評分的一致性。估計評分者信度時，通常會請兩名評分者或更多名評分者，分別評閱一些相同的試卷或作品，然後根據所評分數或等第，求其相關係數，就可以得到評分者信度。評分者信度愈高，表示不同評分者對所評閱測驗卷或對作品的看法愈一致；反之，如果評分者信度愈低，就表示不同評分者對給分標準，彼此愈不一致。

一、兩名評分者

假如評分者只有兩名,在計算其評分者信度時,可以採用**斯皮爾曼等級相關**（Spearman Rank Correlation）。該相關的計算公式如下:

$$r_s = 1 - \frac{6\sum d^2}{N(N^2-1)}$$

式中:r_s:斯皮爾曼等級相關係數;d:被評作品分數等第之差;N:被評之作品數。

茲以 2 名國小教師評定 7 名學生的美術作品成績為例,說明評分者的信度,如表 3-8 所示。由該表可知,甲、乙兩名教師,對 7 名學生美術作品的評定結果,其斯皮爾曼等級相關係數為 .93,進一步查統計表的等級相關係數臨界值,結果發現該值已達到統計上相當顯著水準（p < .01）,也就是說,這 2 名教師對 7 名學生美術作品的評定相當一致。

表 3-8　兩位評分者信度之計算

學生美術作品	甲教師評定		乙教師評定		d	d^2
	分數	等第	分數	等第		
A	76	6	79	5	1	1
B	84	3	85	3	0	0
C	90	1	86	2	−1	1
D	67	7	70	7	0	0
E	78	5	74	6	−1	1
F	89	2	87	1	1	1
G	82	4	80	4	0	0
N = 7						$\sum d^2 = 4$

註:d 是等第之差。

$$r_s = 1 - \frac{6\times 4}{7(7^2-1)} = .93$$

二、多名評分者

如果評分者超過兩名以上時，可以採用**肯德爾和諧係數**（Kendall Coefficient of Concordance）來求其評分者信度。該信度係數的公式如下：

$$W = \frac{12S}{K^2(N^3 - N)}$$

式中：W：肯德爾和諧係數；K：評分者的人數；N：被評的人數或作品數；S：每一個被評者或作品分數等第累加之和，與其等第平均數的離均差平方和。

茲以表 3-9 舉例說明 5 名國民小學教師，評定 7 名學生作文成績的評分者信度。由該表可知，5 名國民小學教師對 7 名學生作文的評定結果，其肯德爾和諧係數為 .616，經查統計表發現，該值已達到顯著水準。由此可見，這 5 名國文教師的評分之間有相關存在，也就是他們的評分相當一致。

為了增進評分者信度，可以讓每一名評分者對所評定的題目先行評分，然後相互討論，找出彼此評分差異的原因，這樣有助於對計分標準產生共識，同時也可以提高評分者信度。

表 3-9　五位評分者評分者信度之計算（表內數字為等第）

評分者 （K = 5）	學生作文（N = 7）						
	A	B	C	D	E	F	G
甲	3	6	1	7	5	4	2
乙	5	3	2	6	1	3	4
丙	4	5	2	3	6	7	1
丁	4	5	1	6	2	7	3
戊	5	7	1	4	3	2	6
R_i	21	26	7	26	17	23	16

$$\Sigma R_i = 21 + 26 + 7 + 26 + 17 + 33 + 16 = 146$$
$$\Sigma R_i^2 = (21)^2 + (26)^2 + (7)^2 + (26)^2 + (17)^2 + (33)^2 + (16)^2 = 3476$$

$$S = 3476 - \frac{(146)^2}{7} = 430.85$$

$$W = \frac{12 \times 430.85}{5^2(7^3 - 7)} = .616$$

伍 信度類型與測量誤差

一、測驗型式、測驗次數與信度

測驗實施次數以及是否需要使用複本,所採用估計信度的方法,如表 3-10 所示。由該表可知,同一份測驗只施測一次,估計其信度方法時,適用折半法與庫李法,如果施測兩次可以採用重測法;假如測驗有複本,而且只能實施一次,就適於採用複本法同時施測之。假如測驗有複本,可以對受測者隔一段時間再實施測量,就可以採用複本法間隔實施測驗。

表 3-10　不同測驗型式、測驗次數與信度估計方法

測驗次數	測驗是否使用複本	
	否	是
一次	折半法 庫李法	複本法 (立即實施)
二次	重測法	複本法 (間隔實施)

二、各種信度類型與其誤差來源

各種信度係數類型及其誤差來源,如表 3-11 所示。由該表可知,測量誤差來自內容取樣者為複本信度(立即實施)與折半信度;來自時間取樣者為重測信度;來自時間取樣與內容取樣者為複本信度(間隔實施);來自內容取樣與內容異質性者為庫李信度與 Cronbach α 係數;來自評分者誤差者為評分者信度。

表 3-11　各種信度係數與誤差變異來源之關係

信度類型	誤差來源
重測信度	時間取樣
複本信度（立即實施）	內容取樣
複本信度（間隔實施）	時間取樣與內容取樣
折半信度	內容取樣
庫李信度與 Cronbach α 係數	內容取樣與內容異質性
評分者信度	評分者的誤差

　　任何信度係數，都可用它來解釋各種變異來源所占的百分比。當信度係數為 .80 時，可以解釋為：在測驗的實得分數中，有 80%的變異量來自測驗所欲測量的特質，其餘 20%就來自誤差變異量。以統計學的術語來說，相關係數的平方相當於共同變異量所占的比率。測驗實得分數與真實分數相符合的程度，稱為**信度指數**（index of reliability），信度指數的平方等於信度係數。

　　茲舉一個實例，說明真正特質變異量與誤差變異量的關係。假設以創造思考測驗對大學二年級學生施測，而且前後間隔 5 週，得到複本信度為 .70，庫李信度為 .80。根據這二種信度係數，可以推估各種變異來源所占的百分比，與真正特質變異量所占的百分比。由表 3-12 可知，此測驗的誤差總變異量占 50%，其中時間取樣誤差占 30%，內容取樣誤差占 20%，真正特質變異量占 50%。

表 3-12　某測驗中變異誤差的來源分析

重測信度	$1-.70=.30$（時間取樣誤差變異數）
庫李信度	$1-.80=.20$（內容取樣誤差變異數）
總誤差變異量	$.30+.20=.50$（內容取樣）
真正特質變異量	$1-.50=.50$

真正特質變異量：50%	總誤差變異量：50%	
50%	30%	20%
	時間取樣誤差	內容取樣誤差

第三節　速度測驗的信度

　　在解釋測驗分數的時候，應先了解該測驗是測量速度或難度。**速度測驗**（speed test）主要目的在測量受測者完成作業的速度，這種測驗的所有題目都是低難度，例如：有一張紙橫列與縱行各 20 個數目字，每一行都由 0 至 9 等數字任意排列，測驗時限制受測者在 1 分鐘以內把數字「3」用筆劃去，測驗結果計算每一名受測者總共正確劃去幾個「3」，這種測驗就是速度測驗。

　　速度測驗都有限定完成測驗的時間，但是當測驗題目很多，幾乎沒有受測者能夠在規定時間內做完，在這種情況下每一名受測者的分數，以其反應速度來表示。反之，難度測驗大都有足夠的時間讓受測者來回答問題，題目的難度依序漸增，有些題目非常困難，所有受測者都無法得到滿分。

　　有時候，速度測驗與難度測驗之間只是程度上的不同而已，大多數測驗都涵蓋速度與難度的成分。一個測驗如果只實施一次就要求其信度，例如：折半信度或庫李信度，就不適用於速度測驗，因為受測者在測驗分數上的差異，決定於作業的速度，其信度係數的計算僅基於作業速度的一致性，因此由這些方法所得到的信度係數會偏高。

　　假設一個測驗計有 50 題，而且都是屬於速度測驗，則受測者分數的差異完全決定於完成的題數，而非答錯的題數。如果有一名受測者得到 44 分，而其奇數題與偶數題各答對 22 題，除非少數題目不小心答錯，否則其信度係數會接近 +1.00。這對該測驗的真正信度毫無意義可言。此外，受測者測驗分數的差異決定於其作業的速度，因此實施一次測驗的信度係數，不能做適當的解釋。

　　速度測驗的信度分析，比較適用於複本信度以及重測信度。有時也可以採用折半法，但是此時應以時間來折半而非以完成的題目來折半。採用折半法求速度測驗的信度，可以將題目分成兩半分別印在不同試卷上，再將此份測驗的一半時間，分別在不同時段實施此兩半題目的測驗，求得的相關係數以史布公式校正之，

就可以求得該測驗的信度。

如果不容易實施此兩半測驗，另外有一種方法就是將全部時間分成 4 等分，並且求得每一個 4 等分時間內的分數，第 1 個時段與第 4 個時段的得分相加，代表半個測驗的分數，第 2 個時段與第 3 個時段的得分相加，代表另外一半的分數，再將這兩半分數分析其折半信度。這種將四分之一時段合併的方法，可以平衡由練習、疲勞以及其他因素所造成的影響，這種方法特別適用於測驗題目不是特別難的情況。

第四節　標準參照測驗的信度

在**標準參照**（criterion-referenced）的情境下，學生努力達成一系列的目標，每一目標的成就可用以下兩種方法來評估：(1)了解學生已經達成學習目標，讓其繼續學習更深的教材；(2)了解學生尚未達成學習目標，則給予補救教學。因為決定學生是否精熟教材內容，對受測者而言相當重要。

標準參照測驗（criterion-referenced test）也要有良好的信度，才有實用價值。標準參照測驗的主要目的，是在比較受測者的不同學習成就水準，教師可以使用標準參照測驗來了解學生的個別差異情形。如果所有受測者都已達到了通過的水準，則測驗分數的變異性接近零；換言之，測驗分數的變異性相當小。因此，標準參照測驗不在分辨受測者的成熟水準，在此情況下，就不適合採用傳統的常模參照相關法，估量其信度（Aiken, 1985）。

在常模參照的測驗理論中，使用測驗者特別重視測驗分數的精確性，標準參照也是一樣，就是測驗分數誤差愈小愈好。但是，標準參照特別重視決定測驗分數通過與否。以下分別就標準參照測驗，以重測法、複本法以及評分者一致性法，探討其信度估量方法。

壹 重測法

有兩種統計方法，可以用來計量受測者是否被評定為通過的一致性：(1)假設 P_0 為兩次將受測者分類為通過或不通過一致性的比率；(2)假設 K 為校正 P_0 中受機會影響的機率，其統計方法及應用分別說明如下。

假設有一個標準參照測驗，分別兩次對 50 名學生實施測驗，結果分類為通過與不通過的一致性，如表 3-13 所示。再將該表中每一個細格中的數目字，除以總數目字（50），就可以成為表 3-14 中所顯示的百分比。

表 3-13　50 名受測者在標準參照測驗被判定為通過或不通過之人數

		第一次實施		合計
		通過	不通過	
第二次實施	通過	（a） 30	（b） 7	（a＋b） 37
	不通過	（c） 3	（d） 10	（c＋d） 13
	合計	（a＋c） 33	（b＋d） 17	（a＋b＋c＋d） 50

表 3-14　將表 3-13 的資料以百分比表示

		第一次實施		合計
		通過	不通過	
第二次實施	通過	（a） 0.60	（b） 0.14	（a＋b） 0.74
	不通過	（c） 0.06	（d） 0.20	（c＋d） 0.26
	合計	（a＋c） 0.66	（b＋d） 0.34	（a＋b＋c＋d） 1.00

在計算 P_0 時,先計算表 3-14 中 a 與 d 細格的總和。在本例中,a + d = .80,這個數字就是前測與後測,都同時通過或不通過的人數百分比,可是這個數目會有高估的傾向,因為評定者在做決定時,難免會受到機遇率的影響。表格中的機遇率因素計算公式為:(a + b)×(a + c)+(c + d)×(b + d),將表中的數字帶入,(0.74)×(0.66)+(0.26)×(0.34)= 0.58,再代入柯恆統計公式(Cohen Kappa Statistic,簡稱 K),就可以測得排除機遇率影響的一致性。其公式如下:

$$K = \frac{P_o - P_e}{1 - P_e}$$
$$K = \frac{0.80 - 0.58}{1 - 0.58} = 0.52$$

在使用以及解釋 K 時,必須注意以下因素:

1. K 值介於 1.00 與 −1.00 之間表示全部一致,−1.00 表示全部不一致。K 值如果小於 0.00 就表示分類不一致。K 值通常小於 P_0;K 與 P_0 的差距是做決定時受機遇率影響大小的函數。

2. K 之極大值為 $K_{max} = \frac{(a + 2c + d) - P_c}{1 - P_c}$。

3. P_0 和 K 依影響決定通過與否的因素而定,例如:決定通過與否的分數,測驗長度(測驗涵蓋的題數)、每個選擇題選項的多寡、受試團體的同質性。因此,在解釋 K 與 P_0 值時,應考慮到這些因素。

貳 複本法

在標準參照測驗中,使用複本法分析信度時有一種簡單的方法,分析教師將受測者分類為通過或是不通過的一致性,也就是**百分比一致性**(Percent Agreement,簡稱 PA)。茲舉一例子說明其分析方法,例如:以甲測驗正本與乙測驗複本,對 50 名學生實施數學成就測驗,其結果如表 3-15 所示。其中有 32 名學生在甲、乙兩份測驗上都達到通過,而 8 名學生則在甲、乙兩份測驗都不通過,其餘

學生在甲測驗達到通過，但是在乙測驗則未達到通過的水準，或在甲測驗未通過，但是在乙測驗卻通過。其人數百分比一致性的計算公式如表 3-15 所示。

表 3-15　50 名學生在數學成就測驗上通過與不通過的人數

		乙測驗		合計
		通過	不通過	
甲測驗	通過	a 32	b 5	a + b 37
	不通過	c 5	d 8	c + d 13
	合計	a + c 37	b + d 13	a + b + c + d 50

$$P_A = \frac{a}{N} + \frac{d}{N} = \frac{a + d}{N}$$

$$P_A = \frac{32}{50} + \frac{8}{50} = \frac{40}{50} = .80$$

經過計算以後，50 名學生在甲、乙測驗都達到通過的人數百分比，與都不通過的人數百分比，其一致性為 .80。

參　評分者法

評分者法有兩種情況：第一，同一評分者在不同情境下評定受測者的測驗分數；第二，不同評分者在相同（或不同）情境下評定受測者的測驗分數。P_0 與 K 可用來計算評分者的一致性。計算時要看第一次評定到第二次評定，通過或不通過人數的改變情形。在不同評分者的情況下，不同評分者個別在一次評定受測者為通過或不通過，然後再計算第一名評分者評分結果的改變情形，以及第二名評分者評分結果的改變情形。以 P_0 和 K 來計算不同評分者間的一致性，就可以得到評分者之標準參照測驗的信度。在實際計算時，評分者可以超過兩名以上。

第五節 影響信度的因素

測驗信度的高低，受到許多因素的影響，在解釋測驗信度時，首先應了解各種可能的影響因素，以免對測驗的可靠性做不正確的解釋，尤其是在比較不同測驗信度時，更應謹慎。影響測驗信度的因素至少包括：測驗長度、團體分數的變異性、測驗的難度、測驗的客觀性，以及估計測驗信度的方法等。以下分別說明這些影響因素，供使用測驗者參考。

 測驗的長度

在前述以折半法分析測驗信度時，可以採用史布公式求得原測驗未折半時的信度，該公式也可以直接計算測驗長度增加或減少如果若干倍以後，信度提高或降低多少。該公式如下：

$$r_{nn} = \frac{nr_{tt}}{1 + (n-1)r_{tt}}$$

式中：r_{nn} 為原測驗的信度係數；n 為測驗題目增加或減少的倍數；r_{tt} 為測驗未增減題目時的原信度係數。

例如：有某一測驗原信度係數 .50，當題目增加 4 倍時，其信度係數為 .80，其計算方式如下：

$$r_{nn} = \frac{4(.50)}{1 + (4-1)(.50)} = .80$$

如果某一測驗有 60 題，其信度係數為 .80，將該測驗題目減少一半成為 30 題時，則其信度成為 .67，其計算方法如下：

$$r_{nn} = \frac{\frac{1}{2}(.80)}{1 + (\frac{1}{2} - 1)(.80)} = .67$$

　　由上述可知，測驗原信度係數為 .50，題目增加為原測驗的 4 倍，其信度係數提高到 .80；測驗原信度係數 .80，題目減少一半之後，其信度係數減為 .67。由此可見，測驗的長度與其信度的高低有密切的關係。通常測驗題目愈少，信度就愈低；反之，題目愈多，信度就愈高。因為測驗愈短（題目數量少）時，受測者作答時猜測因素，會對測驗結果產生很大的影響，例如：一個字彙測驗只有 3 題，如果受測者猜對這 3 題，其得分雖然很高，但是這並不能代表其字彙的真正能力，因此，測驗分數是不能反映出所測量特質性真實程度。反之，假如測驗愈長，題目愈多，則測驗內容的代表性愈高，測驗分數愈不受到猜測因素的影響，其信度也就愈高。

　　一般而言，增加測驗題數可以提高信度，可是所增加的題目如果未經過**項目分析**（item analysis），有一些題目太難，全體受測者都答錯，或題目太簡單，全體受測者都答對，或所增加的題目與原測驗屬於不同領域範圍，或題目未依命題原理原則設計，以上因素都不容易提高測驗的信度。

　　因此想要提高測驗信度，在增加題目數的時候，應依據題目編製的原理來設計題目。但是題目如果過多，對於某些特殊對象的受測者（如幼兒）容易產生分心或疲勞現象，對其測驗結果也無多大的助益。因此，增加題目尚需要考慮受測者本身的條件以及有關的因素。在標準化測驗中，有些測驗的**分測驗**（subtest）題數很少，在使用該測驗時，應先仔細查閱測驗指導手冊中有關分測驗的信度資料，如果缺乏分測驗的信度資料，或其信度太低就缺乏實際的應用價值，寧可不加以使用，而僅就總測驗的信度來解釋較為合適。

 團體分數的變異量

　　受測者團體分數的變異情形，與測驗的信度有密切關係。如果其他條件都相等，則團體的測驗分數變異量愈大，其信度愈高；反之，測驗分數變異量愈小，其信度愈低。這種現象可以由底下公式說明，該公式如下：

$$r_{xx} = 1 - \frac{S_e^2}{S_z^2}$$

式中：S_e^2：誤差分數變異量；S_z^2：實得分數總變異量。

　　由以上公式可知，如果誤差分數變異量維持不變時，實得分數總變異量愈大，則測驗的信度愈高，實得分數總變異量就愈大，顯示團體成員的個別差異或**異質性**（heterogeneity）也愈大時；反之，實得分數總變異量愈小，顯示團體成員的個別差異愈小，也就是團體成員的**同質性**（homogeneity）愈高。因此，在分析一個測驗的信度時，應將該測驗施測於異質性的團體，例如：常態分班的班級，智商高、中、低的學生都有，就屬於異質性團體。如果以能力分班的班級學生作為施測對象時，因為學生的能力都很接近，測驗分數分布範圍會很小，所以不容易顯現該測驗的真實信度。

　　當測驗分數的分布範圍較大，在第二次測量時，分數少量的增減對其相對位置的影響較小，信度係數就會較高。反之，測驗分數的分布範圍較小，在第二次測量時，分數少量的增減，對其相對位置的影響較大。

　　假設甲、乙兩班學生各有 10 人，甲班學生在某一測驗上的分數，最高分與最低分差距 45 分，乙班學生測驗分數最高分與最低分只相差 8 分，因為甲班學生個別差異較大，所以誤差分數的變異量也會比較大，所以這兩班學生如果再實施一次相同的測驗，該測驗在甲班學生的測驗結果，其信度比較高，乙班則比較低。一個團體的變異程度與相關係數大小有密切關係，茲以圖 3-4 說明之。

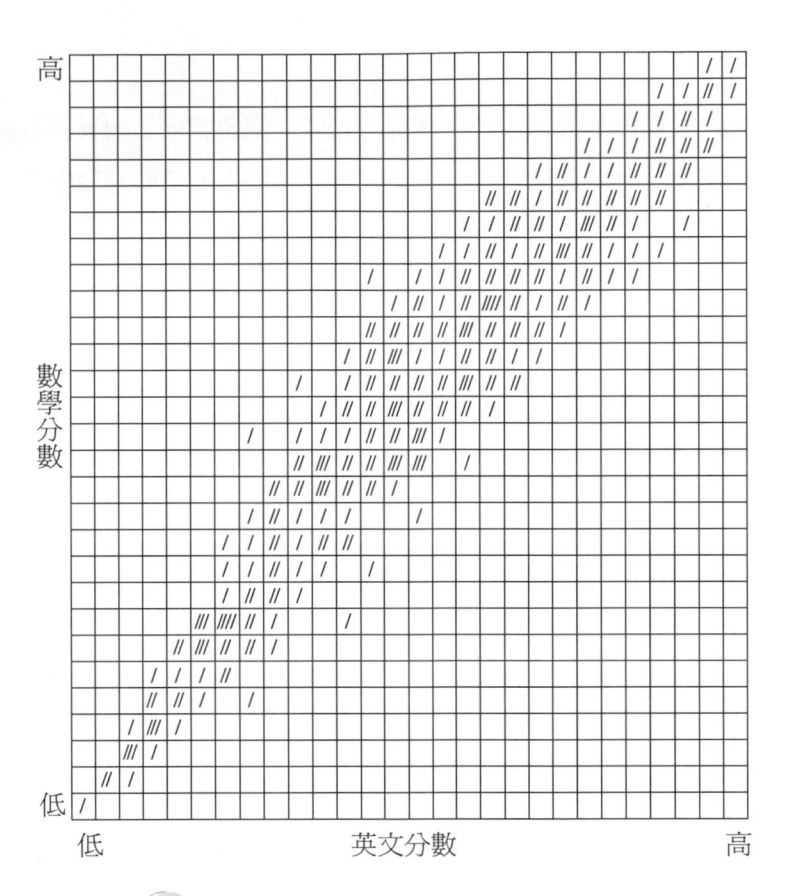

圖 3-4　團體變異程度與相關係數的關係

　　在該圖大正方形中可以發現，英文分數高低分者都有，所以其變異性很大，而且各細格子內的小斜線，大多沿著左下角往右上角對角線集中的趨勢，這兩項分數顯然具有很高的相關存在。可是，在右上角的小正方形中，英文分數集中在高分部分，其變異性很小，個別差異不大，各細格子內的小斜線分布極為零亂，沒有集中在對角線附近，其數學分數與英文分數的相關很低。由此可見，一個測驗信度的高低，受到受測者同質性的影響很大。

　　由於測驗的信度係數受到團體變異性的影響，因此使用測驗者在選用測驗時，應考慮建立該信度所施測的團體性質，如果測驗指導手冊上所記載的信度，依據

同質性的團體而建立，則其信度比較低，例如：以國中一年級為樣本，和以國小四年級到國中三年級所建立的信度將不相同，通常後者的信度比前者較高。由此可知，在選擇某一年級學生適用的測驗時，應設法找到與此年級相似或相同測驗對象所建立常模的測驗。

 參 測驗的難度

測驗的難度也會影響測驗的信度係數，由前述團體分數的變異量可知，分數變異量大的測驗，其信度比變異量小的測驗較高。測驗的題目如果太簡單，幾乎所有受測者都答對，或題目太難幾乎所有受測者都答錯，在這些情況之下，其分數的變異性就很小，測驗分數分布的範圍不大，因此其信度就比較低，這些現象由圖 3-5 就容易了解。

由該圖可知，第一個測驗最簡單，分數的分布從 75 分至 100 分，分布的全距為 25 分，該測驗的信度為 .50；第二個測驗最理想，因為難易適中，測驗分數的分布從 10 分至 100 分，全距為 90 分，其信度係數為 .90；第三個測驗最困難，測驗分數的分布從 0 分到 25 分，分數全距為 25 分，信度係數為 .50。由此可知，測驗題目難易適中（例如：p 值介於 .50 至 .70 之間者），可以使受測者測驗分數的全距擴大，也就是變異程度變大，因此可以提高測驗的信度。使用測驗者在選用測驗時，應考慮測驗的難度是否適中（p 值接近 .50），藉以提高測驗結果的可靠性。

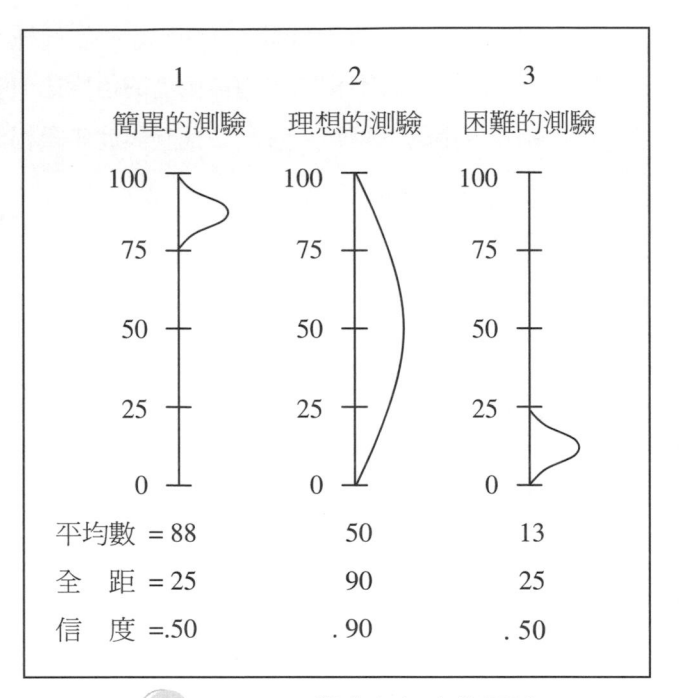

	1	2	3
	簡單的測驗	理想的測驗	困難的測驗
平均數 =	88	50	13
全　距 =	25	90	25
信　度 =	.50	.90	.50

 圖 3-5　題目難度與信度的關係

資料來源：取自 Gronlund (1976)

肆 測驗的客觀性

　　一個測驗如果有標準答案，評分就愈能夠客觀。反之，若沒有標準答案，評分就愈主觀。評分愈客觀的測驗，其信度愈高；評分愈主觀的測驗，其信度愈低。

　　客觀式測驗的題目大都有標準答案，所以其測驗結果比較客觀，信度也比較高，這一類測驗包括：是非、選擇、配對、重組、填充等題型。由於測驗題目有標準答案，因此可以利用電腦來客觀計分，凡是與考生個人權益有重大關係的升學考試，或是就業考試，皆適合採用客觀式測驗。

　　有一些測驗由於缺乏明確而客觀的標準答案，在評分時容易受評分者個人主觀因素的影響，因而降低測驗的信度。這一類測驗的題目大都屬於申論題、作文、問答題、投射測驗、藝術作品的評量等。上述測驗或評量因為評分相當主觀，為

了提高其信度，可以設法改善評分的標準與方式，例如：增加評分者人數、分析
評分者評分的一致性、對評分者提供參考答案或重點、評閱題目及評閱哪一份試
卷，都以隨機方式出現、受測者匿名等。

伍 估計測驗信度方法與信度係數的關係

各種測驗信度分析方法，都有不同的誤差來源。以不同方法來分析測驗的信
度，會影響測驗信度的大小。因此，在對測驗做合適解釋時，應先了解該測驗信
度的分析方法。分析信度的方法與信度大小的關係，請參見表 3-16。

表 3-16 估計信度方法與信度係數的關係

估計信度的方法	信度係數的大小
一、重測法	信度介於中等至高之間。如果前後兩次測驗時間間隔較短時，其信度可能高過折半信度。兩次測驗間隔時間愈長，信度係數愈低。
二、複本法 1.同時實施	信度介於中等至高之間。如果施測的間隔時間較短時，其信度低於重測法。
2.間隔實施	信度最低。施測間隔時間愈長，其信度愈低。
三、內部一致性法 1.折半法	信度較高，如用以估計速度測驗，對其信度會有高估的現象。
2.庫李法	信度比折半法低，如用以估計速度測驗，對其信度也會有高估的現象。

第六節 信度的解釋與應用

壹 信度係數的解釋

在使用各種測驗時，常會遇到信度應該要有多高的問題。事實上，這個問題並沒有標準答案，通常信度係數愈高，表示測驗可靠性愈大，因此信度愈高愈好。可是，有時仍需要視測驗的使用目的而定，比較嚴謹的標準化智力測驗，其信度至少應在 .90 以上，一般測驗信度在 .80 以上屬於中到高信度，在 .70 以下屬於低信度，但是不同性質的測驗，其信度水準就有所不同，如表 3-17 所示。

表 3-17　不同測驗工具普遍的信度水準

信度係數	測驗種類	信度解釋
.50		信度相當低
.60	一般投射測驗	
.70	評定量表	低信度
.75	教師自編測驗選擇題	
.80		中到低信度
.85	標準化成就測驗	
.90	標準化團體智力測驗	中到高信度
.95		幾乎沒有測量誤差

資料來源：Jensen (1980)

根據艾肯（Aiken, 1985）的觀點，如果測驗的目的是用來比較個人與他人的差異時，信度係數應在 .85 以上；如果測驗的目的在分析比較兩個團體平均分數的差異程度，則信度係數大約 .65 以上就可以了。

信度是真實分數變異量，占實得分數總變異量的比率。因此，在解釋測驗的

信度時，也可以從真實分數與實得分數之間的關係來加以解釋，例如：有一個測驗的信度係數為 .90，這一個數值顯示，在該測驗中有 90%的變異數是來自真正分數上的變異數，由測量誤差所占的比率為 10%。換言之，該測驗具有相當高的穩定性與可靠性。

 測量標準誤

一、測量標準誤的涵義

測量標準誤（standard error of measurement，簡稱 SEM）也可以表示測驗的信度，又稱為分數的標準誤差。一般測驗的信度係數，可以直接解釋，而測量標準誤就比較適合於解釋個人的分數，測量標準誤可以由測驗的信度係數來計算。

就心理計量學的原理來說，受測者接受某測驗無限多次的測量，其所得分數的平均數就是其真正的分數。可是在許多次重複測量中，會含有**機會誤差**（chance error）因素在內。因此，受測者在接受許多次重複測驗所得到的實得分數，與真實分數之間的差，稱為測量誤差。測量標準誤的公式如下：

$$SEM = SD\sqrt{1 - r_{tt}}$$

上述公式中，SEM 是測量標準誤，SD 是測驗分數的標準差，r_{tt} 是測驗的信度係數，兩者是以相同受測者團體的測量分數計算而得，例如：某國中三年級學生接受一份智力測驗，測驗結果發現其標準差為 15，信度係數為 .89，則該班學生智力測驗分數的測量標準誤等於 5 。

$$SEM = 15\sqrt{1 - .89} = 5$$

二、測量標準誤與信度係數的關係

由測量標準誤公式可知，當標準差是一個常數時，測驗的信度係數愈大，測

量標準誤就愈小；反之，當測驗的信度係數愈小時，則測量標準誤愈大。如果測驗毫無信度時（如信度係數等於 0），測量標準誤與測驗分數的標準差就相等。如果測驗信度很高時（如信度係數等於 1），測量標準誤就等於 0，也就是實得分數中沒有誤差的成分在內。

測驗的信度愈低，其測量標準誤愈大；測驗的信度愈高，其測量標準誤愈小。信度與測量標準誤之間的關係，可以由表 3-18 得知，不論標準差為何，信度係數愈小，測量標準誤就愈大，例如：標準差是 10，信度係數為 .10 時，測量標準誤等於 9.5；標準差是 10，信度係數為 .95 時，測量標準誤等於 2.2，其餘類推。由此可知，測驗的信度與測量標準誤之間，兩者成反比的關係。

三、測量標準誤的應用

測量標準誤可用來解釋個人測驗分數的意義，同時也可以用來比較不同測驗分數間的差異。信度與測量標準誤的關係，如表 3-18 所示。

（一）解釋個人測驗的分數

各種測驗因為都有測量的誤差，信度係數無法達到 1.00 的最高極限，因此不可以直接將受測者測驗所得到的原始分數（實得分數），解釋其真正的特質或能力，應使用測量標準誤來說明其測驗實得分數，代表真實分數的可靠程度，以實得分數推測其真實分數的**信賴區間**（confidence interval）。茲以一實例說明如下：

假設甲生數學成就測驗得到 70 分，該測驗的信度係數 .85，標準差 16，則該生真實的數學成就分數區間為何？由上述公式的計算，其**測量標準誤**（SEM）如下：

$$\text{SEM} = 16\sqrt{1 - .85} = 6.20$$

依據統計學常態分配原理（如圖 3-6 所示），在平均數上下各一個標準差區間內的機率占 68.26%、在平均數上下 2 個標準差區間內的機率占 95.44%、在平均數上下 3 個標準差區間內的機率為 99.72%。因此，該生的實得分數，落在真實

表 3-18　信度與測量標準誤的關係

測量標準誤　標準差　信度係數	5	10	15	20	25	30
.98	0.7	1.4	2.1	2.8	3.5	4.2
.95	1.1	2.2	3.4	4.5	5.6	6.7
.90	1.6	3.2	4.7	6.2	7.9	9.5
.85	1.9	3.9	5.8	7.7	9.7	11.6
.80	2.2	4.5	6.7	8.9	11.1	13.4
.75	2.5	5.0	7.5	10.0	12.5	15.0
.70	2.7	5.5	8.2	11.0	13.7	16.4
.65	3.0	5.9	8.9	11.8	14.8	17.7
.60	3.2	6.3	9.5	12.6	15.8	19.0
.50	3.5	7.1	10.6	14.1	17.7	21.2
.20	4.5	8.9	13.4	17.9	22.4	26.8
.10	4.7	9.5	14.2	19.0	23.7	28.5

資料來源：取自 Nitko (1983: 403)

分數上下各 1 個測量標準誤內的機率為 68.26%，落在真實分數上下各 2 個測量標準誤之內的機率為 95.44%，落在真實分數上下 3 個測量標準誤之內的機率為 99.72%。因為實際上測量不到甲生的真實分數，因此可以由其實得分數來推測真實分數的所在區間（Anastasi, 1988）。

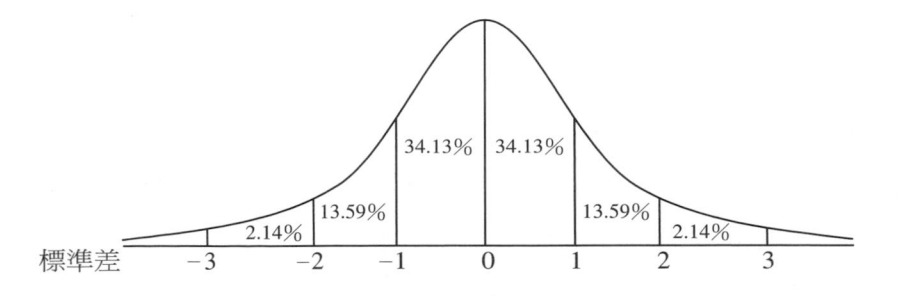

圖 3-6　常態分配曲線下人數百分比

甲生的測量標準誤 6.20，所以其真實的數學成就分數有 68.26%的機率介於 70＋1（6.20）與 70－1（6.20）之間，也就是介於 63.8 至 76.2 之間。有 95.44%的機率介於 70＋2（6.2）與 70－2（6.2）之間，也就是介於 57.6 至 82.4 之間。同理，有 99.72%的機會落入 70＋3（6.2）與 70－3（6.2）之間，也就是介於 51.4 至 88.6 之間。

由上述可知，採用測量標準誤來解釋個人測驗的分數，不是用一個特定的分數表示，而是以一**分數帶**（band of scores）來表示。用這種方法解釋測驗分數比較正確，因為任何心理測驗並非絕對準確的測量工具。

（二）解釋測驗分數的差異

在心理與教育測驗上，有時候需要比較測驗分數之間的差異情形，這些分數可能是同一個受測者在兩個不同測驗上的分數，也可能是不同受測者在同一個測驗上的分數，此時需要考慮測驗的信度與測量標準誤。

在解釋測驗分數時，常會遇到受測者在不同學科或不同領域的相對地位問題，例如：小明的數學比語文較強？大華的機械性向高於語文性向？假設小明在某綜合性向測驗上語文推理性向得 67 分，數學性向得 60 分，兩者相差 7 分，是否就是其語文性向優於數學性向？換言之，這些分數的差異有可能是由題目樣本的機率造成的。

為了解釋測驗分數的差異情形，可以使用測量標準誤，設計**側面圖**（profile）又稱剖面圖來說明。底下有一個例子，是使用區分性向測驗呈現個人測驗的分數，如圖 3-7 所示。在該圖中每一個分測驗的百分位數都以黑線帶來表示，受測者的真實分數大約有 90%的機率，落在黑線帶部分。在解釋此側面圖時，不同分測驗百分位數有重疊者，特別是重疊部分超過它們長度的一半長度時，就不必關心它們之間的差異，而應注意差距較大者，例如：語文推理與數學能力分數有明顯的差異；機械推理與文書速度也許並無顯著差異；抽象推理與機械推理的差異值得商榷。一般而言，兩個分數差異的標準誤，大於此兩個分數中任何一個分數的測量標準誤，其公式如下：

$$SE_{diff} = \sqrt{(SEM_1)^2 + (SEM_2)^2}$$

式中：SE_{diff} 為兩個測驗分數的差異標準誤；SEM_1 與 SEM_2 為兩個測驗的測量標準誤。

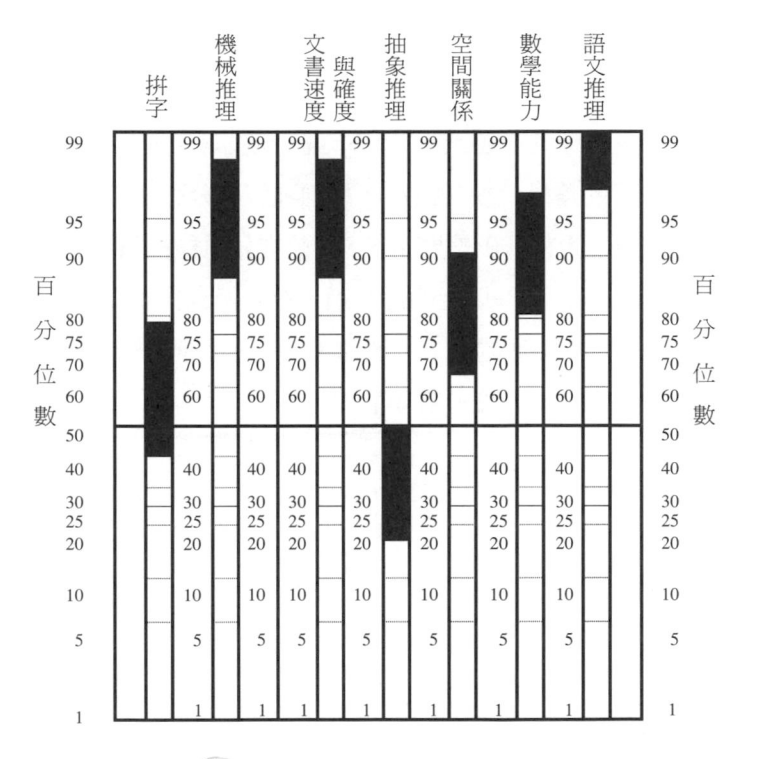

圖 3-7　區分性向測驗側面圖

測量標準誤的公式與信度的關係為：$SEM = SD\sqrt{1 - r_{xx}}$，如果將此公式代入上一個公式，就可以得到以下公式：

$$SD_{diff} = SD\sqrt{2 - r_{11} - r_{22}}$$

式中：r_{11}：第一個測驗的信度係數；r_{22}：第二個測驗的信度係數。

假設某生接受魏氏成人智力量表,其語文分數 70 分,實作分數 60 分,折半信度係數前者 .90,後者 .94,該智力量表的平均數 100,標準差 15,則這兩項分數差異的標準誤如下:

$$SE_{diff} = 15\sqrt{2 - .90 - .94} = 6.00$$

假設以 95%的信賴水準(就是誤差機率為 .05)來推測,該生的語文與實作智商分數的差異,至少要達到或超過 1.965 SE_{diff},也就是 1.96×6 = 11.76,才可確定這兩個分數有顯著的差異。換句話說,這兩種智商分數相差至少 11.76 分或以上,才能夠認為它們之間有真正差異存在。可是在做這種推論時,仍然冒著 5%的誤差。也就是說,我們有 95%以上的信心說,語文與實作智商分數相差 11.76 分或以上,它們之間確實有顯著的差異。因此,該生在這兩項智商分數相差 10 分,仍然不可輕易斷言其語文能力優於實作能力。

關 鍵 詞 彙

測量標準誤	評分者信度
折半信度	側面圖
重測信度	信度指數
誤差分數	內部一致性係數
複本信度	穩定係數
等值係數	穩定與等值係數
庫李信度	信賴區間

自我評量題目

1. 試說明信度的特性。

2. 某生接受智力測驗，結果其標準差為 10，信度係數為 .64，則該
   智力測驗的測量標準誤為多少？

3. 團體的測驗分數變異量與信度有何關係？試說明之。

4. 某一個測驗原來有 20 題，信度係數為 .64，若該測驗增至 80 題之
   後，則其信度係數等於多少？

5. 試說明庫李信度適用的時機。

6. 試說明α係數適用的時機。

7. 影響信度的因素有哪些？試說明之。

8. 哪些測驗適合使用評分者法，來分析其信度？

第四章　效　度

　　心理與教育學家常使用測驗來評估受測者的心理特質或行為，例如：以智力測驗或性向測驗預測學生學習成就；以人格測驗診斷受測者的人格特質，做為心理諮商與輔導的參考；以成就測驗評量學生學習的進步情形，以做為學業輔導的依據。如果這些測驗能夠達成其評估受測者心理特質的目的，就具有高的效度；反之，如果這些測驗的效度低，則測驗就不能夠達成其測量的目的。因此，以低效度的測驗來解釋測驗結果，就容易產生誤差。

第一節　效度的涵義

壹　效度的意義

　　效度（validity）是指，測驗能夠測量其所欲測量特質的程度。心理與教育測驗需要具有高的效度，才能夠成為良好而且可靠的測量工具。如果效度偏低，就無法達成其測量的功能，當然測量結果就不可靠。如果一個測驗效度偏低，則測驗結果就會不準確。因此，在選用測驗或編製測驗時，最應注意測驗的效度。

　　例如：一個語文推理測驗，它所要測量的特質是受測者的語文推理能力，如果測量的結果發現：語文推理測驗分數愈高的人，其語文推理能力愈好；反之，語文推理測驗分數愈低的人，其語文推理能力愈差，這就顯示該語文推理測驗是有效度的。

 效度的性質

測驗的效度具有以下幾項特性，它有助於了解效度的真實涵義，茲說明如下：

1. 心理測驗旨在測量人類行為的特質，這些特質常因時空的變化而有所改變。因此，效度只能間接測量。

2. 測驗的效度並非**全有或全無**（all-or-none）的問題。換言之，測驗沒有完全正確的或絕對不正確的。

3. 使用測驗者應先深入了解測驗的效度，才能夠對測驗結果做正確的解釋。

4. 效度的高低，可以使用統計方法來處理與分析。

第二節　效度的種類

美國教育研究學會（American Educational Research Association）、美國心理學會（American Psychological Association）和**國家教育測量委員會**（National Council on Measurement in Education）在西元 1974 年，共同出版《**教育與心理測驗標準**》（*Standards for Educational and Psychological Testing*）一書，將測驗的效度分為內容效度、效標關聯效度，以及建構效度等三大類。以下分別說明各類效度的性質及分析效度的方法。

壹　內容效度

一、內容效度的意義

內容效度（content validity）是指，測驗的題目能夠測量其所欲測量內容的程度。內容效度的建立，宜先從教材範圍內選擇適當的題材來編製題目。通常採用邏輯的分析方法，並且判斷每一個測驗題目是否符合教學目標與教材內容，如果測驗題目與教學目標相互符合，同時測驗題目對教材內容具有代表性，則該測驗

具有高度的內容效度。內容效度的分析是屬於邏輯的分析，因此內容效度又稱為**邏輯效度**（logical validity），或稱為**取樣效度**（sampling validity）。

　　學校教師對學生實施某學科成就測驗，如果該測驗的題目涵蓋所欲達到的教學目標以及教材的重要內容，則該測驗就具有內容效度。但是，了解測驗內容效度的高低，需要了解教學目標的涵義，並且了解教學內容所強調的知識、概念與技能為何。測驗的所有題目如果能夠合乎教學目標與教材內容，此測驗就具有內容效度；反之，如果測驗題目的設計，不符合教學目標與教材內容，此測驗則不具有內容效度，例如：大學入學考試的英文科，如果考試的題目內容，大部分試題出自高中教科書第三至第五冊，這樣就容易缺乏內容效度；如果考試題目平均分散在每一冊每一單元，則可以提高內容效度。由此可知，在建立測驗內容效度時，應注意測驗題目與教學目標及教材內容是否相吻合。

二、內容效度的判斷方法

　　一個測驗要具有良好的內容效度，在編製測驗題目之前，應先檢視相關的課程內容與教科書，並且諮詢課程專家的意見，確定所要測量的教學目標與教材內容，根據教學目標與教材內容這兩個向度，建立**雙向細目表**（two-way specification table），然後依據雙向細目表來編寫適合的測驗題目。

　　測驗編製者在測驗指導手冊中，宜提供雙向細目表，並且詳細說明測驗題目編製的程序、課程專家參與的人數與其資格、測驗題目分類的標準等資料，這樣有助於內容效度的判斷。如果由課程專家共同判斷題目內容的分類，應說明其彼此間評斷的一致性。

　　假設表 4-1 是國中三年級數學成就測驗的雙向細目表，表中的題數表示該單元教材內容與教學目標的相對重要性。該測驗編製者從國中三年級數學的教材內容與教學目標，選出的教材內容包含：圓心角 19 題、圓周角 16 題、弦切角 20 題、圓內角 24 題、圓外角 21 題，合計 100 題。此外，在教學目標方面，有 23 題屬於記憶的題型、27 題屬於概念的理解、26 題屬於概念的應用、24 題屬於分析的能力，合計 100 題。

表 4-1　數學成就測驗雙向細目表

| 教材內容 | 教　學　目　標 | | | | 合計 |
	記憶	理解	應用	分析	
圓心角	5	6	4	4	19
圓周角	3	5	5	3	16
弦切角	4	6	5	5	20
圓內角	7	6	7	4	24
圓外角	4	4	5	8	21
合計	23	27	26	24	100

　　教師自編的學科測驗，為了提高其內容效度，可以將測驗題目初稿送請課程專家對測驗題目逐題評量，並且提供修正意見，再根據課程評鑑專家的意見修改題目初稿，使其成為正式的測驗題目。如果不修正題目，可以使用統計方法，分析不同評鑑專家評量的一致性，以代表該測驗的內容效度。

三、內容效度的應用

　　內容效度適於評量成就測驗，它可回答教育與職業成就測驗兩個效度的基本問題：第一，測驗是否涵蓋特殊技能與知識的代表性樣本？第二，測驗的成績是否不受無關因素的影響？內容效度特別適用於標準參照測驗，因為受測者在這些測驗的成績是依據測驗內容來解釋的，因此其有效性首先應考慮內容效度。

　　內容效度也可以使用在某些職業測驗，以利員工甄選與分類。這種效度適用於測驗內容，涵蓋某一職業所需知能的樣本，因此要先進行工作分析（job analysis）。可是，就性向與人格測驗而言，就不適於採用內容效度。

四、表面效度

　　表面效度（face validity）是指，測驗題目給受測者看起來是有效的。因此，受測者願意全心來回答測驗的問題，進而使測驗結果的效度提高。事實上，表面效度不是一種客觀的效度，因為它不是指測驗能夠測量到什麼。雖然表面效度不

能得到測驗的真正效度，可是它也是測驗的一項重要特徵，例如：使用兒童智力測驗的題目來測驗大學生，受測者接受這種測驗時，容易因為覺得題目太簡單而不願意認真來做答，因此導致測驗結果失真，這是由該測驗缺乏表面效度所造成的。

測驗的編製者應注意表面效度，以增進測驗的客觀效度。為了取得受測者的合作，在測驗的內容和指導語方面，必須符合受測者的學經歷背景，這樣受測者較容易對測驗內容來認真作答，也可以提高測驗的效度。

 效標關聯效度

一、效標關聯效度的涵義

效標關聯效度（criterion-related validity）是指，一個測驗的分數與**外在效標**（external criterion）之間的相關程度。它是以經驗性的方法，分析測驗分數與外在效標的關係。因此，效標關聯效度又稱為**統計效度**（statistical validity）或**經驗效度**（empirical validity）（Thorndike, 1997）。如果測驗分數與效標的相關係數愈大，就表示該測驗的效標關聯效度愈高；反之，效標關聯效度愈低。

例如：某測驗學者分析高中數學科測驗的效度，以大學入學考試數學成績當作效標，如果高中生在數學科測驗上的得分，與大學入學考試數學成績的相關很高，就表示該高中生的數學科測驗具有很高的效度；反之，如果兩者相關很低，就表示該測驗的效度很低。

二、效標的特性

測驗使用者在分析測驗的效標關聯效度時，需找尋適當的效標資料，而適當的效標至少應具備以下幾個特性：

1. 客觀性：良好的效標應避免**效標混淆**（criterion contamination）。效標混淆是指，一個人事先知道受測者的測驗分數，這樣可能會影響其對受測者

在效標測驗的評分，例如：某工廠主管事先知道一名工人的機械性向測驗分數很低，這可能使得主管對該名工人工作績效的評估，給予很低的評分。這種混淆現象主要來自評分者，其對受測者測驗分數已經產生先入為主觀念的影響。為了避免效標混淆，不可讓已經知道受測者測驗分數的人，參與效標測驗的評分。

2. 可靠性：一個良好的效標資料，應具備可靠與穩定的特徵。如此，測驗所得到的資料方可對效標作可靠的預測。

3. 適切性：效標是否具**適切性**（relevance），不容易客觀評估，通常交由測驗學者專家做判斷，例如：以學校各學科總成績作為音樂性向測驗的效標，顯然不如以音樂學科的成績作為效標較為適切。

4. 實用性：在選擇測驗效標時，經常遭遇到取得效標時間、來源、費用等問題。如果取得某一次效標資料，需要獲得某些機構主管的同意，則此效標的**實用性**（availability）比較低；又如：需要經過很長時間或花費龐大的經費才可獲得的效標，則此效標的實用性也比較低。

三、效標的種類

測驗依據其用途的不同，可以採用不同的效標來檢驗其效標關聯效度。心理與教育測驗常用的效標如下：

1. 學科成就測驗分數：如期中或期末考試分數、入學考試成績、畢業考試成績。

2. 職業訓練的表現：如教師教學表現、醫師執業的醫療表現、心理師的執業表現。

3. 實際工作的表現：如操作機械的分數。

4. 具有高效度的測驗：如魏氏智力量表、比西智力量表。

5. 專業人員的評量：如精神科醫師對患者人格異常的評等、心理師對案主生活適應的評估；教師對學生行為的評等。

6. 心理異常的診斷：如美國精神醫學會出版《心理異常的診斷及統計手冊》

（第四版）（*Diagnostic and Statistical Manual of Mental Disorders,* 4th ed., DSM-IV），所作的分類。

四、效標關聯效度的種類

效標關聯效度依效標獲得時間的不同，可以分為同時效度與預測效度兩類，茲分別說明如下。

（一）同時效度

同時效度（concurrent validity）是指，某測驗分數與同一時間的效標之間的相關程度，例如：某一測驗專家編製一份保險人員推銷性向測驗，為了探討該測驗的效度，於是將此份測驗測量一群保險公司推銷人員，並且以這些人員推銷保險的業績作為效標，然後統計推銷性向測驗分數與推銷保險業績之間的相關，所得到的相關係數就是同時效度。

同理，某數學教師自編一份國中數學科測驗，在考驗該測驗的同時效度時，可以抽選一群具有代表性的國中學生，實施該數學測驗，並以這些學生上學年的數學學業總成績作為效標，再求數學測驗與學期總成績兩者間的相關係數，就可以得到該測驗的同時效度。

（二）預測效度

預測效度（predictive validity）是指，測驗分數與未來效標之間的相關程度。它旨在根據目前的測驗，預測受測者未來在效標的表現，例如：某一心理學專家編製一份職業性向測驗，為了驗證該測驗的效度，於是對一群新進員工實施該測驗，經過僱用一段期間之後，以其工作表現績效作為效標，再求其原職業性向測驗分數與工作績效之間的相關，就得到此職業性向測驗的預測效度。如果該職業性向測驗的預測效度非常高，則由測驗分數就可以有效預測新進員工未來的工作績效。

預測效度通常使用於人事甄選與分類測驗，例如：企業公司僱用新進員工、

大學或研究所甄選新生入學、軍事機構對新兵分派至不同的軍種等,都適於使用預測效度高的測驗,來預測受測者未來的行為表現。智力測驗、性向測驗或成就測驗,都需要具有高的預測效度,才能由這些測驗所得到的分數,預測受測者未來的表現。

同時效度與預測效度至少有兩個不同的地方:第一,取得效標時間不同:同時效度的效標與測驗是同時存在的;預測效度的效標,需要測驗經過一段時間之後才能獲得;第二,測驗的目的不同:同時效度旨在評估受測者目前的行為表現,而預測效度旨在預測受測者未來的行為表現。一般成就測驗可以建立同時效度與預測效度,因其可以同時作為評估受測者目前行為,以及預估未來行為表現。

參 建構效度

一、建構效度的意義

建構效度(construct validity)是指,一個測驗能夠測量某一個理論的建構程度。在心理學上常使用建構的例子,例如:學業性向、機械理解、語文流暢、焦慮、內向、外向、動機、智力、情緒穩定性等,都是心理學理論的構念或假設性的概念。

建構(construct)是心理學者為了分析或解釋人類的內外在行為,對個人行為特質的一種假設,然後由受測者對測驗工具所做的行為反應,據以推測其是否具有這些特質。建構效度的分析,需要從許多不同的資料來源,依據邏輯及經驗來分析。其方法與技術,通常有以下幾種:

1. 相關檢定:如果某測驗依據心理學或教育學的某一個理論來編製,受測者在該測驗的得分與其在效標上之得分,求兩者的積差相關,如果是正相關而且相關係數很高時,該測驗就具有良好的建構效度;反之,如兩者之間無顯著正相關,就表示該測驗的建構效度偏低。

2. 差異檢定:如果測驗根據某學者的理論來編製,該理論主張受測者焦慮偏

低或太高，會導致考試成績偏低；適度的焦慮，考試成績較高。假如將受測者分為高焦慮、中焦慮、低焦慮等三組，以**單因子變異數分析**（one-way ANOVA），檢定結果與該理論的理念一致，該測驗就具有高的建構效度。如果受測者分為兩組時，就可採用 t 檢定來比較分析。

3. 因素分析：以心理測驗施測一群受測者，將所得資料進行**因素分析**（factor analysis），就可以了解該測驗所涵蓋的因素，是否與編製該測驗的理論構念相符合，如果相符合的程度愈高，該測驗的建構效度也愈高，例如：一群受測者接受語文推理、字彙、句子完成等測驗，測驗結果發現三者之間具有高度的相關，而與上述三個測驗之外的其他測驗的分數之間，具有低度的相關，就可以推論這三個測驗具有語文理解因素。

因為直接查看相關係數表，不容易確定是否有共同因素。因此，可以利用更精確的統計技術，來找出共同的因素。因素分析的主要目的，乃在原來複雜的測驗資料中，抽取共同的因素。在因素分析之後，利用這些因素組成一個測驗，每一個測驗可以根據主要的因素來決定其分數，再將每一個因素加權或給予**負荷量**（loading），定出每個因素的相關，此一相關稱為測驗的**因素效度**（factorial validity）。

二、輻合效度與區別效度

康培和費斯克（Campbell & Fiske, 1959）提出**多重特質—多重方法矩陣**（multitrait-multimethod matrix），可以同時檢定測驗的**輻合效度**（convergent validity）與**區別效度**（discriminant validity）。輻合效度是指，測驗分數應與測量相同概念或特質性的測驗分數之間，具有高相關；區別效度是指，測驗分數要和測量不同概念的測驗分數成低相關，例如：音樂性向測驗的分數與學生音樂學科成績如果兩者具有高相關，則該音樂性向測驗就具有輻合效度，它與數學成就測驗分數之間如果是低相關或零相關，則具有區別效度。

採用多重特質—多重方法矩陣分析的基本條件，必須具有兩種以上的方法測量兩種以上的特質，其所測量的性質都相同。同時，必須有不同的測量方法。同

一種方法可以測量不同的心理特質，同一種心理特質可以用不同方法加以測量，測量方法、心理特質與測驗結果，可以分為以下四種情況：

1. 以相同方法測量相同心理特質，所得分數之間的相關最大。

2. 以不同方法測量相同心理特質，所得分數之間的相關次高。

3. 以相同方法測量不同心理特質，所得分數之間的相關較低。

4. 以不同方法測量不同心理特質，所得分數之間的相關最低。

康培和費斯克（Campbell & Fiske, 1959）曾以表 4-2 為例子，說明三種特質分別以三種方法測量時，各個分數間的可能相關係數。這三種特質可以利用三種人格特徵來代表，例如：（A）支配性、（B）社會性，與（C）成就動機。三種方法分別為：1 自陳量表；2 投射技術；3 同儕評量。其中，A1 代表在自陳量表上的支配分數，A2 是在投射技術上的支配分數，C3 為成就動機上的同儕評量分數，依此類推。

表 4-2 中假設的相關係數，包括信度係數（有括弧者）與效度係數（粗黑字體者）。在這些效度係數中，這些分數是以不同方法測量相同特質所得到的相關，又稱為輻合效度。此表也包含不同特質，以相同方法所測量不同特質的相關（就是實線三角型部分），並且有採用不同方法測量不同特質，所得的相關係數位於虛線三角形內。

理想的建構效度，其效度係數應顯著的高於以不同方法測量不同特質之間的相關，同時高於以相同方法測量不同特質的相關，例如：由自陳量表測得支配性分數，與投射技術測得支配性分數，它們之間的相關，應高於由自陳量表測得支配性與社會性分數之間的相關。

在多重特質—多重方法矩陣中，信度代表以相似方法測量相同特質，在兩次測量之間的一致性，例如：相同測驗的複本；效度代表以不同方法，測量相同特質的一致性，例如：測驗分數和主管的評量。因為相同與不同的方法，只是程度上的差異程度。就理論上而言，信度與效度是屬於同一連續性的層面，也就是說，信度與效度之間有特定的關係存在。

表 4-2　多重特質—多重方法假設矩陣

	特質	方法1			方法2			方法3		
		A1	B1	C1	A2	B2	C2	A3	B3	C3
方法1	A1	(.89)								
	B1	.51	(.89)							
	C1	.38	.37	(.76)						
方法2	A2	**.57**	.22	.09	(.93)					
	B2	.22	**.57**	.10	.68	(.94)				
	C2	.11	.11	**.46**	.59	.58	(.84)			
方法3	A3	**.56**	.22	.11	**.67**	.42	.33	(.94)		
	B3	.23	**.58**	.12	.43	**.66**	.34	.67	(.92)	
	C3	.11	.11	**.45**	.34	.32	**.58**	.58	.60	(.85)

三、建構效度的驗證

（一）以實驗來驗證

　　心理學者常由實驗結果，發現人類行為或心理特質的變化，是否支持某一個理論，進而驗證建構效度，例如：有一個教學理論主張：「課程如果有效度，實施教學之後的測驗分數，應高於實施教學前的測驗分數。」於是設計一個實驗，在實施教學前、後，各實施學習成就測驗，然後比較前測與後測的分數是否有顯著差異。如果後測的分數顯著高於前測，就能證明該學習成就測驗具有高的效度。

（二）與其他測驗的相關

一個新編製完成的測驗，要考驗其效度時，可以使用相類似且具有高效度測驗，求這兩個測驗分數之間的相關。相關係數如果很高，就顯示此新編製的測驗能夠測量相關的特質，例如：在分析新編製的人格測驗效度時，可以將受測者在此測驗上的得分，與其在柯氏性格量表（具有高的效度）的分數求相關，如果兩者有很高的相關，就表示新編製的人格測驗具有高的建構效度。此外，可以分析新編製測驗與測量其他不同特質測驗之間的相關，如果相關很低，就可以說明此新編的測驗不受到無關因素的影響，例如：智力測驗或性向測驗和特殊性向測驗之間的相關不高。由上述這些相關資料，可以做為研判建構效度的依據。

（三）採用對照組

採用對照組的方法就是依據測驗總分，將受測者分成高分組與低分組，然後比較這兩組在各個測驗題目上答對的人數百分比。高分組答對題目的人數百分比如果高於低分組，則此題目屬於有效度的；反之，高分組答對題目的人數百分比不能顯著的高於低分組，則此題目是無效度的，這種題目應予淘汰或修改。依據這種原理編製測驗的題目，就具有高的效度。

例如：某臨床心理師編製一份憂鬱量表，為了驗證該量表是否有效度，於是將該量表對一組正常人實施測驗，再對一組憂鬱症患者實施測驗，然後將這兩組人的測驗分數進行統計分析，如果發現憂鬱症患者的分數顯著高於正常人，這樣就可以證明該憂鬱量表確實具有效度。

（四）分析測驗題目的同質性

分析各個分測驗（subtest）與總分的相關，測驗題目的同質性愈高，則建構效度愈高；反之，測驗題目同質性愈低，其建構效度愈低。因為由同質性可以了解測驗內容是否測量相同的領域，例如：某智力測驗涵蓋字彙、算術、圖畫完成等分測驗，可以算出各個分測驗的分數和全部測驗的總分，然後計算各個分測驗的分數與總分之間的相關，如果分測驗的分數與測驗總分之間的相關偏低，就表

示各分測驗的題目同質性低,所以應刪除此分測驗的題目,保留具有顯著相關的題目,這樣就可以提高測驗的效度。

第三節　影響效度的因素

由於測驗效度涉及測驗內容、測驗的實施與測驗的情境、受測者的身心狀態、效標的品質,以及樣本性質等因素,因此效度的高低也受這些因素的影響,在編製測驗或選用測驗時,應注意以下幾項因素。

 ### 測驗的內容

測驗的內容包括:測驗指導語、題目內容以及題目印刷等。這些因素有任何缺點,都會影響測驗的功能,進而降低測驗的效度,例如:指導語不夠清晰明確、測驗內容取材不當、測驗長度太長或太短、用字遣詞不佳、題目太易或太難、題意含混不清、題目太多或太少、題目未依難易排序,或題目印刷不清楚等,都會降低效度;反之,則效度高。

 ### 實施測驗的情境

測驗的實施程序與測驗的情境是否適當,都會影響測驗的效度,例如:在實施測驗之前,如果主試人員沒有詳細閱讀指導語與測驗相關規定;測驗進行中未遵守指導語、測驗時間的控制不適當、未遵守試場規則;在測驗結束後未依規定評分等。主試人員未遵守測驗標準化的實施程序,皆會降低測驗的效度。

實施測驗的情境,例如:照明不足、溫度過高或過低、濕度太大、通風不良、環境噪音吵雜、測驗室內雜物太多、桌面不平、桌椅太高或太低等因素,也都會影響測驗的效度。

 受測者身心狀態

受測者的身心狀態對測驗結果有重大的影響，例如：受測者接受測驗時的情緒、動機、焦慮、身心疲勞、接受測驗的態度等，都會影響其對測驗的行為反應。受測者是否認真作答，也會對測驗結果的可靠性及正確性產生不利的影響。

此外，受測者作答反應的**心向**（mental set）也會影響測驗結果，例如：有些受測者對不會作答的題目隨意猜測；有些受測者遇到困難的問題就放棄作答；有些受測者有作弊的習慣，以上這些因素也都會對測驗的效度產生不良的影響。

肆 效標的適切性

一個測驗應選擇適當的效標，才能夠分析出該測驗的效度，如果所選用的效標不適當，測驗的效度就不能正確的顯現出來。因此，選擇適當的效標是測驗效度的先決條件。測驗所採用的效標不同，其效度係數也會隨之改變，例如：要甄選諮商心理師，就應以諮商心理師的工作表現為效標才適當，如果以大學生的職業興趣為效標，就不適當。

就統計學的觀點來分析，一個測驗的效標關聯效度，受到測驗的信度、效標的信度、測驗分數與效標之間關係的影響。測驗分數與效標之間的相關係數 r_{xy}，應小於或等於測驗的信度係數 r_{xx} 與效標的信度係數 r_{yy} 乘積的平方根，其公式如下：

$$r_{xy} \leq \sqrt{(r_{xx})(r_{yy})}$$

伍 樣本的性質

在考驗測驗效度時所依據的樣本，應與該測驗將來所要測驗的對象相同。一個測驗對不同性別、年齡、教育程度、智力、經驗背景的受測者施測，因測驗的

功能不同，其效度也隨之改變。如果其他條件相等，樣本的異質性愈大，樣本測驗分數分布的**全距**（range）也愈大，效度係數也愈高；反之，樣本的同質性愈大，樣本測驗分數的分布範圍愈小，效度係數就愈低。在建立測驗效度時，接受測驗的樣本其異質性愈大，則效度愈高；反之，則愈低。

使用測驗者不可只根據測驗效度的數字，就判斷該測驗效度的高低，還需要了解接受該測驗之樣本特性，例如：某學者新編製一份音樂性向測驗，如果以某國中資優班學生為實施測驗對象，並且以該班學生學業成績為效標，以音樂性向測驗結果與效標之間的相關係數，來表示該測驗的效度，其可靠性就不高；因為國中資優班學生的智力彼此都很接近，其同質性很高，因此該音樂性向測驗的結果，其效度係數會偏低。

綜上所述，影響測驗效度的因素很多。為了提高測驗的效度，在編製測驗與實施測驗時，應依照標準化程序進行，注意受測者在測驗情境中的身心狀態及行為反應，並且選擇適當的效標及樣本，這樣才能提高測驗的效度。

第四節　信度與效度的關係

測驗信度是效度的必要條件，而非充分條件。也就是說：信度低，效度一定低；信度高，效度不一定高；效度高，信度一定高；效度低，信度不一定低。茲將上述關係，各舉一例說明如下：

1. 信度低，效度一定低：例如甲生第一次接受某一個智力測驗，得到智力分數 100，第二次接受智力測驗，得到智力分數 125，這樣兩次測量結果分數落差很大，也就是信度低，我們到底要相信甲生的智力是 100 或 125？當然無法有效測量其真正的智力。

2. 信度高，效度不一定高：例如甲生第一次接受某一個智力測驗，得到智商 100，第二次接受相同智力測驗，得到智商 105，這樣兩次測量結果分數差

異很小，也就是信度高；如果甲生真正的智商是 120，雖然兩次測量結果分數相差很小，該測驗仍然效度低。

3. 效度高，信度一定高：例如甲生的智商是 100。第一次接受某一個智力測驗，得到智力分數 100，第二次接受相同智力測驗，得到智力分數也是 102，假如該生真正的智商是 100，這樣表示該智力測驗的效度很高，因為兩次測量結果的分數很接近，所以信度高。

4. 效度低，信度不一定低：例如甲生的智商是 100。第一次接受某一個智力測驗，得到智商 120，第二次接受相同智力測驗，得到智商 125，因為智商 100 與 120 或 125 相差很大，所以該智力測驗的效度低，但是智商 120 與 125 相差不大，兩次測量結果分數很接近，也就是信度不一定低。

第五節　效度的應用

心理與教育測驗的用途很廣泛，除了可以幫助受測者自我了解之外，也可以協助心理師診斷案主，主要用途在幫助決策者做正確判斷，例如：工商企業機構以智力測驗、性向測驗、人格測驗來甄選員工；學校以教育測驗來篩選適當就學的學生；政府機構以性向測驗甄選新進人員，以便安排適當的職務。

壹　效度係數與估計誤差

一、效度係數

效度係數是指，測驗分數與效標分數之間的相關係數。效度係數可以利用**期望表**（expectancy table）或**期望圖**（expectancy chart）來表示。在建立一個測驗的效度時，如果受測者之間的異質性愈大，其效度就愈高。因此，在解釋測驗效度資料時，應注意指導手冊內有關效度的係數資料，究竟是以異質性或同質性的受

測者而建立的。此外，尚應考慮建立效度時的樣本來源，例如：一份新編製的測驗，以優秀員工為對象來建立常模。因此，在解釋該測驗效度時應注意受測者與建立常模時的對象，其同質或異質性的程度。

在建立測驗效度係數時，通常會將受測者工作表現與測驗分數計算積差相關。可是，在某些特殊情況之下，測驗分數與工作表現之間並非呈直線相關，而是曲線相關，例如：在某一性向測驗上得分低的學生，在學業成績上的表現較差；但是在該性向測驗上得分高的學生中，有些學業成績高，可是另有些人則因缺乏興趣、動機低或其他因素，其學業成績偏低。所以在解釋測驗效度時，需要注意測驗分數與工作表現之間，是否為直線相關。

二、估計誤差

在測驗分數與效標之間，除了需要有高相關之外，還需要依據測驗的用途來評估相關的大小，例如：對一名學生未來大學成績的預測，效度係數的解釋可以依據**估計標準誤**（standard error of estimate，簡寫為 SEest）來解釋。因為任何測驗沒有百分之百的效度，所預測的效標都有一些誤差存在，測量標準誤乃估計受測者在效標分數上的誤差。估計標準誤的公式如下：

$$SE_{est.} = SD_y \sqrt{1 - r_{xy}^2}$$

式中：$SE_{est.}$ 為估計標準誤；SD_y 為效標分數的標準差；r_{xy} 為效度係數；r_{xy}^2 為效度係數的平方。

如果一個測驗的效度為 1.00，則估計標準誤為 0。反之，一個測驗的效度為 0，其估計標準誤與效標分數的標準差相等。在這種情形之下，估計標準誤最大。假設效度係數為 .80，則 $\sqrt{1 - r_{xy}^2} = .60$，$\sqrt{1 - r_{xy}^2}$ 就是誤差有 60% 是由機率所造成的。在使用這一個測驗的時候，預測個人在效標的表現，其誤差小於 40% 是來自猜測因素。

三、效度複核

效度複核（cross validity）是指，對測驗的效度進行檢驗。一個測驗如果只由少數受測者的資料來建立效度，就容易產生效度誤差。如果前後兩次不同的樣本，對同一個測驗進行施測，將測驗所得到的結果進行交叉分析，這樣就能證明原測驗的效度是否正確。

當測驗題庫的題目很多，而測驗的題目又很少的時候，就有可能得到假性的高效度係數。另外一種影響效度複核的因素，就是樣本的大小。因為樣本愈小取樣誤差就愈大，效度係數也就愈降低。

1948 年，庫茲（Kurtz）研究**羅夏克墨漬測驗**（Rorschach Inkblot Test）是否有助於人壽保險公司挑選優秀的業務員，於是將該測驗對 80 名業務員施測。這些業務員是從 8 家人壽保險公司的數百名受僱者中選出來的，其中 42 名是由其原服務公司推薦出來的優秀業務員，代表優秀效標組，另外 38 名代表低劣效標組，它們是原公司認為工作績效較差的員工。如果優秀業務員的測驗分數，顯著高於工作績效較差的員工，就表示該測驗具有高的效度。

效度係數與人員選擇

在工商企業或政府機構的人員選擇上，通常以應試者在某些測驗上的得分做為錄取與否的依據，然而在所有應試者中，被錄取者將來工作成功或失敗的可能性各有多大？必須先考慮測驗分數對將來工作表現預測的正確性、基準比率、錯誤錄取與拒絕的誤差等因素。

由圖 4-1 可知，對一群應徵者實施測驗，會有以下四種結果：(1)正確接受；(2)錯誤接受；(3)正確拒絕；(4)錯誤拒絕。如果對 100 名應徵工作者實施性向測驗，並且讓所有應試者全部到某工廠工作，正確接受的機率為 0.38；錯誤接受的機率為 0.07；正確拒絕的機率為 0.33；錯誤拒絕的機率為 0.22。粗橫線以下部分表示工作失敗，計有 40 人，占總人數的 40%；在該橫線上有 60 人工作成功。如

図 4-1 使用測驗後的決策效能

果 100 人全部錄取，就有 60%的人會工作成功。

如果少數人不是依據測驗分數而給予僱用，則其工作成功的比率可能接近 60%。然而，如果使用該測驗從這 100 名應徵者中，選出最優秀的 45 人（錄取率等於 45%）。在這種情況之下，這 45 人落入圖中垂直線的右方，其中有 7 人工作失敗，或錯誤的給予錄取，落於右下方；而另外 38 人就屬於工作成功，落入該圖右上方。因此，當基本成功率是 0.60，使用測驗作為篩選工具的效能，提高到 0.84（就是 38÷45 ＝ 0.84）。此外，錯誤錄取或拒絕應試者，是由預測誤差所造成

的，它會降低測驗在人事選擇上的效能。

由圖 4-1 觀之，有 22 人的測驗分數低於**切截分數**（cutoff score），但是卻在工作成功的效標切截分數之上。換言之，有 22%的應試者，其測驗分數未達到錄取標準，但是他們卻具有工作成功的潛在能力。

在設定一個測驗的切截分數時，應注意受測者團體內錯誤拒絕或錄取的人數百分比，以及成功與失敗的人數百分比。在低錄取率的情況之下，切截點應設定高一點，以便使有效錄取的人數百分比提高，並且對不合格的受測者正確的給予拒絕。

一、泰勒、盧素預期表

有一些學者編製幾種統計表，以顯示**錄取率**（selection ratio）與測驗效度係數的關係，進而得知被選出人員中，成功者所占的比率。錄取率計算方法為測驗錄取人數除以全體應試者人數。這種統計表有助於使用者查出在不同切截值之下，一個測驗做正確切截的比率。

泰勒（H. C. Taylor）與盧素（J. J. Russell）依據相關與機率原理，提出 10 個統計表，這就是**泰勒、盧素預期表**（Taylor-Russell expectancy table），該表可以提供機構預測錄取人員中，成功者所占的比率。表 4-3 為應徵者合格率或稱為**基本率**（base rate）為 .40 的泰勒、盧素預期表。基本率代表在未使用測驗時，甄選人員的正確比率，其公式如下：

$$基本率 = \frac{工作成功人數}{總人數}$$

該表上端橫列所標示的數字為錄取率，左端縱行所標示的數字為測驗的效度係數，表內的數字是錄取人員中工作成功者所占的比率。測驗的預測效度愈高，擇優錄取率愈低，其工作成功的機率也愈大；反之，測驗的預測效度愈低，擇優錄取率愈高，其工作成功的機率則愈小。

測驗分數可以依據期望的標準表現（例如：在訓練計畫或在工作上的表現）

表 4-3 應徵者合格率為 40%的泰勒、盧素預期表

效度係數 \ 錄取率	.05	.10	.20	.30	.40	.50	.60	.70	.80	.90	.95
.05	.44	.43	.43	.42	.42	.42	.41	.41	.41	.40	.40
.10	.48	.47	.46	.45	.44	.43	.42	.42	.41	.41	.40
.15	.52	.50	.48	.47	.46	.45	.44	.43	.42	.41	.41
.20	.57	.54	.51	.49	.48	.46	.45	.44	.43	.41	.41
.25	.61	.58	.54	.51	.49	.48	.46	.45	.43	.42	.41
.30	.65	.61	.57	.54	.51	.49	.47	.46	.44	.42	.41
.35	.69	.65	.60	.56	.53	.51	.49	.47	.45	.42	.41
.40	.73	.69	.63	.59	.56	.53	.50	.48	.45	.43	.41
.45	.77	.72	.66	.61	.58	.54	.51	.49	.46	.43	.42
.50	.81	.76	.69	.64	.60	.56	.53	.49	.46	.43	.42
.55	.85	.79	.72	.67	.62	.58	.54	.50	.47	.44	.42
.60	.89	.83	.75	.96	.64	.60	.55	.51	.48	.44	.42
.65	.92	.87	.79	.72	.67	.62	.57	.52	.48	.44	.42
.70	.95	.90	.82	.76	.69	.64	.58	.53	.49	.44	.42
.75	.97	.93	.86	.79	.72	.66	.60	.54	.49	.44	.42
.80	.99	.96	.89	.82	.75	.68	.61	.55	.49	.44	.42
.85	1.00	.98	.93	.86	.79	.71	.63	.56	.50	.44	.42
.90	1.00	1.00	.97	.91	.82	.74	.65	.57	.50	.44	.42
.95	1.00	1.00	.99	.96	.87	.77	.66	.57	.50	.44	.42
1.00	1.00	1.00	1.00	1.00	1.00	.80	.67	.77	.50	.44	.42

來解釋。勞胥和巴拉瑪（Lawshe & Balama, 1966）兩位人事心理學者，提出五個
勞氏預期表（Lawshe expectancy table），分別適用於合格率為 30%、40%、
50%、60%、70%等五種情況，可供預測個人工作表現之用。表 4-4 為應徵者合格
率為 40%的預期表，假設某國中參加科學競試成績有 40%能獲得優異成績，若智
商對科學競試成績的預測效度為 .80，則可預測個別學生獲得優勝的機率如下：屬
於最優者為 89%，中上者 61%，中等者 34%，中下者 14%，最劣者 2%。

表 4-4　應徵者合格率為 40%的勞氏預期表

預測效度 係數 r	測　驗　分　數　之　等　級				
	最優 $\frac{1}{5}$	中上 $\frac{1}{5}$	中等 $\frac{1}{5}$	中下 $\frac{1}{5}$	最劣 $\frac{1}{5}$
.15	48	44	40	36	32
.20	51	44	40	35	30
.25	54	45	40	34	28
.30	57	46	40	33	24
.35	60	47	39	32	22
.40	63	48	39	31	19
.45	66	49	39	29	17
.50	69	50	39	28	14
.55	72	53	38	26	12
.60	75	53	38	24	10
.65	79	55	37	22	08
.70	82	58	36	19	06
.75	86	59	35	17	04
.80	89	61	34	14	02
.85	93	64	32	10	01
.90	97	69	29	06	00
.95	100	76	23	02	00

　　從測驗的常態分布分數，將此常態分布內受測者人數轉換成百分比，就可以
得到預期表，如表 4-5 所示。該表為 200 名國民中學學生數學學業成績，區分性

向測驗為預測因子，效標為數學成績。

表 4-5　200 名國中生區分性向測驗分數與數學學業成績之關係

測驗分數	學生人數	數學學業成績之人數百分比			
		60 以下	60～69	70～79	80 以上
40 以上	50	1%	19%	49%	31%
30～39	29	15%	29%	45%	11%
20～29	83	22%	55%	17%	6%
20 以下	38	41%	50%	8%	1%

　　表 4-5 的第一欄為區分性向測驗分數，細分成四組；第二欄為學生人數。表中的人數百分比是指在某一測驗分數之內，學業成績達到多少分的人數百分比。由該表可知，50 名學生其區分性向測驗分數，在 40 以上者有 1%學生其數學成績在 60 以下，19%介於 60～69 之間，49%介於 70～79 之間，31%在 80 以上，其餘類推。這些人數百分比，可作為估計個別學生學業成績的機率，例如：有一名新生其區分性向測驗分數為 34 分（就是介於 30～39 分之間），就可以認為其數學成績在 80 分以上的機率為 11%。

　　在許多實際情況之下，一件工作或課程學習可以分為「成功」與「失敗」。在這些情況之下，可以利用預期圖來顯示每一分數區間成功或失敗的機率。圖 4-2 就是一個預期圖的例子。該圖由美國空軍發展出來，作為甄選飛行員之用。由該預期圖顯示：在飛行訓練分數中，每一標準九被淘汰的人數百分比。

　　由該圖可知，904 人標準九為 1 者，被淘汰的人數占 77%；標準九為 9 者，其被淘汰的人數占 4%，其餘類推。由此可知，一個標準九為 4 的飛行員，被淘汰的機率為 40%，完成飛行訓練的機率為 60%。除了提供標準參照解釋測驗分數以外，預期表和預期圖也可以作為測驗效度的預測標準。

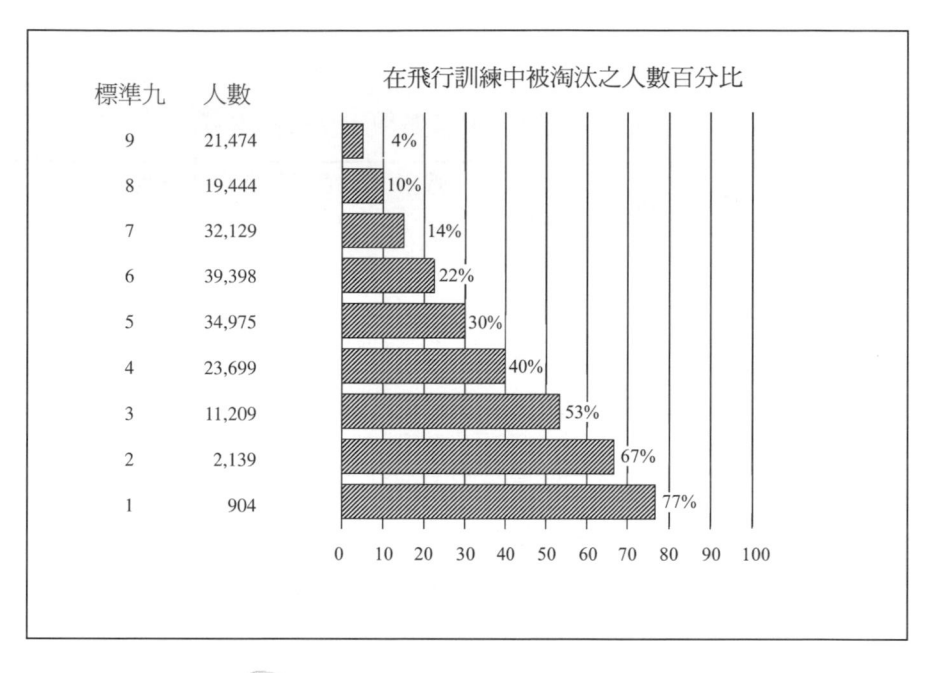

圖 4-2　飛行訓練表現與被淘汰關係

資料來源：取自 Flanagan (1956)

二、效度與生產力的關係

　　心理測驗在人事甄選上的效果如何？一般來說，測驗的效度愈高，對於工作表現的預測愈可靠。測驗效度與工作成就表現錄取率有密切的關係，當測驗的效度係數為 0 時，等於沒有使用測驗的效果一樣，所以根據測驗結果錄用的人，其工作表現將不如預期。

　　根據勞氏預期表，以表 4-6 為例，在該表左側第一個直行的數字，都是測驗工具的預測效度係數（r），分別由 .15 到 .95；在右上端所列者，是依照測驗分數高低順序分為：「高」、「中上」、「中等」、「中下」與「低」等五個等級，各占五分之一。表內的數字為屬於合格獲選的百分率。

　　表 4-6 所列資料，假如測驗的預測效度為 .60 時，預測個別學生獲選為優勝的

可能性如下：屬於「高」者為 84%，屬於「中上」者為 65%，屬於「中等」者為 50%，屬於「中下」者為 35%，屬於「低」者為 16%。假如測驗的預測效度為 .80 時，就依照測驗分數區分成五個等級，由上而下各個等級，學生獲選優勝的百分率分別為：95%、75%、50%、25%、5%。有一些學者根據勞氏預期表，分析與比較理論預期數，與由實際資料所決定的實際預期數，結果發現兩者之間的差異，小於純機率的誤差值。由此可知，其預測的的準確性極高。

表 4-6　勞氏預期表合格率為 50%

相關係數	個別預測因子之類別				
	高 $\frac{1}{5}$	中上 $\frac{1}{5}$	中等 $\frac{1}{5}$	中下 $\frac{1}{5}$	低 $\frac{1}{5}$
.15	58	54	50	46	42
.20	61	55	50	45	39
.25	64	56	50	44	36
.30	67	57	50	43	33
.35	70	58	50	42	30
.40	73	59	50	41	28
.45	75	60	50	40	25
.50	78	62	50	38	22
.55	81	64	50	36	19
.60	84	65	50	35	16
.65	87	67	50	33	13
.70	90	70	50	30	10
.75	92	72	50	28	08
.80	95	75	50	25	05
.85	97	80	50	20	03
.90	99	85	50	15	01
.95	100	93	50	08	00

三、連續決策策略

在人員甄選時，如果將測驗分數採用**連續的**（sequential）決策策略，通常會比較有效，連續性策略是將決策結果，除了接受與拒絕之外，再增加不確定的類別，藉以提高決策的效益，如圖 4-3 所示。受測者在 A 測驗上的表現，可以區分接受、不確定或拒絕。在第二階段測驗中，對不確定者實施 B 測驗，測驗結果又區分為被受或拒絕兩類，這樣比較能篩選出優秀的人員。簡言之，比較不會有用錯人或有遺珠之憾。

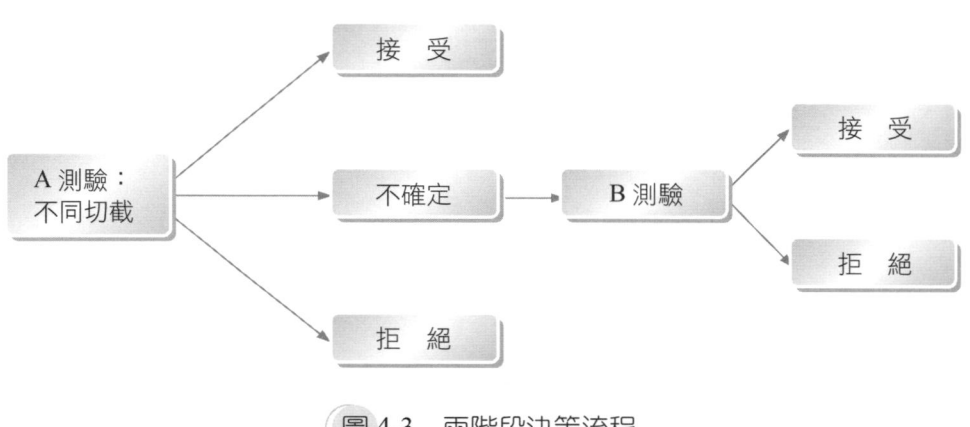

圖 4-3　兩階段決策流程

上述連續的測驗，也可以使用在單一測驗情況，以發揮測驗時間的最有效用途。序列式測驗可以使用在紙筆團體測驗上，同時也相當適用於**電腦化適性測驗**（computer adaptive test，簡稱 CAT）。測驗題目或題目組的序列，在該測驗中是由受測者自行決定的，例如：每個人先接受中等難度的測驗題目，如果受測者難以作答，就給予比較簡單的題目；反之，如果受測者很容易作答，就給予比較困難的題目，在每一個階段都可能重複出現這種現象。每一個測驗的主要效果，由受測者嘗試適合於其能力層次的題目，而非嘗試做所有的題目。

診斷心理疾患有另外一種策略，就是將所有案主在初步診斷測驗的資料，分為有心理疾患或無心理疾患兩類。在人事決策上，常採用連續決定法，例如：由

預測錯誤而錄取的員工，在經過一段時間之後，如果工作表現不如預期就給予解僱；反之，如果表現良好就繼續聘僱；又如：學業成績不良的學生，在幾學期之後，如果學業成績不及格，就給予退學處分，如果學業成績良好，就不必退學。這種方法比單一次決定，較不會產生錯誤的決定。

第二種情況是改變心理測驗的效能，就是使用另一種處理以及對個人特徵做適當的處置。有一個例子即是對不同性向層次的工作者，施予不同的訓練，或對學習困難的學生施於補救教學計畫。在這些情況之下，依據每個人的特徵給予不同的處理。如此，可以提高用人的成功率。綜言之，在作人事決策時，需考慮許多複雜情況之下的因素，因此不可只依據一個測驗的效度係數，就作為人事決定的唯一考量因素。

四、綜合不同測驗的訊息

一個測驗在預測受測者未來的工作表現時，其可靠性不如以幾個測驗共同預測來得準確。因為大多數工作表現的效標，是依許多不同特質來測量的。而單一份測驗其同質性很高，因此大都只能測量單一特質。不同測驗涵蓋不同種類的題目，其異質性比較高，對於預測受測者的未來工作表現比較精確。

如果同時使用一些測驗共同來預測單一效標時，這些測驗稱為**測驗組合**（test battery）。受測者在不同測驗上的分數，對效標的預測力，其統計過程包括**多元迴歸方程式**（multiple regression equation）與**多重切截分數**（multiple cutoff scores）兩類。

當心理測驗使用在深入探討案主問題時，例如：臨床診斷、諮商、心理治療或評量高層次主管的行政能力，通常不需要藉助統計方法，而是使用測驗分數直接分析或判斷，其過程大都依過去經驗以及理論基礎，並且綜合不同測驗所得到的資料來研判。以下分別就多元迴歸法與多重切截法之使用，加以說明。

（一）多元迴歸法

多元迴歸法相當於大學入學考試的「加重計分」，把各個測驗之間所測得的分數重疊部分也納入考慮。受測者在數份測驗組合上的得分，利用多元迴歸方程式可以預測其效標分數。底下的迴歸方程式，可以由一名學生在語文（V）、數目（N）與推理（R）的測驗分數，預測其在高級中學數學課程的學業成績。

$$數學成績 = .21V + .21N + .32R + 1.35$$

在上例中，測驗分數與效標分數都以標準九來表示。該生在上述三個測驗上的標準九，分別乘以迴歸係數，再加上常數（1.35）。

茲假設王大明得到以下標準九分數：語文 6，數目 4，推理 8。

預測該生的數學成績如下：

$$數學成績 = 0.21 \times 6 + 0.21 \times 4 + 0.32 \times 8 + 1.35 = 6.01$$

預測王大明的標準九接近 6，當標準九為 5 時，表示成就表現屬於中等，因此可以預測王大明的數學成績，略高於平均數。他在推理測驗上最佳的表現（R ＝ 8），以及語文測驗平均數（V ＝ 6），都可以彌補計算數字與精確度的不足。

此公式是由每一個測驗與效標之間的相關，以及各個測驗之間的相關計算而得。凡是效標相關較高的測驗，其加權數就愈大。各個測驗之間的相關愈小，表示這些測驗重複程度愈小，同時可增加測驗組合效度。

在測驗組合中，每一個測驗彼此有不同程度的相關。每個測驗對整個測驗組合有獨特貢獻，會彼此產生功能相互重疊的測驗加權數較大。在計算多元迴歸方程式時，涉及每個測驗與效標間相關的加權數，以及測驗相互間的關係。因此，加權數最大的測驗其效度最高，此測驗與測驗組合中其餘測驗的重疊程度最小。

整個測驗組合的效度，可以由計算效標與測驗組合的多重相關（R）而得到。當每一個測驗對於預測效標的加權數最適宜時，相關的預測值最大，而最適當的加權數是由迴歸方程式來決定的。

這些加權數最適當時，通常在某一特殊樣本才可以得到，因為相關係數包含機會因素，所以迴歸加權在不同樣本也有所不同。因此，測驗組合應以新樣本進行效度複核，也就是將新樣本的預測效標分數，與實際效標分數求相關。

（二）多重切截法

綜合測驗分數可以使用多重**切截分數**（cutoff score），將一群受測者的測驗結果分成兩類，例如：錄取或不錄取、及格或不及格、通過或不通過等。為了要把受測者分為兩群，就需要設定切截分數，也就是設定最低門檻分數。凡是在任何一個測驗上，低於最低分數者均被拒絕；只有達到或超過切截分數者，才可被接受。但是如果同時使用多種測驗結果將受測者分為兩群時，就需要設定多重切截分數，例如：大學入學考試考生在選填志願時所設定的高標、低標、均標，就是一種簡化的多重切截分數。

一般而言，在對某一職業選擇適當的測驗與建立切截分數時，通常不可只考慮測驗的效度。如果只有考慮測驗是否具有高的效度係數，容易忽略該職業表現優異現職員工更多的基本能力。

在迴歸方程式中，一個人在某一個測驗被評定為低等，如果他在測驗組合中的其他測驗被評定為很高時，在總分數上也許就達到被接受水準。有時，某一類型的工作需要基本的技能，這種技能是無法替代的。在這種狀況下，不論其他的能力如何，未達到基本能力最低要求者，就視為失敗，例如：一位名歌手，不論個人條件是否適合這個行業，都必須具備辨別音調的能力，即使是他有很好的音樂性向、智力或其他特質，也是一樣。在多重切截策略中，受測者若缺乏任何基本能力都將遭到拒絕，但是利用迴歸方程式時，卻有可能會被接受的。

當測驗分數與效標之間，呈直線**相加的**（additive）的關係時，採用迴歸方程式做正確決定的比率，將高於多重切截法。在許多情況下，最佳的方法乃採用這兩種程序。先採用多重切截法，以拒絕那些低於任何測驗最低標準者，同時以迴歸方程式計算其餘被接受者，以預測效標分數。若對特殊職業所應具備的條件有充分了解，就可在使用迴歸方程式之前，根據一個或兩個基本技能做初步篩選。

五、測驗在分類決策上的應用

（一）分類的性質

測驗可以作為人員選擇、**篩選**（screening）、**安置**（placement）或分類的用途。在人事選擇方面，每一個人只有被接受或被拒絕，例如：決定一名學生是否可以上大學。同理，公司僱用求職者，應徵者也只有被接受或被拒絕。

在安置工作時通常依據單一分數來考量，一個測驗組合可以使用單一迴歸方程式來計算綜合分數，例如：將大學一年級新生依成就測驗分數，分發到不同的組別；或將求職者分派至不同部門工作時，就需要考慮不同層次的技能與職責。上述這些決定只使用一種效標，在作安置工作時，常以個人在單一預測量表的表現來決定。

人員分類通常包含兩種或多個標準，在軍事上對士兵的分類相當重要，因為每一個士兵如被適當的分派至符合其性向的兵種，將可以充分發揮其個人的潛在能力，進而提升全體戰力。在工商企業界也需要對員工分類，例如：對不同工作性質的新進員工實施不同的訓練，再指派適任的職務。此外，在臨床上也需要對患者分類，依據心理診斷結果再決定患者應接受何種治療。

安置工作雖然可以利用一個或更多個預測因子，但是分類需要多元的預測因子，這些預測因子的效度可以分別由效標來求得。一個分類測驗的組合，需要對每一個效標使用不同的迴歸方程式，其中有一些測驗在所有迴歸方程式中，有不同的加權值，其他的測驗也許只包括一個或兩個迴歸方程式，但是在有些效標上無加權值。因此，在測驗組合中，各個分測驗在每一個特定效標上的加權值有所不同。

（二）區分效度

一個分類測驗組合，應特別重視它對不同效標的**區分效度**（differential validity）。這種測驗組合旨在預測每一名受測者，在不同工作表現上的差異情形。一套測驗組合中所選用的測驗，應對不同效標產生不同的效度係數。在雙重效標分

類的問題中，最理想的測驗應該與一個效標有高相關，而與其它效標之間呈現零相關或負相關。一般智力測驗不適於作為受測者能力分類的工具，因為智力測驗對受測者在大多數領域的工作表現，均有很好的預測力。

因此，它與區分各效標間的相關都很相近，一名受測者在一個測驗上得高分，在其它工作上的分類是可能成功的，因此，不容易預測該受測者在工作上是否能做得更好。在分類測驗組合中，需要一些測驗具有對某一效標為良好的預測因子，但是對另一個效標為不良的預測因子，而其他的測驗正好相反。綜上所述，區分效度是以兩種不同性質的職業為效標，分別求出測驗分數與效標分數之間的相關，再以兩者之差作為區分效度。

（三）多元區辨方程式

多元區辨方程式（multiple discriminant function）是依據測驗組合不同分測驗所測量的認知能力，對該測驗效標所發展出來的方程式。當效標不同的時候，分測驗的組合與加權值也隨之改變。簡言之，不同的方程式會對應不同的效標，例如：有一個企業公司，要甄選推銷員、文書人員、人事管理員，測驗包含智力、性向、興趣等三個分測驗。多元區辨方程式會依據這三種職務類別的特性，給予不同分測驗的加權，進而有效分辨哪些新進員工，適合分派到哪一種工作。

（四）人員選擇

以測驗組合對效標作區別預測時，比從單一迴歸方程式的測驗或綜合分數，較能夠充分運用人力資源。誠如在泰勒、盧素預期表中，人事選擇使用測驗的效能，均依錄取率而定。在分類的決策中，錄取率低比較能夠選出各種工作的優秀人才。如果從 100 名應徵者中，選出 10 名（錄取率為 10%）去從事工作，比從 100 名應徵者中選出 20 名（錄取率為 20%），較能夠選出優秀人才。

關 鍵 詞 彙

效度	區分效度
內容效度	預期表
效標關聯效度	效標
建構效度	輻合效度
同時效度	辨別效度
預測效度	表面效度
切截分數	邏輯效度
測驗組合	

自我評量題目

1. 試說明效度的意義。

2. 如何避免效標混淆？

3. 試說明影響效度的因素。

4. 試說明建構效度的驗證方法。

5. 試說明人事甄選效果與測驗效度的關係。

6. 試說明信度與效度的關係。

7. 何謂效度複核？其目的何在？

8. 試說明測驗在人員分類決策上的應用。

第五章　項目分析

　　項目分析（item analysis）又稱為題目分析，項目分析可以提升測驗題目的品質，進而提高測驗的信度與效度。教師自編的測驗，可以經由項目分析了解其題目的優劣。項目分析可以依據題目的內容與形式做**質性分析**（qualitative analysis），也可以根據題目的統計資料做**量的分析**（quantitative analysis）。質性分析包括內容效度的評量，以及撰寫題目過程的評量；量的分析包括項目難度與鑑別力的分析。測驗題目品質提升，可以經由題目的選擇或修訂來達成。

　　項目分析除了可以提高測驗的信度與效度之外，在教育測驗上可以利用它來選擇優良的題目，建立考試**題庫**（item bank）。題目的選擇通常是將鑑別力高的、難易適中的，以及內容適切的題目保留下來，並且排除不適宜的題目，這樣方能有助於教師改進教學方法以及提升命題技巧。

第一節　常模參照測驗的項目分析

　　本節說明常模參照測驗的項目分析方法，包括難度分析、鑑別力分析、選項的有效性分析與**項目反應理論**（Item Response Theory，簡稱 IRT）。

壹　題目難度分析

　　測驗題目難易度的分析，通常以全體受測者答對某試題的人數百分比來表示，這個百分比又稱為**難度指數**（item difficulty index），其計算公式如下：

$$P = \frac{R}{N} \times 100\%$$

　　式中：P 代表項目的難度指數；N 為全體受測者人數；R 為答對的人數。

例如：在 100 名預試的學生中，有 60 人答對第 3 題，則該題的難度指數為 60%。

$$P = \frac{60}{100} \times 100\% = 60\%$$

難度指數愈大表示題目愈簡單；反之，難度指數愈小，表示題目愈困難。在一般心理與教育測驗中，通常按照項目難度排序，愈簡單的題目安排在愈前面，愈困難的題目安排在愈後面，藉以引發受測者填答測驗題目的自信心，並且避免浪費許多寶貴的時間，來解答困難的題目。分析題目難度有助於選擇難易適中的題目，題目太困難或太簡單都會影響測驗的信度或效度。

假設某一個測驗題目，100 名受測者中有 10 人答對（P = .10），90 人答錯，該題目難度等於 .10，區別數等於 900。當難度 .50 時，其區別數等於 2,500，**區別數**（number of differentiation）是答對者與答錯者的可能組合數。由表 5-1 可知，題目難度等於 .50 時，其區別數最大，也就是難易適中的題目具有最大的**鑑別力**（discriminating power）。

表 5-1　難度與區別數的關係

難度（P）	區別數
.10	$10 \times 90 = 900$
.20	$20 \times 80 = 1,600$
.30	$30 \times 70 = 2,100$
.40	$40 \times 60 = 2,400$
.50	$50 \times 50 = 2,500$
.60	$60 \times 40 = 2,400$
.70	$70 \times 30 = 2,100$
.80	$80 \times 20 = 1,600$
.90	$90 \times 10 = 900$
1.0	$100 \times 0 = 0$

另外，有一種計算項目難度的方法，是先將全體受測者的測驗總分數，依高低排序，然後把全體受測者人數得分最高與得分最低各 27%的受測者，分別作為高分組與低分組，再計算此兩組受測者在某一項目的難度。其計算公式如下：

$$P = \frac{P_H + P_L}{2}$$

式中：P：項目的難度；P_H：高分組答對某測驗題目的人數百分比；P_L：低分組答對某測驗題目的人數百分比。

例如：某一個題目，高分組受測者答對者占 68%，低分組受測者答對者占 24%，則該題的難度為：

$$P = \frac{0.68 + 0.24}{2} = 0.46 \ （或 46\%）$$

以上述答對人數百分比表示測驗項目難度，其數值愈大表示題目愈簡單，也就是難度愈低；反之，其數值愈小就表示題目愈困難，也就是難度愈高。但是，採用這種方法來表示測驗項目難度，是依據一種**順序量尺**（ordinal scale）。可是測驗題目的等級尺度，其差距單位並不一定相等，例如：某數學科測驗，第 6 至第 8 題答對的人數百分比，分別為 .40、.50、.60，這就表示第 6 題最難，第 7 題次之，第 8 題最簡單；但是，無法了解這三題之間難度差異的大小。也就是說，只能知道題目難易的順序，因為第 6 題與第 7 題之間難度的差異，並不一定等於第 7 題與第 8 題之間難度的差異。為了克服這一個缺點，項目難度分析可以採用**等距量尺**（interval scale）法。

以等距量尺分析

美國教育測驗服務社（ETS）首創具有等距量尺特性的難度指數，以△（delta）表示之。其公式如下：

$$\triangle = 13 + 4Z$$

式中，平均數 13，標準差 4，Z 為常態分配時的標準差單位，Z 值介於 −3 至 +3 之間，代入上式中，△值之下限為 1，上限為 25。△值愈小表示測驗題目的難度愈低；反之，△值愈大，就表示測驗題目的難度愈高。由△值的大小，不但可以表示項目難度的相對位置，而且可以顯示項目不同難度之間的差異數值。

這種難度指數是假設項目所測量的特質呈常態分配，也就是項目的難度可以在常態分配曲線橫座標軸上的某一點，以離差分數表示之，例如：某一題目答對人數百分比為 84%，就是 P ＝.84 時。由圖 5-1 之常態分布曲線可知，其 Z 值為 +3，帶入上式公式，可以得到△值等於 13 ＋ 4×（＋3）＝ 25；Z ＝ +1，△ ＝ 17；Z ＝ 0，△ ＝ 13；Z ＝ −1，△ ＝ 9；Z ＝ −3，△ ＝ 1。以上各 Z 值與△值以及題目答對人數百分比（P），三者之間的關係如下：

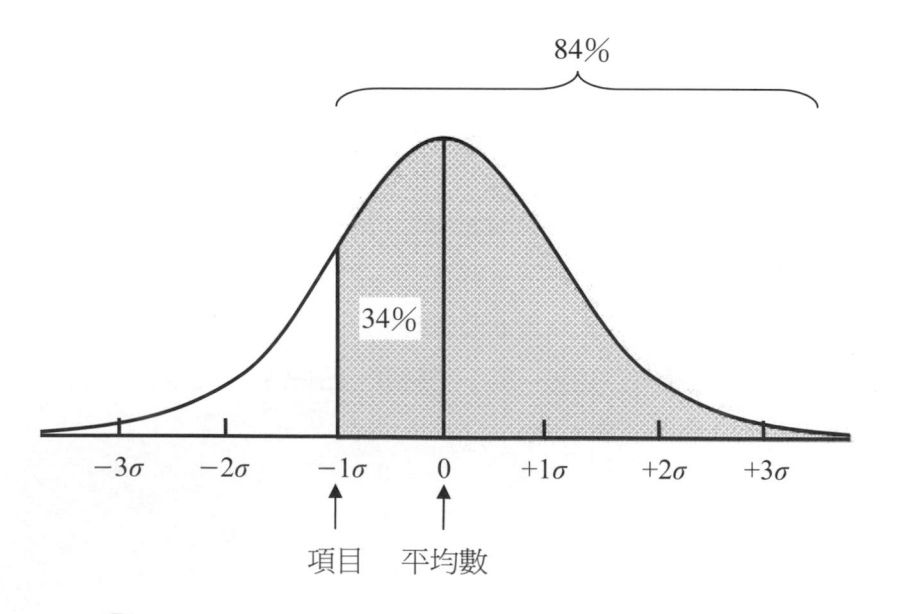

圖 5-1　項目答對人數百分比與常態化等距性難度之關係

$$P = .0013 \quad Z = +3 \quad \triangle = 13 + 4\,(+3) = 25$$

$$P = .16 \quad Z = +1 \quad \triangle = 13 + 4\,(+1) = 17$$

$$P = .50 \quad Z = +0 \quad \triangle = 13 + 4\,(+0) = 13$$

$$P = .84 \quad Z = -1 \quad \triangle = 13 + 4\,(-1) = 9$$

$$P = .9987 \quad Z = -3 \quad \triangle = 13 + 4\,(-3) = 1$$

由上述可知，△值介於 1 與 25 之間，其平均難度值為 13。△值愈小，表示項目愈容易；△值愈大，表示項目愈困難。在實際應用上，△值可以由范氏項目分析表（Fan, 1952）直接查得。

 ## Thurstone 絕對量尺分析

以答對項目人數百分比或常態曲線單位來表示項目難度，應考慮接受測驗受試樣本的能力範圍，例如：相同的測驗題目對國中資優班學生來說太簡單，但是對啟智班學生而言就太困難；又如：在教育測驗中，不同年級學生解答同一個題目，其難易度並不相同。

佘斯統（L. L. Thurstone）在 1925 年，首創絕對量表（absolute scaling）的統計方法，該方法可以測量每一個項目在一致性量表的難度，它曾在測驗發展中廣泛被採用。其程序包含兩個步驟：第一，分別計算每一個團體內測驗題目的量表值，將通過（或答對）每一個題目人數的百分比，轉換成常態化曲線；第二，選擇一個標準或對照組，將前述所有量表值，轉換成其中一組的對照值。任何一組都可以選為對照組。

在兩個或更多組別中相同項目的量表值，以及不同組別中所有項目難度值的變換，如圖 5-2 所示。由該圖可知，相同的項目在團體 B 中的答對人數比率大於團體 A，兩個團體受測者答對人數百分比與平均數的距離，團體 A（Z_A）大於團體 B（Z_B），所有項目的難度都可以由團體 A 轉換至團體 B。

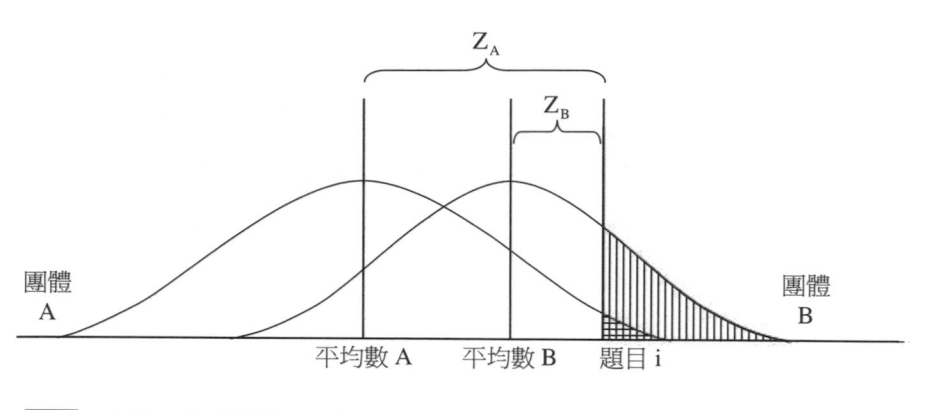

團體
A

平均數 A　　平均數 B　　題目 i

團體
B

▤ 團體 A 答對題目 i 之比率

▦ 團體 B 答對題目 i 之比率

圖 5-2　常態曲線 Z 值下相同項目在團體 A 和 B 的相對難度

肆 測驗分數的分析

　　就整個測驗的難度來說，它與各個項目的難易度有直接關係，整個測驗的難度，可以由全部測驗分數的分布而得知。一般而言，在一個標準化的樣本中，其測驗分數呈現常態分布曲線。但是，有一些樣本的測驗分數成偏態，如圖 5-3 所示。在該圖 A 部分與 B 部分均屬於偏態，前者分數集中在左端，也就是分數偏低，測驗題目較難，後者就正好相反。換句話說，測驗項目太困難或太簡單，都不適於測量受測者之間的個別差異。

　　如果有某一標準化樣本接受一個測驗，測驗分數呈顯著的偏態，就應設法使其測驗分數成為常態分布。為了達到此目的，應根據原測驗題的難易情形加以修正，如果樣本的測驗分數偏高，就加入一些較難的項目，排除一部分太容易的題目；反之，如果樣本的測驗分數偏低，就排除困難的項目，加入一些比較簡單的題目，一直調整到測驗分數呈現常態分布為止。

　　在這種情況之下，大多數的受測者會答對所有題目的半數（50%）。可是，有一些使用或編製測驗者認為這種標準定得太低，然而根據心理測驗的理論，此

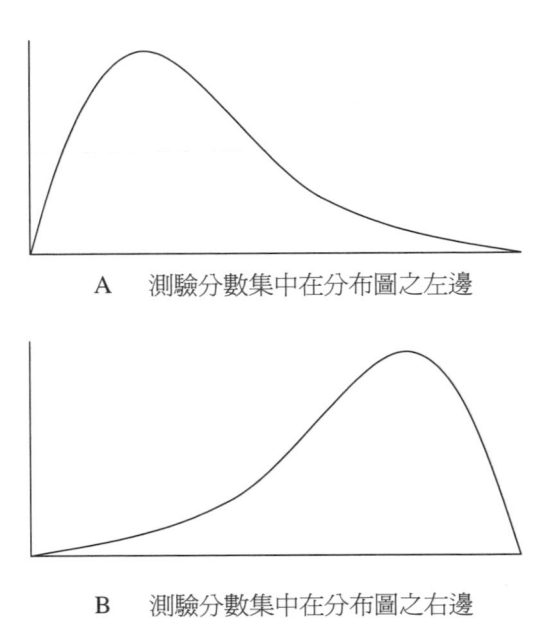

A 測驗分數集中在分布圖之左邊

B 測驗分數集中在分布圖之右邊

圖 5-3 偏態分布曲線

觀點似乎並不正確。因為當所有受測者答對所有題目的半數時,該份題目對於受測者能力最有區辨力,而且測驗分數可以成為常態分布。

伍 項目難度與測驗題目的關聯

標準化心理或教育測驗的設計,通常設法將所有受測者的能力作最大的區別。但是在編製測驗題目時,有時要根據測驗的目的來規劃題目的難度,例如:有一個人事測驗在應徵人員中,只要錄取分數較高的 20% 者,該題目難度(P 值)最好接近 20,而測驗時間以所有受測者得分接近切截分數時最合適,例如:假設有一個測驗報名的人數非常多,但是只要錄取幾個人,題目就應設計得比較難一點;反之,如果報名人數與錄取人數差不多,題目就應設計簡單一些。

此外,在標準參照的通過測驗中,也需要依據其測驗目的來選擇不同難度的

題目，藉以了解受測者是否已經精通基本技能，或是否已具備學習下一階段課程的能力，這種測驗的難度P值為以 .80 或 .90 為宜。在這些情況之下，大多數受測者幾乎都答對所有題目。在一般標準化測驗中，太簡單的題目（就是100%的受測者答對）或太困難的題目（就是 100%的受測者答錯）都應予刪除。

由上述可知，測驗題目的困難程度，是依據測驗的目的而定。大體來說，測驗題目難易適中（即 P = .50），對於了解受測者的表現最具有功效。

第二節　項目鑑別度

壹　效標的選擇

項目鑑別度是指，受測者接受測驗的題目，對其能力正確辨別的程度。在標準參照測驗中，比較受測者在教學前與教學後，答對某題目的人數百分比，就可以知道該題目的鑑別力。一般成就測驗與性向測驗，常需要分析項目鑑別度。

在測驗題目中，凡是與總分相關較低的項目，就被視為不良題目；反之，內部相關高的題目就予以保留。測驗組合中各個分測驗的貢獻，最好與效標之間有高相關，同時與測驗組合中各個測驗之間是低相關。如果以此原則來選擇題目，則最理想的項目是具有最高的**外在效度**（external validity），同時內部一致性係數為最低。

貳　項目鑑別度的統計

受測者對測驗項目的反應，分為答對或答錯，項目鑑別度的測量通常包含二分變項（題目）與連續變項（效標）。在某一定情境中，效標可以是二分法的，例如：大學生分為在校生與畢業生、工作分為成功與失敗、考試成績分為及格或

不及格;同時,一連續性的效標對分析的目的也是可以二分法的。而測驗題目難度接近 .50 時,其鑑別度最大。

 使用極端組

項目分析以答對某一個題目的人數比率,與效標組的人數比率加以比較。當效標以連續量表來測量時,例如:學業成績、工作成績,或在測驗上的總分,從分數分布中選出高與低效標組,就是極端分數組。採用極端分數組,例如:測驗分數最高與最低的 10%,會因為使用小樣本而降低測驗結果的信度。在常態分布情況之下,以測驗分數最高的 27% 當高分組,以測驗分數最低的 27% 當低分組。

當測驗分數的分布比常態分布較為扁平時,其最佳人數百分比是稍微大於27%,大約為 33%(Cureton, 1957)。在小樣本的情況之下,不必太考慮兩個極端分數組別的人數百分比,通常以 25% 至 33% 之間為宜。在電腦普及的今日,最好分析全體樣本的作答反應,而非只比較高分組與低分組的差異情形。

 小樣本的簡單分析

項目分析有時可以利用小樣本來實施,例如:一個班 60 名學生接受考試,測驗結果進行題目分析可以採用以下簡便方法。先選出高、低分組學生各 20 名,其餘 20 名學生為中間組,然後計算這三組學生在各個題目上答對的人數百分比。假設以 U 代表高分組,M 代表中間組,L 代表低分組,將這三組學生答對的人數統計出來,結果假設如表 5-2 所示。

由該表可知,各題鑑別值為高分組(H)減去低分組(L),各個項目的難度則為高、中、低三組答對學生人數的總和,也就是 H + M + L。在該表第 2 題太簡單,因為 60 名學生中就有 57 名答對;而第 4 題太難,因為 60 名學生只有 6 名答對;第 1 題的鑑別值(H - L)為負值,第 6 題鑑別值為 0,由此顯示,第 1 與第 6 題無法鑑別高分組與低分組。簡言之,鑑別值愈大,表示此項目愈具有鑑別

度。

　　在教師自編的學科測驗中，實施題目分析的主要目的，在確定測驗題目命題的優劣，不適宜的題目應予淘汰。選擇題通常要對每一個**選項**（options）進一步分析，以了解各選項的良劣。茲以表 5-3 的資料說明之。

表 5-2　項目難度與鑑別值

題目	（H）高分組 20 人	（M）中間組 20 人	（L）低分組 20 人	難度 （H＋M＋L）	鑑別值 （H−L）
1	12	7	14	33	−2*
2	20	20	17	57*	3
3	10	11	3	24	7
4	6	0	0	6*	6
5	19	18	7	44	12
6	11	15	11	37	0*
7	18	16	11	45	7

註：*表示該題應審慎考慮。

表 5-3　個別項目反應的分析

題目	組　別	A	B	C	D	E
2	高分組	0	0	0	（20）	0
	低分組	1	0	2	（16）	1
5	高分組	0	（11）	8	0	1
	低分組	1	（17）	2	0	0
7	高分組	2	3	2	（10）	3
	低分組	1	4	4	（9）	2
10	高分組	（4）	3	6	5	2
	低分組	（0）	4	7	6	3

註：（ ）內之數字表示該選項為正確答案之答對人數。

由表 5-3 可知，第 2 題高分組全部答對，低分組只有 4 人答錯，顯示這個題目太簡單，此題最好給予修正或淘汰。就該表中的第 5 題來看，高分組學生中有 8 人選擇 C 選項，應進一步詢問這些學生選擇該答案的理由。在第 7 題中，學生對 4 個錯誤答案的反應頗為一致，第 10 題比較困難，高分組答對者 4 人，低分組都無人答對。

在上述各題中，第 C 選項比其餘選項最具有誘答力，因為第 2、5、7、10 這四題的 C、E 選項，都不是正確的答案，但還是有不少人選它；而高分組與低分組選答 C 的人數，又比選答 E 的人數較多。此外，由以上 4 個題目可知，第 10 題是比較理想的測驗題目。

伍 鑑別指數

在前述高分組與低分組受測者中，將每一題答對人數改用百分比來表示，則其百分比的差異就是項目**鑑別指數**（index of discrimination），其計算公式如下：

$$D = P_H - P_L$$

式中：D 代表鑑別指數；P_H 為高分組答對項目人數百分比；P_L 為低分組答對項目人數百分比。

例如：高分組答對某試題的人占 75%，低分組答對該題的人占 20%，則其鑑別指數（D）為：.75 － .20 ＝ .55。鑑別指數愈大，表示受測者對個別試題反應與總分的一致性愈高。

以表 5-2 的資料來說明（呈現結果如表 5-4）：第一，將表 5-2 每一題高分組與低分組答對人數轉換為百分比，因為這兩組都有 20 人，因此可將表中的數字除以 20 然後乘上 100，就可得到答對的人數百分比，例如：第一題高分組有 12 人答對，其答對人數百分比為 12÷20×100 ＝ 60。

表 5-4　以表 5-2 資料計算鑑別指數

項目	答對人數百分比		鑑別指數（D）
	高分組	低分組	
1	60	70	−10
2	100	85	15
3	50	15	35
4	30	0	30
5	95	35	60
6	55	55	0
7	90	55	35

　　另外一種計算方法是先將 100 除以 20，得到 5，再將 5 乘上表內的數字，就可以得到答對的人數百分比，例如：表 5-2 第 2 題高分組有 20 人答對，其答對的人數百分比為 $20 \times 5 = 100$。依此類推，就可以得到表 5-4 的高分組與低分組答對人數百分比。在該表最右邊鑑別指數，是將高分組的答對的人數百分比減低分組的答對的人數百分比。

　　D 值介於 +100 至 −100 之間，如果所有高分組受測者都答對，低分組都答錯，則 D 值等於 100；反之，如果所有高分組受測者都答錯，而低分組均答對，則 D 值等於 −100。如果這兩組受測者答對人數百分比相等，則 D 值為 0。答對各題人數百分比（就是項目難度）與最大鑑別指數的關係，如表 5-5 所示。

　　如果全部受測者都答對（100%）或都答錯（0%），則高分組與低分組的答對人數百分比就無差異，因此 D 值等於 0。如果 50%受測者答對，則可能所有高分組都答對，所有低分組都答錯，所以 D 值等於 100，也就是（$100 - 0$）$= 100$。如果有 70%的受測者答對，則最大 D 值為：高分組 $50 \div 50 = 100\%$；低分組 $20 \div 50 = 40\%$，$D = 100 - 40 = 60$。

　　由表 5-5 可知，難度適中的項目，其可能的鑑別值（potential item discrimination）比較大。當測驗題目難度等於 .00 或 1.00 時，其鑑別指數最小；當難度等於 .50 時，其鑑別指數最大。簡單來說，項目難易適中（$p = .50$）時，具有最大的鑑別力。

表 5-5　項目難度與最大鑑別值的關係

難度（p）	最大鑑別值
1.00	.00
.90	.20
.80	.40
.70	.60
.60	.80
.50	1.00
.40	.80
.30	.60
.20	.40
.10	.20
.00	.00

　　在測驗的各個題目分析中，鑑別指數通常愈高愈好，原則上低於 .19 就是不良的題目，如表 5-6 所示。

表 5-6　鑑別度的評鑑標準

鑑別指數	試題評鑑
.40 以上	鑑別度極佳
.30～.39	鑑別度良好
.20～.29	鑑別度尚可
.19 以下	鑑別度差
負數	沒有鑑別度

資料來源：Hopkins (1998: 260)

陸　ψ 係數

　　項目鑑別指數，以項目與效標之間的相關表示，ψ 相關就是其中一種，其範圍介於 +1.00 與 -1.00 之間。ψ 係數的統計，適用於題目反應與效標變項都是二分名義變數時，例如：測驗分數分為高分組與低分組，作答反應分為答對與答錯。

　　ψ 係數可以使用幾種不同的統計方法，當高、低分組的人數相等時，ψ 值可以由高、低分組答對的人數百分比，查賈根先表（Jurgensen tables, 1947）而得。

當高、低分組不相同時，ψ 值可以由艾葛頓表（Edgerton table, 1960）來查得。惟，其應用比較費時。

ψ 係數的顯著水準可以使用卡方（chi-square）與常態曲線比（normal curve ratio）的關係來求得。如採用後者，ψ 達到統計上的 .05 與 .01 水準，可以使用以下公式：

$$\psi_{.05} = \frac{1.96}{\sqrt{N}}$$

$$\psi_{.01} = \frac{2.58}{\sqrt{N}}$$

式中，N 表示在兩個效標組的總人數，例如：高分組與低分組各有 50 人，則 N 為 100；ψ 在 .05 顯著水準的最小值為 $1.96 \div 10 = .196$。任何測驗題目其 ψ 值達到或超過 .196，就與效標在 .05 顯著水準時有顯著的相關。

柒 二系列相關

項目鑑別的測量也可使用二**系列相關**（biserial correlation，簡寫為 r_{bis}），該相關與 ψ 有兩點不同：第一，r_{bis} 假設題目反應與效標變項都是連續變數，而且呈常態分配；第二，它測量題目效標關係與題目難度無關。

二系列相關的計算，涉及答對與答錯題目的平均效標分數、全部效標團體的標準差，與答對及答錯題目的人數比率。r_{bis} 的計算公式如下：

$$r_{bis} = \frac{\bar{x}_p - \bar{x}_t}{s_t} \times \frac{p}{y}$$

式中：$\bar{x}_p$：答對某一測驗題目之受測者，測驗總分數的平均數；$\bar{x}_t$：所有受測者，不論答對或答錯該測驗題目總分之平均數；s_t：所有受測者測驗總分的標準差；p：答對之人數百分比；y：答對人數百分比時，常態分配曲線的高度；r_{bis}：標準誤差以及二系列相關的計算，都可以直接使用電腦統計套裝軟體來運算，以節省時間。

第三節　適性測驗

壹　項目反應理論

　　在 1970 年代末期，有一些心理測驗學者致力於測驗項目難度的探討，由於這方面的研究需要複雜的計算過程，因此通常是以電腦來幫助運算。這些研究是以**潛在特質模式**（latent trait model）為基礎的。潛在特質是個人潛在的能力，它可以經由觀察個人對測驗題目反應之間的關係，並透過數學的處理而獲得。簡言之，由受測者在測驗上所獲得的總分，來初步估計其潛在特質。有些學者以**項目反應理論**（Item Response Theory，簡稱 IRT）來替代它。

　　項目反應理論模式，可以使用在建立**免受樣本程度影響**（sample free）的量表。受測者對各種測驗內容的真實能力，潛藏在個體之內，不容易被直接觀察與測量。但是，可以從受測者的行為表現來推估。在估計題目的難度時，應摒除受試樣本程度的影響；在估計個人特質時，應摒除測驗特性的影響，將題目難度與特質分數轉化成相同的量尺，對測驗結果的解釋與預測，有很大的幫助。

　　項目反應理論已被大規模的測驗計畫所採用，為了提高估計特質的精確性，可以利用電腦程式來估計受測者的潛在特質，使用測驗者可以根據這個理論來選擇適當的題目。

　　項目難度與項目鑑別度，可以利用項目測驗迴歸圖來表示。為了方便說明，茲假設一個測驗有 12 個簡答題。表 5-7 表示這 12 題總分中，第 5 題與第 11 題此兩題正確作答的人數百分比，並將這些資料繪成圖 5-4。

表 5-7　項目測驗迴歸之假設性資料

得分總分	正確作答的人數百分比	
	第 5 題	第 11 題
12	1.00	.95
11	.82	.62
10	.87	.53
9	.70	.16
8	.49	.05
7	.23	.00
6	.10	.00
5	.06	.00
4	.03	.00
3	.00	.00
2	.00	.00
1	.00	.00

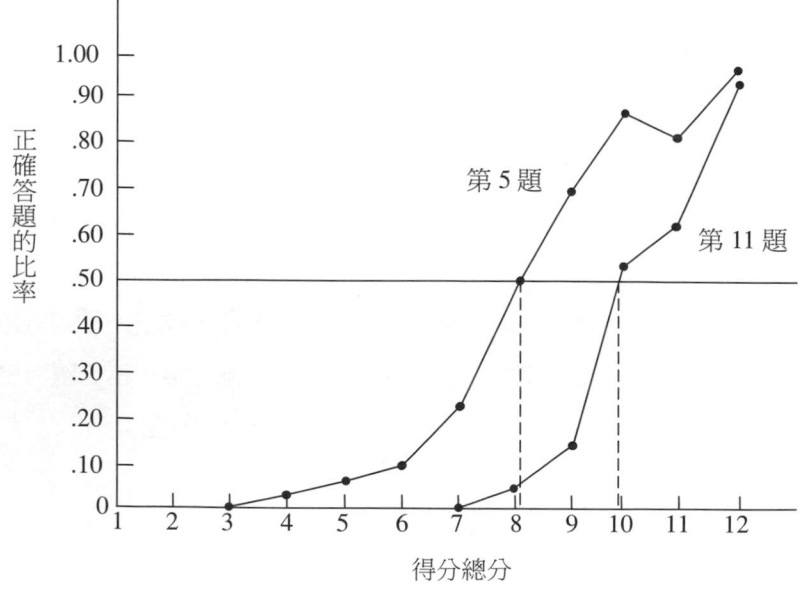

圖 5-4　項目測驗迴歸曲線

每一題的難度是以 50%為最低的界限，就是以正確答對機率 50%為基準，例如：在圖 5-4 中，自縱座標正確回答比率 .50 處，劃一條水平線平行於橫軸，與第 5 題及第 11 題兩條曲線相交，再自相交處劃垂直線交於橫軸。由該圖可知，總分接近 8 分時答對第 5 題的機率約為 50%，總分接近 10 分時答對第 11 題的機率也是一樣。每個題目的鑑別度是以曲線的陡度來表示，凡曲線愈陡者，對題目表現與總分的相關愈高，其鑑別指數愈大。由該圖可知，第 5 題和第 11 題的鑑別度頗為相似。

由表 5-7 的資料可以了解項目難度與題目鑑別力，同時也涵蓋題目表現與全部分數之間的關係，例如：第 5 題顯示相反結果，得 10 分者的人數比率高於得到 11 分者。對於測驗題目的正確評量與選擇，還可以利用電腦來處理，目前已經有幾種項目分析模式的電腦程式，這些方法的特點將在以下說明之。

項目反應理論是針對**電腦化適性測驗**（computer adaptive testing，簡稱 CAT）發展出來的測驗理論。適性測驗是電腦根據受測者的能力，快速運算與選題的功能，給受測者不同鑑別度的題目，這就好像會自動思考的智慧型測驗，所以逐漸成為性向測驗的發展主流。簡單來說，電腦會在受測者的作答過程中，機動性判斷受測者的能力，來選取適合的題目給受測者作答，如果受測者答對某一題，電腦就會提供難一點的題目；反之，如果答錯了，就自動提供下一個比較簡單的題目，充分適應個別差異，使每個受測者都能盡力而為，做出最大的表現。

 ## 項目反應理論分析

不同的項目反應模式，基於不同假設而使用不同的數學函數。有些模式使用常態肩形函數（例如：常態分布）；有些使用**數理邏輯函數**（logistic function），這種函數便於對數關係性質的數學運算。一般而言，以各種模式所得到的結果頗為相似。圖 5-5 是三個假設題目的項目特徵曲線，橫軸為能力量表（θ），它是從整個測驗分數，與測驗樣本對測驗反應之其他資訊來估計的。縱軸 P_i（θ）為對題目 i 正確反應的機率，它是個人在能力量表（θ）地位的函數。此機率是由不同能

力受測者,答對題目人數比率計算出來的。

　　在**項目特徵曲線**(item characteristic curve,簡稱 ICC)的三個參數模式中,每一個模式都是由實證資料衍生出來。題目辨別參數(a_i)表示曲線的**斜率**(slope),斜率值 a_i 愈大,則曲線愈陡峭。在圖 5-5 中,題目 1 和 2 的斜率相同,其辨別值也相同。題目 3 的斜率較小,其曲線比較平坦。題目難度參數(b_i)在橫軸上正確反應機率為 .50。

　　項目特徵曲線愈趨近於右邊,表示這個項目愈難。反之,愈靠近左邊,表示項目愈簡單,所以由 ICC 曲線的位置就可以看出題目的難易度。題目 2 和題目 3 之 b_i(含 b_2、b_3)相同,而題目 1 是比較簡單,它需要較少的能力就能有 50%的正確反應機率。

　　IRT 模式在處理多重選擇項目時,常包括第三個參數,就是所謂猜測參數(c_i),它代表做正確反應時,猜測所占的比率。在多重選擇的項目中,即使受測者的能力很低,做正確反應的機率也高於零,這種現象可以由該圖中第三個項目的曲線得知。

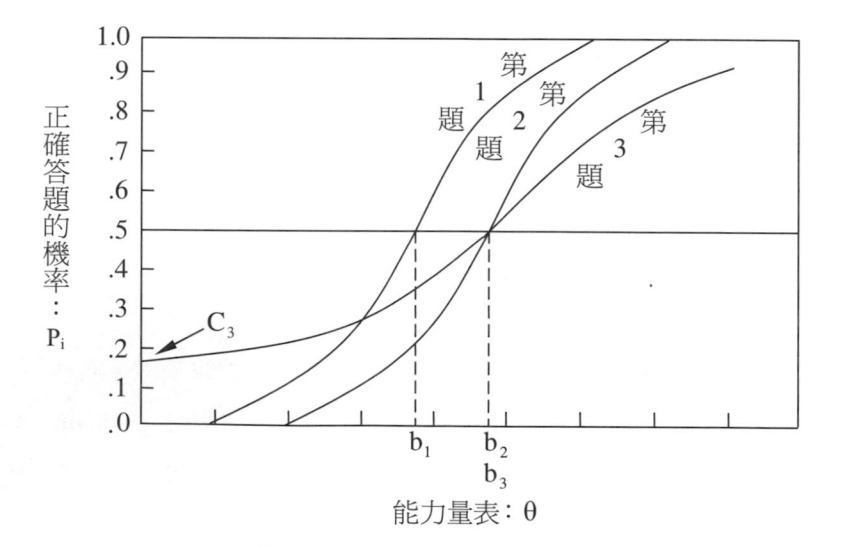

圖 5-5　三個項目的特徵曲線

題目參數與能力兩者的估計方法，通常以連續接近程序來計算，使其一直重複到該值穩定為止。除了可以得到項目難度與題目辨別指數之外，項目反應理論尚有幾個優點，例如：這種方法有一重要的特徵，即是經由**項目資訊方程式**（item information functions）來處理測量的信度與誤差。這些函數可以由每一個題目計算，對於測驗題目的選擇提供了良好的基礎。項目資訊方程式涉及所有項目參數，並且顯示項目在不同能力水準上的測量效能。

項目反應理論模式的優缺點

項目反應理論最主要的貢獻，就是測驗結果不受樣本特性的影響，這又稱為**題目參數的不變異量**（invariance of item parameters）。項目反應理論的基本概念，是項目參數在計算不同能力受測者團體樣本時保持不變。簡言之，這種測量工具可以適用於不同團體，它也顯示團體以及個人可以使用不同組的題目予以測量，而且其分數也可以直接比較。

在測驗許多不同樣本時，有一種程序是對一個大的隨機樣本，事先以校正過的題庫實施測驗。當受測者能力範圍分布很廣，例如：學校成績重疊時，需要使用共同的題目，又稱為**定準題**（anchor item），為了彌補不同團體的差異，在題庫中的題目加以校準，使任何題目對任何團體或個人實施測驗，其結果可以互相比較。

各種項目反應理論模式的優點，仍然有很大的爭議，這需要進一步驗證才可以知曉，例如：使用電腦模擬。有一些心理計量學者對於項目反應理論的技術產生質疑，例如：單一層面不能夠以一般因素分析法來探討，因為題目內部相關可能是曲線的；同時，相同的項目對不同經驗背景的人，或同一個人在不同階段的學習實施測驗，也許包含不同的能力在內。

項目反應理論在實際測驗問題應用上，已經日漸盛行，在測驗組合中採用題目分析技術表也日漸增多。它特別適合於新型測驗，例如：電腦化適性測驗，在此測驗中每一名受測者對不同組的題目做反應，但是全份測驗分數均為單一量表。

第四節 速度測驗的項目分析

速度測驗（speed test）的功能如果以一般項目分析方法，容易發生錯誤。速度測驗項目通常很多，大多數受測者無法在規定的時間內做完全部題目。僅有極少數的受測者在規定時間之內能答完所有的項目。因為能力愈強者，其作答速度愈快，也比較有可能對位於後面的題目作答。所以對速度測驗項目鑑別力會有高估的現象。

為了避免上述問題，在分析每一個項目時，應只對受測者以答完的項目進行分析，例如：全部受測者 50 人，題目計有 40 題，答完第 38 題的受測者只有 10 人，其中答對的有 8 人，該項目的難度指數為 .80（即 8÷10）。以這種方法分析項目難度至少有兩個缺點：第一，位於比較後面的項目，僅有少數人答對，因此項目難易度或鑑別度僅能以少數樣本來分析，其可靠性較低；第二，位於較後面的項目，僅以少數樣本來分析，因此分析結果無法與較前的項目（答完者較多的大樣本）做比較。

如前所述，作答較快的受測者其能力也有較強的傾向，因此位居後面的項目，其用來分析的樣本能力也比較高，這些能力較高的受測者，其答對項目的人數百分比也較高，因此項目分析的結果較能降低難度。如果以全體受測者來分析，就會高估題目的難度。

如果以答完某項目的人數來作項目分析，可以從兩方面分析其效度與內部一致性：第一種狀況為答完位於後面的題目者，除了有一部分受測者能力較高之外，另外有一部分能力較低的受測者，以猜測方式做完全部項目，其答對的人數百分比，將低於全部受測者的答對人數百分比；如果僅以答完的受測者來作項目分析，因為這兩類受測者的能力有較大的差異，所以所求的項目效度與內部一致性也會比較高；第二種情況是答完後面題目者完全憑個人的實力而不靠猜測，其答對的人數百分比較高，同質性較大，因此會低估項目效度與題目的內部一致性。

在速度測驗題目所遭遇到的難題,與速度測驗的信度相同。歷來,已經有實證與統計的解決方法。有一個實證的解決方法,是對一個群體長期實施測驗並作項目分析。這種解決方法適合於速度測驗,但是對於該測驗所測量的能力,並非屬於重要的層面。由上述可知,對速度測驗實施項目分析,需要謹慎行事。

關鍵詞彙

題目難度	難度指數
題目鑑別度	項目特徵曲線
潛在特質模式	鑑別指數
項目反應理論模式	項目反應理論
電腦化適性測驗	免受樣本程度影響

自我評量題目

1. 在 100 名預試的學生中，有 80 人答對第 3 題，則該題的難度指數為何？

2. 某一個題目高分組答對人數占 86%，低分組答對人數占 24%，則該題目的難度為何？

3. 題目難度指數介於多少之間？

4. 題目難度指數愈大表示愈簡單或愈困難？

5. 題目難度與最大鑑別值有何關係？

6. 項目反應理論與電腦化適性測驗有何關係？

7. 項目反應理論模式有何優缺點？

8. 題目難度等於多少時，其鑑別指數最大？

第六章　智力測驗的議題

第一節　智力測驗的涵義與目的

 ## 智力測驗的涵義

　　各種版本的智力測驗，其測得的最高分數並不一致。有的智力測驗極限分數180，有的最高分數大約140，有的則高達200，因此智力測驗所得的分數，宜從統計的觀點來解釋。目前，大多數智力測驗的平均數100，標準差15。在常態分配的智商分數中，將個人分數與平均數相減，再除以標準差，就可以得知個人分數高於或低於平均數幾個標準差，然後再查核統計圖表相關資料，就可以知道個人智力在團體中所占的相對位置。

　　一般來說，個人在智力測驗上得到高分，其未來所從事職業的職位也比較高，因為智商高的人接受教育的時間比較長，所取得的學位也比較高。但是，個人未來事業的成就，並非完全決定於智商。個人的家庭背景、工作動機與態度、情緒穩定性、人群關係以及機運等因素，也都會影響個人事業的成就。

 ## 智力的本質

　　不同的智力測驗由於其內容不同，因此對同一名受測者施測會得到不同的智力商數，對測驗結果的解釋自然也不同。**智力**（intelligence），不僅指一般人的智力，對於各學術領域，例如：生物學、哲學、教育學以及心理學，都有其不同

的界說。艾那斯塔西（Anastasi, 1976）對「智力」一詞下定義，智商狹義的定義是指：一個人在某一個時空的能力，而這種能力必須與年齡相當的人比較，才能顯示出高低。智力測驗與其他種測驗一樣，其目的不在對個人分出高下，而是在幫助個人充分發展其潛在能力，例如：某一閱讀測驗顯示，一名兒童在閱讀上的成績低落；研究者不可以將這名兒童視為無閱讀能力，反而應改進教學方法來促進其閱讀能力。

　　智力並非單一的能力，它是由幾種能力組合而成的。智力的組成因子也可以認為是個人從嬰幼兒至成人，在不斷社會化的過程中，適應社會的能力。一般學齡兒童或成人所使用的測驗，大多偏重於測量語文能力，有些測驗題目也包含數目運算與抽象推理，這些能力對於在學校的學習有很大的影響。大多數的智力測驗可以視為測量學業性向或學業智力。智商也可以視為個人教育成就的基礎，並作為以後教育表現、職業成就與日常生活表現的預測因子。

　　有一些心理功能是智力所無法測量的，例如：機械、音樂、動作、藝術性向等。動機、情緒及態度都是個人成就的重要因素；而創造力、認知與人格也都與智力有密切關係。在 1970 年代末期與 1980 年代初期，許多學者致力於研究智力的結構，探究智力測驗所測量的是什麼，之後的研究則偏重於受測者對測驗問題回答的基本歷程，而非只考慮回答的正確性而已。

 智力測驗的目的

一、篩選與診斷

　　許多政府與工商企業機構，以智力測驗來篩選新進人員，不少學校以智力測驗作為診斷學生能力的工具，例如：台灣過去國民中學實施能力分班之前，以智力測驗來篩選學生能力，依據智力測驗分數，將學生分為前段班或後段班；有一些中小學藉智力測驗，來診斷學生學習適應的情形。

二、甄選與安置

有一些機構使用智力測驗來甄選人才,或做為安排職務的參考,例如:台灣預備軍官的考試,實施智力測驗多年;有些學校以智力測驗的分數,做為甄選資優生或智能不足學生的依據。

三、評量與研究

智力測驗有時被用來當作評量學生能力的工具,教育行政主管由評量結果來決定應採取何種教育措施。有一些機構由智力測驗分數,來做為職務訓練或職務安排的參考。此外,有許多學術性研究將智力測驗的分數,當做一個重要的變項,再分析此變項與其他因素之間的相關,例如:智力與人格、性別、創造力等變項之間的相關。有些臨床心理學家以個別智力測驗的結果,來判斷受測者是否具有心智異常或大腦受傷的現象。

第二節 智力的穩定性

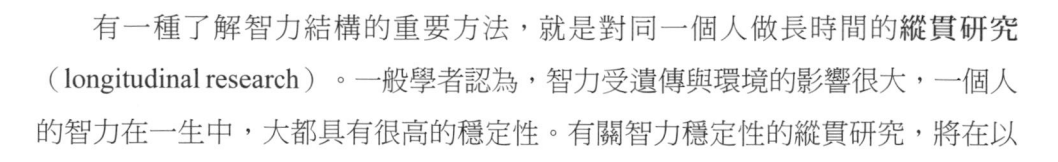

壹 智力的穩定性隨著年齡而增加

有一種了解智力結構的重要方法,就是對同一個人做長時間的**縱貫研究**(longitudinal research)。一般學者認為,智力受遺傳與環境的影響很大,一個人的智力在一生中,大都具有很高的穩定性。有關智力穩定性的縱貫研究,將在以下加以說明。

根據許多研究資料顯示,一個人經歷國民小學、中學以及大學,其智力測驗的分數具有相當高的穩定性。根據許多研究資料顯示,同一個人的智力在一生中的穩定性很高。但是,年齡愈低者接受智力測驗所得到的智商,愈不可靠;反之,

在成人之前年齡愈高者，智商愈穩定。幼稚園或小學低年級學童的智商，不見得能正確預測其長大成人以後的智商，國中以後的智力測驗所得到的智商則比較穩定。

有一名瑞典學者，針對 613 名小學三年級男學生進行研究，經過 10 年後再對這些學生進行相同測驗，結果發現兩次分數的相關係數為 .72。1968 年，哈科維（K. Harnqvist）在瑞典進行了類似研究，4,500 名青少年在 13 歲與 18 歲分別接受相同的智力測驗，結果發現兩者相關係數為 .78。由此可見，即使以學前兒童為對象，經過數年後再施以相同的智力測驗，也可以得到高的相關。

一般而言，重測的時間比較短，重測相關較高。此外，接受測驗的兒童，年齡較大者其重測相關比較高。智商的穩定性隨著年齡的增加而增加，其主要原因乃來自智力發展的影響。一個人在每一年齡的智能技巧與知識，包括其早年學習的技能、知識以及後來所增進的知能。安德森（J. E. Anderson, 1940）認為，一個人在成長過程中不會失去其原有的知能，也就是說，在不同年歲中的智商具有重疊性。

貳 成長環境的影響

兒童若生長在文化刺激貧乏的環境，或家庭條件經歷劇烈的改變，他們的智力發展比較不利。因為生長在文化不利環境中的學童，缺乏有效學習的先決條件，故他們的學業成就比一般兒童落後，因此需要對文化不利之學前兒童實施啟智（Head Start）計畫與其他補償性教育計畫。反之，生長在優良環境的兒童，對其智力發展比較有利。

家庭環境、家庭氣氛、親子關係、社會文化、父母關心子女教育成就的程度，與父母管教子女的態度等因素，對兒童智商變化情形較具有影響力。有一名學者曾研究學前兒童到高中期間，智商變化最大的 50 名學生，根據家庭訪問與訪問其父母親，結果顯示智商在 10 年之間的升高或降低，與家庭的關係最為密切。芮斯和帕瑪（Rees & Palmer, 1970）的研究發現，6 至 12 歲智商的改變，與父親的教

育程度及家庭社會經濟地位有密切關聯。此外，有幾個縱貫研究顯示，智力測驗分數的改變，與受測者在前後兩次接受正式教育的年數有關。此外，智商的差異與受教育年數的關係，大於家庭社會經濟地位的高低。

人格特質的影響

有一些學者更注重受測者的人格特徵，對智力增長或降低的影響。在費爾斯（Fels）研究機構中，曾對 140 名兒童進行的一項縱貫研究，探討從嬰幼兒到青少年以上之智力變化。結果發現這些兒童在 4.5 至 6 歲之間，智力受人格與環境因素的影響最大。智商在 6 至 10 歲之間的改變最大，從進入小學之前開始依賴父母者，其智商減少比較多。在學期間的智商與高成就動機、競爭心、對事物的好奇心等最有密切關係。

父母管教方式的影響

父母的態度以及養育子女的方式，對智力的發展也都扮演重要的角色。麥克凱爾（McCail）等人於 1973 年對相同樣本進行研究，年齡延伸到 17 歲，主要著重在智商經過一段時間的改變情形。結果發現父母養育子女的方式頗為重要，父母如果在子女的學前階段不斷鼓勵、讚賞子女的行為，其子女智商增長較快速。

第三節　智力的影響因素

早期心理學家大都認為，智力是經由遺傳而來的。後來，歷經許多心理學者的研究發現，智力受到遺傳與環境的交互影響比較大，個人的健康情形以及文化背景等因素，也都會影響智力。茲簡述如下。

 遺傳的影響

俗語說:「龍生龍,鳳生鳳,老鼠生的兒子會打洞。」這句話說明遺傳的重要性。特曼(Lewis Madison Terman, 1877-1956)於 1925 年,曾追蹤研究 1,528 名智商 140 以上的父母,結果發現其子女平均智商為 127.7,子女智商在 150 以上的機率為正常人的 2 至 8 倍,這個結果證實遺傳對智商扮演著重要的角色。

有關遺傳對智力的影響,心理學者研究孿生(identical twin)(即同卵雙生)子女以及領養的子女,探討其智力的差異情形,孿生子女遺傳因子的相似性大於領養的子女,所以其智商愈相似。被收養的子女,在被收養一段時間之後接受智力測驗,這些養子女的生活環境相同、遺傳因子不同,結果顯示遺傳對智力的影響大於環境。

根據仁森(A. R. Jensen, 1980)的研究發現:智力 80%來自遺傳,20%來自生長環境的影響。可是,大部分心理學者的研究發現,智力受遺傳的影響介於 50%至 70%之間(Bouchard, Lykken, McGue, Segal, & Tellegen, 1990)。有一些研究結果顯示,智力的遺傳性隨著年齡而增加,也就是年齡愈大的人,遺傳對其智力的影響也愈大。

家庭環境的影響

兄弟姊妹在同一個家庭成長者,智商比較相近。在不良生活環境中長大的小孩,其智商比較低;反之,如果給予良好的生長環境,其智商則比較高。

從小生長在父母有愛心、感情和睦的家庭,而且父母參與小孩的各種學習活動,提供合適且足夠的益智玩具或學習器材;父母也勤於追求新知,同時父母鼓勵孩子用功讀書,當小孩成績進步時,就給予適當的獎勵;父母關心子女的飲食、健康以及交友狀況等,上述因素都有助於小孩智商的提升。

遺傳與家庭環境交互作用

　　遺傳決定個人智商的上限與下限，環境為促使個人智商造成上下限的重要因素。大體來說，有良好的智商遺傳基因，又有良好的生長環境者，其智商最高；有良好的智商遺傳基因，但是生長在不良的環境者，其智商屬於中上；不良的智商遺傳基因，但是有良好的生長與學習環境者，其智商屬於中下；不良的智商遺傳基因，又生長在不良的環境者，其智商最低。

健康情形

　　母親懷孕時感染梅毒、德國麻疹、腮腺炎，或營養不良、接受過量輻射線、酗酒、抽菸、情緒極端不穩定、高齡生產或服用成藥等，都可能對孩子的智商造成不利的影響。母親在生產過程中如果不順利，胎兒停留在產道的時間過長，生產不順利因而導致腦部缺氧，對智力的傷害很大。此外，嬰幼兒如果罹患苯酮尿症、侏儒症、腦炎或腦膜炎、新生兒黃疸或大腦受傷、鉛中毒等，都可能影響孩子的智力。

伍 教育訓練

　　幼兒如果缺乏五官的感覺刺激，照顧幼兒者又缺乏愛心與善意的溝通，都不利於智力的發展。曾有啞巴父母的小孩，到了上小學的年齡還不會講話，這種情境對其思考能力，造成極大的傷害。有一些學者主張零歲教育或胎教，宣稱可以提高小孩的智力，但是這些說法到目前為止尚無科學根據。

　　美國在 1965 年實施**啟蒙計畫**（Head Start Program），提供低收入家庭、弱勢族群或文化不利地區兒童，及早接受幼兒教育，該補償教育方案重視語言學習、閱讀技巧、數學學習和學習態度的培養，實施效果獲得相當大的肯定。這種補償教育方案強調早期教育的重要性，也就是說讓這些孩子提早受到良好的教育

啟蒙，可以降低太晚接受教育的代價，並打破貧窮家庭處於低社會階層世代傳遞的惡性循環。

陸 社會文化背景

有些人認為某一個民族的人比較優秀，其智商比較高，例如：美國白人的平均智商分數高於黑人，於是就有人認為白人比黑人聰明，這種觀點就是強調遺傳的重要性。可是，後來有一些學者認為，智力測驗題目大都由白人學者所設計的，所以智力測驗的題目與白人的生活經驗比較接近，測驗結果自然對白人子弟比較有利。此外，白人的生長環境大多優於黑人。除非將一群不同種族的人，其子女出生之後就養育在相同的環境中，然後每隔一段時間實施智力測驗，再據以比較其智商分數，否則很難確定哪一個種族的人，具有比較高的智商。

日本、韓國、中國等東方人移民到美國，他們子女的學業成就普遍優於美國白人。這個現象也不能說明東方人比美國人聰明，因為東方民族比較重視子女的學業成就，強調讀書的重要性，對兒女的學習表現有很高的期望；而且東方人比較尊師重道，同時將讀書視為個人未來成功的重要途徑。在美國的亞裔學生雖然學業成就高，可是他們在娛樂、政治、體育等方面的成就，遠不如美國學生。由此可知，智力也受社會文化的影響。

柒 其他因素

除了上述因素之外，同儕之間的競爭、教師對學生的啟發、父母對子女的教養方式、出生序、人際關係、人格特質，以及長期暴露在含鉛量過高的環境等，也都會影響個人的智力。

第四節 智力的理論

歷來，有不少心理學者提出各種智力的理論，以下僅就比較重要者，做簡要說明。

壹 雙因素理論

英國心理學家斯皮爾曼（Charles E. Spearman, 1863-1945），在 1904 年將智力測驗的分數做因素分析，結果發現人類的智能可以分為兩個因素，此稱為**雙因素理論**（two-factor theory）。該理論主張每一個人具有共同的智能因素，稱為**普通因素**（general factor，簡稱 G 因素）；另一個是每個人各自獨立擁有的特殊能力，稱為**特殊因素**（specific factor，簡稱 S 因素）。特殊因素不只一個，包括：記憶、抽象推理、數字運算……等。

貳 群因素理論

美國心理學家佘斯統（L. L. Thurstone），分析許多受測者在 50 個智力測驗上的得分，於 1938 年提出**群因素理論**（group factor theory），該理論認為人類基本的心智能力，包括以下七個群組：

1. **語文理解**：字彙、閱讀能力、語文類推理的能力。
2. **語文流暢**：語文通暢的能力，例如寫出「木」字旁的中文字。
3. **數字運算**：正確與迅速計算數字的能力。
4. **空間關係**：辨識方位與判斷空間關係的能力。
5. **聯想記憶**：機械式記憶無關聯的事物。
6. **知覺速度**：迅速辨別事物異同的能力。

7. **歸納推理**：從某些事物歸納出原則的能力，例如 3、7、16、35、__ ？

佘斯統伉儷共同設計的基本心理能力測驗，可以測量上述智能，測驗結果可以利用**側面圖**（profile），來顯現受測者在這些智能的高低情形。

參 智力結構理論

吉爾福特（J. P. Guilford, 1956）提出**智力結構理論**（structure-of-intellect the-ory），如圖6-1所示。他將智力分為思考**運作**（operation）、思考**內容**（content）

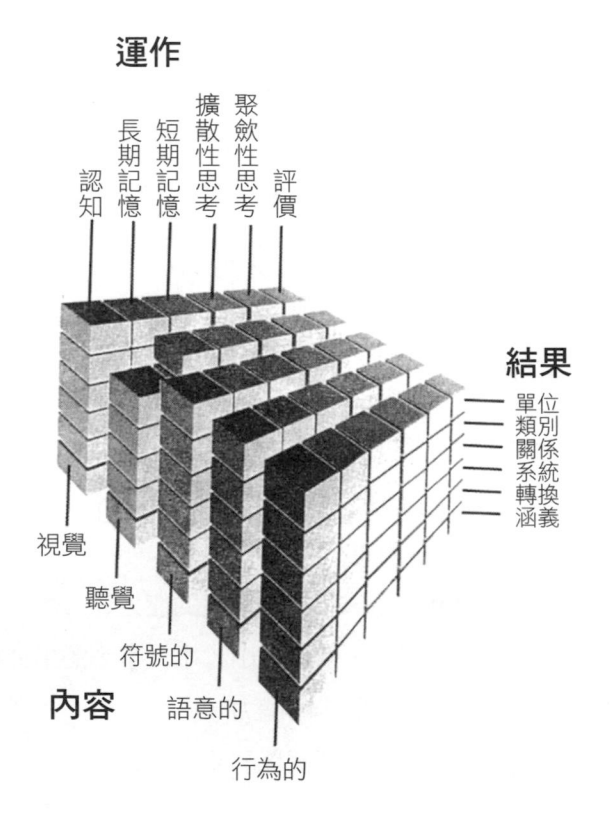

圖 6-1 吉爾福特智力結構理論

以及思考結果（product）等三個層面。他在 1967 年主張智力涵蓋 120 種不同的能力；到了 1988 年，更將智力細分為 180（6×5×6 ＝ 180）種不同的能力，這些能力是由上述三個層面組合而成的。各層面包括以下因素：

1. 思考運作層面：包含評價、聚斂性思考、擴散性思考、短期記憶、長期記憶與認知等 6 個因素。
2. 思考內容層面：包含視覺、聽覺、符號的、語意的、行為的等 5 個因素。
3. 思考結果層面：包含單位、類別、關係、系統、轉換、涵義等 6 個因素。

肆 智力階層理論

卡泰爾（R. B. Cattell, 1971）和洪恩（Horn, 1994）根據因素分析結果，將智力分為以下兩類：

1. **流體智力**（fluid intelligence）：包含推理能力、記憶容量以及處理訊息的速度。卡泰爾認為，流體智力來自生物因素，一個人的流體智力大約 30 歲就到達高峰，以後就逐年下降。
2. **晶體智力**（crystalized intelligence）：包含應用既有知識與技能來解決各種問題的能力。晶體智力受教育與生活經驗的影響，隨著年齡之增加而增加。

有些學者根據階層論修訂史比智力測驗，測驗內容包含晶體能力、流體分析能力和短期記憶能力，再由這些能力細分成 14 種分測驗（如圖 6-2 所示），藉以測量特殊的心理能力。

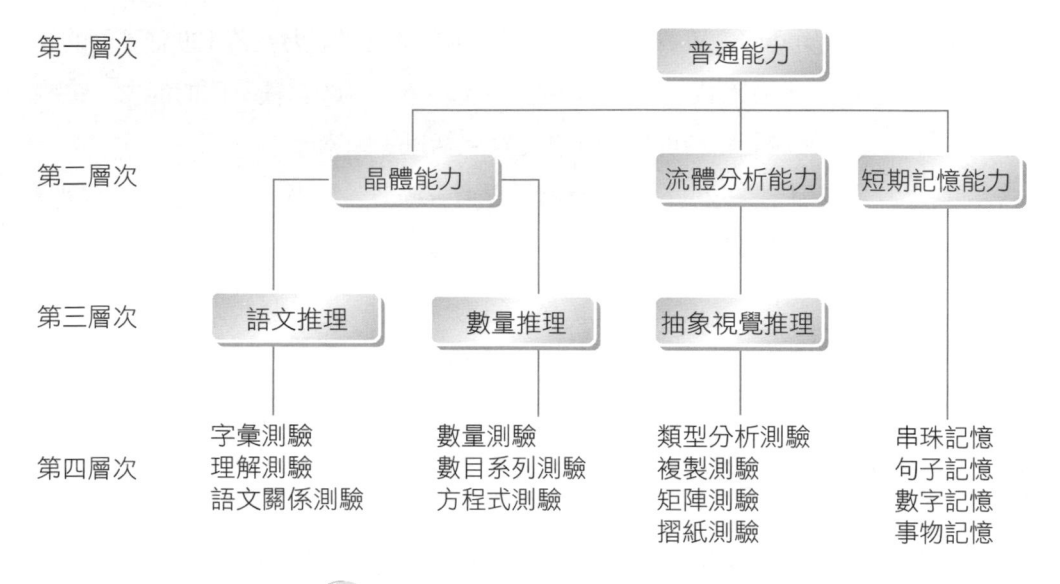

第一層次 　　　　　　　　　　　　　　　　　　普通能力

第二層次　　　　　　　晶體能力　　　　　　流體分析能力　　短期記憶能力

第三層次　　語文推理　　　　數量推理　　　　抽象視覺推理

第四層次
字彙測驗　　　　數量測驗　　　　類型分析測驗　　串珠記憶
理解測驗　　　　數目系列測驗　　複製測驗　　　　句子記憶
語文關係測驗　　方程式測驗　　　矩陣測驗　　　　數字記憶
　　　　　　　　　　　　　　　　摺紙測驗　　　　事物記憶

圖 6-2　史比智力測驗的主要內容

伍 多元智能理論

美國哈佛大學教授葛納（H. Gardner, 1993）提出多元智能理論（multiple in-telligence theory），他將人類的智能分為以下幾個向度：

1. 語文（linguistic）：運用語言、文字以及口語表達的能力。

2. 邏輯—數學（logical-mathematical）：運用邏輯推理和數字的能力，例如：

$$3 、 7 、 8 、 11 、 13 、 \underline{\quad ? \quad}$$

8	5	9
26	20	?
13	16	12

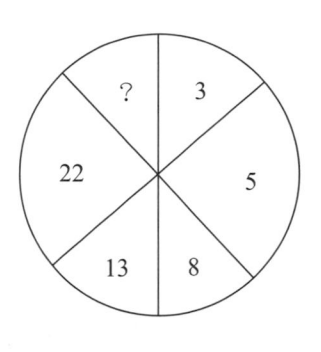

3. 空間（spatial）：運用空間關係及藝術造形的能力。

4. 身體—動覺（bodily-kinesthetic）：能靈巧運用身體及雙手表演的能力。

5. 音樂（musical）：能創作與欣賞音樂的能力。

6. 人際（interpersonal）：能善解人意並達成圓融人際關係的能力。

7. 內省（intrapersonal）：能正確認識自己、省察自己以及管理自己的能力。

8. 自然觀察（naturalistic）：能了解人與大自然萬物之間的關係。

9. 存在（existential）：能了解生命的意義，並且在有生之年對人類社會貢獻
   自己的能力。

葛納認為，以上各種智能彼此互相獨立，例如：語文能力很強的人，有可能
空間關係或音樂能力很差。具備上述各種智能的專業領域，如表 6-1 所示。

表 6-1　葛納提出的多元智能

智能類別	具備此智能的專業領域
語文	演說、作家、新聞媒體人
邏輯—數學	數學、科學、工程、程式設計
空間	建築師、室內設計、藝術、航海
身體—動覺	舞蹈、體育選手、戲劇表演
音樂	作曲、演奏、指揮
人際	政治、社會工作、教師
內省	哲學家、心理師
自然觀察	園藝、環保、生物學家
存在	哲學、宗教

陸 智力三元論

美國耶魯大學教授史登柏格（Sternberg, 1996），採用認知心理學的訊息處理取向，提倡**智力三元論**（triarchic theory of intelligence），主張人類的智力包含以下三個部分：

1. **組合性智力**（componential intelligence），指個體在問題情境中，運用知識分析資料，經由思考、推理、判斷以達到問題解決的能力。
2. **經驗性智力**（experiential intelligence），指個體運用既有的知識與經驗處理新問題時，統合不同觀念而形成頓悟或創造的能力。
3. **實用性智力**（contextual intelligence），指個體在其日常生活中，運用所學得的知識以處理其日常事務的能力。

史登柏格認為，人面對各種問題時所展現的智力有所差異，例如：有些學生善於解決課業上的問題，可是他們在面對生活中的各種問題時，卻不知道該如何處理。由於傳統智力測驗的題目，太偏重個人從前所學習的知識，不重視獲取知識的技巧，因此智力測驗並無法測量個人解決問題的能力。因此，他主張根據上述三種成分來設計智力測驗，比較符合實際。

第五節　智力測驗的發展

壹 智力測驗起源於法國

1904 年法國教育部成立一個委員會，研究智能不足兒童的教育問題，並規定小學不得拒收智力低能的學生，於是想設計一份兒童學習能力的鑑別工具，用來篩選出智力較低的學生，編入特殊班以因材施教，乃聘請比奈（A. Binet）與西蒙（H. A. Simon）編製智力測驗。他們花了多年時間，研究測量智力的各種方法，

包括：測量頭顱、臉部、手相，並且分析寫字的字跡。在 1905 年他們設計出一套**比西量表**（Binet-Simon Scale），該量表被公認是全世界第一套標準化智力測驗。

一、比西 1905 年智力量表

比西 1905 年智力量表總共有 30 個題目，該測驗的題目由最簡易逐漸增加困難度，該量表包含感覺、知覺以及語文等方面的題目，測量對象包含 3 至 11 歲的正常兒童、心智遲緩兒童以及一般成人，測驗採個別化實施，也就是主試者一次只測量一個人。該測驗可以測量判斷、理解、推理等方面的能力，比奈認為這些功能是智力的基本要素。由於接受比西 1905 年智力量表測驗的學童只有 50 人，所以測驗結果不容易建立信度、效度與常模。

二、比西 1908 年智力量表

比奈與西蒙在 1908 年為了改善以上缺點，又設計了第二套智力量表，該量表刪除了 1905 年量表部分不適當的題目，增加一些新題目，總題數 58 題。測驗題目依據 3 至 13 歲兒童加以分類，將各年齡兒童平均能答對的題目歸在一起，用以表示**心理年齡**（mental age，簡稱 MA），例如：8 歲兒童能夠答對 7 歲兒童智力測驗的題目，則其心理年齡為 7 歲；如果 8 歲兒童能夠答對 10 歲兒童智力測驗的題目，則其心理年齡為 10 歲。換言之，某一兒童心理年齡低於其實足年齡者，則其為智力低於同年齡的兒童；反之，高於其實足年齡者，則其為智力高於同年齡的兒童。

在實施測驗時，一個兒童通常先做比其實足年齡較低兒童的智力測驗題目，如果答錯就做更低年齡組兒童的測驗題，一直到全部題目都答對為止，此時所對應的年齡，就是其**基本年齡**（basal age）。然後，往上做到更高年齡組的題目，一直做到所有題目都答錯為止就停止測驗。實際計算受測者智商時，先將受測者在智力測驗上的基本年齡，加上高於基本年齡組答對題數，再換算成心理年齡（以月數表示）。

一群標準化樣本的兒童，在各年齡組所得到原始分數的平均數，就是此測驗

的年齡常模,例如:以 8 歲兒童智力測驗原始分數的平均數,表示 8 歲兒童的智力常模。如果某一個受測者的原始分數等於 8 歲兒童的原始分數,則其心理年齡為 8 歲,依此原理類推就可得到在該測驗所有原始分數的年齡常模。

心理年齡並非與年齡成正比,因為智力發展在個人早年時期成長比較快速,隨著年齡逐漸增大,其智力發展速度逐漸減緩下來。這種現象就如同 3 至 4 歲兒童身高的差異,大於 18 至 19 歲青少年身高的差異一樣。

三、比西 1911 年智力量表

比奈在 1911 年將 1908 年的智力測驗題目作修訂,這次的修訂內容並沒有多大的改變,只有更換一些題目,並且增加各年齡層次的題目,同時將此量表內容延伸至成人。由於比奈不幸在當年往生,智力測驗的啟蒙工作因而在法國停頓下來。

比西智力量表只適用於兒童,美國貝利由(Bellevue)醫院精神科醫師魏克斯勒(David Wechsler),注意到成人也需要接受智力測驗,於是設計**魏氏—貝利由智力量表**(Wechsler-Bellevue Intelligence Scale)。該測驗一次只能測量一個人,這種個別化智力測驗的內容,包含語文與實作兩部分,該智力測驗後來發展成魏氏兒童智力量表與魏氏成人智力測驗。

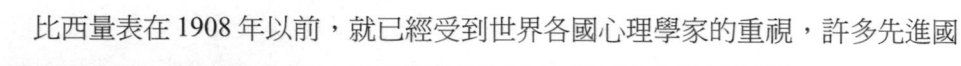 智力測驗在美國的發展

比西量表在 1908 年以前,就已經受到世界各國心理學家的重視,許多先進國家的心理學者,將它翻譯成為自己國家的語文,甚至將它加以修訂。

一、1916 年智力量表

美國**史丹福大學**(Stanford University)的特耳曼(L. M. Terman)教授與其同事,於 1916 年完成**史比量表**(Stanford-Binet Scale)的修訂,這次修訂的題目有三分之一以上是新的題目,全部題目合計有 90 題,並且建立標準化實施程序及評

分標準。測驗對象涵蓋美國加利福尼亞州 3 歲嬰幼兒至 16 歲青少年，合計大約 1,000 名兒童及 400 名成人，作為標準化測驗樣本。測驗結果以德國心理學者史頓（Stern），所創用的**比率智商**（ratio IQ，簡稱 IQ）來解釋受測者的智力，測驗手冊有詳細的指導語及計分方法，而且智商（IQ）一詞首次在心理測驗中出現。以比率智商來計算**智力商數**（intelligence quotient），公式如下：

$$IQ = \frac{MA}{CA} \times 100$$

式中：MA（mental age）是心理年齡；CA（chronogical age）為生理年齡。

例如：假設小明的實足年齡為 10 歲 4 個月，其實足年齡以月數表示就是 124 個月，CA ＝ 124。他接受史比智力量表後，答對 10 歲組的全部題目，其基本心理年齡等於 120 個月，他答對 11 歲組 5 個題目，又答對 12 歲組 3 個題目，13 歲組以上的題目全部答錯。每答對 1 題以 2 個月心理年齡計算，合計小明心理年齡為 136 個月。故小明的智商如下：

$$IQ = \frac{136}{124} \times 100 = 110$$

當一個兒童心理年齡與生理年齡相同時，其智商就等於 100。智商 100 表示其智力屬於中等，IQ 低於 100 表示智力發展**遲緩**（retardation），高於 100 就是上智。

傳統的比率智商不合乎邏輯，例如：同一個人在 10 歲、15 歲的心理年齡差不多，也就是智商差異不大，但是生理年齡卻有很大的差異，所以代入此公式，年齡愈大時的智商會愈低。因為智力分布的標準差在不同年齡不一定相等，例如：有一名 10 歲兒童其智商為 115，與一名 12 歲兒童智商 125，具有相當的聰明程度，因為這兩名兒童的智商，都分別高於同年齡兒童平均智商以上 1 個標準差。事實上，測驗專家很難設計出不同年齡者可以相互比較的智力測驗，因此比率智商就逐漸被**離差智商**（deviation IQ，簡稱 DIQ）所取代。

二、1937 年智力量表

　　美國史丹福大學（Stanford University）於 1937 年進行第二次修訂，包含 L 與 M 兩種複本，每一個複本各有 129 題；測驗內容除了紙筆測驗之外，還有實作測驗。在此次修訂的量表，大幅度更換測驗題目，並且選擇新樣本來施測，接受測驗的對象涵蓋美國 11 州，合計 3,184 名白人，其中 1.5 至 5.5 歲兒童大約 100 名，測驗題目以 0.5 歲為一組；6 至 14 歲 200 名，以每 1 歲為一組；另外 15 至 18 歲組，也是以每 1 歲為一組，每組各 100 人。雖然其抽樣程序合乎統計學的原理，但是測試樣本比美國人口的平均社會經濟水準略高一些，其主要原因乃樣本集中在都市而且大多為當地白人。

三、1960 年智力量表

　　史比量表第三次修訂版於 1960 年問世，這次的量表內容沒有增加新的題目，題目部分取自 1937 年版的 L 與 M 複本，但是刪除一些不適當的題目，並且將測驗題目依受測者文化背景由易而難排序。測驗對象分布於美國西部與西海岸等 6 個州，建立標準化的受試樣本合計有 4,498 名，年齡從 2 歲 6 個月至 18 歲，並且曾於 1950 至 1954 年之間，接受過 1937 年 L 或 M 複本測驗者。

　　測驗結果解釋以離差智商來表示，也就是平均數 100，標準差 16，來取代比率智商。以相同樣本施測的主要目的，乃在了解經過一段時間之後題目難度的變化情形。每一題的難度採計兒童在各年齡層答對的百分比，為了題目分析，於是以兒童的心理年齡來表示。

四、1972 年智力量表

　　史比量表 L 與 M 兩種複本，在 1972 年再予以標準化，這次的測驗內容仍然沒有多大改變，但是常模是以 1971 至 1972 年，從 2,100 名新樣本進行測試而得。為了使受測樣本具有代表性，測驗出版公司抽選 20,000 名各年齡層次兒童，實施團體認知能力測驗。這些樣本是依照地區、社會經濟地位、種族等因素所選出來

的。兒童接受史比量表後，確認其在認知能力測驗上的語文分數，藉以對照其在全國樣本分數的分布情形。

史比量表以大約 100 名兒童為樣本，其年齡由 2 至 5.5 歲，以 0.5 歲為一組，另外，6 至 18 歲兒童 100 名。1972 年史比智力量表常模，與 1937 年常模相比，其樣本更具有代表性，而且各年齡組的測驗分數都比較高。測驗分數的提高會受大眾傳播、父母教育程度，以及其他文化變遷的影響，使用測驗者應注意這些因素。

五、史比智力量表（第四版）

史比智力量表（第四版）（Stanford-Binet Intelligence Scale, 4th edition）適用於 2 歲幼兒至成人，其實施程序與計分、標準化樣本與常模、信度、效度等，分別說明如下。

（一）實施程序與計分

該測驗的材料包括 4 本卡片手冊，測驗題目在此手冊內，測驗用的物品包括：積木、型板、各種顏色與形狀的珠子、洋娃娃、計分簿、實施測驗指南與計分的量表，以及指導手冊。

史比智力量表（第四版）屬於個別智力測驗，主試者必須接受過專業訓練，並具有實施測驗、計分，以及有解釋測驗結果的經驗。近年來，臨床心理學者將該量表不只視為一個標準化測驗，同時視為臨床晤談的工具。在實施測驗過程中，主試者可以觀察到受測者的注意力、自信心、情緒與動機。

此版本每一個測驗題目都由易而難排序，測驗題目分為：語文推理、抽象與視覺推理、數量推理，以及短期記憶等四個領域。在實施測驗過程中，為了提高受測者的興趣與注意力，細分為 15 個分測驗，測驗呈現的次序是採混合方式。其中 6 個分測驗適用於所有年齡層，其餘 9 個分測驗以高年齡層或低年齡層為起點（如圖 6-3 所示）。

史比智力量表（第四版）的實施程序，包含兩個階段：第一階段，受測者接

年　　　　　　齡	2	3	4	5	6	7	8	9	10	11	12	13	14	15	16	17	18+
語文推理																	
字彙																	
理解																	
不合理的事物																	
語文關係																	
數目推理																	
數量的																	
數字序列																	
建立方程式																	
抽象的／視覺的推理																	
型態分析																	
比對																	
矩陣																	
摺紙																	
短期記憶																	
珠子記憶																	
句子記憶																	
數字記憶																	
事物記憶																	

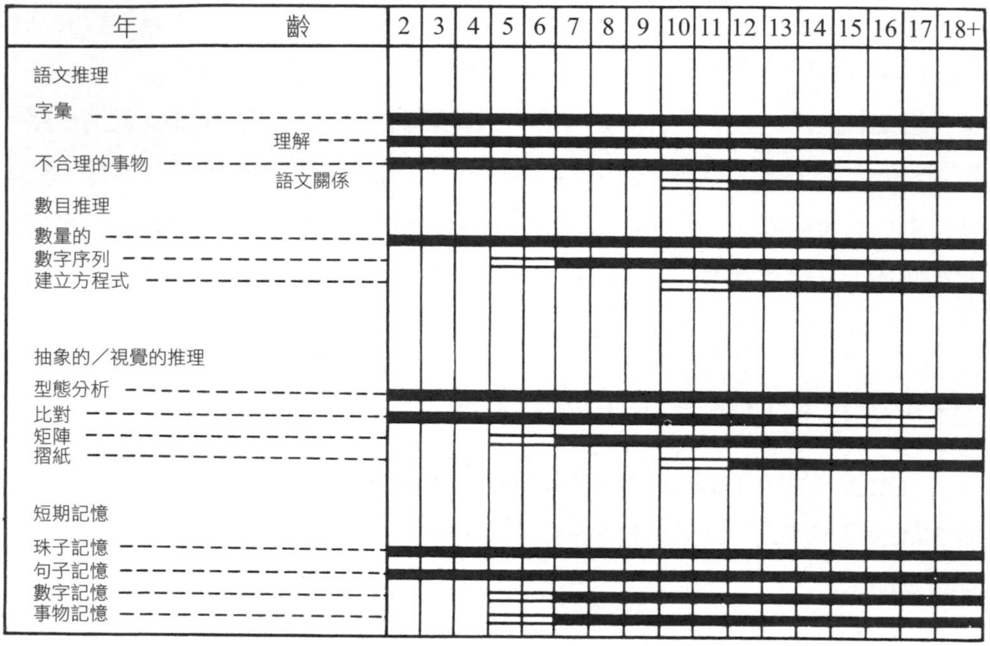

圖 6-3　史比智力量表的 15 個分測驗

受字彙測驗，要從何處開始字彙測驗，完全依照個人的生理年齡；第二階段，主試者必須依受測者實際表現，對每一個測驗建立一個基本層次與最高層次。當 4 個題目在兩個連續層次均通過時，就達到基本層次；如果沒有通過，則測驗繼續往較低年齡層的題目實施，一直到達基本層次為止。當在連續二個層次中，4 個題目中有 3 個或 4 個答錯了，就到達最高層次，測驗就停止下來。

　　在測驗結束以後，主試者將受測者對每一題的反應，記錄在計分簿上，每一個測驗原始分數的計算，是將全部答對的題數減去答錯的題數。11 個分測驗有例題，這些題目不包括在分數內，只作為熟悉測驗之用。對大部分測驗而言，每一個題目都只有一個正確答案，主試者在題本以及計分冊上可依標準答案計分。所有題目是否通過，是依據手冊上規定的標準。受測者的作答反應，需要依測驗指導手冊上的標準計分。如有些模糊的反應，就由主試者進一步詢問受測者，這些

方法也涵蓋在計分指引內。

　　雖然整個量表涵蓋 15 個分測驗，但是每一名受測者均不必接受全部的分測驗，因為有些測驗只適於某一定的年齡範圍。一般而言，依受測者年齡以及表現，大多數受測者只接受 8 到 13 個分測驗，並且依美國 1980 年各地區人口、社區大小、種族，以及性別分層抽樣。此外，依受測者的父母職業以及教育程度來界定其社經地位。15 個分測驗之原始分數，可以轉換成**標準年齡分數**（Standard Age Scores，簡稱 SAS）。

（二）標準化樣本與常模

　　在每一年齡組內其平均數為 50，標準差為 8。標準表提供 2 至 5 歲之間，以 4 個月為一間隔；6 至 10 歲之間，以 6 個月為一間隔；11 至 17 歲之間，以 1 年為一間隔；18 至 23 歲之間有單一標準表。受測者在每個分測驗上的標準年齡分數，有側面圖可供參考。

　　在四個認知領域中，每一個領域均使用標準年齡分數，並且作為整個量表的綜合表現。各領域與綜合標準年齡分數，由每一名受測者接受測驗的標準年齡分數，是屬於常態標準化分數，但是其平均數為 100，標準差為 16。其表示方式與史比智力量表前幾版的離差智商相同，該量表可以提供主試者，發現任何兩個或多個區域分數綜合的標準年齡分數，例如：綜合語文與數量的推理相當於「學業性向」，可以推估受測者的學業成就。

（三）信度

　　史比智力量表（第四版）的信度只能求內部一致性或重測信度。大多數分析採用庫李信度。結果發現在整個組合的綜合分數上，各個年齡層最高的信度係數，其範圍從 .95 至 .99。雖然每一領域涵蓋的測驗不同，其信度係數由 .80 到 .97，各個分測驗大多數的信度係數介於 .80 至 .90 之間。

　　在史比智力量表（第四版）指導手冊中，每一個分測驗每一年齡層內，有測量的標準誤資料，作為評估個人的分數並且解釋分數之間的差異。該量表平均數

100、標準差 16，測量標準誤大約 2 至 3 分，例如：以 2.5 作為接近中間值，就有 50% 的機會，個人的「真正」綜合分數與其所得到分數相差 2.5 點；95% 的機會不超過 5 分（2.5×1.96 = 4.90）。各區域分數以相同單位表示，測量標準誤通常落在 3 與 5 分之間。

　　該量表曾以 57 名 5 歲學齡前兒童與 55 名 8 歲兒童為對象，求重測信度，重測的時間間隔為 2 至 8 個月，結果前者的重測信度係數為 .91，後者為 .90。其中語文推理分數的信度約為 .80，其他分測驗的信度變異頗大。

（四）效度

　　此量表的效度資料包括：(1)內部相關與測驗分數的因素分析；(2)與其他智力測驗的相關，在全部標準化樣本中，所有測驗之間與綜合的分數，在每一年齡層內求內部相關。結果發現各年齡層呈現中度相關。第二種效度資料的來源是，分析受測者在史比智力量表（第四版）與其他智力測驗上得分之相關，包括史比智力量表 L－M 複本。研究對象包括：一般學童與智力優異、學習障礙以及心智遲緩等三類特殊對象。在一般學童組中其相關係數為 .81；在特殊對象上，智力優異組在此量表四區域分數都頗高；而學習障礙與心智遲緩者，在各分量表上的得分都低於一般學童。

六、史比智力量表（第五版）

　　史比智力量表（第五版）於 2003 年修訂完成，測驗材料如圖 6-4 所示。該測驗可以測量認知能力，包含 10 個分測驗分數、全量表、語文、非語文智商，其結構如表 6-2 所示。

圖 6-4　史比智力量表（第五版）的材料

表 6-2　史比智力量表（第五版）的結構

	領域	非語文	語文
	流暢推理	非語文流暢推理	語文推理
	常識	非語文常識	語文常識
因素	數目推理	非語文數目推理	語文數目推理
	視覺與空間關係	非語文視覺與空間關係	語文視覺與空間關係
	工作記憶	非語文工作記憶	語文工作記憶
	全量表智商	非語文智商	語文智商

　　史比智力量表（第五版）適用於 2 至 85 歲，為了建立標準化常模，對 4,800
名不同性別、種族、宗教，以及教育程度的受測者施測。由於題目根據項目反應
理論而設計，因此分測驗與全量表的信度都很高，語文智商、非語文智商和全量

表的信度係數約 .90；各個分測驗的信度係數介於 .70 至 .85 之間。此測驗與史比智力量表（第四版）有很高的相關，可見其具有很高的效標關聯效度。

參　魏氏智力量表

魏克斯勒（David Wechsler）曾經研發出成人、學齡兒童以及學前兒童的智力測驗，這些智力測驗除了可以作為測量一般智力之用，而且曾經作為精神診斷的工具。魏氏智力量表在美國相當著名，而且是廣受應用的智力測驗。

魏氏智力量表在 1939 年出版的版本，稱為**魏氏—貝利由智力量表**（Wechsler-Bellevue Intelligence Scale），該智力量表主要作為成人智力測驗之用。魏克斯勒指出，以前可用的智力測驗主要是為學童設計的，有一些智力測驗可以使用在成人，但是題目大都太難，成人接受測驗的興趣不高，所以除非測驗題目具有表面效度，否則受測者不會努力作答。許多智力測驗的題目，因內容與受測者的日常生活所見所聞相差甚遠，因此缺乏表面效度。

魏克斯勒認為，傳統智力測驗太強調作答的速度，這對年紀大的人來說是不適當的；他也發現心理年齡常模對成人不適用。魏氏—貝利由原來所設計的測驗，其型式及內容與 1955 年的**魏氏成人智力量表**（Wechsler Adult Intelligence Scale，簡稱 WAIS）很相似。該量表有些技術上的缺點，特別是標準化樣本的大小與代表性以及信度的問題。

一、魏氏成人智力量表

魏氏成人智力量表（修訂版）（簡稱WAIS-R）是於 1981 年出版，包含了 11 個分測驗，其中 6 個分測驗為**語文量表**（verbal scale），5 個分測驗為**實作量表**（performance scale）。其實施順序在語文測驗與實作測驗有些不同，茲就這些分測驗簡述如下。

（一）語文量表

1. 常識：計有 29 題，涵蓋成人日常生活的一般常識問題。

2. 數字廣度：主試者唸出 3 至 9 位數，受測者跟著背誦。此外，要受測者倒背 2 至 8 位數。

3. 字彙：以口頭或字幕方式呈現 35 個字，難度逐漸增加，並且詢問受測者每一個字的意思。

4. 算術：計有 14 題，與國民小學的算術相似。每一個問題用口頭呈現，受測者解答問題只用講的，而不用紙張和筆。

5. 理解：計有 16 題，每一題受測者需講出在何種狀況下應如何做，少數題目要講出格言的意義等。用以測量實際判斷與一般常識，這個測驗與史比智力量表的理解題目相似。

6. 相似性：計有 14 題，要受測者說出兩件事有何相似的地方。

（二）實作量表

1. 圖畫完成：計有 20 張圖片，每一張圖片中缺乏某些部分，要受測者講出每張圖片中缺少什麼。

2. 圖畫排列：有 10 個題目，每一題由一組卡片組成，要受測者將這些圖畫依一定的順序排列，使它們成為一系列而且有意義的內容。

3. 方塊設計：有 9 張卡片，每邊紅色或白色一英吋立方體，測驗時對受測者呈現一張圖案，要受測者選擇適當的立方體排成相同的圖案。

4. 物件組合：將切割的圖片組合成一完整的圖形。

5. 數字符號：有 9 個符號與 9 個數字相對應，要受測者在一分半鐘內，儘可能在各種符號之下空白處，填上相對應的數目字。

以作答的速度與正確性，來決定算數、圖畫安排、方塊設計、物件組合，以及數字符號的測驗分數。

（三）常模與計分

　　魏氏成人智力量表（修訂版）的標準化樣本，特別注重其代表性。該標準化樣本計 1,880 人，男女各占一半，年齡從 16～17 歲到 70～74 歲，分成九個層次，並且與 1970 年美國人口地區分布、種族、職業和教育程度成比率。測驗對象只限於正常成人，不包含心智障礙、情緒或行為嚴重不良或身體缺陷者，受測者需要會說與懂得英語。

　　該測驗每一項原始分數，均轉換成平均數為 10，標準差為 3 的標準分數。這些量表分數從一個參照團體，其年齡介於 20 至 34 之間，標準化樣本共有 500 人。所有分測驗分數均以比較單位，與依據一特定的參照團體來表示。語文、實作，與全量表分數，分別加上 6 個語文分測驗、5 個實作分測驗，以及全部 11 個分測驗分數。

　　在手冊上參照適當的表格，算出這三種分數可以使用平均數 100，標準差 15，來顯示受測者的離差智商。測驗出版者提供微電腦輔助系統，以解釋魏氏成人智力量表（修訂版）的分數。該系統可以對每一名受測者的原始分數，轉換成為量表分數與智商，提供測驗分數統計分析與測驗結果的解釋。

（四）信度

　　該測驗 11 個分測驗與語文、作業和全量表的智商，在 9 個年齡組內分別計算其信度係數。其計算以折半信度為主，但其中數字廣度與數字符號兩個分測驗，以複本信度係數計算之。經分析結果發現，全量表智商的範圍，其信度係數介於 .96 至 .98 之間。語文智商的信度係數介於 .95 到 .97 之間，作業智商介於 .88 至 .94 之間。個別分測驗的信度均比較低，其中物件組合分測驗，在 16 至 17 歲組的信度為 .52，9 個年齡層中在 6 個字彙量表上的信度為 .96。整個年齡層範圍中，信度係數低於 .70 者占少數。

　　魏氏成人智力量表（修訂版）也有 3 個智商與分測驗分數的測量標準誤。語文智商的測量標準誤，在各年齡組中介於 2.50 至 3.30 之間；作業智商則介於 3.69 至 5.18 之間；全量表智商都低於 3。該量表對兩個團體在 2 至 7 週之間，實施重

測。在這兩組中，語文、作業，以及全量表智商的穩定係數為 .90。個別分測驗的穩定係數，大多介於 .80 至 .90 之間。

（五）效度

在魏氏成人智力量表（修訂版）手冊中，並沒有載明效度資料，有關效度資料散見於魏克斯勒於 1958 年與馬塔拉卓（J. D. Matarazzo）於 1972 年的著作中。魏克斯勒認為，該量表 11 個分測驗與智力的定義相符。魏氏成人智力量表（修訂版）強調內容關聯效度與效標關聯效度。在工商業上的人力資源人員研究發現，語文智商與全部作業評量的相關為 .30；語文智商與大學成績之間的相關為 .40。在研究心智遲緩方面，該量表可以對患者的治癒率與日後工作適應作良好的預測。

魏氏智力量表曾經與史比智力量表，以及其他著名的一些智力測驗求相關，以隨機方式選擇一群青少年或成人與心智發展遲緩者，結果發現其相關係數約為 .80。在更同質性的團體中，例如：大學生，其相關就很低。

有一些建構效度資料，以分測驗內部相關以及測驗分數的因素分析來進行。在標準化的魏氏成人智力量表（修訂版）中，11 個分測驗的內部相關，語文與作業量表為 .74。分測驗的內部相關在語文分測驗上，大多高於作業量表。作業與語文分測驗之間的相關，基本上並不低於作業分測驗彼此間的相關。在分測驗與全部語文以及作業量表之間的相關，此兩量表有許多共同的地方。

魏氏成人智力量表連續幾版的因素分析，確定語文理解因素在字彙、常識、理解和相似性上，占很大的比重。知覺組織因素在方塊設計與物件組合上，也占很大的比重。第三種因素為專心，它與數字廣度、算術以及數字符號等分測驗，都有密切的關聯。

（六）魏氏成人智力量表（第四版）之介紹

魏氏成人智力量表的最新版本為第四版（簡稱 WAIS-IV），其與第三版（簡稱 WAIS-III）最明顯的不同地方，就是第四版比第三版增加了 2 個分測驗。魏氏成人智力量表（第四版）共有 15 個分測驗，其中 5 個分測驗是提供臨床診斷的訊

息，所以實際上使用只有核心的 10 個分測驗，而這兩份量表的題目有一些重疊之處。10 個分測驗如下：

<table>
<tr><td>**語文了解**</td><td>**工作記憶**</td></tr>
<tr><td>相似性</td><td>數字廣度</td></tr>
<tr><td>字彙</td><td>算數</td></tr>
<tr><td>常識</td><td></td></tr>
<tr><td>**知覺推理**</td><td>**搜尋速度**</td></tr>
<tr><td>方塊設計</td><td>符號搜尋</td></tr>
<tr><td>矩陣推理</td><td>密碼</td></tr>
<tr><td>視覺迷津</td><td></td></tr>
</table>

美國人口局在 2005 年，曾經以魏氏成人智力量表（第四版）為智力測驗工具，測量 2,200 名 16 至 91 歲的受測者，這些樣本涵蓋不同的性別、種族、教育程度、居住地區等。標準化樣本分為 13 個年齡層，分別為：16～17、18～19、20～24、25～29、30～34、35～44、45～54、55～64、65～69、70～74、75～79、80～84、85～90。除了年齡比較大的 4 組每一組各 100 人之外，其餘各組有 200 人，這些樣本具有美國人口不同性別、種族、教育程度、居住地區的代表性。

1. 信度：該量表不同年齡層各個分測驗的折半信度係數，語文了解為 .96、知覺推理為 .95、工作記憶為 .94、搜尋速度為 .90、全量表為 .98；由此可見，其信度相當高。16 與 17 歲全量表的測量標準誤為 2.6，其他年齡層的測量標準誤為 2.1。

2. 效度：該量表在編製過程中，題目內容涵蓋認知歷程、專家意見以及綜合相關文獻，所以具有良好的內容效度。許多研究發現，魏氏成人智力量表（第四版）的全量表與魏氏成人智力量表（第三版）測驗分數的相關係數為 .94，與魏氏個人成就量表（第二版）的相關係數為 .88。41 個被診斷有數學障礙的年輕人，在該量表算數分測驗的平均為 6.6 分（最高 10 分），

與正常人在該分測驗的平均數為 8.8 分，有顯著差異，由此顯示本測驗可以作為數學學習障礙的有效診斷工具。

此外，根據**實徵性研究**（empirical study），魏氏成人智力量表（第四版）的測驗分數與 335 位大一學生的學業成績有顯著相關，顯示本測驗有高的同時效度。

二、魏氏兒童智力量表

（一）簡介

魏氏兒童智力量表（Wechsler Intelligence Scale for Children，簡稱 WISC），這是由原來魏氏－貝利由智力量表演進而來的（Seashore, Wesman, & Doppelt, 1950），其中一些測驗題目直接取自成人測驗，同時將相同類型的簡易題目加入每一個測驗內。魏氏兒童智力量表（修訂版）（WISC-R）於 1974 年出版，包括 12 個分測驗，有 2 個分測驗屬於交替測驗，它在時間允許時才做。

魏氏兒童智力量表（修訂版）包括語文量表與作業量表，其實施順序採交錯式，茲列於下：

語文量表	作業量表
1.常識	2.圖形補充
3.相似	4.連環圖畫
5.算術	6.方塊設計
7.字彙	8.物件組合
9.理解（記憶數字廣度）	10.密碼（或迷津）

迷津分測驗（maze subtest）可由主試者替代密碼測驗，而記憶數字廣度可用以替代語文分測驗。交替測驗只有在正式測驗材料損壞、特殊障礙，或測驗程序中有意外情況時才使用。

（二）內容

關於測驗內容，唯一不出現在成人量表的分測驗為迷津分測驗。這個測驗包含九個紙筆迷津題，測驗有時間限制並且依據錯誤數量計分。迷津分測驗與魏氏成人智力量表的數字符號分測驗相似，其餘分測驗也與其成人智力測驗題目有雷同之處。

在魏氏兒童智力量表（修訂版）中，特別將成人取向的題目加以修改，使其接近兒童的共同經驗，例如：在算術分測驗中，將「香菸」改為「糖菓棒」；計程車與卡片遊戲題目均予以替換。其他改變包括對特殊團體兒童不熟悉的題目，幾個分測驗的內容給予加長以提高信度，同時改進實施測驗與計分程序。

（三）常模與計分

魏氏兒童智力量表（修訂版）的標準化，以 6 歲半到 16 歲半的 11 個年齡組，各組包括男生 100 名，女生 100 名，總計 2,200 名兒童為樣本，每名兒童在一年內接受 6 週測驗，例如：8 歲兒童其範圍從 8 歲 4.5 個月到 8 歲 7.5 個月，該樣本以美國 1970 年人口為準，依地區、城鄉、家長職業和種族等因素分層取樣。其中尚包括會說與懂得英語的雙語兒童，但是不包括心智遲緩、嚴重情緒失常者。

魏氏兒童智力量表（修訂版）的分數計算與魏氏成人智力量表的程序相同。每一分測驗上的原始分數，在兒童自己年齡組內轉化成標準化的標準分數，各分測驗也採用平均數 10，標準差 3 的標準分數來表示，並且轉換成平均數為 100，標準差為 15 的離差智商。語文、作業量表以及全量表的智商，也是採用相同方法來表示。

在計算離差智商時，雖然不需要心理年齡，但是魏氏兒童智力量表（修訂版）根據年齡常模，可以解釋受測者在個別分測驗上的表現。使用測驗者可以向該測驗出版商購買魏氏兒童智力量表（修訂版）的電腦輔助解釋報告，以利轉換原始分數成為量表分數和智商，對於測驗分數基本統計分析與解釋有很大的幫助。

（四）信度

魏氏兒童智力量表（修訂版）的語文、作業、全量表智商，其折半與重測信度係數的計算，是在 11 個年齡組內分別計算內部一致性信度，3 個年齡組（6.5～7.5 歲，10.5～11.5 歲，14.5～15.5 歲）分別分析重測信度係數，時間的間隔接近一個月。平均折半信度在語文、作業與全量表為 .94。各分測驗的信度尚佳，而且比以前的測驗版本較高。各年齡組平均折半信度介於 .70 至 .86 之間；平均重測信度係數介於 .65 至 .88 之間。

該指導手冊有一個重要特徵，就是提供每一年齡組內語文、作業與全量表分測驗的測量標準誤表，全量表智商的標準誤接近 3。因此，一個兒童真正的魏氏兒童智力量表（修訂版）智商，與其所得到的智商，有95%的機會誤差不會超過 ± 6（就是 $3 \times 1.96 = 5.88$）。

（五）效度

在魏氏兒童智力量表（修訂版）指導手冊中並沒有提及效度。有些學者發現魏氏兒童智力量表與成就測驗之同時效度係數，介於 .50 至 .60 之間。當兒童在魏氏兒童智力量表標準化樣本，依據父親的職業水準來分類時，可以得到各階層的平均智商，語文比作業智商的差異比較大，同時隨著年齡而下降。

魏氏兒童智力量表（修訂版）與 1972 年史比智力量表，在指導手冊中有報告同質性年齡組內的相關，平均相關與全量表智商是 .73。語文量表與史比智力量表的相關高於作業量表。在分測驗之間，語文的平均相關最高為 .69，迷津最低為 .26。

在魏氏兒童智力量表（修訂版）指導手冊中，其他的資訊包括個別分測驗之間的內部相關，以及每一分測驗與語文、作業與全量表分數的相關，以及這三個綜合分數彼此間的相關。在 11 個年齡組的標準化樣本中，各年齡組內全部語文與作業分數之間的相關，介於 .60 至 .73 之間，平均為 .67。

早期魏氏兒童智力量表分測驗的因素分析，發現智力涵蓋語文理解、知覺空間、記憶等因素。西佛斯坦（Silverstein, 1968）以魏氏兒童智力量表分測驗對 505 名白人、318 名黑人，以及 487 名美籍墨西哥人的 6 至 11 歲兒童為對象進行因素

分析，結果顯示：語文理解因素與五個語文測驗有密切相關，知覺組織因素、方塊設計與物件組合有密切相關。這個研究的主要發現，在於三個種族團體之因素結構相似，顯示上述測驗在這些團體內具有相同的測量能力。

　　魏氏兒童智力量表（修訂版），對 11 個年齡組（6 歲半至 16 歲半）標準化樣本的因素分析，得到每一年齡層三個主要因素，這些因素與前述的語文理解、知覺組織以及專心因素相似，這相同因素結構與智力優異兒童所做的研究發現相同。以墨西哥裔美人與安哥拉籍美人兒童，在魏氏兒童智力量表（修訂版）表現的比較研究顯示，此三個因素與在這兩個團體分測驗的因素結構相似。分測驗的信度與預測效度和智商量表，在這兩個群體的研究發現相似。黑人與白人兒童在魏氏兒童智力量表（修訂版）上表現的因素分析，與這兩個不同種族群體的因素結構相似。

（六）魏氏兒童智力量表（第四版）之介紹

　　魏克斯勒於 1949 年編製兒童智力量表，經過二十餘年使用之後發現，缺乏非白人的標準化樣本以及明確的計分方法，且有些題目已經不適用，同時缺少黑人兒童使用的圖畫題目，而魏氏兒童智力量表的修訂版、第三版、第四版都改善了以上缺點。魏氏兒童智力量表（第四版）（簡稱 WISC-IV）於 2003 年修訂完成，該量表包含 16 個分測驗，其中有 11 個核心分測驗是用來計算組合分數與全量表智商，另外有 5 個分測驗是備用的（包括圖畫完成、刪除、常識、算數、文字推理）。11 個核心分測驗如下：

1.方塊設計　　　　　　7.文字－數字

2.相似性　　　　　　　8.序列

3.數字廣度　　　　　　9.矩陣推理

4.圖畫概念　　　　　　10.理解

5.密碼　　　　　　　　11.符號搜尋

6.字彙

　　雖然備用的分測驗，在計算全量表智商時並不計入，但是可以提供視覺與聽覺障礙、肢體殘障、腦性麻痺兒童使用。魏氏兒童智力量表（第四版）建立常模的標準化過程，受測者包含 6 歲半至 16 歲半，每一個年齡層以 100 名男孩與女孩為對象。美國人口局在 2005 年曾經以魏氏兒童智力量表（第四版）作為智力測驗工具，測量 2,200 名 16 至 91 歲的受測者，這些代表性樣本涵蓋了不同的性別、種族、父母教育程度、居住地區等。其中 5.7%的受測者屬於資賦優異、學習障礙、語言障礙、腦傷、自閉症，以及動作障礙兒童等，加上這些特殊兒童的目的，是要使標準化樣本與在學特殊兒童的分布相同。

　　該量表的全量表折半信度與再測信度係數大約為 .90，各分測驗的信度係數則介於 .79 至 .90 之間，顯示其信度良好。其中方塊設計與相似性的信度係數各為 .86，字彙與矩陣推理的信度係數為 .89，其餘分測驗的信度係數則稍微低一些。

　　在效度方面，受測者在魏氏兒童智力量表（第四版）的測驗分數，與魏氏兒童智力量表前幾版的測驗分數有高的相關。第四版與第三版各分測驗的相關係數介於 .70 至 .80 之間，與全量表的相關係數為 .89，由此可見，本測驗的效度頗高。

三、魏氏學前智力量表

（一）簡介

　　魏氏學前智力量表（Wechsler Preschool and Primary Scale of Intelligence，簡稱 WPPSI），其編製的主要目的乃在測量 4 到 6 歲半兒童的智力，它是魏氏智力量表最晚發展出來的量表。全量表包括 11 個分測驗，其中只有 10 個分測驗用來計算智商，另一個分測驗為交替測驗。8 個分測驗取自魏氏兒童智力量表而向下延伸的，其他三個分測驗是新編製的，用來替代魏氏兒童智力量表部分的分測驗。分測驗分為語文與作業量表，從這些量表可以求得語文、作業與全量表智商。全部測驗時間為 50 至 75 分鐘，該量表各分測驗如下：

　　　　　　語文量表　　　　　　　　作業量表

　　　　　　1.常識　　　　　　　　　2.動物房屋*

3.字彙	4.圖形補充
5.算術	6.迷津
7.相似	8.幾何圖形設計*
9.理解	10.方塊設計

*句子（補充測驗）

　　「句子」是一種記憶測驗，用來替代魏氏兒童智力量表中的記憶廣度。在主試者以口頭說出每一個句子之後，兒童必須立刻重複說一遍。這個分測驗可以作為其他語文測驗的交替測驗。「動物房屋」與魏氏成人智力量表的數字符號與魏氏兒童智力量表的迷津測驗相似。在木板上端有答案，就是狗、鵝、魚、貓等圖形，每一個圖形底下都有不同顏色的圓筒（它的房子），測驗時要兒童將正確顏色的圓筒塞入木板中每個動物底下的洞內。由作答時間、錯誤，以及遺漏來計算分數。「幾何設計」是要兒童以有色鉛筆，照樣畫出 10 個簡單的設計。

（二）常模與計分

　　魏氏學前智力量表曾經以美國 1,200 名兒童為標準化樣本，各組包含 100 名男童與 100 名女童，其年齡自 4 到 6 歲半，測驗時間是在其生日或一年中間時段的 6 週內。該樣本是依地區、城鄉、黑人與白人比率，以及父親的職業水準等因素分層抽取的樣本。每一分測驗的原始分數轉換成平均數 10，標準差 3 的常態化標準分數。在語文、作業，以及全量表上的量表分數總和，再轉換成平均數 100，標準差 15 的離差智商。

（三）信度

　　除了「動物房屋」之外，每一個分測驗的信度，以史布公式求折半信度。因為「動物房屋」的分數與作答速度有密切關係，因此其信度在測驗末期重複測量。標準樣本於每半年的年齡組內分別計算其信度係數，各分測驗與年齡層的信度係數為 .80；全量表智商信度係數介於 .92 至 .94 之間；語文智商信度係數介於 .87 至 .90 之間；作業智商信度係數介於 .80 至 .90 之間。

各分測驗測量標準誤（SEM）與三個智商都列於手冊中，並考驗測驗分數之間的顯著差異情形。以 50 名幼稚園兒童在平均 11 週之間實施重測，結果全量表智商的信度係數為 .92；語文智商為 .86；作業智商為 .89。

（四）效度

魏氏學前智力量表並沒有標明效度，各分測驗在每個年齡層標準化樣本的內部相關係數，大多介於 .40 至 .60 之間。語文與作業分測驗之間的相關，幾乎與每個量表內相同。兩個量表之間的重疊，也以語文與作業智商之間的平均相關 .66 來表示，有些與其他智力測驗之相關也列在手冊中。後來有一些學者研究它與其他智力測驗，例如：史比智力量表之相關，但是他們的發現很不一致。

有些學者以因素分析法探討不同團體樣本各分測驗分數，結果發現在每一年齡組內，6 個語文分測驗有語文因素的基本負荷量，在 5 個作業量表也是一樣。在標準化樣本內，對黑人與白人兒童將各分測驗分數進行因素分析，結果兩組與在全部樣本中所得到的智力因素頗為相似。

（五）魏氏學前智力量表（第三版）之介紹

魏氏學前智力量表（第三版），適用對象介於 2.5 歲到 7 歲 3 個月。此測驗有 14 個分測驗，可以分為三大類：

1. 核心：這些分測驗需計算語文、操作與全量表智商。
2. 補充：這些分測驗旨在測量認知能力，或可替代不適當或損壞的分測驗。
3. 選擇：這些分測驗提供認知功能的其他訊息。

魏氏學前智力量表（第三版）的測驗結果可以得到語文智商、方塊設計以及物體組合分測驗等操作智商，其結構如表 6-3 所示。

比西智力量表在台灣的發展

論語為政篇子曰：「視其所以；觀其所由；察其所安；人焉廋哉！人焉廋哉！」陽貨篇子曰：「唯上知與下愚不移。」

表 6-3 魏氏學前智力量表（第三版）的測驗內容

領域	名稱	分測驗
語文	核心	常識
		字彙
	補充	文字推理
		理解
		相似性
操作	核心	方塊設計
		矩陣推理
	補充	圖形概念
		圖畫完成
處理速度	核心	分辨
	補充	符號搜尋
一般	選擇	接受的
語言		字彙
合成		圖片命名

　　中國民俗活動如：搬子兒、翻鼓、中國結、跳房子、仙人擺渡、七巧板、九連環、燈謎、字陣等，都蘊含智能的巧思作用，與智力測驗的原理相通。比西智力量表在台灣經歷過數次的修訂，茲將每次修訂的過程與特點簡述如下。

一、1922 年的修訂

　　1922 年馬可寇爾（R. B. McCall）來台灣協助修訂，由陸志韋主持，至 1924 年完成。此修訂量表是以美國 1916 年的史比智力量表為藍本，全份量表共計 65 題，其中 17 題是新編，其餘均採用自陳量表。測驗題目以問答題為主，標準化樣本的年齡分布為 3 至 20 歲，共計 1,400 人。這次修訂不採用年齡量表，而是採用點量表，並以 T 分數計分。

二、1936 年的修訂

　　1936 年陸志韋與吳天敏，有鑑於台灣各地區風俗習慣與語言有很大差異，而

且第一次修訂時年齡愈大的兒童智商愈低，年齡愈小的兒童智商偏高，因其測驗標準化的工作大多在學校舉行，而學校高年級學生程度較高，所以所訂的常模也比較高。

在這一次修訂的測驗內容中，全份量表有 54 題，採用年齡量表安排題目。標準化樣本包括 6 至 14 歲兒童，男性 327 人，女性 306 人，合計 633 人。這次修訂與前次的主要差異，在於重行採用年齡量表，而測驗結果則以心理年齡來表示。

三、1959 年的修訂

1959 年教育部國民教育司為了改進國民教育，必須依據學童能力客觀評量結果，以作為入學編班、課業指導、升學和就業輔導時的參考，於是委託國立台灣師範大學路君約與黃堅厚教授進行修訂，此次修訂於 1963 年完成。

本次修訂預試本共計 160 題，其中許多題目選自 1937 年與 1960 年的史比智力量表，另有一部分題目選自陸志韋第二次修訂版中的測驗題，分二次預試。第一次預試樣本 319 人，刪除 17 題，變動年齡組計有 32 題，第二次預試樣本 1,520 人，受測者遍布台灣 15 個縣市，其年齡介於 3 至 18 歲之間。在預試之後進行效度分析，最後選出 112 題，3 至 14 歲每年齡組有 6 個測驗題，1 題交替測驗題。

普通成人組至優秀成人 II 組，每一組各有 6 題，優秀成人 III 組只有 3 題。題目範圍涵蓋事物辨別、數目記憶、空間知覺、遵令行事、字彙文字等。此次修訂的特點是採用離差智商，就是平均數 100，標準差 16 的標準分數，以這種分數表示受測者智商的高低。

四、1975 年的修訂

比西智力量表在 1963 年修訂完成之後，由於台灣工商業發達，經濟高度繁榮以及 1968 年開始實施九年國民義務教育，在歷經十餘年之後，原修訂量表之常模已不適用，教育部國民教育司爰於 1975 年，著手進行比西智力量表第四次修訂，由中國行為科學社於 1977 年 11 月出版。本次修訂仍保留比西智力量表的主要特點，修訂的題目亦以台灣比西智力量表第三次修訂版為藍本，全量表共有 140 題，

有部分題目選自 1972 年史比智力量表，另有些題目選自日本田中教育研究所的 1970 年版本，並有自編的新題目。

本次修訂標準化樣本，年齡範圍自 3 至 18 歲，受測者遍布台灣地區 18 個縣市，總樣本人數 1,600 人，抽取該標準化樣本涵蓋性別、智力水準、家庭背景、出生年月日、城市鄉村與山地等因素，由台灣有關心理、教育心理學系高年級學生，經訓練和實習之後擔任主試工作。至於題目的選擇則依三項標準：(1)每一測驗題通過的百分比，應隨年齡而逐漸增加；(2)每一測驗題在優、劣效標組中有顯著的鑑別力；(3)每一年齡組的平均智商等於或接近 100（路君約，1977b）。

在各地區實施預試之後，選取 126 個測驗題進行效度分析。各年齡組都有正測驗 6 題，交替測驗 1 題。計分標準為 5 歲以下每答對 1 題，心理年齡 1 個月；6 至 14 歲組每答對 1 題，心理年齡 2 個月；普通成人組每答對 1 題，心理年齡 3 個月；優秀成人 I 組則為 4 個月；優秀成人 II、III 兩組則為 5 個月。

本量表測驗結果以離差智商表示，編製實足年齡與心理年齡、智力商數對照表，並備有詳細指導手冊與計分方法的說明，實際應用時相當方便。茲將該量表的內容、實施程序以及心理年齡的計算，分別敘述如下。

（一）量表內容

在比西智力量表中，各年齡組的測驗題與呈現測驗題目的順序，不完全相同。大體言之，高年齡組的題目比較偏重抽象推理與語文材料，例如：類推、抽象字義、方位辨別等；低年齡組的題目則比較偏重實物的操作，例如：處理事物、指認圖畫、拼圖等。各項測驗題目旨在測量受測者，對關係的知覺、判斷、即時記憶、注意力與其他認知歷程。

該量表施測對象，從 2 歲組到成人組 III，其中 2 至 5 歲之間，以 0.5 歲為年齡分組，5 至 14 歲，都以 1 歲為年齡分組，14 歲以上分成普通成人組、優秀成人 I 組，優秀成人 II 組和優秀成人 III 組，全份量表分成 20 個年齡組。各年齡組都有 6 個題目，1 個交替測驗題（也就是備用題），其內容如表 6-4 所示。

表 6-4　比西智力量表（第四次修訂版）各年齡組的測驗題

2 歲組	1.指認身體部分 4.方塊建造：塔	2.圖畫字彙 5.語言組合	3.延宕反應 6.識別實物	交替題：二孔形式板
2 歲半組	1.服從簡單命令 4.圖畫字彙	2.指認東西用途 5.重述二位數字	3.說出物體名稱 6.三孔形式板	交替題：指認身體部分
3 歲組	1.方塊建造：橋 4.圖畫字彙	2.圖畫記憶 5.重述三位數字	3.仿繪圖形 6.比較球形大小	交替題：穿球
3 歲半組	1.拼圖 I 4.理解 I	2.辨認動物圖畫 5.服從簡單命令	3.解釋圖畫 6.重述四位數字	交替題：鈕扣分類
4 歲組	1.圖畫字彙 4.指認圖畫	2.回憶失物 5.辨別形式	3.異義類推 I 6.圖畫同與異 I	交替題：理解 II
4 歲半組	1.美醜比較 4.圖畫指認	2.異義類推 I 5.語句記憶 I	3.理解 III 6.摺紙：三角形	交替題：原料測驗
5 歲組	1.補畫人形 4.物體界說	2.迷津 5.仿繪方形交替題	3.鈕扣計數 6.圖畫同與異 II	交替題：繫結
6 歲組	1.圖形補充 4.拼圖 II	2.數目概念 5.解釋圖畫	3.異義類推 II 6.憶仿穿珠 I	交替題：指出異點
7 歲組	1.兩物同點 4.倒背三位數字	2.仿繪菱形 5.語句謬誤 I	3.理解 IV 6.異義類推 III	交替題：圖畫謬誤 I
8 歲組	1.同與異 4.尋找數目	2.理解 IV 5.分析方形	3.說出日期 6.造句	交替題：重述六位數字
9 歲組	1.剪紙 I 4.語句重組	2.語句謬誤 I 5.尋找圖樣	3.圖案記憶 6.正確答案	交替題：倒背四位數字
10 歲組	1.計數立方體 4.說出動物名字	2.抽象字義 I 5.語句謬誤 III	3.理由 6.故事記憶 I	交替題：尋球
11 歲組	1.抽象字義 II 4.計算時辰	2.填字 I 5.倒背五位數字	3.比喻 6.圖形記憶	交替題：立方體計數
12 歲組	1.分析方形 4.三物相同點	2.迷津 II 5.憶仿穿珠 II	3.計算盒子 6.計算立方體	交替題：歸納
13 歲組	1.記憶名詞 4.類推	2.剪紙 I 5.圖畫謬誤 II	3.分析圖形 6.順背七位數字	交替題：定向 I
14 歲組	1.巧算 4.相對詞共同點	2.語句組刪 5.計算立方體	3.填字 II 6.圖畫謬誤 II	交替題：倒背六位數字
普通 成人組	1.定向 II 4.詞彙測驗	2.數學巧術 5.巧算	3.抽象詞異點 6.分析圖形	交替題：三物相同點
優秀 成人 I 組	1.辨別方位 4.成語解釋 I	2.詞彙測驗 5.巧算	3.木塊關係 6.計算盒子	交替題：填字 III
優秀 成人 II 組	1.成語解釋 II 4.比喻 II	2.詞彙測驗 5.有意義的記憶	3.相對詞共同點 II 6.順背八位數字	交替題：剪紙 III
優秀 成人 III 組	1.相對詞共同點 II 4.木塊關係	2.詞彙測驗 5.密碼字	3.順背九位數字 6.飛行時間	交替題：數理問題

（二）實施程序與計分

　　有關比西智力量表的實施，主試者需具備專業的訓練與實務經驗。因為該量表施測對象分為 20 個年齡組，所以施測程序與計分方法都相當繁瑣。為了使讀者對比西智力量表的實施方法與程序有深入的了解，以下簡要說明一些實施的要點。如果想了解該量表實施細節，可以參閱教育部 1977 年編印的比奈西蒙智力量表之第四次修訂版指導手冊。

1. 與受測者建立友善的關係

　　受測者如果是兒童，主試者首先應消除其焦慮的心理，為了達到此目的，主試者需以友善的態度，與兒童建立友善關係（rapport），以利測驗的進行。主試者有時微笑、沉默、讚美等友善的行為，都可以增進彼此間的和諧關係。

　　主試者為了增進兒童接受測驗的動機，在實施測驗過程中應時常對其作答行為給予讚美，但是讚美不要太多或成為一種形式，以免產生反效果。主試者通常只對兒童作答成功的反應讚美，而不是對其特殊反應讚美，在兒童對某一個測驗尚未全部做完之前，不可中途給予讚美。在任何情境之下，主試者對於兒童的錯誤反應或不合理的答案，不可以出現不滿意的表情，或當場告知其反應是對的或是錯的。

　　在施測過程中，如果兒童對某些困難問題一再尋找答案，主試者除了鼓勵其做答要有信心之外，不可催之過急，以免破壞了彼此友好的關係。此外，主試者應辨別受測者沉默行為的意義，當受測者遇到不會做答的題目，可以稍加安撫，以免兒童產生嚴重焦慮不安的心理。

2. 控制測驗的情境

　　最理想的測驗情境，是在標準化的測驗室中進行測驗，測驗室門口張貼「測驗中請勿進入」的標語，室內空氣流通、光線充足，沒有噪音，沒有其他足以令人分心的雜物。在正式實施時，測驗室內最好只有主試者與受測者兩人，父母、教師或其他人應避免在場，以免使受測者注意力無法集中。如果遇到羞怯型的兒

童，有時可以允許由其母親帶進測驗室中，然後測驗工作人員給兒童玩一些玩具，等兒童適應測驗情境之後，母親就應離開。如果受測者是幼兒可以由母親陪伴，但應告訴母親不可對兒童的做答反應給予任何暗示行為。

幼童做完全份量表所需的時間，大約為 30 至 40 分鐘，視情況會延長測驗時間，在這種情況之下，中間可以休息幾分鐘再繼續進行測驗。

3. 決定開始測驗的年齡組

比西智力量表有一個很重要的標準化實施過程，就是決定從哪一個年齡組開始施測。一般而言，主試者可以依據受測者實足年齡、班級、父母親的評價，或其他有關資料來綜合研判。如果估計過高就應降低到更適當的年齡組，如果判斷是屬於中等能力，最好從比其實足年齡低一年的那個年齡組開始。在開始做第一個測驗，如果發現兒童遇到題目不會做答時，就應降低到下一個年齡組，以免使兒童產生挫折或灰心。

4. 決定基本年齡組與最高年齡組

受測者從第一個測驗開始做，一直到答對某一個年齡組的所有題目為止，此時這個年齡組就稱為**基本年齡**（basal age）。從這個年齡組以後的題目，受測者開始有答錯的題目，測驗進行到受測者答錯同年齡組所有的題目為止，就停止繼續作答，此時這個年齡組就稱為**最高年齡**（ceiling age）。在確定基本年齡與最高年齡之後，就可以換算受測者的心理年齡以及智商。

5. 心理年齡與智商的計算

心理年齡的計算是以基本年齡為基礎，加上在基本年齡以後所通過的測驗分數。依據台灣比西智力量表第四次修訂的計分標準，2 至 5 歲之間的 7 個年齡組，每通過 1 題，心理年齡為 1 個月；4 至 14 歲間的 9 個年齡組，每通過 1 題，心理年齡為 2 個月；普通成人組每通過 1 題，心理年齡為 3 個月；優秀成人 I 組，每通過 1 題，心理年齡算 4 個月；優秀成人 II、III 組中，每題通過就算 5 個月。

茲舉一實例，說明心理年齡與智商的計算過程。假設有一位兒童的實足年齡

為 7 歲，他從 6 歲組開始做，結果所有題目都順利通過，再做 7 歲也全部通過。
繼續做更高年齡組的測驗，其結果為：8 歲組通過 5 題，9 歲組通過 4 題，10 歲
組通過 3 題，11 歲組通過 2 題，12 歲組通過1題，13 歲組全部失敗。其結果列於
表 6-5。

　　依照心理年齡的計算結果，該生的心理年齡為 9 歲 6 個月，再將其實足年齡
（7 歲）和心理年齡從常模對照表中，就可以查出該兒童的離差智商。

表 6-5　心理年齡的計算

年齡組	通過題數	每通過一題的心理月數	總分
6	6（基本年齡組）	2	6 歲
7	6	2	12 月
8	5	2	10 月
9	4	2	8 月
10	3	2	6 月
11	2	2	4 月
12	1	2	2 月
13	0（最高年齡組）	2	0 月

心理年齡＝ 6 歲 42 月＝ 9 歲 6 月

（三）信度

　　重測信度：國民小學部分，間隔 4 個月，樣本為 59 人，信度係數為 .86。國
民中學部分，間隔 2 個月，樣本為 60 人，信度係數為 .94。

（四）效度

　　該量表效度的分析，採同時效度與建構效度。在同時效度部分，以國民小學
學生為對象，分別測量該量表與瑞文氏彩色智力測驗的相關，相關係數為 .68；與
國民智慧測驗甲類第二種相關為 .77；與國語、數學、常識等三科學業成績之相關
係數為 .59 至 .69。另以國民中學學生為對象，分別測量該量表與國民中學智力測

驗第一種相關為 .85；與標準化小學學科成就測驗之相關為 .86；與國文、英文、數學三科學業成績的相關為 .75 至 .80。

此外，以比西智力量表第四次修訂版，進行三項建構效度分析，結果發現：(1)每一測驗題通過的人數百分比，隨著年齡而逐漸增加；(2)每一測驗題能顯著區分優、劣兩個效標組；(3)每一年齡組的平均智商接近 100。

（五）測驗結果的解釋與應用

標準化樣本在比西智力量表的測驗結果，其智商的分布情形，如表 6-6 所示。由該表可知，智商在 140 以上者，占人口的 4.2%，屬於非常優秀；智商介於 120 至 139 之間者屬於優秀，占人口的 9.9%；智商介於 110 至 119 之間者，占人口的 18.2%，屬於中上；智商介於 90 至 109 之間者，占人口的 34.6%，屬於正常；智商介於 80 至 89 之間者，屬於中下，占人口的 12.7%；智商介於 70 至 79 之間者，屬於臨界缺陷，占人口的 7.99%；智商在 69 以下者，屬於心智缺陷或智能不足，占人口的 5.4 %。

表 6-6　智力商數人口百分比

智商	百分比	分類
140 以上	4.20	非常優秀
120～139	9.90	優秀
110～119	18.20	中上
90～109	34.60	正常或平均
80～89	12.70	中下
70～79	7.99	臨界缺陷
69 以下	5.40	智能不足

上述分類的名稱並無診斷的涵義，例如：智商在 69 以下者，稱為心理缺陷或智能不足，並非確定診斷為低能。因為臨床診斷分類，尚需要觀察案主的行為並且加以記錄。事實上，在兩個類別之間（例如：優劣與中上）並沒有嚴格的界限。

受測者智商在 140 以上者，也有可能是精神異常，智商 120 以上者也有可能學業**成就低落**（underachievement），智商 100 的人也可能對社會有大的貢獻；智商 70 的人，可能日常生活適應良好。因此，根據智商來分類，只是對個人的能力做簡要的陳述，因為每一個人的成就，除了智商以外還需要有許多因素來配合。

由此可知，表 6-6 所列的智商分類資料，可視為解釋某受測者測驗成績的參考，由這些資料可以對受測者的能力有粗略的了解。

伍 台灣修訂的魏氏兒童智力量表

魏氏兒童智力量表在台灣的第一次修訂，是由台灣師範大學教育心理學系與特殊教育中心，以 1974 年美國的魏氏兒童智力量表（修訂版）（WISC-R）做為藍本聯合修訂，1979 年 7 月由中國行為科學社出版。魏氏兒童智力量表（修訂版）中文版合計有 12 個分測驗，如表 6-7 所示。

表 6-7　魏氏兒童智力量表（修訂版）中文版之分測驗

語文量表	作業量表
1.常識測驗	1.圖形補充測驗
2.類同測驗	2.連環圖系測驗
3.算術測驗	3.圖形設計測驗
4.詞彙測驗	4.物形配置測驗
5.理解測驗	5.符號替代測驗
6.一個交替測驗：記憶廣度測驗	6.交替測驗：迷津測驗

該量表以分層隨機抽樣法抽取 6 至 15 歲 10 個年齡組，每組 100 名，合計 1,000 名作為標準化樣本。分層抽樣考慮的因素有：性別、智力、家長職業、都市與鄉村、年齡和地區等。題目依照項目分析方法，先將編擬的題目實施預試，並且進行題目分析之後，選出適宜題目，再依照測驗題目的難易程度排序。該份量表分為語文量表以及作業量表兩大部分。茲將各分測驗的內容說明如下。

一、語文量表

1. 常識測驗：共計 30 題，測驗題目旨在了解受測者社會生活的一般常識，它可顯示出個人的資賦、早年生活的文化環境與經驗、學校教育程度與文化的素養。

2. 類同測驗：共計 17 題，測驗題目旨在測量高層次的智力功能，如概念形成和邏輯推理、抽象思考的能力。

3. 算術測驗：共計 19 題，涵蓋實物計算、算術四則運算與推理問題，以測量受測者的數量概念、計算與推理、心算的能力。

4. 詞彙測驗：共計 32 題，測驗題目旨在測量受測者的認知能力，如概念形成、觀念、記憶、知識、語文發展與學習能力。

5. 理解測驗：共計 17 題，涵蓋與身體、人際關係、社會活動等有關的情境，旨在測量受測者的實際知識、評斷能力以及社會成熟性。

6. 記憶廣度測驗：共計 14 題，包括順序背誦與逆序背誦兩類，旨在測量受測者的記憶力以及短期記憶，如經由聽到的訊息回憶出來的能力。

二、作業量表

1. 圖形補充測驗：共計 26 題，每一題以人像、動物、物品等圖形的卡片，作為測驗的材料。圖形內容都缺乏其完整結構的部分，讓受測者指認缺少的部分。該測驗旨在測量受測者的注意力、推理能力、視覺組織以及記憶能力。

2. 連環圖系測驗：共計 12 題，每一題都由主試者呈現若干張無規則的連環卡片，讓受測者將這些卡片依序排列成有意義且合理的故事，進而測量其計畫、聯想與了解全部情境的能力。

3. 圖形設計測驗：共計 11 題，對受測者提供標準圖案，要其以 4 個或 9 個方塊拼成標準圖案。此測驗旨在測量受測者的視覺動作協調、組織與空間想像的能力。

4. 物形配置測驗：共計 4 題，每一題以各種物體（例如：馬）分割成 4 塊，讓受測者將它們拼成完整的物體圖形。此測驗旨在測量受測者的視覺組織以及動作協調的能力。

5. 符號替代測驗：又分為「A」、「B」兩種，其中 A 有 45 題；B 有 93 題，要受測者在每一個數字之下填上規定的符號，施測對象為 8 歲以上兒童。此份測驗旨在測量受測者視覺動作的協調、心理運作速度與短暫記憶等能力。

6. 迷津測驗：共計 9 題，此測驗旨在測驗受測者的視覺組織能力、空間推理、視覺動作的準確度與速度。

三、魏氏兒童智力量表（第三版）中文版的介紹

魏氏兒童智力量表（第三版）（簡稱 WISC-III）中文版，由陳榮華於 1997 年修訂，測驗內容包含語文量表與作業量表，各個分測驗的題數如表 6-8 所示。

表 6-8　魏氏兒童智力量表（第三版）中文版各分量表的題數

語文量表	題數	作業量表	題數
1.常識	30	7.圖畫補充	30
2.類同	19	8.符號替代	170
3.算術	24	9.連環圖系	14
4.詞彙	30	10.圖形設計	12
5.理解	18	11.物形配置	5
6.記憶廣度	15	12.符號尋找	90
		13.迷津	10

本量表建立常模的標準化樣本，是以**分層隨機抽樣**（stratified random sampling）法，自台灣北、中、南、東四大區域，隨機抽取樣本縣市。抽樣結果與施測對象，北部地區包含：台北市、台北縣、桃園縣，受測者 462 人；中部地區包含：南投縣、台中縣、彰化縣，受測者 286 人；南部地區包含：台南縣、台南市、高

雄市，受測者 308 人；東部地區為花蓮市，受測者 44 人，合計 1,100 人。其中男女性各占一半；年齡分布自 6 至 16 歲總共分為 11 組，每一個年齡組 100 人。

　　本量表的施測過程，需由受過心理測驗訓練的專業人員來擔任主試者，主試者在實施測驗之前，必須先熟悉各分測驗器材的使用方法，才能操作自如。此外，實施測驗之前需與受測者先建立友善關係，使受測者心情放鬆，消除害羞或害怕的心理，以便使測驗能順利進行。正式施測時要以碼錶來計時，全部測驗的施測時間，大約 50 至 80 分鐘。

　　本測驗可求得各分測驗與語文、作業和全量表的智商，11 個年齡組內分別計算其折半信度係數，但是其中符號替代與符號尋找兩個分測驗，採用穩定係數計算之。經過統計分析結果發現，全量表智商的信度係數介於 .94 至 .97 之間，語文智商的信度係數介於 .92 至 .96 之間，作業智商的信度係數介於 .89 至 .94 之間。由此可見，本測驗的信度良好。

　　本測驗語文各分測驗間的內部相關，一般均比作業各分測驗間的內部相關高一些，作業各分測驗間的相關，又比作業各分測驗與語文各分測驗間的相關高。由此可見，本量表具有**輻合效度**（convergent validity）。此外，語文分測驗與作業分測驗的相關較低，可見本量表亦具有**區別效度**（discriminant validity）。

關鍵詞彙

智力測驗	離差智商
最高年齡組	普通因素
基本年齡組	特殊因素
多元智能理論	比率智商
智力三元論	智力商數
晶體智力	流體智力
心理年齡	

自我評量題目

1. 試說明智力測驗的目的。
2. 試說明智力的理論。
3. 試說明比率智商與離差智商的區別。
4. 試述影響智力的因素。
5. 試述魏氏兒童智力量表包含哪些分量表。
6. 試述魏氏成人智力量表包含哪些分量表。
7. 試述魏氏學前智力量表包含哪些分量表。
8. 試說明葛納（Gardner）的多元智能理論。

第七章　特殊族群的智力測驗

　　特殊族群的受測者，通常不適於接受一般傳統的**紙筆測驗**（paper-pencil test），測驗內容以操作、非語文或非語言等測驗為主。**操作測驗**（performance test）很少使用紙或筆為工具；**非語言測驗**（nonlanguage test）其測驗過程不必藉著語言，這種測驗的指導語包括：示範、姿態以及手語等。第一次世界大戰期間美國陸軍乙種測驗，是最早使用非語言團體測驗，測驗對象包括：不會說美語或不識英文的美國人。

　　非語文測驗（nonverbal test）適用於小學、學前兒童以及不同年齡層的文盲。因為受測者不識字或語文能力偏低，所以主試者以口頭說明來指導受測者作答，對上述對象需要測量語文理解時，例如：字彙與句子理解、短文，主試者會以圖畫補充口頭說明，指導受測者填答測驗問題。因此，非語文測驗通常不適用於失聰者或不會說本國話者。

第一節　智力特殊者

壹　智力優異

　　智商在 140 以上俗稱天才或英才，又稱為**智力優異**（intellectually gifted）。根據美國心理學者特曼（L. Terman）研究 1,500 名智商在 150 以上的少年，結果發現其身高、體重、身體健康情形、情緒適應、社會成熟度以及體力等方面，都優於同年齡的少年。這些少年的創造力與成就動機也比較高，他們長大以後大都成為社會上傑出的人才。許多人被列入《美國名人錄》（*Who's Who in American*）

或成為社會各界菁英。可是，有一些高智商者由於學業或事業失敗，後來淪為智慧型犯罪者。

世界許多先進國家對於智力優異者，大致採取兩類教育措施：其一為充實與加深課程內容，使他們能學習更深、更廣的教材；另一為提供跳級的就學機會，例如：小學只讀 4 年、中學讀 4 年、大學讀 2 年、大學畢業後直接攻讀博士學位。

貳 智能不足

智能不足又稱為**心智遲緩**（mental retardation），根據美國心智遲緩學會的定義，心智遲緩是指在 18 歲以前，心智能力低於正常人，缺乏自我照顧、人際溝通、社交、社區活動參與等方面的基本能力。智能不足的主要原因如下：

1. 母親懷孕的時候，感染梅毒、德國麻疹、腮腺炎、鉛中毒、酗酒、極端營養不良等。
2. 孕婦生產過程不順利，胎兒停留在產道的時間過長，導致腦部缺氧。
3. 基因異常導致唐氏症（Down's syndrome），又稱蒙古症（Mongolism）。
4. 罹患**苯酮尿症**（phenylketonuria，簡稱 PKU），這是一種染色體隱性遺傳性疾病。
5. 幼兒時期發高燒。

智能不足是指智商在 70 以下，這種人缺乏一般人生活的能力。由於語文、數字運算能力的缺陷，因此無法正常學習，導致學業成就低落，患者需要接受特殊教育。不過，有些智能不足者卻擁有藝術或超強記憶的特殊稟賦。

根據美國精神醫學會（APA, 2000）的分類，智能不足可以分為：輕度、中度、重度、極重度等四個等級，各等級人數的百分比和教育方式，如表 7-1 所示。

表 7-1 智力不足的程度與教育方式

程　度	IQ	百分比	教育方式
輕　度	55～70	85%	教導職業技能，以便自力更生
中　度	35～55	10%	教導溝通技巧與半技術性工作
重　度	20～40	3～4%	教導自我照顧與一些簡單工作
極重度	20 以下	1～2%	缺乏自我照顧與溝通技巧，需他人照料

資料來源：APA (2000)

美國在 1977 年通過「身體殘障兒童教育法案」，對於殘障兒童的測驗日益重視。該法案規定鑑定殘障有四個程序：(1)所有障礙兒童必須經由初步的篩選工具確認；(2)由一群專家評鑑以確認兒童的教育需求；(3)學校必須發展個別化教育計畫，以迎合這些人的需要；(4)每一名兒童定期接受再評鑑。

美國心智缺陷協會（American Association of Mental Deficiency，簡稱 AAMD）曾經將心智遲緩分為四個層次，如表 7-2 所示。

表 7-2 心智發展遲緩者占全人口的比率

層　次	智商	離差	人數百分比（%）
輕　微	70 至 50	－2	2.14
中　度	55 至 35	－3	0.13
嚴　重	40 至 20	－4	0.003
極嚴重	20 以下	－5	0.00003

由表 7-2 可知，心智發展遲緩者可以分為：輕微、中度、嚴重與極嚴重等 4 個層次，其中輕微者智商介於 50～70 之間，在正常人平均智商以下 2 個標準差，占全人口的 2.14%；中度者智商介於 35～55 之間，低於正常人平均智商 3 個標準差，占全人口的 0.13%；嚴重者智商介於 20～40 之間，低於正常人平均智商 4 個標準差，占全人口的 0.003%；極嚴重者智商低於 20 以下，低於正常人平均智商 5 個標準差，占全人口的 0.00003%。對於心智發展遲緩者需要特殊的治療與訓練計畫，尤其是在適應行為、情緒適應、身體狀況等方面。

歐西瑞斯基（Oseretsky）的動作熟練測驗與文蘭（Vineland）的社會成熟量表，可以測量智能不足兒童的動作發展與日常生活情境的適應行為。歐西瑞斯基的動作熟練測驗於 1923 年在蘇聯發表，後來被許多國家翻譯使用。

第二節　嬰幼兒智力測驗

以嬰兒與學前兒童為對象的智力測驗，大多採個別化施測，但有一些幼稚園兒童可以採取團體測驗。大致來說，對學齡前兒童不適合採行團體測驗，而適於採作業或口試，因為學前兒童尚未就學，所以不適合接受紙筆測驗。

5 歲以前可分為嬰兒期與學前期，從出生到 1 歲半為嬰兒期；1 歲 7 個月至 5 歲為學前期。就實施測驗的觀點，嬰兒必須躺著或坐在成人大腿上才能做測驗。測驗時也很少使用測驗指導語，大部分測驗在測量其知覺與動作的發展，例如：嬰兒是否會抬頭、翻身、握住東西，雙眼是否會注視移動的物體。學前兒童能夠步行，坐在桌上，用手玩東西，並且用語言溝通。所以在學前期兒童的測驗內容，以動作、社會與認知發展有關的問題居多（Anderson & Messick, 1974）。

葛雪爾發展量表

葛雪爾（A. Gesell）等人於 1940 年，在美國耶魯大學設計了**葛雪爾嬰幼兒發展量表**（Gesell Developmental Schedules），並且對一群嬰幼兒的行為進行縱貫研究，藉以評估嬰幼兒的行為發展。該量表涵蓋：適應、粗動作、細動作、語言，以及個人社會行為等五個分量表，可以測量嬰幼兒日常生活的行為發展。

該量表的內容以直接觀察兒童對玩具與物體的反應，以及保母提供的資訊來評估幼兒智力的題目為主。葛雪爾嬰幼兒發展量表曾被作為鑑定嬰兒大腦受傷以及行為異常的臨床心理診斷輔助工具。雖然該量表在觀察和計分比一般心理測驗較不標準化，但是根據研究結果顯示，由受過專業的訓練人員來施測，其信度係

數可以超過.95。通常這種量表由小兒科醫師與嬰幼兒發展心理學家使用，可以深入了解嬰幼兒的行為發展情形，並且可進一步鑑定嬰幼兒是否有神經系統的障礙，以便對幼兒的發展提供診斷及早期療育。

貳 貝莉嬰幼兒發展量表

1960 至 1970 年代的歐美先進國家，因為對心智發展遲緩兒童的教育很重視，於是掀起一股嬰兒測驗熱潮。另一方面，當時對適應困難兒童的特殊教育計畫，也日益盛行。因此，在這些環境氛圍之下，一些新的測驗相繼問世。

貝莉嬰幼兒發展量表（Bayley Scale of Infant Development），是由貝莉與其研究團隊，在美國柏克萊（Berkeley）大學以嬰幼兒及學前兒童為對象，經過長期研究並且部分採用葛雪爾嬰幼兒發展量表而編製的。

貝莉嬰幼兒發展量表，對評估 2 個月至 2 歲 6 個月的幼兒發展狀態，提供心理量表、動作量表以及嬰兒行為記錄表等三種輔助工具。心理量表包括：知覺、記憶、學習、問題解決、說話、語言溝通，以及抽象思考等功能；動作量表測量粗動作能力，例如：坐、站、步行以及爬行、手與手指頭操作技巧等能力。

嬰兒動作發展對其心理發展的影響很重要，貝莉嬰幼兒發展量表以記錄嬰兒動作為主，該量表是屬於評定量表，也可以評定嬰兒的人格發展，例如：情緒與社會行為、注意廣度、持久性。

曾有學者以貝莉嬰幼兒發展量表為工具，對 1,262 名 2～30 個月嬰幼兒施測，測驗結果建立常模，該標準化樣本選自美國許多城市與鄉村，並且考慮到地區、性別比率、種族、教育程度。由心理量表與動作量表得到心理發展的指數。標準分數常模是以平均數 100，標準差 16（如史比智力量表）來表示。這些發展指數由嬰幼兒所屬年齡組內可以發現，並且由 2 至 6 個月每半歲為一組，6 至 30 個月則以一個月為一組。在各年齡組中，心理量表的折半信度係數介於 .81 至 .93 之間，中位數為 .88；動作量表的折半信度係數為 .68 至 .92，這些信度係數均頗高。

由貝莉嬰幼兒發展量表測驗結果，可以用來評估嬰幼兒的心理發展狀況，但

是不可對以後的能力發展作長期的預測。這個量表對於早期發現嬰幼兒的感覺、神經系統障礙、情緒困擾與生長環境等問題，都有很大的貢獻。

 麥卡錫兒童能力量表

麥卡錫（McCarthy）所設計的**麥卡錫兒童能力量表**（McCarthy of Children's Abilities），適用於 2 歲半的幼兒到 8 歲半的兒童。該量表包含 18 個分測驗，組成語文、知覺與作業、數量、一般認知、記憶，與動作等 6 個重疊的量表。這個測驗採個別化方式施測，對兒童展示紅色、黃色，以及藍色圓圈與兩種不同大小的方塊，要兒童找出主試者描述特徵的材料。

在一般認知量表上的分數，是以「一般認知指數」來表示的。它是平均數 100，標準差 16 的常態化標準分數，以每隔 3 個月為一個對照年齡組。在 1,032 名標準化樣本中，包括每 10 個年齡層中的 100 名兒童，在 2.5 至 5.5 歲中以每半歲為一組，5.5 與 8.5 歲中以每一歲為一組。

在每一年齡層中，男孩與女孩人數相同，並且以種族、地區、父親的職業，以及城鄉等因素，依照美國 1970 年人口結構分層抽取樣本。凡是心智發展遲緩、行為或情緒嚴重困擾、大腦損傷或身體殘障者，都不包括在內。

一般認知指數的折半信度係數，在各年齡層內平均為 .93；其餘 5 個量表的平均係數為 .79 至 .88。指導手冊中也有測量標準誤，與達到 .05 顯著水準所需要各量表分數間的最小差異值。以一個月間隔分析重測信度，將 125 名兒童分成 3 個年齡組，結果得到一般認知指數平均為 .90，分量表則介於 .69 至 .89 之間。就效度而言，該測驗經多位學者的研究，具有頗高的預測效度。

肆 皮亞傑量表

瑞士兒童心理學家**皮亞傑**（Jean Piaget），對兒童到青少年的認知發展歷程，進行多年的實驗研究，提出兒童認知發展理論。在他的實驗中發現，嬰幼兒雖然

看不見物體，但仍然知道它的存在，例如：一個玩具用毛巾覆蓋，讓嬰幼兒看不見，嬰幼兒知道該玩具還存在，會把毛巾掀開來，然後拿起玩具來玩，這表示嬰幼兒已經發展出物體保留的概念。他的實驗又發現兒童有體積保留概念（conservation concept），例如：將相同的水量倒入不同體積的器皿中，然後問兒童：「哪一個杯子的水量比較多？或是一樣多？」有些兒童說：「一樣多！」這就表示他們已經發展出體積保留概念了，如圖 7-1 所示。

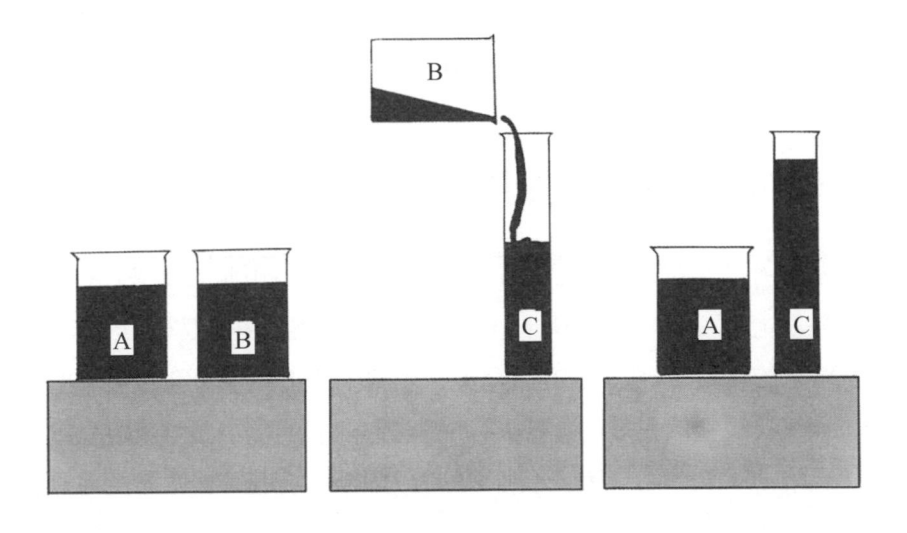

圖 7-1　體積保留概念

　　皮亞傑的研究尚發現兒童有數字、大小、形狀等保留概念，於是設計順序量尺（ordinal scale）。以該量表來測量兒童，就可以知道兒童的認知已經發展到哪一個階段。

　　皮亞傑由實驗發現，認知發展可以分為：感覺動作、前運思、具體運思以及形式運思等四個階段。其所設計的量表可以觀察兒童的認知情形，計分方法是依據兒童對問題情境的反應，與兒童解決問題的歷程。皮亞傑的發展量表適用在臨床上，同時也適用於教學上。

皮亞傑量表與標準化智力測驗有密切關係，同時與一年級學生學業成績及團體智力測驗有高度相關。皮亞傑量表比較不容易實施而且施測過程比較費時，但是能測量兒童智能發展的情形。

 第三節　嬰幼兒的智力

嬰幼兒與學前兒童尚未接受正規的學校教育，其生活經驗不盡相同，因此對於這些受測者的測驗題目，測驗結果的解釋頗為困難。

壹　嬰兒與學前兒童測驗的預測效度

有一些學者以學前兒童進行縱貫研究，結果發現對預測以後智力測驗分數具有良好的效度。馬可寇爾（R. B. McCall）和其研究團隊在 1972 年綜合 8 個研究發現：(1) 1 歲的智力對於以後的智力不能作長期有效的預測；(2)嬰兒期所做的智力測驗，預測 3 至 4 歲兒童的智商具有一些效度，但是對於預測學齡兒童的智商就比較不具效力；(3)年齡愈大兒童所做的智力測驗，對個人未來智力愈具有預測效度。

因為嬰兒測驗缺乏預測效度，所以需要與其他相關的發現來評估。有些臨床醫學家認為，嬰兒的智力有助於以後發展的預測，但是要配合臨床的觀察來解釋。有些研究者發現，嬰兒智力測驗對於智商在 80 以下兒童的預測效度，介於 .60 至 .70 之間，對於診斷由遺傳或環境所產生的機體病變，頗具效力。

如果嬰兒沒有生理上的疾病，則其日後的智力發展主要決定於環境或教養方式。這是測驗所不能預測的。事實上，父母的教育程度、生長環境、家庭社會經濟地位，比嬰兒智力測驗分數對以後智商的發展具有較佳的預測力。此外，嬰幼兒的智力個別差異不大，以後個別差異逐漸增大，主要是受到遺傳與環境的影響。簡單來說，嬰幼兒的智力對長大之後智力的預測力不大。

貳 幼兒智力的本質

有一些兒童發展心理學者認為，幼兒智力與其日後表現的相關不高，主要原因在於智力會隨著年齡而改變。幼兒的智力與學齡兒童的智力，主要是質性的不同。馬可寇爾（R. B. McCall）與其同事，每半年深入探討幼兒智力改變的情形，發現不同年齡層幼兒的心智能力，都有顯著不同。

雅羅（L. J. Yarrow）與其同事研究幼兒適應其環境的能力，發現幼兒在視覺、操作以及解決問題的能力均持續成長，例如：幼兒丟一個小球，看著它在地面上滾動，聽它碰觸到地板的聲音。其次，對環境的適應會表現在更複雜的目標導向活動，例如：使用木棒去搆取桌子底下的玩具。

參 智能發展補救計畫

在 1960 至 1970 年代，美國有一些學前兒童教育的補救計畫，其主要目的在提升不良環境背景兒童的學業準備能力。美國兒童發展部門的健康、教育與福利單位，成立了幼兒專家會議，該會議的目標包括：解決情緒、動機、態度以及認知方面有障礙的兒童，促進其自我照顧、語文、數學、創造思考，以及娛樂方面的能力。

有關幼兒補救教育計畫的效能，在長期追蹤與高品質補救計畫之下的兒童，發現其智能發展以及教育的成就均普遍提高。此外，父母參與也可以彌補學前教育的不足，有些學者也認為，保母或家庭教師對於幼兒的發展，可以提供有利的協助。

歐西瑞斯基（Oseretsky）的動作熟練測驗與文蘭（Vineland）的社會成熟量表，可以測量智能不足兒童的動作發展，與日常生活情境的適應行為。歐西瑞斯基的動作熟練測驗，特別使用在測量心智遲緩與動作功能遲緩者。此外，應用歐西瑞斯基的測驗，可以測量兒童的動作障礙、大腦功能輕微失常或學習障礙等問題，測驗題目分成幾個年齡組。該量表的題目包括：動作行為、姿勢反應，全身運動到手指協調，以及臉部肌肉的控制力等。

一、歐西瑞斯基測驗

　　歐西瑞斯基的量表（Oseretsky Tests），可以測量肩膀、軀幹和腿的粗動作表現等三種分數，以及測量細動作包括：手指頭、手與前臂等肌肉的表現；與全部測驗組合。另有 14 題短式量表，測量動作的熟練，測驗時間需要 15 至 20 分鐘。測驗結果可依據年齡為準的標準分數、百分等級，以及標準九等來表示。該量表組合以 4.5 至 14.5 歲的 765 名學生為標準化樣本。全部分數的重測信度為 .80。另外，以因素分析以及比較正常兒童與學習障礙兒童的智能，來檢視該測驗的效度。

二、文蘭的社會成熟量表

　　文蘭的社會成熟量表，可用來測量受測者生活適應的情形，其最新修訂版為 1985 年的**文蘭適應行為量表**（Vineland Adaptive Behavior Scale）。該量表有三種翻譯本可以單獨或合併使用，其中兩個量表為訪問版，資料的取得是經由與受試兒童的父母或保母晤談。其中一種版本有 297 題，另一種為 577 題，該量表有兩種版本，都可以使用在 18 歲以前與部分成人。第三種版本為教室版，包含 244 題問卷，可由學校教師填寫，測驗對象適用於 3 至 12 歲兒童。

　　文蘭的所有版本偏重於個人經常與習慣做些什麼，不在於他能做些什麼。這些測驗題目可以細分為 4 種領域；如表 7-3 所示。該表尚包含副領域與簡要敘述行為內涵。

　　這兩種訪問版本的標準化，以 3,000 名從出生到 18 歲 11 個月者為樣本，並根據美國戶口在性別、種族、社區大小、宗教信仰，以及父母教育程度等因素加以分層。另外，對特殊團體建立另一套常模，包括心智發展遲緩的成人與情緒困擾、視覺障礙、聽覺受損的兒童。教室版本以大約 3,000 名之 3 至 12 歲兒童為標準化樣本，這些兒童是選自全美國 38 個州，其分層變項與其他版本相同。

　　所有三種版本都測量 4 個領域分數與適應行為，其標準分數的平均數為 100，標準差為 15。同時也提供百分等級、標準九等分數。在副領域分數上，其結果可以用適應層次與年齡表示；在不適應行為上，其結果只以質性層次呈現，常模有

表 7-3　文蘭適應行為量表的內容

領域與副領域	敘述
溝通	
接受的	他了解什麼
表示的	他說什麼
書寫的	他閱讀和書寫什麼
日常生活技能	
個人的	他如何吃、穿與保持自己的衛生
家務的	他做哪些家事
社區	他如何使用時間、金錢、電話與工作技能
社會化	
人際關係	他如何與別人交往
遊玩與休閒時間	他如何遊玩與使用休閒時間
應付技巧	他如何表示負責任與對待他人
動作技能	
粗動作	他如何使用手臂、腿來移動與協調
細動作	他如何使用手與手指頭來操作物品
適應行為組合	上述 4 種領域的組合
不良適應行為	不良的行為會影響個人適應的功能

百分等級。

　　就信度而言，內部一致性信度係數（折半或 α 係數），以標準化團體內不同年齡組分別計算。這些係數分別在領域分數、副領域分數和綜合分數內呈現。就全部版本而言，各種信度係數大多接近 .90。由此顯示該量表的信度頗高，效度資料則採建構效度，結果發現其效度也很高。

第四節　身體殘障者的智力測驗

　　為了對身體殘障者提供適當的教育，因此對他們早期實施測驗是很重要的。對於身體殘障者實施測驗，通常採取個別化測驗以及臨床衡鑑，包括生活史、晤談與觀察日常生活情形等。有些特殊教育機構特別對身體殘障者建立不同的常模，或特別為某些案主設計測驗，例如：就業機構的僱用員工測驗，與大學入學測驗或研究所入學測驗，針對不同類型身體殘障者，提供不同的測驗題目與施測程序。以下就聽覺障礙、視覺障礙、動作障礙等三類對象的測驗，分別說明如下。

 聽覺障礙

　　聽覺障礙是指，聽力完全喪失或聽覺敏銳度很低，俗稱為聾或重聽。因為聾子聽不到外界聲音，語言發展也會受到不利的影響，因此不適合接受語文測驗。聽覺障礙發生愈早的兒童，其失聽程度愈嚴重。作業量表可以作為施測聾童的主要工具，例如：品特—帕特森（Pinter-Paterson）作業量表以及亞瑟（Arthur）作業量表。魏氏智力量表有時也可以用來測驗聾人，但是主試者必須會打手語，使聾者知道測驗的指導語。

　　喜司基—內布拉斯科（Hiskey-Nebrask）的學習性向測驗，對聾童與聽力嚴重障礙兒童均建立標準化常模。這是屬於個別化測驗，適用於 3 至 16 歲者。測驗時以啞劇及手語來溝通測驗指導語，同時與受測者建立友善的關係，也是很重要的一環。該測驗包含下列 12 個分測驗：

1.小珠組型	2.顏色記憶
3.圖畫辨認	4.圖畫聯想
5.摺紙	6.視覺注意廣度
7.積木組型	8.圖畫完成

9.數字記憶　　　　　　10.方塊迷津

11.圖畫推理　　　　　　12.空間推理

　　在該測驗指導手冊中提到，測驗聾童與正常兒童的指導語相同。常模樣本包含 1,079 名耳聾兒童以及 1,074 名正常聽力兒童，年齡自 3 至 17 歲為對象，在美國 10 個州實施測驗並且建立常模。折半信度為 .90，12 個分測驗的內部相關從 .30 至 .70（年齡從 3 至 10 歲）；年齡 11 至 17 歲者，其內部相關為 .20 至 .40。正常兒童在該測驗與史比智力量表或魏氏兒童智力量表上的得分，其相關係數介於 .78 至 .86 之間。該測驗效度，係分析聾童在不同學習成就之間的相關。

 視覺障礙

　　盲人適於使用口試或採用操作測驗，有時可以播放錄音資料，有些測驗可以採用點字，受測者亦以點字或打字來回答問題；答案紙可使用對、錯、多重選擇以及其他客觀式題目。如果測驗以個別方式進行，可以採用口試方式。

　　第一套盲人智力測驗，是由黑斯—比奈（Hayes-Binet）在 1916 年，以史比智力量表為藍本進行修訂的。而 1942 年的黑斯—比奈（Hayes-Binet）盲人智力測驗，則是以 1937 年的史比智力量表為藍本設計而成。全部測驗題目都不必使用視覺，每一個年齡層有 6 個分測驗，最後一個分測驗均為口試，測驗題材大多不必點字。根據黑斯（S. P. Hayes）的研究，得到重測信度為 .90，折半信度為 .91，與標準成就測驗點字版的相關係數介於 .82 至 .93 之間。

　　魏氏智力量表也適用於盲人，該量表涵蓋語文測驗與操作測驗，有些題目不適用於盲人，則可改用其他題目來替代，對視覺障礙者有時可以使用團體測驗，例如：美國大學**學術性向測驗**（Scholastic Aptitude Test，簡稱 SAT），是以點字為材料，並且採用團體測驗。此外，有些學者發展出盲童適應行為量表，例如：文蘭的社會成熟量表，可以適用在學前的盲童。

參 動作障礙

　　雖然肢體殘障者大多可以接受聽覺與視覺刺激，但是動作失常者不方便以口頭、書寫的反應或操作。肢體殘障者對於有測驗時間限制的測驗，通常會產生困擾，因為容易產生疲勞，所以測驗時間不宜太長。

　　有一些動作嚴重障礙者起因於腦性麻痺，對於這些人可以採用史比智力量表或亞瑟（Arthur）操作量表；但是，有些肢體嚴重殘障者，就無法接受測驗，對於肢體殘障者的測驗程序，需要考慮受測者的實際生理情況。原來設計作泛文化測驗用的測驗，也可以使用在動作障礙者，例如：**李特國際作業量表**（Leiter International Performance scale）與波特（porteus）迷津，都適用於腦性麻痺兒童。這些測驗是由主試者呈現測驗材料，受測者只以移動頭部來反應。這些測驗無時間限制，受測者可用口頭、書寫或點頭等方式來反應，所以特別適用於肢體障礙者。

　　另一種類型的測驗是利用簡單指點的反應，也就是**圖畫字彙測驗**（picture vocabulary test）。這些測驗可以迅速測量「使用」字彙，特別適用於不能正確發音者與聾人。因為這種測驗容易實施而且大約 15 分鐘就可以完成，因此對於沒有經過嚴格訓練的主試者也可以順利來施測，但是該測驗屬於個別化測驗。

　　美國教育家畢保德（Peabody）所設計的**畢保德圖畫詞彙測驗**（修訂版）（Peabody Picture Vocabulary Test, Revised edition，簡稱 PPVT-R），就是屬於這種工具。其最新修訂版包含一系列的 175 個板子，每個板子包括 4 張圖片。呈現每一塊板子時，主試者以口頭提供一個刺激字。雖然整個測驗涵蓋從學前到成人層次，但每個人只給予適合其表現層次的板子。受測者指出板子上的圖畫，以表示刺激字的意義。

　　該測驗的原始分數可以轉換成標準分數（M = 100，SD = 15）、百分等級，以及標準九。這些衍生的分數畫在圖表上，其信賴區間涵蓋 ± 1 SEM（測量標準誤）。該測驗無時間限制，但是通常要 10 至 20 分鐘才能完成。它有複本，每一套測驗使用不同組的卡片與不同的刺激字。

　　曾有學者以畢保德圖畫詞彙測驗（修訂版）為工具，對 4,200 名 2.5 至 18 歲

的全國性樣本進行標準化測驗,以建立常模,該樣本包括各年齡層次中 100 名男性與 100 名女性,它代表美國地理區、父母職業、社區大小與種族等。其餘成人常模從 828 名 19 至 40 歲成人求得,這些人是選自不同地區與職業團體的代表性樣本。該測驗內部一致性係數大多介於 .70 至 .80 之間;複本信度為 .82,重測信度(9 至 31 天)的中數值為 .78。

在效度方面,畢保德圖畫詞彙測驗(修訂版)與其他字彙測驗之間有高度相關;與學業性向測驗、教育成就測驗的成績間呈中度相關。此外,它與身體障礙、心智遲緩與貧窮團體者的相關也是中度相關。兒童參與補償教育計畫,顯示在本測驗的測驗分數比史比智力量表進步較多(Milgram, 1971),而且他們獲得的知識比一般學校學生多(Dunn & Dunn, 1981)。

哥倫比亞心理成熟量表(Columbia Mental Maturity Scale,簡稱CMMS)的施測程序也相似,原來設計是想用在腦性麻痺兒童,該量表包含92題,每一題包含 3 至 5 張圖畫卡片。測驗時先由主試者呈現一組圖形,由受測者指認正確圖形,這些圖形的顏色各不相同。測驗分數在各年齡組內的常態化標準分數,其平均數為 100,標準差為 16,測驗分數也提供百分位數與標準九等常模。

哥倫比亞心理成熟量表的標準化樣本,包括 2,600 名兒童。其中在 3～6 歲與 9～11 歲等 13 個半歲年齡組中,男孩與女孩各 10 名。在單一年齡組內的折半信度介於 .85 至 .91 之間,三個年齡組的重測信度為 .85。以 52 名學前兒童與一年級學生,在史比智力量表上得分的相關係數為 .67,與一、二年級學生成就測驗分數的相關係數,大約介於 .40 至 .60 之間。

第五節　泛文化測驗

壹　泛文化測驗的重要性

泛文化測驗(cross-cultural test)是指,對不同族群所實施的測驗。近年來,

許多國家都有不同種族的人，對於不同文化背景的受測者實施測驗，日益受到重視，例如：在大學入學考試、心理諮商、工商業人事甄選與安置測驗等方面普遍採用。尤其是在機械、文書等職業方面，也經常會有不同文化背景的受測者。

 貳　泛文化的測驗工具

由於不同文化背景者其語言有所差異，因此測驗所使用的文字必須與受測者的文化背景相同，如此測驗結果才能夠相互比較，而且不受文化因素的影響。

有一些測驗適用於不同文化背景的受測者，底下介紹四種比較著名的泛文化測驗，它們分別為：(1)李特國際作業量表；(2)文化公平智力測驗；(3)瑞文氏智力測驗；(4)古賀畫人測驗。茲分別說明如下。

 **一、李特國際作業量表**

李特國際作業量表（Leiter International Performance Scale）是一種個別施測的作業量表。美國心理與教育學者在夏威夷對國小與高中學生不同種族者，曾經實施此測驗多年；此份量表陸續對幾個非洲國家以及少數其他國家的受測者施測。在 1948 年，則測驗美國兒童、高中學生與第二次世界大戰期間的陸軍新兵。李特國際作業量表的特徵是不使用語言或啞劇等指導語，每一個測驗都以相當簡單的問題開始。

測驗時，要受測者找出合適的卡片塞入適當的空缺中（如圖 7-2 所示）。該量表的作業包括：相同顏色配對、相同形狀或圖形配對、排列方塊、圖畫完成、數目字估算、類推、系列完成、年齡差異的認知、空間關係、足跡認知、相似性、一系列的記憶、根據動物的習性分類等。測驗採個別方式進行，但是無時間限制，這些測驗適用於 2 至 18 歲。

該量表計分是根據心理年齡與比率智商，在不同年齡層的智商標準差有很大的差異，有幾個研究顯示：其折半信度介於 .91 至 .94 之間。有些心理學者研究該測驗的效度，與史比智力量表、魏氏兒童智力量表的相關係數，介於 .56 至 .92 之間。

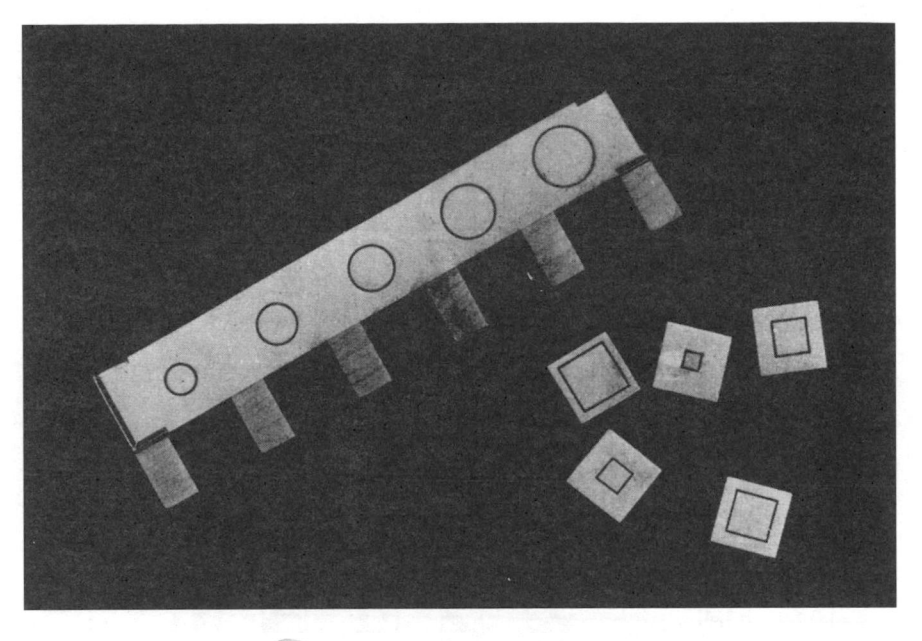

圖 7-2　李特國際作業量表例題

二、文化公平智力測驗

　　卡泰爾（R. B. Cattell）所設計的**文化公平智力測驗**（Culture Fair Intelligence Test）是一種紙筆測驗。該測驗可使用在以下三個層次：量表一適用於 4 至 8 歲兒童與心智遲緩的成人；量表二適用於 8 至 13 歲以及一般成人；量表三適用於 10 至 16 歲與優秀成人，每一量表均有兩種複本。量表一屬於個別測驗，其餘量表可以採用個別或團體測驗。量表一包含 8 個測驗，其中 4 個測驗稱為**文化公平**（culture fair）測驗，另外 4 個測驗包括：語文理解以及特殊的文化資訊，各分測驗都有各自的常模。量表二與量表三除了難度以外，其餘都頗為相似。每個量表均包含 4 個分測驗，例題如圖 7-3 所示：

　　1. 系列：選擇完成系列的圖形。

　　2. 分類：找出每一橫列一個圖形與其他都不相同者。

　　3. 矩陣：找出一個正確圖形可以填入矩陣圖形之中。

4. 條件：依據標準圖形的狀況，在其餘圖形中加上某些條件，使該圖形與原圖形的條件相符合，例如：在圖 7-3 中，黑點必須在兩個長方形中而不在圓形內，這種條件只有在右邊第 3 個答案才符合。

測驗 1　系列

測驗 2　分類

測驗 3　矩陣

測驗 4　條件

圖 7-3　文化公平智力測驗例題

　　這個測驗的內部一致性與複本信度係數都很高，量表三的信度係數介於 .50 與 .60 之間。效度的分析是將該測驗得分，與其他測驗得分求相關以及因素分析。以同時效度與預測效度研究結果顯示，該測驗與各種學業成績呈中度相關。曾經有學者以卡泰爾的智力測驗，在幾個歐洲國家、北美洲、非洲與亞洲地區施測，並且建立常模。

三、瑞文氏智力測驗

　　瑞文氏（J. C. Ravens）的圖形測驗，可以測量斯皮爾曼（C. Spearman）主張的普通因素（Raven, 1983）。測驗題目包括一組矩陣，或從一組圖形中移出一小部分。測驗時要受測者從幾個圖形中，選擇一個可以填入的正確圖形。愈簡單的

題目愈需要正確的辨別;比較困難的題目包含類推、互換以及邏輯關係。此測驗
的實施通常沒有時間限制,可以採個別施測也可以採團體方式施測,但是需要簡
單的口頭指導語。茲舉一個例題,如圖 7-4 所示。

×	× ×	× × ×
□ □	□ □ □ □	?

(a) □ □ □

(b) □ □ □ □ □

(c) □ □ □
   × × ×

(d) □ □ □
   □ □ □

圖 7-4　瑞文氏智力測驗漸進式矩陣的例題

　　瑞文氏智力測驗有三種版本,難易程度各有不同。該測驗標準化過程,是以
3,250 名 6 至 16 歲的英國兒童與青少年為對象,這些受測者選自 7 個地區且在英國
人口中具有代表性的樣本(Raven, 1981),百分位數常模以每半歲一組建立一個常
模。曾有心理學者以瑞文氏智力測驗進行跨文化比較研究,標準化的資料包括英國
與其他國家的一些成人與兒童樣本。

　　瑞文氏智力測驗彩色版本,主要使用在兒童與某些特殊團體。百分位數常模
從 5.5 至 11.5 歲,以每半歲為一組分別建立常模。另外,建立正常人年齡 60 至 89
歲、心智遲緩兒童與成人常模。第三種版本的瑞文氏智力測驗,適用於一般青少
年與成人。百分位數常模(從 P50 到 P90)從 11.5 歲到 14 歲,以及 20、30、40
歲組,每 0.5 歲建立一個常模。

　　瑞文氏智力測驗對年紀較大的兒童及成人團體,其重測信度係數為 .70 至

.90。內部一致性係數大多介於 .80 至 .90 之間。以心智遲緩、不同職業與教育團體所做的研究顯示,其同時效度頗高。

四、古賀畫人測驗

古賀畫人測驗(Goodenough-Harris Drawing Test,簡稱 GHDT)也是一種非語文測驗,測驗時要受測者畫一個完整的人。該測驗計分方法包括:圖畫中身體各部位、衣服、比例、透視與相似的特徵,全部測驗分數合計有 73 項。

在修訂版中,要受測者畫出一名女性與自己。女性量表與男性量表都依 71 個題目計分。男女性量表常模以 5 至 15 歲,每一年齡層 300 名兒童的樣本建立起來的。在每一量表的得分轉換成平均數 100,標準差 15 的標準分數。圖 7-5 為 5〜8

男人:原始分數 7	女人:原始分數 31	男人:原始分數 66
年齡:5〜8	年齡:8〜8	年齡:11〜12
標準分數:73	標準分數:103	標準分數:134

圖 7-5　古賀畫人測驗例題

歲、8～8 歲以及 11～12 歲的原始分數、標準分數對照圖。計分時可以利用男性與女性圖畫的品質量表，該量表將兒童的圖畫與 12 張樣本圖畫加以比對，來評分。

心理學學者曾經以 386 名三年級與四年級學童為對象，分析古賀畫人測驗的信度，結果發現在一週後重測信度係數為 .68、折半信度為 .89；不同評分者評定同一幅畫的信度係數為 .90，不同評分者的評分信度為 .94，顯示此測驗的信度很高。賀瑞斯（D. B. Harris）認為男性與女性量表可以彼此作為複本，同時可以將其標準分數求平均數，以提高分數的信度，其評分者信度約為 .80。

本測驗不以題目分析蒐集資料，測驗的建構效度是將其得分與其他智力測驗分數求相關，結果發現這些相關頗為紛歧，但是相關係數大多超過 .50。就幼稚園兒童而言，古賀畫人測驗與數字性向的相關比較高，與知覺速度及正確度的相關比較低。由上述發現可知，這些測驗在不同年齡兒童可以測量不同的功能。古賀畫人測驗廣泛的使用在臨床上，以補充史比智力量表與其他語文量表的不足，它也常被作為研究不同文化或不同種族團體智力的工具。

 文化差異的影響

文化的影響對個體在某一測驗的反應，都有一定程度的影響，進而降低測驗的效度。大部分文化因素都會影響測驗反應，例如：在英語系統的社會文化中，不精通英語的兒童，對其人際關係、學業成就、情緒發展都有不利的影響。在此情況下，對這些兒童加強適當的語言訓練相當重要。

一個人所使用的語言有以下幾個特點：(1)它不是遺傳的；(2)它可以改變；(3)它會影響測驗分數；(4)它會影響個人的教育、職業以及社會活動。有許多例子可以證明：閱讀障礙、無法解決抽象問題、低成就動機、對權威人物敵對或不良的自我概念等，上述這些問題都可以藉著個人諮商與心理治療來改善。

就文化差異而言，個人生活環境對個人的生活有很大的影響，不利的經驗因素如果長期存在，會損害智力或情緒的發展。有一系列研究美國黑人與白人的產

前與生產異常時發現，它與後代子孫的心智遲緩及行為異常有顯著的關係。母親的營養及健康狀況如果欠佳，社會經濟地位又偏低，對個人的身心發展都有不良的影響，文化的差異通常需要經過幾代以後，改善環境才可能使它消失。

肆 文化公平測驗

心理學家研發泛文化測驗工具，本來希望只測量來自遺傳的智能，而不受文化的影響，此類測驗稱為文化公平測驗。許多學者認為這是不正確的觀念，因為個人在成長期間均受遺傳與成長的環境因素之交互影響，所以就研究環境對個人智力有多大的影響，於是發展出文化公平測驗。泛文化測驗的測驗內容對不同文化經驗者都公平，所以有時又稱為**文化共同**（culture-common）、**文化公平**（culture-fair）、**免受文化影響**（culture-free）。

事實上，一個測驗無法對不同文化背景者都公平，因為影響測驗結果的因素，除了文化因素以外，受測者的情緒、動機也都很重要。泛文化測驗的種類很多，通常涵蓋語文測驗、非語文測驗。每一個文化所注重的能力不同，有些文化特別強調人們在某方面的成就。因此，在該文化地區受測者在此領域上的測驗結果，就比其他文化者較佳，例如：華人有天下唯有讀書高的觀念，所以鼓勵孩子去補習，於是華人小孩的學業表現在美國社會中，大都高於白人的兒童。

當一個人離開其原來的社會進入另一個社會，由於社會文化的差異，進而會影響其測驗成績。可是，在同一個社會文化中，有些人因為**文化剝奪**（cultural deprivation），缺乏適當的學習機會，在泛文化測驗的測驗分數也會有較低的現象。

伍 超越文化測驗的語文測驗

大部分傳統的泛文化智力測驗內容，都以非語文測驗為主，其主要的理由如下：

第一，非語文測驗與語文測驗無法測量相同的功能，例如：空間類推測驗不

只是語文類推測驗的非語文敘述。有一些早期的非語文測驗，例如：美國陸軍乙種測驗擁有空間知覺的問題，這些問題與語文及數目的能力完全無關，即使在瑞文氏智力測驗與其他非語言測驗，也著重於推理與抽象概念，因素分析結果顯示，非語文因素對測驗分數也占有很大的比重。

　　第二，非語言測驗比語言測驗更受文化的影響，例如：依據艾爾維（Irvine）等人於 1969 年的研究，在許多國家的不同文化團體中，曾經發現在實作與其他非語文測驗比語文測驗具有較大的團體差異；這也可以說明，圖形測驗比語文或數目測驗更具訓練的效果。

　　第三，在美國少數民族的非語文測驗分數未必較佳，例如：黑人小孩在魏氏兒童智力量表上，實作測驗與語文測驗分數同樣偏低，這種現象在低社會經濟地位水準的兒童更為顯著。在相同團體中，白人在史比智力量表上的測驗結果，優於瑞文氏推理測驗或卡泰爾（R. Cattell）的文化平等智力測驗，在成人團體也可以發現相同結果。在魏氏成人智力量表（修訂版）中的標準化樣本，黑人與白人在實作智商與語文智商上，有極大的差異。

關鍵詞彙

文化公平測驗	文化剝奪
保留概念	皮亞傑量表
瑞文氏智力測驗	心智發展遲緩
智力優異	圖畫字彙測驗
測驗標準	李特國際作業量表
社會成熟量表	

自我評量題目

1. 特殊族群受測者的測驗內容，以什麼為主？

2. 心智發展遲緩者可以分為幾個層次？

3. 瑞文氏圖形測驗可以測量斯皮爾曼（Spearman）主張的什麼因素？

4. 葛雪爾嬰幼兒發展量表可以測量哪些方面的行為？

5. 智力優異者之智商在多少以上？

6. 智力發展遲緩者之智商在多少以下？

7. 為何泛文化智力測驗內容以非語文測驗為主？

8. 如何對智能發展不利的兒童實施補救計畫？

第八章　性向測驗

第一節　性向的涵義與性向測驗

　性向的涵義

　　性向（aptitude）是指，個人將來如果有機會學習某些工作，所具有的**潛在能力**（potential ability）。每一個人都有與生俱來的某種天賦或稱為潛能，就如俗諺所說：「天生我才必有用。」一個人如果能夠充分發揮自己的潛在能力，就能使自己的生涯做最好的發展，例如：台灣旅美棒球明星王建民，具有打棒球的天份，所以能夠揚名國內外；如果他從小就被培養成為科學家，其成就可能就大不同。

　　性向可以分為普通性向與特殊性向。前者又稱為普通能力，或統稱為智力，也就是個人的潛在能力；凡具有普通性向者，如果有機會接受教育訓練，就可能成為普通人才。後者又稱為特殊能力，也就是具有某方面特殊的潛在能力，如果有機會接受教育訓練，就可能成為各個領域的專業人才，例如：音樂家、美術家、作家、醫師、律師、會計師、教師、建築師及科學家等。

　　自從 1920 年代，世界各先進國家廣泛使用智力測驗之後，就發現一些功能上的缺失，例如：兩個人的智力測驗分數雖然相同，但是其各方面能力的差異卻無法辨別，尤其在大量實施團體智力測驗以後，仍然無法區別個別受測者的能力。臨床心理師與諮商心理師常需要使用各種測驗，深入探討患者心理疾病的原因。由於智力測驗無法分析案主的性向，因此有些心理測驗學者乃相繼設計出各種**性向測驗**（aptitude test）。

 性向測驗的意義與用途

一、性向測驗的意義

性向測驗是測量受測者潛在能力的工具。性向測驗就廣義來說,是指測量受測者的潛在能力,測驗結果可以作為選擇科系與職業輔導的參考。性向測驗依照其內容與功用來區分,可以分為**普通性向測驗**(general aptitude test)、**特殊性向測驗**(special aptitude test)、**性向測驗組合**(aptitude test battery)等三類。狹義的性向測驗是指,特殊性向測驗與性向測驗組合而言。

一個人如果接受性向測驗,及早發現其性向所在,再給予適當教育,就比較有機會能夠一展長才,例如:某人具有音樂方面的性向,經過適當的音樂訓練與學習的機會,他就能在音樂方面脫穎而出;又如:某學生具有科學方面的性向,經過適當的科學教育與學習的機會,他就能成為科學家。反之,如果具有音樂方面性向的人,要培養成為美術家、建築師、工程師等,就會產生事倍功半的效果。

一般傳統式智力測驗只能測量受測者的普通能力,而且只能計算出一個總分,而無法對個人各種能力作更詳細的測量或比較,例如:張三與李四兩個人的智商都是 120,張三的語文能力比李四好,但是李四的數理能力卻贏過張三;心理測驗學者因此研發性向測驗,由測驗結果來分析受測者各方面的能力。

二、性向測驗的用途

國內外各級學校、政府機關、工商企業界、職業訓練機構、國民就業輔導中心、犯罪防治機構、軍事單位等,普遍使用各種性向測驗。因為由性向測驗的結果,可以提供學校實施學生升學與就業輔導的參考。其次,學校實施特殊性向測驗,可以遴選出具有特殊潛在能力的學生,給予特殊教育或訓練,以達到因材施教的目的。此外,根據性向測驗資料,可以提供學生選擇就讀科系、轉系、轉學或就業的決定依據。

工商企業機構人力資源管理部門,在人員甄選、分類與安置的時候,常以性

向測驗的資料，作為人事決策的重要參考資訊，使新進人員能人盡其才、才盡其用，達到適才、適所的目標。

第二節　大學入學性向測驗

 壹　學術性向測驗

　　學術性向測驗（Scholastic Aptitude Test，簡稱 SAT）是由美國大學入學考試委員會（College Entrance Examination Board，簡稱 CEEB），於 1926 年所設計的一種測驗。該委員會於 1994 年修訂的學術性向測驗，分為 SAT-I 和 SAT-II，前者可以測量語文與數學的推理能力，以作為大學入學選系的參考；後者可以測量各種學科能力，例如：化學、生物、物理、數學、歷史、外國語文、英文作文（選擇題）等能力。適用於大學生與研究生的學術性向測驗，大都包含語文與數學方面的題目，語文的題目包括語文推理以及閱讀測驗；數量化的題目包括：數學推理、圖形推理、抽象推理、數學、代數、幾何等題目。

　　自從 1926 年以來，美國有不少大學實施入學考試，學術性向測驗就日益受到重視。該測驗 1959 年版本，可以粗略估計高中學生就讀大學的能力，並且作為教育諮商與評估給學生獎學金之用。其語文與數學分數的內部一致性信度係數，大約為 .90；以大樣本學生前後間隔一年，參加大學性向測驗的語文與數學的分數，發現複本重測信度係數，介於 .86 至 .90 之間。

　　學術性向測驗的題目，取自各學科的教材內容與教學目標，可用以測量受測者的學科知識與能力，因此具有內容效度。學術性向測驗的主要用途，乃在評估受測者就讀大學的預備情形；因此，將測驗結果與上大學之後的學科成績求相關，就可以得到效標關聯效度。美國教育測驗服務社（ETS）曾以 2,000 名大學生為對象進行研究，結果發現該測驗的語文與數學分數，與大一學業平均成績的相關為

.42，與高中成績的平均相關係數為 .48。

SAT 的分數以平均數 500，標準差 100 的標準分數來表示，分數介於 200 至 800 之間。SAT 的信度經分析內部一致性係數，發現語文部分大約是 .90，數學部分大約是 .88，顯示其信度頗高。效度則以大學成績為效標，SAT 的組合分數與高中成績來預測大學的學科成績，相關係數大約是 .55，顯示其預測效度尚佳。

貳 美國大學入學測驗

美國因為幅員遼闊，因此沒有設置教育部，各州教育事務由州政府教育局負責。近二、三十年來，有些州就採用**美國大學測驗**（American College Test，簡稱 ACT），此測驗比學術性向測驗更重視學科內容知識，每年接受該測驗者接近百萬人。

美國大學測驗計畫在 1959 年實施，原來限於州立大學，這項計畫被許多大學普遍採用。此測驗計畫的學業測驗包括四個部分：英文、數學、社會科學閱讀，以及自然科學閱讀等。此測驗與傳統的性向測驗、成就測驗題目有相似之處，但是比較注重大學生的基本智能與技巧。

在美國有一些大學的入學測驗，可以作為測量入學許可所必須具備的能力、職業安置以及大學生諮商輔導之用。美國大學測驗的內容包括：英文、數學、閱讀與科學推理等四個分測驗。測驗題目的答題方式採選擇題，最後可以得到英文、數學、閱讀與科學推理，以及組合分數。美國大學測驗的四個分測驗，其內部相關係數約 .60；以大學成績為效標，各分測驗的效度係數介於 .30 至 .70 之間，顯示其信度與效度屬於中等。

參 美國研究所入學測驗

大多數美國研究所入學測驗題目，包含一般學科成就測驗與**大學畢業程度測驗**（Graduate Record Examination，簡稱 GRE），這些測驗的主要目的是在預測學生進入研究所之後的學業表現，所以是屬於學業性向測驗。GRE 就是一份頗著名

的研究所入學測驗，該測驗為美國**卡內基基金會**（Carnegie Foundation）在 1936 年設計，現在此項測驗改由美國教育測驗服務社執行。

美國許多大學根據學生參加 GRE 測驗的結果，來決定申請進入研究所入學或是否提供獎學金的依據。GRE 的內容包含性向測驗與學科測驗，學科測驗是依考生所學的專門領域而定，例如：生物學、電算科學、法文、數學、政治科學，或心理學等。

GRE 是測量大學畢業生就讀研究所的潛在能力，GRE 考試範圍分三大部分：(1)單字（verbal）；(2)數學（math）；(3)分析寫作（analysis writing）；其種類包含升商學院研究所的 GMAT（Graduate Management Admission Test），升醫學院研究所的 MCAT（Medical College Admission Test），升理工研究所的 GRE，升法學院研究所的 LAST（Law School Admission Test）等入學考試。以上這些都是目前美國各大學，對申請進入研究所者常使用的教育測驗。

GRE 試題列舉如下：

1. school：fish = _____ ：birds

   (A) flock   (B) chimpanzee   (C) pyre   (D) huckle   (E) mouse

2. 某正方形一邊長增加 30%，另外一邊長減少 30%，則新構成的長方形面積是原來的幾倍？

   (A) 0.91   (B) 0.92   (C) 0.93   (D) 0.94   (E) 0.95

3. 某人上山每小時走 1 公里，下山每小時走 1.5 公里，上下山總共花了 5 小時 30 分鐘，則路長有幾公里？

   (A) 2.3   (B) 3.3   (C) 4.3   (D) 5.3   (E) 6.3

4. 一個時鐘在 4 小時 30 分時，分針與時針之間的夾角有幾度？

   (A) 15°   (B) 25°   (C) 35°   (D) 45°   (E) 55°

GRE 的分數以平均數 500，標準差 100 的標準分數來呈現。由於受測者的專長領域各有不同，因此在解釋測驗分數時，最好採地區性或各學科分開的百分位

數常模較佳。美國教育測驗服務社曾經以不同的學生樣本分析 GRE 的信度與效度，結果發現性向測驗部分，語文、數量以及分析分數的**庫李信度**（Kuder-Richardson reliability）與全量表均在 .90 以上。由此顯示，該測驗具有頗高的信度。

　　康瑞（H. S. Conrad）等人，曾以研究所碩士班學生的學業平均成績及博士班入學成績作為效標，分析 GRE 的預測效度，結果發現：GRE 總分，包括性向測驗與學科測驗分數，比大學平均成績作為預測研究所成績更具有效力。GRE 數量部分比語文部分，在預測數學能力方面較為正確；反之，GRE 語文部分比數量部分，對於英語能力的預測較具正確性。GRE 學科測驗對於預測學生能否接受博士班教育，頗具效力，參見圖 8-1 所示。

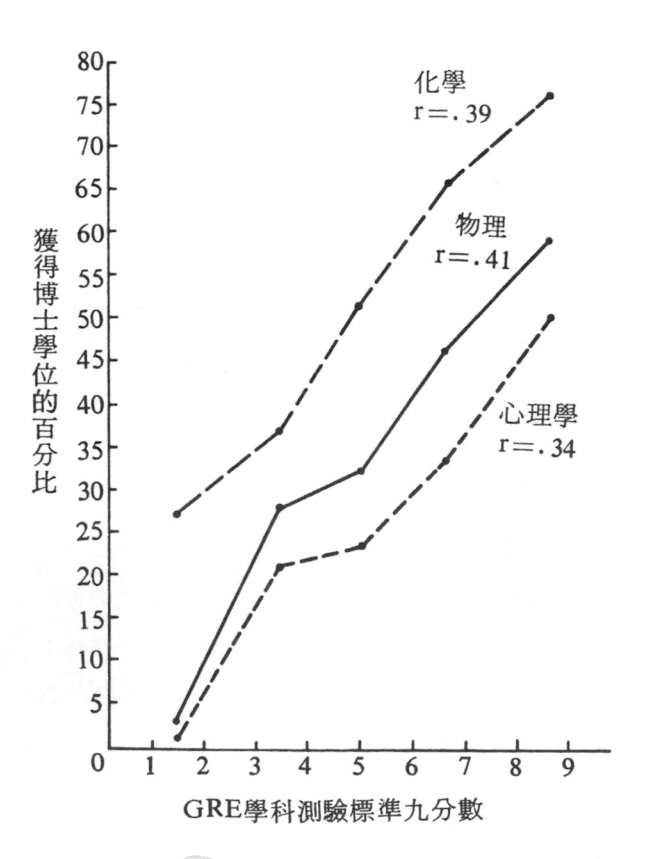

圖 8-1　GRE 學科測驗

　　米勒類推測驗（Miller Analogies Test）是另一種廣泛被使用來甄選研究生的測驗。該測驗包含許多複雜的類推題目，測驗時間大約 50 分鐘。米勒類推測驗原來是由美國明尼蘇達大學（The University of Minnesota）研發出來，但是以後的題型可適用於其他研究所，並且由心理測驗公司（The Psychological Corporation）出版。它的實施僅限於大學測驗中心或商業機構，此份測驗可用來甄選研究生與工商企業界的高階經理人，它有 5 種複本可供替換使用。

　　米勒類推測驗的百分位數常模，適用於幾個學科領域的研究生與工商企業界應徵的員工。接受該測驗的團體大多數在 500 人以上，這些不同團體受試樣本的測驗分數頗有差異。此外，不同樣本的折半信度係數介於 .92 至 .95 之間，複本信度係數介於 .85 至 .91 之間。學者研究發現米勒類推測驗的效度與個別智力測驗、團體智力測驗或學業性向的相關係數，介於 .50 至 .70 之間。

　　在研究生與一些工業團體樣本上，有 100 份以上的效度係數研究報告，這些係數的差異頗大，大約有三分之一以上介於 .30 至 .60 之間。影響這些效度係數的因素包括：專業領域、使用的效標、樣本的異質性與其他特徵。

第三節　多元性向測驗

　　多元性向測驗（multiple-aptitude test）是指，測量個人多方面能力的測驗，這種測驗通常包含幾個分測驗，個別分測驗的分數可以互相比較。由各分測驗的分數，就可以知道受測者哪一種能力的強或弱，以作為諮商輔導的參考。

壹　多元性向測驗組合

　　由於多元性向測驗包含幾個分測驗，所以又稱為**多元性向測驗組合**（multiple-aptitude test battery）。美國心理學家凱利、佘斯統（Thurstone, 1931）與其他學者，共同致力於研究**因素分析法**（factor analysis method）。利用因素分析可以發

現性向所涵蓋的因素，例如：語文理解、數目推理、空間、知覺、機械、音樂、美術等特質。測驗學者以因素分析發展成**多元性向組合**（multiple-aptitude battery），用以測量個人在各種特質上的比重，進而找出受測者的性向，在臨床上頗具有診斷價值。

在第二次世界大戰期間，美國陸軍曾以因素分析法對多元性向測驗組合進行研究；在空軍方面也相繼設計專門測驗飛行員、轟炸員、無線電收發員等的性向測驗。一直到戰爭結束以後，在職業諮商、教育諮商、工商界人事甄選與分類上，多元性向測驗組合才廣泛的被使用。

在多元性向組合的分測驗分數，不同受測者之間可以相互比較。近年來受到工商業與軍事機構選擇人才需要的激勵，因而心理測驗學者們乃研發出特殊性向測驗，例如：文書、機械、科學、音樂、美術等性向測驗。

大多數的多元性向測驗組合，是做為教育測驗、諮商以及人事分類上之用途。在諮商的情境中，測驗分數側面圖是用來協助受測者發現自己在教育或職業的專長，以便作為機構人事安排或學生接受教育課程的參考。因為學業成就受到個人智力、學習興趣、學習動機、師生關係、學習方法、教師教學方法、同儕競爭，以及身體健康情形等因素的影響，所以多元性向測驗組合對學習表現不一定具有顯著的預測力。

貳 普通性向測驗組合

美國勞工部於 1974 年，研發出**普通性向測驗組合**（General Aptitude Test Battery，簡稱 GATB）。目前，美國就業服務處常使用該測驗來對求職者做職業安置與輔導。該測驗組合將 59 種職業利用因素分析法，找出職業性向的 9 個基本因素，如表 8-1 所示。

表 8-1　普通性向測驗組合的基本因素

性向	分測驗
1.一般學習能力	字彙
	算數推理
	三度空間
2.語文能力	字彙
3.數字能力	計算
	算數推理
4.空間性向	三度空間
5.形狀知覺	工具配對
	形狀配對
6.文書性向	命名比較
7.運動協調	標記製作
8.手指靈敏	組裝
9.操作靈敏	拆解
	放置
	操作時間

　　台灣的行政院勞工委員會職業訓練局，曾委託中國測驗學會於 1984 年加以修訂普通性向測驗組合，測驗時間大約 3 小時，測驗對象適用於國中、高中學生與社會青年。本測驗的重測信度係數介於 .53 至 .87 之間。在效度方面，發現一般學習能力、數字能力、語文能力、文書知覺等性向分數，與高職電子科學生的學業成績有顯著的相關，顯見其預測效度良好。茲就其測驗內容舉例如下：

1. 一般學習能力：

   (1) 空間關係測驗：選出一個由平面圖形摺合而成的立方體圖形。

   (2) 詞彙測驗：從每題中找出意義相同或相反的兩個詞彙。

   　　例題：(A)喜樂　(B)謙虛　(C)愉快　(D)幸運

   (3) 算數推理測驗：

   　　例題：一個人做一件工作要 12 小時，3 個人要幾小時才能完成？

2. 語文性向：由詞彙測驗來測量。

3. 數字能力：如 $37 \times 73 = ?$

4. 空間關係：能從不同角度辨識出同一物體的能力。

5. 圖形知覺：能辨認相同圖形的能力。

6. 文書知覺：能察覺文字、符號、數目字細微差異的能力。

7. 動作協調：能使眼睛、手或手指相互協調配合，並作出細微動作的能力。

8. 手指靈巧：手指能靈活運用，精確組合小物體的能力。

9. 手部靈巧：能靈活運用手腕、手肘，將物體快速移動或裝配的能力。

參 區分性向測驗

在各種多元性向測驗組合中，最廣泛使用者是**區分性向測驗**（Differential Aptitude Test，簡稱 DAT），它於 1947 年出版並且經過多次修訂。該測驗可以作為國小二年級至國中三年級學生的教育與生涯諮商輔導之用，測驗時間大約 3 小時。區分性向測驗包含：(1)語文推理；(2)數字能力；(3)抽象推理；(4)文書速度與正確度；(5)機械推理；(6)空間關係；(7)拼字；(8)語文使用等八種分測驗，每一個分測驗代表一種性向，其中語文推理與數字能力，合併為一個性向。此外，測驗結果有建立百分位數與標準九兩種常模，可以做為教育輔導與職業輔導的依據。

在區分性向測驗中，除了文書速度與正確度之外，其餘七個分測驗都屬於難度測驗。這些測驗各年齡組的折半信度都在 .90 以上，顯示該測驗具有頗高的信度。就其效度而言，區分性向測驗大多依據高中（職）學業成績建立預測效度，研究發現區分性向測驗的效度係數很高。

區分性向測驗在台灣經過三次修訂：第一次是 1961 年，由宗亮東與徐正穩將 1959 年版的 DAT 加以修訂，稱為**中學綜合性向測驗**；第二次於 1972 年，由程法泌與路君約將 1966 年版的 DAT 加以修訂，稱為**區分性向測驗**；第三次於 1974 年，由路君約、簡茂發、范德鑫將 1974 年版的 DAT 加以修訂，稱為**青年性向測驗**，該測驗時間約 130 分鐘。茲就青年性向測驗的內容，舉例如下：

1. 語文推理：請從下面五組答案中選出一組，使其成為完整的句子。

   例題：_____之於公路，好像_____之於鐵路

          A.飛機－汽車

          B.卡車－輪船

          C.汽車－火車

          D.輪船－飛機

2. 數字能力：請從下面五個答案中，選出一個正確答案。

   例題：$625 + 18 = ?$

          A. 635

          B. 643

          C. 656

          D. 662

3. 抽象推理：請先依照下面問題圖形的邏輯關係，再從下面五個答案圖形中，選出一個正確答案。

   例題：問題圖形

       答案圖形

4. 機械推理：請從每一題選出正確的答案。

   例題：汽車在以下哪一種狀況，比較省油？

          A.車子時速 40 公里

          B.輪胎打氣充足

          C.開車途中打開玻璃窗

          D.油箱加滿油

5. 空間關係：選出一個由平面圖形摺合而成的立方體圖形。

6. 語文運用（錯字部分）：

例題：找出錯別字。

A.魯肉飯

B.固步自封

C.熬翔天空

7. 語文運用（文法部分）：

例題：以下有一個完整的句子，請找出文法上錯誤的部分

今天晚上／龐大的／金鐘獎／開幕了

    A   B   C   D

第四次修訂，適用範圍水準一為國中生或同等學力者，水準二為高職生至成人，可以個別或團體實施測驗。施測時間約 90 分鐘，計分採人工閱卷或電腦閱卷。此修訂本分為八個分測驗：(1)語文推理；(2)數字推理；(3)抽象推理；(4)知覺速度與確度；(5)機械推理；(6)空間關係；(7)中文字詞；(8)中文語法。區分性向測驗第五版有四項用途：(1)測量個人在不同領域的學習能力；(2)協助學生做學業或生涯的決定；(3)篩選企業員工；(4)提供成人教育、諮商輔導之用。其重測信度（時距 1～2 個月）介於 .47～.72 之間，內部一致性信度（KR20）介於 .54～.95 之間。效度方面，與高中系列學業性向測驗之相關為 .49～.56；與高一性向測驗之相關介於 .36～.59 之間。

區分性向測驗也發展成**電腦化適性測驗**（computer adaptive testing，簡稱 CAT）。電腦適性測驗是指，電腦可以依據受測者答題的正誤，來重新估計其能力，進而選擇適當的題目進行測驗。換句話說，受測者如果答對，電腦就選擇較難的題目；反之，如果答錯了，電腦就選擇比較簡單的試題，直到估計值穩定並且精確時，才停止測驗。此測驗的結果可以採用電腦計分，其題目是依據 Rash 單參數的題目反應理論而設計的。

第四節 特殊性向測驗

特殊性向測驗（special aptitude test），用於測量某特殊方面的潛在能力，例如：測量個人的美術、音樂、藝術、體育、機械操作、空間、文書等潛在能力。由於科技日新月異，各行各業分工日益精細，各種專業人才的測驗，例如：工商企業、政府機構與軍事人員的甄選與分類上，都很需要實施各種特殊性向測驗。

特殊性向測驗通常是在測量受測者的視覺、聽覺、動作靈巧，以及藝術才華，這些測驗內容很少涵蓋在多元性向組合中。但特殊性向測驗也可以使用在多元性向組合中，例如：文書性向與機械性向。

在第一次世界大戰以前，有一些心理學家認為，特殊性向測驗可以彌補一般智力測驗的不足。利用特殊性向測驗的結果，可以作為生涯輔導及工商企業、軍事機構選才之用，以下介紹幾種常見的特殊性向測驗。

 ## 機械性向測驗

機械性向測驗（mechanical aptitude test），可以測量受測者機械理解、機械常識、機械關係、機械裝配、運用機械技巧與速度的能力；因此，常被用來選拔機械工程師、機械設計師、機械修理工人之用。機械性向測驗除了測量機械性向之外，也測量空間的（spatial）、**知覺的**（perceptual）、**動手的靈巧**（manual dexterity）等心理動作能力。有心理學者研究發現，在空間的與知覺的能力方面，男性比女性較佳；但是在動手的靈巧能力方面，女性比男性較佳。

一、Crawford 小物件靈巧測驗

克勞佛小物件靈巧測驗（Crawford Small Parts Dexterity Test）如圖 8-2 所示，這種測驗需要幾種簡單的操作技能。在圖 8-2 的左圖，受測者使用鑷子夾著螺絲，

塞入與螺絲相同大小的洞中，然後在每一個螺絲上放上螺絲帽。在右圖中，再用
螺絲起子拴緊螺絲，測驗分數是由受測者完成每一部分所用的時間來計算的。此
測驗兩部分的折半信度係數，介於 .80 至 .95 之間。第一與第二部分之間的功能很
相似，可是這兩個部分之間的相關係數介於 .10 至 .50 之間。

圖 8-2　克勞佛小物件靈巧測驗示例

　　另外，有一種廣泛使用的手靈巧測驗，受測者不必使用任何工具，直接動手
操作。這種測驗可以測量兩種類型的活動，其中一種需要手、手指頭，以及手臂
的粗動作，另一種需要小型裝配的手指靈巧動作。前者如分別以右手、左手和雙
手，將大頭針一個一個塞入小洞中；後者如將大頭針、環管以及墊圈，在每一個
洞中使用雙手加以組合。

二、Minnesota 機械性向測驗

　　帕特森（D. C. Paterson）和其同事，共同研發**明尼蘇達機械裝配測驗**（Min-
nesota Mechanical Assembly Test）與**明尼蘇達空間關係測驗**（Minnesota Spatial Re-
lations Test）。在實施機械裝配測驗的時候，要求受測者將一組拆開的機械零件重
新組裝，其目的在測量個人手指靈巧的程度。在實施空間關係測驗時，對受測者
提供四塊凹下的木板模組，每塊凹下的木板模組有 58 個形狀和大小不同的木塊，
要求受測者將每一個木塊塞入相同形狀與大小相同的洞中。

三、Bennett 機械理解測驗

班尼特機械理解測驗（Bennett Mechanical Comprehensive Test）是另一種類型的機械性向測驗，測驗內容包括機械常識、機械推理和機械理解。該測驗可以測量受測者理解一般工具與機械的關係，這些測驗內容與受測者生活經驗中的機械知識有密切關係，例如：從一些零星的圖形拼湊成某一機械圖形。該測驗廣泛使用紙筆團體測驗，受測者使用一些圖形來解答簡短的問題，如圖 8-3 所示。

班尼特機械理解測驗有 S 與 T 兩種複本，內容適合於高中生、工業與機械求職者以及職業學校的新生。該測驗亦備有不同團體的百分位數常模，可以供使用者選擇最適合教育程度、特殊訓練或職業類別之使用。其折半信度係數，在不同團體中大約介於 .81 至 .93 之間。

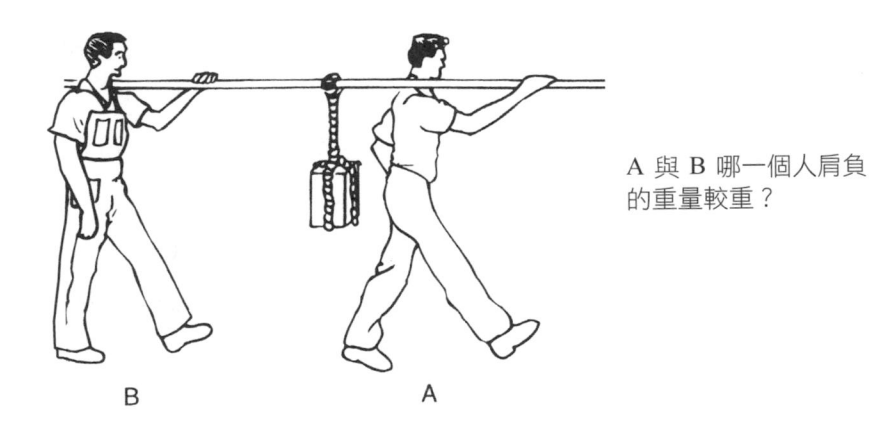

A 與 B 哪一個人肩負的重量較重？

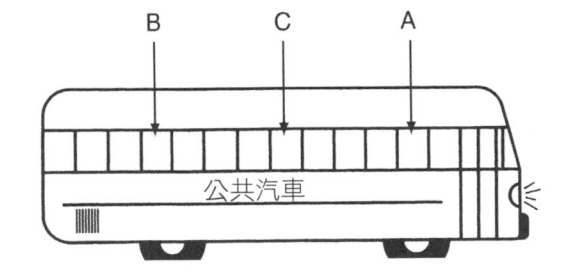

乘客坐在 A、B、C 哪一個位置比較舒適？

圖 8-3　班尼特機械理解測驗示例

貳 音樂性向測驗

音樂性向（music aptitude）是指，測量個人音樂的知覺與聽覺的潛在能力，這種能力包括對各種樂器的音感辨別、旋律感的比較。美國愛荷華大學（University of Iowa）的西修（C. E. Seashore），在 1919 年編製了**音樂才能測驗**（Measure of Musical Talent），1939 年又將該測驗修訂，適用對象包括國民小學四年級以上至成人。測驗內容包含：(1)音調辨別；(2)音量辨別；(3)節奏辨別；(4)音長辨別；(5)音質辨別；(6)音調記憶等，測驗時要受測者聽一系列配對的音調之後，辨別它們之間的差異。

該測驗施測時間大約一小時，有建立國民小學四年級以上至成人的百分位數常模。經研究發現，此測驗的折半信度係數介於 .55 至 .85 之間，各部分與音樂訓練的效標介於 .32 至 .40 之間，其中以音調辨別的效度最高。

1941 年，溫（H. D. Wing）編製了**音樂標準化智力測驗**（Standardized Tests of Musical Intelligence），適用對象包括國民小學二年級以上至成人，測驗內容包含：(1)和音分析；(2)音調改變；(3)音調記憶；(4)節奏重音；(5)和聲比較；(6)音強比較；(7)樂曲等部分。該測驗施測時間大約一小時，有建立 8 至 17 歲各年齡層的常模。經研究發現，此測驗的折半信度係數與重測信度係數都在 .90 以上，效度方面要求教師對兒童音樂能力評定與打總分，結果發現兩者的相關係數為 .60，顯示其信度與效度尚佳。

台灣師範大學音樂系的教師，於 1981 年共同編製了**師大綜合音樂性向測驗**，測驗內容包含：(1)音調記憶；(2)音強辨別；(3)節奏辨別；(4)音高辨別；(5)曲調欣賞；(6)音調認識；(7)音調動向；(8)節奏認識等。經研究發現，此測驗的內部一致性係數介於 .35 至 .80 之間，重測信度係數介於 .11 至 .62 之間。

以區別性效度考驗結果發現，音樂實驗班學生在師大綜合音樂性向測驗各分測驗的分數，都高於普通班學生，顯示此測驗具有區分效度。此測驗有建立國小中年級、高年級至國中男女學生的百分位數與 T 分數常模。

參　美術性向測驗

美術性向（artistic aptitude）是指，測量個人美術創作與美術鑑賞的潛在能力。美國學者梅爾（M. J. Meier）於 1929 年編製了**梅爾美術評價測驗**（Meier Art Judgement Test），測驗內容有 100 對圖畫，每一對圖畫中有一幅是名畫，另一幅則將名畫稍微加以改變，測驗時要受測者從中選出較佳的一幅畫，藉以測量受測者的美術鑑賞能力。此測驗適用對象包含國中生、高中生與成人，經分析其折半信度係數介於 .70 至 .84 之間。

梅爾在 1963 年又設計了一套**審美知覺測驗**（Aesthetic Perception Test），該測驗有 50 題，每一題有四幅相同的圖畫，但是其中一幅的比例、形式、調和與其他三幅不同，測驗時要受測者依據審美的觀點來排順序。

葛洛夫（Groves）於 1948 年編製了**葛洛夫圖形評價測驗**（Groves Design Judgement Test），該測驗共有 90 題，每題包含兩個或三個比例、平衡、對稱、調和不同的抽象圖形，測驗時要受測者從中選出一幅較佳的圖畫。此測驗適用於高中以上學生，經分析其折半信度係數介於 .80 至 .90 之間。

肆　文書性向測驗

文書性向（clerical aptitude）是指，個人處理一般行政事務的文書能力。文書性向與個人對文書資料的知覺與準確度，都有密切的關係，例如：**明尼蘇達文書測驗**（Minnesota Clerical Test）可以測量知覺速度與運用符號的能力；該測驗可以作為甄選文書、秘書、助理、查核員、包裝員的工具，測驗對象適用於國中二年級至高中三年級與成人。

此測驗內容包含兩個部分，第一部分為數列比較，給受測者 200 組數列，每一組包含 3 至 12 個數字；如果每一組左右兩邊數目是完全相同的，就在中間橫線上打勾。第二部分為名稱比較，給受測者 200 組名稱，每一組包含 3 至 12 個字。如果每一組左右兩邊名稱是完全相同的，就在中間橫線上打勾。例題如下：

數列比較

38467925 － 3564925

76129346 － 72619436

14916253649 － 14916253649

5726049837239 － 5726409387239

名稱比較

Minnesota Clerical Test － Minnesota Clerical Test

Culture Fair Intelligence Test － Culture Fair Intelligence Test

aptitude test battery － aptitude test batery

　　明尼蘇達文書測驗的計分依作答速度而定，在此測驗上的表現是受到受測者反應的影響。通常，太仔細的受測者由於為了避免錯誤，其測驗得分比較低；反之，作答速度太快者其錯誤的地方比較多。因此，在解釋測驗結果時，如果發現受測者測驗得分很低，應注意其是否太仔細或作答速度太快。

　　明尼蘇達文書測驗有建立大樣本的文書工作人員的百分位數常模，以及八至十二年級男女生的百分位數常模。重測信度係數在兩次測驗間隔幾個月，大多介於.70至.80之間。該測驗的同時與預測效度資料，有許多研究者發現呈現中度的高相關。

　　有些研究採用對照組方法，比較不同程度的文書工作者與從事其他職業者之間，以及受僱者與未受僱者之間的差異，這些比較結果在平均分數上都有顯著差異，而且其測驗分數，女性普遍比男性較佳。

　　文書工作需要知覺速度與正確度，幾種文書性向測驗都可測量這些功能。在正確性的功能方面，可以利用工作樣本來測量，例如：測量依字母順序排列、分類、密碼等活動。此外，有些還包括測量語文與數目的能力。其他文書性向測驗包括：商業字彙、商業資訊、拼字，以及使用語言等辦公技能。有一些文書性向適用於成就或工作樣本測驗，因為它們能測量受測者接受特殊訓練以後所獲得的技能。

第五節　創造性思考測驗

　　長久以來，一般人只注意到藝術作品的創造，到了 1950 與 1960 年代之間，學者們乃開始研究科學家、工程師以及高級行政主管人員的創造行為。有一些心理學者注意到創造者的個人生活歷史以及軼事經驗；另外有些學者，例如：威爾許（Welsh, 1975）發現，創造者與非創造者在人格特質上有顯著的差異。

 壹　創造力的涵義

一、創造力的定義

　　根據《韋氏大字典》的解釋，創造力（creativity）有創新與無中生有的意思。創造力不只是研發新的產品，還包括產生各種新的觀念、新的做法，例如：想出新的法規、方案、策略、辦法、章程、制度等，也都是屬於創造。在競爭劇烈的今日社會裡，各行各業都需要不斷創新、革新或發明，才能立於不敗之地。

　　吉爾福特（J. P. Guilford）認為，創造力是人類對問題的敏感度、觀念流暢性、觀念新奇性、思考獨特性、觀念結構的複雜度、綜合分析能力，以及評鑑等能力。

二、創造力的效益

　　美國 3M 公司是一家以創新發明著稱的大企業，年營業額大約是台灣塑膠公司的四倍。該公司創新的產品，涵蓋醫藥用品、電子零件、電腦配件、膠布、便利貼紙、無痕掛勾、高速公路看板（曬太陽不容易褪色）、隔熱紙、淨水器、空氣清淨機、除濕機、迷你型投影機等 5 萬餘種產品。3M 公司非常重視員工創新，當某位員工的新點子被公司其他人認為不可行的時候，他仍然能夠繼續進行自己

的研究，如果其堅信自己的新構想會有成果，那麼就可以利用 15% 的工作時間，就自己的構想繼續實驗，一直到成功為止。一個公司如果能不斷創新，其產品才能夠領先，否則很快就會被淘汰，例如：削鉛筆機後來被自動鉛筆所取代；修正液被修正帶所取代。

1975 年比爾蓋茲（Bill Gates）在家裡創立微軟（Microsoft）公司，1990 年營業額達 10 億美元，開啟了軟體時代；1976 年史蒂芬賈柏斯（Steve Jobs）在車庫創立蘋果（Apple）公司，1978 年股票市值達 17.9 億美元，開啟了個人電腦時代；1994 年，楊致遠在學校宿舍創立雅虎（Yahoo）公司，1996 年股票市值達 8.5 億美元，開啟了網際網路時代。

1998 年賴瑞佩吉（Larry Page）在車庫創立谷歌（Google）公司，2004 年股票市值超過 360 億美元，網路服務時代正式來臨；2004 年美國哈佛大學輟學學生馬克魯克柏格（Mark Zuckerberg）創造了臉書（Facebook），2008 年該網站已擁有超過 1.2 億用戶，開啟了全球網路社交時代。由以上可知，創造力可以帶來無限的商機。

貳 創造是一種思考歷程

由思考到產生創造的成果，大致需要經過幾個階段。創造心理學家瓦拉斯（Wallas, 1926）提出創造性思考有以下四個階段。

 一、準備期

準備期是指，個人在發現問題之後，到探究問題的階段。在這個時期，應先蒐集相關資料並且請教有經驗的人，從閱讀資料與前人的經驗來獲得靈感。許多著名的科學家、音樂家、文學家、藝術家，都是經過很多年的準備，最後才能有創造的成果。由此可知，充分準備是創造的基石。

二、醞釀期

醞釀期是指，個人在創造發明的過程中，經過一段時間的準備、鑽研，無法立即有創新的觀念，以致陷入百思不解的困境。此時，個人可能從事相關問題的活動，等到醞釀成熟時，新的構想就能脫穎而出。

三、豁朗期

豁朗期是指，個人在經過一段時間醞釀之後，終於有所**領悟**（insight）、豁然貫通，有如「山窮水盡疑無路，柳暗花明又一村」。例如：阿基米得（Archimedes）有一天在浴缸洗澡時，突然領悟到身體將水排出水缸的量，與身體體積成正比，突然靈光一現、茅塞頓開，發明了浮力原理。

四、驗證期

由上述豁朗期所得到新的構想或靈感，尚無法確認就是創造。因此，創造者必須將此新的構想或靈感，加以多次驗證之後，發現確實有創新發明，才能將創造的成果公諸於世。

擴散性思考與創造

一、擴散性思考的意義

創造是思考的結果，創造力與思考不同，思考不一定產生創造，但是創造一定是由思考所產生的，所以思考是創造的必要條件，而非充分條件。一般人以為藝術家、作家、音樂家及科學家比較有創造力。事實上，有不少認知心理學者主張，創造力來自理性的思維和解決問題的能力，這種能力可以經由訓練來加強。根據吉爾福特（Guilford, 1985）的智力結構理論，思考包含以下兩類。

（一）聚斂性思考

聚斂性思考（convergent thinking）是指，問題有一定的標準答案或可接受的最佳答案，只要依循邏輯規則去思考就能解決。一個人的思考方式如果鑽牛角尖，時常採取聚斂性思考，以為任何問題只有一個標準答案，其思考固執、僵化，這種人的創造力比較低，例如：一般人常說：「無風不起浪！」其實這種說法不見得正確，因為海嘯或大地震也會起浪！

（二）擴散性思考

擴散性思考（divergent thinking）是指，問題沒有一定的標準答案，需要想出各種可能方法才能夠解決。按吉爾福特的理論，擴散性思考雖不等同於創造力，但是可以視為創造力的潛在能力或創造思考的主要歷程。簡言之，擴散性思考是人類創造的基礎，它可用來預測創造性成果或表現，例如：某公司發明一個新產品，如何命名才能夠獲得消費者的青睞。擴散性思考是創造者常用的思考方式，並非擴散性思考就必然具有創造力。

二、擴散性思考的因素

（一）流暢性

流暢性（fluency）是指，心思靈活暢通，能在短時間之內產生許多不同的概念，例如：報紙有哪些用途？受測者在短時間內，能夠列舉愈多答案者，其流暢性愈佳；又如：能在愈短的時間內寫出 20 個「木」字旁的中文字，或寫出 20 個英文字字尾「 ey」 的單字，其流暢性就愈好，例如：key、monkey、honey……等。

（二）變通性

變通性（flexibility）是指，思考變化多端，能隨機應變，不墨守成規，能舉一反三，觸類旁通。俗語說：「山不轉，路轉；路不轉，人轉；人不轉，心轉。」這就是指遇到困難時，思考要靈活變通，例如：沒有圓規如何畫一個圓？沒有筷

子如何吃飯？如何以 50 元新台幣生活一個星期？沒有刀子如何削柳丁皮？凡是能夠想出解決方法者，其變通性比較高，創造力也比較強。

（三）獨創性

獨創性（originality）是指，思想獨特、超越凡人，對問題能想出與眾不同的解決方法，例如：有個廣告內容如下：「在加拿大溫哥華（Vancouver）車站旁擺放著一座鋁窗，這座鋁窗有雙層玻璃，裡面放著一疊疊的鈔票」，其廣告目的就是強調安全玻璃的品質非常好，故這種廣告就具有獨創性；又如：石頭有哪些用途？凡是想出一般人沒有想到用途的人，其獨創性比較高，例如：回答石頭可以造橋、蓋房子、築牆等較一般之用途，則比較缺乏獨創性；但是，如果學生回答石頭可以墊高物體、打野狗、雕刻成藝術品者，則其獨創性比較高。

（四）精密性

精密性（elaboration）是指，個人對問題能夠分析深入、深思熟慮、面面俱到、精益求精、力求臻於完美的地步，例如：求職面談能獲得資方賞識者，其言談精密性較佳；又如：原子筆本來是一種書寫文字的工具，如果能想到在筆尖另一端加上新造型，成為可以書寫文字又可以當作藝術品的文具，就具有思考的精密性（毛連塭、郭有遹、陳龍安、林幸台，2000）。

肆 創造力的測量

吉爾福特（Guilford, 1985）與其研究團隊在美國南加州大學，以因素分析法提出擴散性與聚斂性思考。聚斂性思考是指一個問題僅有單一正確的解答，而擴散性思考是指一個問題不只一個正確的解答。

吉爾福特的創造力測量方法，通常是對受測者提供一些題目，讓他們在規定的時間內，盡量想出各種可能性。創造力測驗的題目通常包括：

1. 字彙流暢：例如：寫出含有某一個字母的單字，如「O」：pool、profes-

sor、philosophy 等；又如寫出 15 個英文字尾「ty」的字。

2. 思想的流暢：例如：寫出屬於某一類的事物，如「寫出可以燃燒的液體」：汽油、酒精、乙炔等；又如：「寫出汽車如何省油？」比較好的答案是：不要加滿油、不要開窗、輪胎要打氣。

3. 表達的流暢：例如：寫出 4 個字所構成的句子，如每一個字的開頭字母為「K-u-y-i-」，答案為：「Keep up your interest」或「Kill useless yellow insects」。

4. 其他用途：例如：寫出某一個特定物件一般用途以外的其他可能用途，如「報紙可以做什麼用途？」答案為：報紙可以閱讀、起火、塞滿箱子等。

5. 想出標題：例如：寫出簡短故事的主題，如「在一家商店工作的店員，期待冬天的到來，訂購十打手套，但是忘了標明手套應成雙。於是目前這家商店有 100 個左手用的手套」。

6. 結果：例如：列出一個假設事件的不同結果，如「假設人不再需要睡眠將會導致什麼結果？」可能的答案：工作更多、鬧鐘不管用了……。

7. 可能的工作：例如：列出將來可能從事的工作，如「一個聰明的學生，將來可能從事哪些行業」。

8. 組合簡單圖形成為有意義的東西：例如：以 ○、□、△、▭ 等四個圖形，組合成一棵樹的形狀，或組合成一個檯燈或一張臉等。

9. 構圖：例如：每一頁包含一組相同的圖形，如圓形，盡可能的在每一個圖形繪出可認知的圖形。

10. 火柴問題：例如：移去某些火柴棒，構成三角形或正方形，或移去三根火柴，使它變成四個方形，如圖 8-4 所示。

圖 8-4 火柴問題

11. 裝飾：例如：利用一般東西裝飾成不同物品。

12. **遙遠聯想**（remote association）：例如：想出一個與太陽、射擊、黑暗都有關的東西。

上面前七個測驗需要語文的反應，後四個就屬於圖畫的內容。這些測驗題目都是測量擴散性思考的工具。在吉爾福特創造力測量的指導手冊中，他與同事提供了百分位數與標準分數常模。此測驗大部分有成人、國中三年級學生的常模。在指導手冊中沒有評分者信度，但是其他研究者曾經使用這些測驗，研究發現評分者信度大約為 .90，折半信度係數介於 .60 至 .80 之間，所有這些測驗的效標關聯效度均頗高。

另外，有一個兒童創造力測驗，合計有 10 個分測驗，其中包括 5 個語文與 5 個圖形測驗。在全部 10 個分測驗中，有 7 個與成人使用的創造力測驗涵蓋相同因素，國小三年級至六年級都有常模。標準化樣本包含 1,300 名美國加州與佛羅里達州的中年級兒童。這些測驗的心理計量性質，與成人使用的創造力測驗完全相同。

伍 陶倫斯創造思考測驗（語文）

一、測驗目的與用途

陶倫斯創造思考測驗（Torrance Tests of Creative Thinking），旨在測量流暢性、變通性、獨創性，以及精密性等能力。陶倫斯使用動作反應來測量創造力。例如：在一項活動中要小孩做出某些動物的動作，或將紙杯做出一些特殊的用途。陶倫斯的創造力測驗手冊，提供了詳細的計分指南，並且有評分者信度、複本信度以及折半信度；另外有提供比較特殊團體的平均數、標準差。

陶倫斯創造思考測驗使用於教育情境，該測驗強調教室學習經驗與促進創造力的發展（Torrance, 1965）。有些學者研究發現，陶倫斯創造思考測驗的分數與興趣、態度與人格特質有關；換言之，個人學習經驗有助於激發創造性思考。陶

倫斯創造思考測驗與日常生活的創造性成就之關係並不明顯，仍然需要進行有系統的效度研究。

二、測驗內容

陶倫斯創造思考測驗是此測驗系列的原來組合，包含語文組合（7 個分測驗）與一圖畫的或圖形的組合（3 個分測驗）。第一個組合稱為「以文字思考的創造」；第二個組合稱為「以圖形思考的創造」。為了激發受測者接受測驗的動機，測驗需在和諧氣氛之下進行。這些測驗適用於幼稚園到研究所學生，並且有兩套複本可供使用。

在以文字思考的創造測驗中，3 個活動（問與猜）使用單純的圖形，受測者根據下述反應：(1)寫出欲明白圖中狀況時，所需問的問題；(2)列出行為的可能原因；(3)列出行為的可能結果。活動 4 是設法使兒童更樂於玩玩具；活動 5 需要列出一般事物的特別用途；活動 6 需要能夠被問到相同事物的不尋常問題；活動 7 是指，如果某一情境是真實的，可能會發生哪些事情。全部測驗組合可以得到流暢性、變通性與獨創性等三個總分。

劉英茂（1974）將陶倫斯創造思考測驗的語文部分加以修訂。吳靜吉等人（1981）除了對該測驗語文部分加以修訂之外，圖形部分也加以修訂，測驗時間大約 1 小時，適用於國小、國中、高中與大學生。測驗內容包含以下 7 個分測驗：

1. 發問：根據圖片的情景，寫出所有想到的疑問。

2. 猜測原因：根據圖片的情景，寫出所有可能的原因。

3. 猜測結果：根據圖片的情景，寫出所有可能的後果。

4. 產品改進：將一個玩具圖形，想出各種改善方法，使該玩具更好玩。

5. 不尋常的用途：盡量想出各種物體的用途，例如空盒子、報紙。

6. 不尋常的疑問：盡量想出某種物體的可能疑問。

7. 假想看看：假想一些本來不可能發生事情，會有什麼後果，例如「假設人都不死會有什麼現象發生？」

以上 7 個分測驗的作答反應，依照流暢性、變通性、獨創性等三項標準計分。

根據吳靜吉、高泉豐、王敬仁、丁興祥等人（1981）的研究，該測驗評分者信度係數，流暢性為 .96、變通性為 .87、獨創性為 .80；間隔二年重測信度係數介於 .26 至 .78 之間。

李乙明於 2006 年，修訂陶倫斯（E. Paul Torrance）在 1990 年所編製的陶倫斯創造思考測驗（語文版），該中文版適用對象為國小一年級至高中三年級，測驗功能包含：(1)藉由語文的方式評估學生的創造力表現，以提供相關研究及教學參考；(2)篩選具有特殊才能與創造能力的學生；(3)評估學生三種創造特質的相對優勢能力。該測驗是讓受測者藉由書寫的方式描述對刺激圖文的反應，有甲乙兩個複本可交替使用；每個複本均有 6 個活動設計來引發受測者的好奇、想像與興趣，可評估出受測者的流暢、獨創與變通等 3 種創造性特質，其總分代表創造力潛能的整體指標。

該測驗依全台灣北、中、南、東四區，抽取國小、國中、高中共 1,092 人建立常模。該測驗的評分者間信度介於 .911～.985 之間，相隔 6 週進行重測信度，信度係數介於 .449～.768 之間，複本信度則介於 .567～.948 之間，均達顯著水準，可見其具有良好之信度。該測驗並以威廉斯創造力測驗的創造性思考活動，建立效標關聯效度，係數介於 .611～.762 之間；甲式、乙式各項得分的內部相關介於 .598～.745 之間，而且均達顯著水準，顯示其具有良好的效度。

陸 陶倫斯創造思考測驗（圖形）

陶倫斯創造思考測驗的圖形部分，可以分為甲式與乙式兩種，甲式是由吳靜吉等人（1981）修訂，乙式則是由陳龍安（1984）等人修訂。如採用乙式測驗時，要求受測者作三個活動，包含圖形結構、圖畫完成、畫圓圈，說明如下：

1. 圖形結構：主試者提供一個曲折圖形，要受測者畫出一幅圖畫，該曲折圖形必須在圖畫內，畫完之後需要想出一個主題。

2. 圖畫完成：提供十幅沒有完成的畫，由受測者在上面加上一些線條，使它變成有趣的圖畫或東西。

3. 畫圓圈：給受測者 36 個圓圈，請其在上面加上一些線條，以構成一幅完
整的圖畫，在畫完之後必須對該圖畫想出一個主題。

以上三個分測驗的作答反應，依照流暢性、變通性、獨創性和精密性等四項
標準計分。

李乙明於 2006 年，修訂陶倫斯（E. Paul Torrance）和鮑爾（Orlow E. Ball）
在 1992 年所編製的陶倫斯創造思考測驗（圖形版），該中文版適用對象為國小一
年級至高中三年級，測驗功能包含：(1)藉由畫圖的方式評估學生的創造力表現，
以提供相關研究及教學參考；(2)評估學生五種創造力特質的相對優勢能力；(3)藉
由創造潛能優異檢核表，可具體評量學生的創造特質，提供發展適性課程的參考。
該測驗是藉由畫圖方式表現出對刺激圖形的反應，有甲乙兩個複本可交替使用；
每個複本均有 3 個活動設計，評估學生的流暢、獨創、標題、精密與開放等 5 種
創造性特質，並有創造潛能優異檢核表，進一步評估學生的優勢能力。

該測驗依全台灣北、中、南、東四區，抽取國小、國中、高中共 1,092 人建
立常模。該測驗的評分者間信度介於 .911～.991 之間，相隔 6 週進行重測信度，
信度係數介於 .401～.724 之間，複本信度則介於 .598～.951 之間，均達顯著水準，
可見其具有良好之信度。該測驗並以威廉斯創造力測驗的創造性思考活動，建立
效標關聯效度，係數介於 .574～.877 之間；甲式、乙式各項得分的內部相關介
於 .597～.812 之間，而且皆達顯著水準，顯示其具有良好的效度。

柒 電腦相關的性向測驗

近年來，由於辦公人員都要使用電腦，因此有幾種電腦相關的性向測驗陸續
問世。這些測驗與一般職業所採用的性向測驗略有不同，它偏重在測量電腦操作
者的能力。這類測驗可以對受訓者或新進員工在電腦功能方面，提供諮商或作為
選拔有潛力員工的工具，例如：電腦性向、讀寫的能力。

在美國，有學者曾經以 1,200 名全國性代表樣本加以標準化，此測驗提供 6
個分測驗，分別建立標準分數常模，在 4 個性向分測驗的總分，也建立標準分數

常模。後 4 個分測驗主要在測量推理應用到視覺，屬非語文的內容。有一些測驗適用於甄選電腦程式設計師、電腦操作員，以及文書處理員，這類測驗的內容偏重於測量受測者的專業知能，而且可以作為人事衡鑑之用。

關鍵詞彙

性向測驗	文書性向
普通性向測驗	多元性向測驗
特殊性向測驗	多元性向組合
性向測驗組合	區分性向測驗
學術性向測驗	電腦適性測驗
美國大學測驗	機械性向測驗
大學畢業程度測驗（GRE）	擴散性思考

自我評量題目

1. 試說明性向測驗的用途。

2. 試說明普通性向測驗組合的用途。

3. 試說明 GRE 學科測驗的用途。

4. 試說明區分性向測驗可以測量哪些性向？

5. 試說明多元性向測驗組合之用途。

6. 試說明特殊性向測驗的種類及其用途。

7. 試說明擴散性思考與創造的關係。

8. 試說明創造力的測量方法。

第九章　教育測驗

　　大多數的測驗都可以在各級學校中使用，教育諮商者與學校心理學家較常使用智力、特殊性向、多重性向以及人格測驗；教師或學校行政人員，則常需要對不同測驗結果給予處理。而教育測驗特別適用於小學與中學學生，該類測驗包括預測與教育診斷工具，以及各種教育成就測驗。茲分述如下。

第一節　一般成就測驗

壹　成就測驗的性質

　　成就測驗（achievement test）可以測量學生接受教學或訓練之後的學習成果，也可以測量學生在特定的情境下，對某些學科的學習效果。同時也可作為預測個人未來工作表現的指標。

　　一般而言，在心理計量上的傳統性向與成就測驗，兩者具有相似的地方。近年來，有些心理測驗學者將它們統稱為發展的能力。各種能力測驗涵蓋一般智力測驗、多重性向組合、特殊性向測驗或成就測驗，這些測驗可以測量受測者個人一項或多項能力。能力測驗的發展從一般性到特殊性的序列，如圖 9-1 所示。在特殊性上有課程取向的成就測驗，涵蓋技能或事實的資訊，例如：字彙測驗。許多特殊成就測驗，可作為人事甄選或工業上人事分類上的用途。

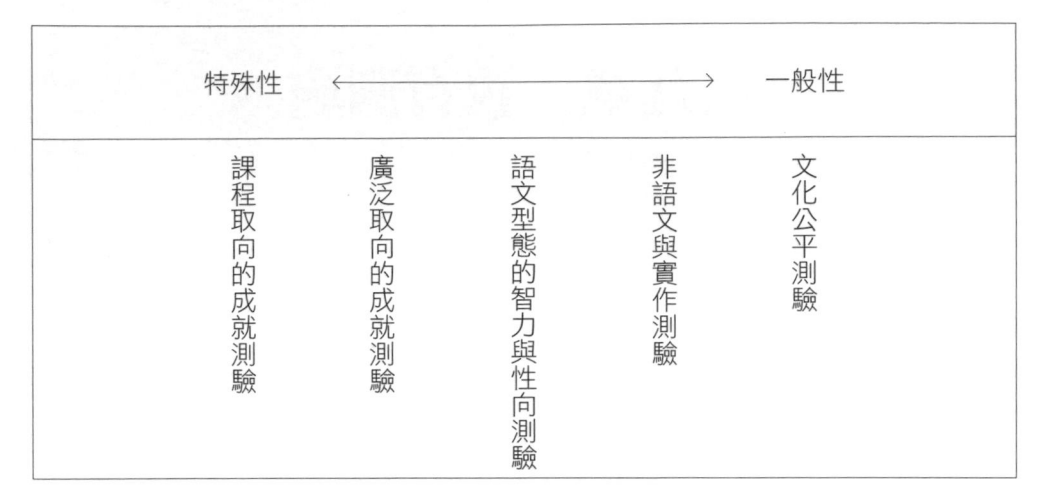

特殊性 ←――――――――――→ 一般性

課程取向的成就測驗　廣泛取向的成就測驗　語文型態的智力與性向測驗　非語文與實作測驗　文化公平測驗

圖 9-1　能力測驗的發展

其次，在圖 9-1 中的廣泛取向的成就測驗，通常用來評估主要的或長期的教育目標，此類測驗偏重在了解與應用科學的原理、藝術的應用或文學的解釋，範圍更大者為基本認知技能測驗，它會影響一個人在各種活動上的表現。這些技能在某方面可作狹義的定義，例如：表格的解釋、字典的使用；有時可作廣義的解釋，例如：閱讀的理解以及數字的運算。

在最高層次上，成就測驗旨在測量個人邏輯思考、問題解決的能力；就此而言，成就測驗與智力、性向測驗的性質有所不同。但是性向與成就測驗也具重疊之處，有一些考試被歸入智力測驗與成就測驗，由此顯示此兩類測驗的內容頗具相似性。

由圖 9-1 可知，傳統智力測驗或性向測驗的內容有很大的不同。著名的語文智力或性向測驗，例如：史比智力量表或區分性向測驗，都比較接近成就測驗，其次為非語文與實作測驗，最後為對不同文化背景者所設計的文化公平測驗。有些人將測驗工具任意稱為「成就測驗」或「性向測驗」，而導致測驗結果的誤用，例如：將成就測驗分數低於學業性向或智力測驗分數者，認為是低成就兒童。

個人在測驗分數之間的差異，顯示出沒有任何兩個測驗彼此具有完全的相關。

第一次測驗結果對第二次測驗分數，常有高估或低估的現象，這種預測的誤差，其原因可能是測驗工具不可靠、測驗內容涵蓋的差異、兩次測驗的態度與動機不同，以及測驗期間接受過補救教學，或是身心疾病所導致的。

不論使用何種型態的測驗，都會發生預測不足與過度預測的現象，例如：以一份智力測驗預測以後的成就測驗表現，或以一份成就測驗預測以後智力測驗的表現，都會如此。最後，在教學前、後實施複本或不同層次的成就測驗，比使用兩種不同測驗，更能正確分析個人的成就，例如：閱讀理解的成就是由非語文智力測驗來預測，就含有大量的空間性向，兒童具有空間性向比語文性向較強者，看來比較像低成就者，但是那些語文性向比空間性向較強者，看來比較像低成就者。

成就測驗的用途

成就測驗使用在教育上，可以評估受測者的學習成就，也可以做為補救教學計畫的重要依據。因此，它可作為確認特殊教育困難學生的工具。良好的成就測驗有助於發現個人過去學習的缺點，提升學習者的動機。由於學生接受成就測驗以後，更能夠了解其學習錯誤的地方，然後據以改進缺失，因此成就測驗對於學習有莫大的助益。

另一方面，教師從學生接受成就測驗的結果，可以調整教學方法或教學進度，使教學產生最大的效果。經由成就測驗可以知道受測者能做的，以及他們已經知道的，這是有效教學的第一步。教師對於測驗結果適當的使用，是對班級學生教學計畫的必備條件，同時也是對個別學生輔導的基礎。在學年開始對學生實施成就測驗，可以了解學生已經具備何種能力，以作為教師教學起點行為的參考。

成就測驗也可以作為增進教學效果的輔助工具，並且使教學達成教育的目標。此外，成就測驗可以提供教學內容與技巧正確的資訊，並且評估教育的效果。

 成就測驗的題型

一、客觀測驗題

　　客觀測驗是指測驗的計分公正、公平，測驗題目以選擇題、是非題、配對題、填充題為主，而且都有標準答案。受測者要在幾個可能的答案中選擇一個正確的答案，由於計分比較公正客觀，因此有逐漸成為教育測驗的主流。尤其是在一些大型的考試，為了避免測驗結果有所爭議，因而影響考生的權益，因此客觀測驗成為今日各類入學考試、資格考試的主要題型。

　　客觀測驗題的主要優點，在受測者作答時間比申論題題目較短，因此題目的範圍較為廣泛，減少學生猜題的機會，進而促使測驗分數公正、公平。此外，它在計分上較為簡便、正確，有時可以利用電腦快速計分，因此在大型考試上極為便捷，尤其是在考試結束以後，短時間就要計算出測驗成績，容易按時完成。

　　申論題（essay questions）的題目，具有測試理解、組織、分析、綜合、應用等能力的優點，同時測量受測者表達觀念的能力。可是，受測者在回答此類問題時，常因時間不足以致無法測量這些特殊的能力。

　　從另一個角度而言，許多測驗學者認為，申論題可以利用客觀題目來測量。接受過題目編製訓練者，會將題目編寫成複雜的思考歷程、推理、評價，以及應用知識到新的情境。一些設計精良的標準化成就測驗，均具有上述特點。

　　申論題的題目其評分者信度較低，一份題目由兩名或更多名評分者評分時，其評分者信度均有較低的趨勢。同一份申論題題目由同一名閱卷人員，經兩個月再評閱一次，其結果也不甚一致。因此，客觀測驗的信度大多高於申論題。近年來，有一些測驗學者為了克服申論題的缺點，乃利用電腦編製出許多新型態的題目，例如：簡答題、開放式問題。

　　綜言之，客觀題目在標準化的測驗中，已普遍取代了申論題。這不僅是在測驗計分上的差別，更重要的是客觀測驗題所涵蓋的範圍較廣，因此測驗結果的信度與效度均比較高，對受測者也比較公平。但是，申論題只要加以革新，仍然有

其測驗的價值。

二、主觀測驗題

有些考試以口試、申論題、問答題、簡答題為主，這種測驗題目考生通常需要長篇大論，而且缺乏標準答案以及評分標準，所以測驗結果的公正性與客觀性頗受質疑，這種測驗題目就是主觀的題型。由於主觀測驗題能測量組織、分析能力，所以在高普考試以及研究所入學考試，常可見到。

成就測驗的實施

一、形成性測驗

形成性測驗（formative test）是指，教師在教學過程中，監控學生學習改進情形的測驗，這種測驗的目的在於提供師生有關學習的回饋（feedback），讓教師與學生了解學習狀況，以改進學生學習態度與學習方法，幫助教師改進課程安排，發現更有效的教學方式；隨堂考試或小考就是屬於形成性測驗。

二、總結性測驗

總結性測驗（summative test）是指，教師在教完一個學期或一個學習階段之後，所實施的測驗，例如：月考、期中考試、期末考試、畢業考試、學位論文考試等。總結性測驗可以做為教育決策的依據，例如：是否頒發獎學金、決定考試是否通過等。

三、團體測驗

成就測驗大都採團體方式實施測驗，以下分別就團體測驗的優缺點說明之。

（一）團體測驗的優點

團體測驗是實施大規模的測驗常用的方法，其優點至少有以下幾點：

1. 可以在短時間測量許多受測者，例如：大學入學考試、公務員高等考試。

2. 主試者只要接受講習或訓練，就可以依標準化程序主持測驗。

3. 測驗題目以選擇題為主，受測者的作答反應很容易計分。

4. 可以正確控制測驗的時間。

5. 可以使用電腦快速計分，而且比較正確客觀。

6. 可以蒐集大量的資料，容易建立常模。

7. 測驗題本可以重複使用，費用比較經濟。

（二）團體測驗的缺點

團體測驗雖然可以大量施測，計分方便，但是其缺點至少有以下幾項：

1. 各測驗場所的主試者其行為不容易保持一致。

2. 測驗情境不容易標準化。

3. 不容易觀察每一個受試者的作答反應。

4. 受試者如有作弊行為不容易被發現。

第二節　一般綜合成就測驗

壹　性質與範圍

有幾種測量一般教育成就的測驗組合，通常涵蓋在一般性的課程內。這種類型的測驗可使用於小學至成人層次。這些組合提供個別分測驗分數的剖面圖，或在學科分數上的剖面圖。這種組合比結構性成就測驗，具有較多的優點。如此，一個人在不同學科領域或教育技能上，可以依照一致的標準化樣本比較之；或學生逐年的進步，也可以依據單一分數量表報告之。測驗使用者應核對，是否某一

個特殊的測驗組合已標準化，以致可以將測驗結果進行比較。

 ## 貳 綜合成就測驗

美國目前比較著名的綜合成就測驗有：**加州成就測驗**（California Achievement Test）、**大都會成就測驗**（Metropolitan Achievement Test）、**愛荷華基本技能測驗**（Iowa Tests of Basic Skill）、**史丹福成就測驗**（Stanford Achievement Test）等。在台灣，綜合成就測驗並不多見，而以單科成就測驗居多。茲簡介如下。

一、國中新生適用學科成就測驗

（一）簡介

國中新生適用學科成就測驗，是由簡茂發於 1974 年與 1977 年 6 月，指導國立台灣師範大學教育心理學系學生編製而成。其主要目的在測量國民小學畢業生或國民中學新生，在小學課程方面的一般教育成就水準，以了解受試學生在小學六學年中，對於主要學科的造詣程度，以作為國中入學編班及學業輔導的參考。

（二）測驗適用對象

國民小學六年級學生或國民中學新生。測驗時間方面，1974 年編製的測驗為 55 分鐘，1977 年編製的測驗為 45 分鐘，採團體測驗方式實施。

（三）測驗內容

1974 年編製的測驗包括國語、數學、常識等三學科各 50 題，合計 150 題；1977 年編製的測驗包括國語、數學兩科各 50 題，合計 100 題。國語科包括字音、字形、解釋、課文閱讀、選字詞、刪字詞、選句和課外閱讀測驗等八部分；數學科包括數學知識、演算和應用等三部分；常識科包括社會科和自然科兩種。

（四）信度與效度

1974 年編製的測驗之重測信度（間隔一個月）係數介於 .84 至 .95 之間，折半信度係數介於 .79 至 .94 之間，庫李信度係數介於 .82 至 .96 之間。1977 年編製的測驗，其重測信度（間隔二週）係數介於 .83 至 .90 之間，折半信度係數介於 .84 至 .92 之間，庫李信度係數介於 .84 至 .92。

效度資料方面，以學業成績為效標，1974 年編製的測驗同時效度為 .82 至 .96；1977 年編製的測驗同時效度介於 .75 至 .89 之間。

（五）常模

本測驗建立台北市國中一年級男女學生的百分位數與 T 分數常模。

二、學業技能測驗

（一）簡介

學業技能測驗，是由路君約、黃堅厚、盧欽銘、吳鐵雄、陳淑美等人共同編製完成，於 1986 年由教育部訓育委員會出版。本測驗的主要目的在測量受測者的學業技能，以供教學或輔導之參考。該測驗適用於高級中學二年級至大學一年級學生。測驗時間各分測驗不盡相同，5 個分測驗共需 99 分鐘，加上指導作答說明，以團體測驗方式實施可在 2 小時以內完成。

（二）測驗內容

本測驗是以美國**史丹福學業技能測驗**（Stanford Test of Academic Skills）為藍本，內容全部修訂，使其適合台灣學生使用。本測驗包含有五個分測驗：(1)國文：詞彙，22 題；閱讀，5 篇 38 題；(2)數學，50 題；(3)英文：拼字，45 題；填字，35 題；(4)社會科學，60 題；(5)自然科學，50 題；合計 300 題。

（三）信度與效度

重測信度（間隔四週）係數介於 .29 至 .78 之間；折半信度係數為 .11 至 .91 之間。效度分為：同時效度，與學業成績之相關為 −.08 至 .75 之間；預測效度，與大學聯考成績相關為 .27 至 .74 之間；各分測驗的內部相關為 .05 至 .66 之間。

（四）常模

本測驗建立高二、高三及大學一年級，社會與自然組男女學生各分測驗的百分位數和 T 分數常模。

三、大都會成就測驗

大都會成就測驗於 1932 年出版，前後歷經六次修訂，最近一次修訂於 1985 年完成。第六版的主要特徵，包括調查題目以及 3 個診斷式題目。調查題目由幼稚園延伸到高中三年級的學生，有 8 個重疊的綜合題。全部綜合題又可分為 2 種複本。

大都會成就測驗適用於小學程度的內容，分成 5 個領域，合計有 10 個分測驗，茲分述如下：

1. 閱讀。

2. 字彙：認識單字的意義。

3. 認字技巧：認知音素、子音、母音與字的部分線索。

4. 閱讀理解：認識閱讀材料的意義、因果關係、主要觀念、特性分析以及作結論。

5. 數學概念：評估數目、幾何以及測量，包含超出 1,000 以上的數目；小數點與分數、形狀、金錢、時間以及度量衡。

6. 問題解決：對口頭呈現問題的反應，有些題目需要解決疑難問題與選擇正確的答案；另有一些題目只需要選擇正確的句子。

7. 計算：需要以加法、減法、乘法與除法計算數目、小數點以及分數。

8. 語文拼法：需要選擇一個句子中，某一個字的正確拼法。語言：選擇正確的標點符號、文法、大寫；確認句子的類型與部分；使用字母以及字典的技巧。

9. 科學：有一些題目測量有關物理、地球科學與生活科學。

10. 社會研究：有四個認知技能，從科學應用至地理、經濟、歷史、政治科學，以及人類行為（包括人類學、心理學、社會學等）。

大都會成就測驗在國小層次中的語言測驗，包含字母、查字典技巧；在解決問題測驗中，包含圖形與統計；在科學與社會研究測驗中，包含探索技巧與批判分析。在小學層次中各需要實施 35 至 50 分鐘。

在各個分測驗、總分以及 5 個內容領域，都有常模可供使用。基本的測量內容包括：閱讀、數學、語言與調查的題目。有幾種不同的計分，包括百分等級、標準九以及年級常模。

大都會成就測驗也可以轉換成特殊的量表分數，在一連續量表上的表現，與直接對全部組合層次與形式進行比較。其特徵乃允許評估一個學生，經過一段時間與不同年級表現的改變。這些量表的原始分數不可以直接比較，測驗分數化為百分等級與標準九即可相互比較。閱讀理解、數學概念與數學計算三個分測驗，另有一些計分方式有助於分數的解釋。從這些測驗可以發現標準參照分數與學生在閱讀、數學上的表現。標明「教學的閱讀層次」與「教學的數學層次」，這些分數有助於適應個別學生需要的教學計畫。

大都會成就測驗在 1985 年，曾經以 25 萬名學生為標準化樣本，分析其信度與效度。這些標準化樣本所屬的學校，在地理位置、社經地位與種族背景上均具有代表性。在各層次上具有高的信度，小學程度的樣本其庫李信度係數為 .98，複本信度係數大約 .80。在效度方面有建立內容效度。

在編製測驗的過程中，對於題目內容的取材都請教育評量專家協助編製，題目初稿由富有教學經驗的教師在文字上加以修飾，用字遣詞以及插圖上避免性別、種族、文化、社經階層的偏差，最後經廣泛的預試以及題目分析之後，始成為正式的測驗。

四、史丹福成就測驗

史丹福成就測驗（Stanford Achievement Test）是在美國綜合成就測驗中，歷史最悠久、使用最廣的測驗之一。該測驗自 1923 年以來歷經數次修訂，其適用對象為國小一年級至初中三年級學生。

史丹福成就測驗分為：初級 1、初級 2、初級 3、中級 1、中級 2 和高級等六個層次。測驗內容包括：字彙、閱讀理解、拼字、聽力、字彙學習能力、英語、數學概念、數目計算、數學的應用、社會與科學常識等。題目的編製是參考各教科書、課程綱要，並且徵詢學科專家的意見。此項綜合測驗各層次的測驗時間，分別介於 3 小時 35 分至 5 小時 15 分之間，因為施測頗費時，所以可以分別在不同時段實施測驗。

該份綜合測驗可以使用百分等級、標準九、年級常模、常態曲線分布與量表分數等來表示。測驗結果可以使用人工評分或以電腦計分。此外，該測驗以公立學校與私立學校學生為標準化樣本，建立學年初與學年末兩種常模。就其信度而言，大部分信度為複本信度與庫李信度，信度係數大多在 .80 以上，高年級的測驗信度比低年級者較高。就效度而言，該測驗在編製過程中，舉凡命題、選題、預試、題目分析，都依測驗編製的原理進行，所以具有頗高的內容效度。

第三節　單學科成就測驗

壹　單學科成就測驗的特性

單學科測驗（specific subject test）是指，測量學生在某一特定學科上的成就水準，例如：國語科成就測驗、數學科成就測驗、生物科成就測驗等。此類測驗的編製原理、過程均與綜合成就測驗相同，有些相異之處乃在於其涵蓋範圍的廣

度及深度。一般而言,特殊學科成就測驗比綜合成就測驗較具有深度。此類測驗大多在綜合成就測驗之後實施,當發現受測者在某些分測驗的分數有異常時才實施。因此,特殊學科成就測驗的特性,除了可以測量學生在某一學科的學習成就之外,尚可測量學生在該學科的優缺點。

一、單學科成就測驗適用情境

1. 學生在修習某一學科之前,可以藉該學科成就測驗了解自己是否已具備足夠的能力,因此單學科成就測驗有助於學生選課。

2. 學生在綜合成就測驗中,如果在某一個分測驗上表現低劣,可以使用單學科成就測驗,進一步測量其在該學科上的真實程度,例如:某生在綜合成就測驗中,其國語文測驗的分數偏低,為了進一步了解該生的國語文資料,此時可以實施國語文能力測驗。

3. 有一些特殊學科,未涵蓋在綜合成就測驗中,此時需使用特殊的單學科成就測驗。

4. 在輔導學生升學時,有時需要了解學生在某一特定學科的能力,例如:某生想就讀建築工程學系,可以採用數學、物理等方面的成就測驗。

二、單學科成就測驗的優缺點

1. 能診斷學生在某一特別學科的成就表現,進而了解是否達成教學目標。

2. 根據單學科成就測驗結果,可以作為教師改進教學的參考。

3. 對學生在某一學科的程度,提供更明確的資料,進而診斷學生有無學習困難的問題。

4. 單學科成就測驗雖然具有上述優點,但是它最大的限制乃在於其標準化的過程,不是根據相同的受試樣本,以致於無法直接比較學生在不同學科的成就水準。

 單學科成就測驗舉例

　　台灣學者編製的單學科成就測驗，因國民中小學課程標準不斷的修訂，目前大多已不適用。以下僅介紹國小六年級數學成就測驗與國小五年級自然科學成就測驗，茲分別說明如下。

一、國小六年級數學成就測驗

（一）簡介

　　國小六年級數學成就測驗是由台灣省國民學校教師研習會，根據國民小學課程標準新編數學課本編製而成，於 1986 年 3 月出版。其主要目的在測量國民小學六年級學生數學科的學習成就，以便提供教師診斷學生學習數學能力，以及其困擾之所在，進而做為學習輔導以及補救教學的依據。

（二）測驗內容

　　測驗的內容含有國民小學數學第十一冊與十二冊等兩種，分別測量國小學生六上、六下等學期數學科的學習成就。每一種測驗各有 50 題，題型都為四選一的選擇題，內容包括：數學概念、計算與應用等問題。

（三）測驗時間

　　每冊的測驗時間都是一小時。

（四）實施方式

　　本測驗採團體測驗方式進行。在實施測驗之前，由主試者宣讀指導語，使受測者了解此測驗的目的以及應該注意的事項，以取得受試學生的合作，然後講解例題，接著學生開始作答並且計時。

（五）信度與效度

　　該測驗第十一冊的重測信度係數為 .82 至 .90，折半信度係數為 .89 至 .98，庫李信度係數為 .82 至 .92。第十二冊的重測信度係數為 .68 至 .96，折半信度係數為 .91 至 .96，庫李信度係數為 .89 至 .95。就效度而言，本測驗的內容效度是依據布魯姆（B. Bloom）的認知層次與教材內容大綱，組成雙向細目表並撰擬題目，故其內容效度頗佳。此外，本測驗又以學業成績為效標，建立同時效度，第十一冊的同時效度為 .69 至 .85，第十二冊的同時效度為 .74 至 .87。

（六）計分與常模

　　本測驗題目答對一題得 1 分，答錯不倒扣分數。每冊最低為 0 分，最高為 50 分。另建立全國各地區男女學生的百分位數與 T 分數常模。

二、國小五年級自然科學成就測驗

（一）簡介

　　國小五年級自然科學成就測驗是由台灣省國民學校教師研習會，於 1986 年 3 月編製而成的。其主要目的在測量國小五年級學生自然科學的學習成就，提供教師診斷學生學習自然科學能力與困擾的所在，以做為輔導學生、改進教學與補救教學的依據。

（二）測驗內容

　　本測驗是依國民小學課程標準新編自然科學課本而編製，每冊一種，計有一至十二冊等十二種，因專供五年級學生使用，故只包含第九、十冊等兩種，分別測量國民小學學生在五年級上學期、五年級下學期等自然科學的學習成就。其中第九冊有 60 題，第十冊有 50 題，每題均為四選一的選擇題。題目內容包括生物、物理、化學、地球科學等領域的問題。

（三）測驗時間

本測驗第九冊的測驗時間為 60 分鐘，第十冊為 50 分鐘。

（四）實施方式

本測驗採團體測驗。在實施測驗之前，由主試者說明指導語。使學生了解此測驗的目的，然後講解例題，接著開始作答並且計時。

（五）信度與效度

第九冊的再測信度為 .86～.91；折半信度為 .83～.93；第十冊的重測信度係數介於 .81～.92 之間，折半信度為 .83～.89，顯示此測驗信度頗高。由於本測驗編製時依雙向細目表來撰擬試題，所以具有良好的內容效度。

第四節　教師自編測驗

一般教師在其任教班級教學之後，常以自編測驗來評量學生的學習情形。教師在學科命題方面，宜把握以下原則。

壹　決定測驗的目的

教師在教學之前，為了評估學生的學習起點行為，了解學生已經具備哪些知識和能力，以作為教學的參考依據。這時可以採用的測驗題目應屬於低難度而且是標準參照的，或採常模參照，難度分散範圍較廣的題目。測驗如果用來診察學生學習進步情形，就屬於形成性測驗，由測驗所獲得的結果，可提供教師改進教學及學生學習的參考。此性質的測驗題目宜採標準參照的題目，配合單元目標的難度。

教師在教學歷程中，為了診斷學生學習困難的原因，所實施的測驗屬於診斷

測驗，這種測驗屬於低難度的題目，可以測量學生學習錯誤的原因。在教學結束時，用來評量學生對全部教材的通過程度者為總結性測驗，此類測驗題目應選自課程目標具有代表性的題目，題目難度的分布範圍較廣泛。

貳 決定要測量的學習結果

布魯姆（Bloom）等人將教育目標分為**認知的**（cognitive）、**情意的**（affective）與**動作技能**（psychomotor） 等三大領域。因此教師如果想要了解學生的學習情形，在認知領域上，應測量心智方面的學習結果；在情意領域上，應測量興趣與態度方面的學習結果；在動作技能的領域上，應測量動作技能方面的學習結果。

在認知領域的教學目標，可以細分為：「記憶」、「理解」、「應用」、「分析」、「綜合」、「評鑑」等六類。在情意領域的教學目標中，又可以細分為：「接受或注意」、「反應」、「評價」、「價值的組織」以及「經由一種價值或價值體系形成品格」。

動作技能領域的教學目標，因學科性質不同而異，例如：語言技能包括身體器官、動作及內容，比較偏重器官協調以及意見傳達的行為；寫作技能偏重於學習結果的品質；數學、自然、社會等學科的技能，比較偏重於學習程序的層次。

參 撰寫題目

教師在撰寫題目之前，應先列出教材大綱，再依據教學目標與教學內容編製**雙向細目表**（two-way specification table）。在編製雙向細目表時，應依照教學目標與教材內容的相對重要性，再依據細目表中各細格內題目分配的比重，編製成雙向細目表。雙向細目表可作為編製學科成就測驗的藍圖，由該表可以了解測驗題的數目以及性質，因此可以作為撰擬題目的指引。在編製測驗時，應注意題目需配合特定的學習結果，同時注意測驗的長度與難度是否適中。

　　教師編製題目通常可以分為：「客觀的測驗」與「主觀的測驗」二大類型。「客觀的測驗」就是測驗題目有一定的標準答案，也是目前一般學校各種考試的主要題型，因為學校考試成績與學生的前途有密切關係，考試題目的客觀性、公平性至為重要，因此客觀式測驗又稱為「新法考試」。它的題型包括：選擇題、是非題、配合題、簡答題、填充題等五類。「主觀的測驗」其題目答案見仁見智，申論題或問答題均屬於這類型的題目。茲分述如下。

一、選擇題的命題技巧

　　選擇題是由一個**題幹**（stem）與幾個**選項**（option）所組成，題幹可以分為完整問句，例如：目前世界上哪一個國家的土地面積最大，或不完全敘述句，例如：目前世界上土地面積最大的國家是：_____。一般而言，題幹以前者較佳。選項通常包括一個正確的標準答案，和幾個似真的錯誤答案（又稱為誘答選項）所組成。選擇題是目前各種測驗題型中，使用最廣泛的。

　　1. 選擇題的優點：

　　　(1) 可以測量不同認知層次的學習結果。

　　　(2) 可以避免簡答題常出現題意不清的現象。

　　　(3) 信度優於是非題。

　　　(4) 編製試題較配合題容易。

　　　(5) 可以避免學生依照習慣性的反應心向作答。

　　　(6) 可以診斷學習的效果。

　　2. 選擇題的缺點：

　　　(1) 只能適用於測量語文的學習結果。

　　　(2) 不適於測量組織的能力。

　　　(3) 不適於測量某些數學或科學問題。

　　3. 撰寫選擇題宜注意以下幾個原則：

　　　(1) 題幹應僅提出一個明確的問題。

　　　(2) 以簡單且清晰的用詞陳述題目的題幹。

(3) 每題配列的答案以簡短為宜,必要的敘述或相同的字詞宜置於題幹中。

例題:牛頓最偉大的成就在哪一方面:

(A)政治　(B)國防　(C)科學　(D)經濟　(E)宗教

上題每一選項「方面」兩個字,不必重複出現。

(4) 正確答案在形式或內容性質上,不可以特別突顯出來。

(5) 題目題幹宜以正面方式來敘述。

(6) 錯誤答案與題幹間應有相當的邏輯性與似真性。

例題 1:三民主義的本質是什麼?

(A)道德　(B)大同　(C)共和　(D)倫理、民主、科學

例題 2:英國的首都是:

(A)巴黎　(B)東京　(C)倫敦　(D)北京

例題 1 之正確答案特別突出。例題 2 選項中(A)、(B)、(D)均不在英國境內,因此受測者很容易辨認出來。

(7) 少用「以上都是」或「以上都非」的選項。

(8) 題幹宜儘量避免使用否定句,如需要使用時,應在否定之字詞底下畫線,以提醒學生的注意。

例題:澎湖不是台灣最小的縣。

(9) 題幹儘量避免採用雙重否定的文句。

例題:水不可能不是由氫和氧所組成的。

(10) 每題所列選項數目應一致,而且以四或五個為宜。

(11) 選項之間應避免重疊,而且按照選項的邏輯順序排列。

例題 1:$3^3 =$?

(A)大於 9　(B)27　(C)小於 30　(D)42

例題 2:任意五邊形的內角和為幾度?

(A)540°　(B) 450°　(C)390°　(D)500°

上述第一題中的選項除了 (D)之外,其餘三個都是正確答案,而且相互重疊,在單選式的題目中,應儘量避免這種現象。在第二個例題中,各

選項均屬於數值性質，應依大至小或小到大的邏輯次序排列之，以免造成選答時產生困擾。

(12) 題幹應力求完整，而且敘述應能顯示題意

例題：牛奶含有人體生長發育所必須的：

(A)維他命　(B)乳酸　(C)胺基酸　(D)葡萄糖，是良好的蛋白質來源。

上題題幹被選項分隔為二，受測者如未看完整個題目，會不容易把握題意，造成作答的困難。因此選項不宜插在題幹中，以免造成混淆不清。本題宜改為：牛奶含有何種成分，是人體生長發育所必須的蛋白質主要來源？

(A)維他命　(B)乳酸　(C)胺基酸　(D)葡萄糖

(13) 正確答案出現的位置應隨機排列，而且其次數應大致相同，以免受猜測因素之影響。

(14) 選項之文法應與題幹一致。

(15) 避免提供學生選擇正確答案的線索。

(16) 在選項中不宜出現「絕對」、「一定」、「所有」、「絕無」、「從未」、「唯一」等字眼，因為這些敘述通常是屬於錯誤的敘述。

(17) 選項中之誘答題目應具有似真性。使用學生共同錯誤觀念作為誘答，誘答題目之長度與措辭之複雜性要與正確答案相似。使用同質之選項，以提高誘答的似真性。

(18) 變化各題正確答案的長度，以排除可能的線索。

(19) 同一個測驗中的每個題目應彼此獨立。

(20) 題目不宜太多，以免變成速度測驗。

(21) 不宜依教科書內容的順序來排列題目。

(22) 使用經濟有效的題目格式。

二、是非題的命題技巧

1. 是非題的優點：

   (1) 容易編製，可適用於各種教材。

   (2) 計分客觀，取樣的範圍比較廣。

   (3) 評分容易。

2. 是非題的缺點：

   (1) 僅能測量知識層次中最基本的學習結果。

   (2) 受猜測機率的影響很大。

   (3) 作弊比較容易。

3. 撰寫是非題宜注意以下幾個原則：

   (1) 避免含混不清的文字敘述，而以具體的數量表示之。

   (2) 每題應只包含一個觀念，避免兩個以上的觀念在同一題。

   (3) 避免出現模稜兩可，造成題目「似是而非」或「半對半錯」。

   (4) 「是」與「非」的題數應大致相等，而且隨機排列之。

   (5) 避免使用具有暗示性的特殊字詞。

   (6) 題目宜簡短，且使用簡單的語言結構。

   (7) 少用否定語句，避免雙重或多重否定語句。

   (8) 題目的文句應避免直接抄自課本。

三、配合題的命題技巧

1. 配合題的優點：

   (1) 可以測量大量相關的事實資料。

   (2) 比較容易編製。

2. 配合題的缺點：

   (1) 容易提供受測者作答的線索。

   (2) 偏重於測量機械式記憶的資料。

(3) 不容易找到一些符合教育目標與學習結果的同質材料。

3. 撰寫配合題時應注意以下幾個原則：

　(1) 題幹與選項應盡量簡短，題幹條列在左方，選項條列在右方，並且冠上英文字母或甲、乙、丙、丁等。

　(2) 反應題目（選項）的數目應多於題幹的數目，而且不限制每個選項被選擇的次數。

　(3) 配對題目不可過多或過少，通常以 10 項左右為宜。

　(4) 題幹與反應題目在性質上應力求相近，而且依照邏輯順序排列。

　(5) 作答方法應予明確規定說明。

　(6) 同一組題目應印在同一頁上，以免造成作答時的困擾。

　(7) 題目不宜過多，以免學生做不完而猜題，同時可以節省題目篇幅。

四、簡答題的命題技巧

簡答題可適用於測量各種認知層次的學習結果，同時也可以測量問題的解決能力。簡答題大都由一個完整的問句或不完整的敘述句所組成，受測者在作答時需要提供適當的文字、數字或符號。

1. 簡答題的優點：

　(1) 容易編製，大多數學科的學習成就均可採用簡答題來測量。

　(2) 除了可以測量記憶性資料之外，尚可使用在數學與自然學科上，能測量學生問題解決的能力。

　(3)簡答題受猜測因素的影響比較小。

2. 簡答題的缺點：

　(1) 不容易測量複雜的學習結果。

　(2) 計分不夠客觀，除非題目的敘述非常嚴謹，否則一個題目會有多個不同的正確答案，例如：「李前總統登輝先生出生於什麼地方？」，學生填答三芝鄉、台北縣、台灣，均為正確答案。

3. 編製簡答題時應注意以下原則：

(1) 題目宜採用直接作答，避免申論方式。

(2) 一個題目應只有一個簡明、具體的正確答案。

(3) 要學生提供的答案，必須是此問題中的重要概念，而非零碎的知識。

(4) 盡量將空格留在句子末端。

(5) 避免提供作答的線索。

(6) 規定各題書寫答案的位置，其排列便於作答和計分。

(7) 問題不宜直接抄自課本或參考書。

(8) 如果使用「填充式」作為簡答題，其空格不宜過多。

五、填充題的命題技巧

填充題是簡答題的一種型式，其優缺點與簡答題類似，在此不再贅述。教師在編製填充題時，應注意以下幾個原則：

1. 在一個題目中不可留過多空白處，以免造成許多可能的正確答案。

2. 空白處應屬於重要的事實或觀念。

3. 題目不可直接抄自課文，以免只測量學生的記憶能力。

4. 空白處如果屬於數目字性質者，在題目中應標明單位，以免受測者誤答。

5. 填答處宜做機械式排列，以便於作答和計分。

六、申論題的命題技巧

自古以來，傳統的考試大多以**申論題**題目為主，這種考試通常包括：作文、申論、問答以及證明等題型，又稱為舊法考試。申論題測驗 與客觀式測驗（又稱為新法考試）之受測者作答反應方式不同。前者受測者可以自由反應，因此可以測量其組織、統整、思考的能力；但這種測驗信度與效度較低，評分不易客觀而且費時、費力，在學校大班級教學情境之下，它並非一種實用而有效的評量方法，於是客觀式測驗乃應運而生。

1920 年，美國學者馬可寇爾（W. A. McCall）建議教師，仿照標準化測驗題目的型式，自行編製客觀式測驗，這種測驗每一題都有正確答案，評分與計分都

很客觀而且方便，其信度與效度比較高。申論題測驗在一般大學校院的考試與高普考試，仍普遍被採用。茲就其優、缺點分別說明如下：

1. 申論題測驗的優點：

    (1) 對受測者提供解答的線索最少：申論題測驗幾乎沒有提供任何解答的線索，因此受測者僅能從其過去的學習經驗中去回憶，或對以前的學習材料重新組織。

    (2) 可以測量高層次的心理歷程：因為申論題測驗的作答範圍比較廣泛，受測者需要以創造思考、推理、歸納、演繹、判斷、分析等方法來解決問題。因此，需具有衡鑑高級心理能力的功能。

    (3) 引導學生良好的學習態度：申論題測驗大都針對教材的要點來命題，受測者作答時必須把握重點，將教材融會貫通始能充分作答。因此，此類題目會引導學生在學習時，注重學科知識的整體性、教材內容的系統性及關聯性，進而養成良好的學習態度。

2. 申論題測驗的缺點：

    (1) 內容效度偏低：申論題測驗因需要花較多時間作答，因此題目取樣不廣，通常只考四、五題，題目若缺乏代表性，就不容易涵蓋全部教材內容，只能測量其中的某些部分，因此受測者的測驗分數容易受猜題的影響，使得所得分數不能代表其真正學習的成就。

    (2) 評分者間信度偏低：申論題通常沒有一定的標準答案，因此同一份試卷由幾名評分者評分，由於評閱者個人的觀點不同，評量結果會造成很大的出入。除此之外，影響評分的因素頗多，常見的有以下幾項：

        a. **月暈效應**（halo effect）：評分者看到受測者答題具有某一特點，容易將此印象擴大，造成以偏概全的現象，例如：第一與第二題答得很好，就認為受測者程度不錯，所以對以後的題目給分就比較寬鬆。

        b. 外在因素的影響：有一些外在因素會影響到評分結果，如筆跡工整或段落分明的試卷，通常會被評定較高分數。

        c. 評分範圍不一：申論題測驗因缺乏標準答案，所以教師評分時，即

使受測者精通全部教材也很難獲得滿分，大多數評分者給分時會有向平均數集中的傾向。此外，有些教師給分一向較嚴，有些教師給分一向較寬，甚至有些教師因沒有耐心看試卷，即憑直覺印象給分。

(3) 評分費時費力：申論題命題所需時間較少，但是如果班級學生人數眾多，在評分時常會遇到學生長篇大論，不但需要評分者花費許多精力、時間閱卷，同時容易因為疲勞而影響評分時的心情及給分的公平性。

3. 申論題測驗命題原則：

(1) 命題之前應有充分的時間，構思所欲評量的目標與重點，然後針對教材內容與認知層次模擬測驗題目。

(2) 申論題應以測量高級的心理功能為主，以評量受測者的組織能力、比較分析能力、語文表達能力、綜合批判能力、價值判斷能力等。

(3) 增加題目數，題目應具有代表性且是範圍明確的小題目，以提高題目的信度與效度。

(4) 題目應要求受測者合作，不宜選擇部分題目作答，因為每名受測者選答的題目若不相同，測驗結果即無法相互比較，有失評量的公平性。

(5) 題目的難度應適中，並且依照易至難的順序排列。測驗之前宜向受測者說明作答方法與注意事項。

4. 申論題測驗評分原則：

(1) 閱卷工作最好由命題者負責，以便把握評量的重點。

(2) 命題者在閱卷之前，應事先決定各題所要評閱的要點，逐項列出正確答案，以作為給分的參照標準。

(3) 將試卷中的姓名彌封，再行閱卷，以避免閱卷者有先入為主的印象而產生月暈效應。

(4) 在評閱試卷之前，先隨機抽取一部分試卷，概覽一遍，對受測者作答情形有大略的了解，再仔細評閱試卷，使閱卷給分的寬嚴尺度適中。

(5) 在人力、物力可能的範圍內，增加評分者人數，並且由評閱者分別評分，以減少評閱者個人主觀偏見所造成的誤差。

(6) 如果評分者只有一名時，應先將全部題目隨機抽選出各題評閱的順序，
每次評閱時對全部試卷只評閱其中一題，而且每評閱完一題之後，宜將
所有試卷之順序再隨機抽選出要評閱的題目，以便得到客觀的評分結果。

(7) 如果試卷很多，評閱者在評分時宜每隔一段時間，再檢查評閱過的試
卷，以確保所有試卷的評分標準一致。

關鍵詞彙

成就測驗	加州成就測驗
愛荷華基本技能測驗	史丹福成就測驗
雙向細目表	題幹
申論題測驗	形成性測驗
總結性測驗	月暈效應

自我評量題目

1. 試述成就測驗的用途。

2. 團體測驗有何優缺點？試述之。

3. 試說明選擇題的命題原則。

4. 試說明是非題的命題原則。

5. 試說明配合題的優缺點。

6. 試說明簡答題的優缺點。

7. 試說明填充題的命題原則。

8. 試說明申論題測驗的優缺點。

9. 試比較形成性測驗與總結性測驗的異同。

第十章　職業測驗

　　許多工商企業機構的人力資源部門,利用職業測驗來作為人事甄選、個別諮商與人員安置的測量工具。職業測驗的另一種應用,乃在某些職業人員執照的鑑定。本章將先說明工商職業測驗與專業證照測驗,再介紹職業探索測驗,最後,再敘述職業測驗的效度。

第一節　工商職業測驗

　　工商職業測驗（Industrial and Organization Assessment）常使用在企業與公司行號,所以又稱為工商測驗。由於各個企業員工的工作性質、工作職位、工作內容不同,所以測驗內容也有很大的差異。通常,企業設有人力資源管理部門,負責新進員工的甄選、訓練、輔導、升遷、考核的工作,其結果可做為人事決策的參考。

壹　工商職業測驗的特色

一、人力資源管理

　　任何工商企業組織機構,都是由許多員工所組成的。比較大型的公司組織完善,都有設置人力資源管理部門,專門負責員工招募、員工訓練、工作績效評估或員工輔導等工作。至於中小型的企業,通常基於經營成本的考量,並沒有設置人力資源管理部門,而有關人力資源的工作,則經常委託企業管理顧問公司來運作。人力資源管理部門或企業管理顧問公司,通常會針對公司的需求,發展出一套完整的人員甄選與工作績效考評的系統。

目前台灣大多數的公司行號，最常使用**面試**（interview）來甄選新進員工。有些公司的高階主管對心理測驗並不了解，在甄選新進員工時甚至請來面相師幫忙鑑定，但是由於人不可貌相，所以鑑定結果不如預期。有些公司的人力資源部門會直接使用外國的心理測驗工具，但是由於國內外的國情與社會文化背景差異很大，所以將公司員工的測驗結果，參照外國常模來解釋或做為人事決策的依據，難免產生很大的誤差。

二、工作內容分析

工作內容分析又稱**工作分析**（job analysis），也就是將一件工作所需具備的能力進行分析。在工作分析之前應先蒐集工作的相關資訊，並且將資訊加以整理、分析，最後才將結果製作成職務說明書。工作資料蒐集較常使用的方法，有面談、觀察法和工作表現法、重要事件法、問卷調查法、單位主管會議等五項。

工商企業機構在應用工作分析的時候，可依照組織或推行的實用性與方便性，擇一或是多項併行採用。決策者在分析各層面的因素以後，可以考慮同時採用不同的方法來達到最好的人員甄選效果。

三、保密

企業機構的人員甄選，除了要保障員工待業求職者的公平性之外，為了其本身的商業利益，避免人才被其他公司挖角，因此工商測驗資料都列為保密不公開，所以也不願意提供給學者專家研究之用，或提供給新聞媒體使用；甚至採用何種工商測驗，也都當成機密文件。

貳 面試

工商企業最常使用**面試**（interview）來甄選應徵者，在美國有超過 95% 的雇主採用面試作為人事決策的一部分。根據研究，面試的信度、效度都不高，不但對求職者不公平，對雇主也是大的損失。於是有一些工商心理學家認為，將面試

問題結構化,而不是在面試的時候想到什麼問題就問求職者,這種非結構性問題所評量的分數,對錄取者未來的工作表現預測力很低。

有些學者提出**情境面試**(situational interview),要受測者詳細說明在某些情境之下,可能做出的行為反應,例如:問應徵者:「*如果本公司員工週末與星期日都要上班,能接受嗎?*」應徵者的回答由不同主試人員各自評分,然後計算出總分,以決定該名應徵者是否錄取。這種結構性問題通常比突發奇想的問題要好很多。

一般面試時間都不長,所以不適合用來測量基本認知能力或人格特質,不過面試適合用來測量社交技巧。此外,應徵者的面貌長相、穿著、談吐、禮節……等,都會影響主試人員的評分,所以企業機構的人員甄選,不宜只採用面試,如果加上智力、性向、人格、興趣等測驗,同時將初步錄取者試用幾個月,看其工作表現如何再做為是否正式錄用的決策,這樣比較能夠達到選才的目的。

第二節 專業證照測驗

壹 世界先進國家重視專業證照

在美國有超過兩千種的職業,為了達到品質保證的要求,於是規定新進人員都要經過專業證照測驗,許多公司行號對於新進員工,也都要求提出專業證照。專業證照與職業檢定的方式,以紙筆測驗和面談、口試居多。台灣每年都有舉辦大規模的專業證照測驗,日本的情況也差不多,例如:理髮師、廚師、建築師、律師、會計師、醫師等,都需要經過專業證照測驗通過才可以執業。

目前在台灣專業證照與職業檢定,大都由考試院考選部來負責試務工作。不過,高級中學以下學校教師的檢定,則由國家教育研究院負責。

 專業證照考試採用標準化測驗

　　許多大規模的專業證照考試，為了達到公正與客觀的要求，大都採用標準化測驗，這種測驗的命題過程相當嚴謹，測驗的信度與效度頗高，例如：醫師、護理師、律師、會計師、建築師、土木技師、諮商心理師、臨床心理師、警政、交通、消防、自然保育、工業工程、工業安全、景觀、一般行政、一般民政、社會行政、環境工程、政風、書記、郵政、食品衛生行政以及其他各種專業人員考試等。

　　職業學校在選擇學生入學就讀時，因為學門種類繁多，各種職業領域需要特殊性向，因此一般職業學校的測驗，包括學業性向測驗或一般學業智力測驗，而在職業訓練上會使用一個或更多成就測驗，有些就包括興趣測驗或各種人格測驗。測驗結果可以彌補自傳、推薦信、在學成績以及面試成績的不足。

 心理師證照測驗

一、美國心理師證照考試簡介

　　美國各州均訂有心理學家證書與執照的法律，有效預防不夠資格從業者。美國各州規定的心理學家證書或執照，其基本條件大同小異。凡參加心理學家的考試，應試者必須獲有心理學博士學位，另外具有實際工作經驗至少 1 至 2 年。美國全國性心理師統一考試，是由美國心理學會所組成的委員會來執行。心理師考試並不是測量特殊的職業技能或執業的能力，其考題為心理學的一般知識，內容包含心理學的方法論與事實。此外，尚有心理學家的倫理原則以及法律規範，除了筆試之外，還有口試、晤談。

　　美國執業的心理學會會員，需要有心理學博士學位，另外加上 5 年的專業實習經驗。此外，美國執業的心理學會會員需要有優良的專業工作表現。通常將模擬的案主以影片方式播放出來，由參加甄試者回答有關問題，再由專家評估其答案。

心理師考試其效度以內容關聯效度為主，對以後有執照從業人員的工作表現，不容易得到一致的效標資料，因為每一個人可能以不同方式執業。即使是使每一種資料可用，且預測工作表現品質有個別差異，但此並非執照的主要目的，執照是確保從業者在執業時的最起碼資格。心理師考試的內容效度，是經由心理學專家與心理師多重訪問的題目；連續的題目分析提供每一個題目在題庫上的心理計量資料。有一些心理師考試重視內容效度，其考試內容旨在測量精通心理學知識的程度。

假如上述測驗適於評量這個領域，其分數應與個人通過心理學知識的其他指標有關，結果發現心理師的分數與大學心理學課程平均成績、大學與研究生完成心理學課程的數目，以及接受各種課程教育與訓練的品質均有密切關係。心理師考試也與其他測驗，例如：研究所入學考試心理學門的考試成績之間，具有高相關。有一些學者也以因素分析法探討題目的內在結構，並且比較受測者工作表現與平均成績的異同。

美國在 1980 年代就有一個大型研究計畫，修訂心理師考試。在此研究計畫中，美國與加拿大曾對獲有心理師執照的心理學家，做綜合性與系統的工作分析。他們以 182 題問卷，蒐集的資料包括：臨床、諮商、工業或組織，以及學校心理學家等日常專業的活動。問卷的第二部分包含使用的程序、技術，以及資源。第三部分則涵蓋心理學知識的領域與倫理、法律的考慮。此問卷調查的結果資料，再聘請四個領域的心理學家來評定，其範圍包括以下五種層面：

1. 問題定義或診斷。
2. 設計、執行，以及干預的衡鑑。
3. 研究與測量。
4. 專業的、倫理的與法律上的爭論。
5. 應用到社會系統。

二、台灣諮商心理師證照考試簡介

（一）報考資格

公立或立案之私立大學、獨立學院或符合教育部採認規定之國外大學、獨立學院諮商心理所、系、組或相關心理研究所主修諮商心理，並經實習至少一年成績及格，得有碩士以上學位者。

（二）修習科目證明

1. 修習心理評量、測驗與衡鑑領域相關課程至少一學科（3 學分）。
2. 諮商與心理治療（包括理論、技術與專業倫理）領域相關課程，至少四學科（12 學分）。
3. 心理衛生與變態心理學領域相關課程，至少一學科（3 學分）。
4. 人格、社會與發展心理學領域相關課程，至少一學科（3 學分）及人格、社會與發展心理學領域相關課程，至少一學科（3 學分）等合計七學科，21 學分以上，每學科至多採計 3 學分，成績及格，由所畢業大學校院出具證明文件。

（三）實習

實習係指在醫療機構、心理諮商所、大專校院諮商（輔導）中心、社區性心理衛生中心及其他經行政院衛生署指定之機構實習；且應包括個別督導時數，至少 50 小時，成績及格，獲有證明文件者。

（四）應試科目

1. 人類行為與發展。
2. 諮商與心理治療理論。
3. 諮商與心理治療實務（包括專業倫理）。
4. 團體諮商與心理治療。

5. 心理測驗與評量。

6. 心理衛生（包括變態心理學）。

這幾年諮商心理師應試科目之題型，採申論式與測驗式之混合式題目。

（五）計分

以應試科目總成績滿 60 分及格。應試科目總成績之計算，以各科目成績平均計算之。應試科目有一科成績零分者，不予及格，缺考之科目，以零分計算。

第三節　職業探索測驗

學生在離開學校進入職場之前，如接受職業探索測驗的探索，可以提供個人未來就業與職業諮商時的參考。多元性向組合與職業興趣問卷，可以作為職業探索的工具。個人職業選擇與生活型態以及價值觀有密切關係，由職業興趣問卷的調查資料，可以評估個人的價值觀以及職業生涯計畫。

 職業探索

美國勞工部編有《職業探索指南》，該書可以做為諮商者與受測者參考之用，此書中涵蓋世界上數以千計的職業類別，以及各種職業成功者所需要具備的條件與特質。個人使用此份指引資料，就能找尋適合其興趣與能力的工作，然後找出對這種工作所需的訓練與技能。此份指南也與一般性向測驗組合的性向分數與興趣量表等資料相結合；其中一種適用於測驗高中學生，學生接受職業性向組合，可以幫助其思考個人價值觀、職業興趣，以及對職業計畫的能力，測驗分數可以做為諮商者對高中學生職業輔導的協助。

有一些計畫已經完全發展為職業探索系統，有一個例子是依計畫的職業目標為中學生設計職業探索系統，有學者以此計畫對全美國高中學生為樣本做縱貫式

研究。此研究開始在 1960 年以綜合性向組合與成就測驗，以及興趣與人格量表實施，樣本大約有 40 萬名高中學生。此團體是從美國公、私立高中學生，以分層隨機取樣所得到的樣本。

此外，為了對一年齡組確保全國性常模，15 歲不在學的高中學生也接受測驗，在實施測驗之後 11 年與 15 年各進行追蹤研究。在此樣本中的職業，依訓練的要求與職業功能的相似性，劃分成 12 種職業團體。在每一個職業團體中，從高中學生後來進入此領域的分數，準備一個側面圖，該側面圖涵蓋價值、興趣、職業訊息與能力等。

另外一種對職業諮商的方法，是從許多在綜合職業探索計畫的來源，提供可用的資訊；此資訊包括各種測驗的分數，以及個人表現的興趣、偏好與價值體系。有一個著名的整合式職業探索計畫的例子，就是輔導資訊系統。它是使用一種交互式電腦程式，能夠使個人與電腦雙向溝通，而且將各種職業特徵與必備條件，儲存在程式中。此系統也適合個人需要，它原來是為大學生而設計。此程式可以提供成人在不同人生階段中，想進入職業市場以及想轉換職業之用。

職業成熟的衡鑑

職業諮商中的另一種工具，可以測量個人**職業成熟**（vocational maturity）的程度，這種概念最早是由舒波（D. E. Super）與其同事發展出來的。職業成熟是指個人在自己的年齡層，以及應付各種工作效能的通過程度。舒波等人曾經花了 20 年，以縱貫研究法探討大約 100 名九年級男生，這些學生均為美國紐約州都市地區的高中學生，可以代表美國各城市與各個社會經濟地位。這 100 名學生職業成熟情形，經由測驗、問卷以及一系列訪問蒐集大量的資料，進一步的資料是從高中成就、課外活動與社區活動、同儕評量、訪問父母以及各種來源蒐集而來的。幾種職業發展指標可以應用到這個團體，以內在相關與因素分析法可以分析上述資料。

舒波的生涯發展量表，是由生涯發展的研究需要，進而編製的職業成熟工具。

這個量表包括兩部分：第一，生涯輔導，其關注學生對於生涯計畫與探索，對生涯如何做決定，以及他們獲得工作的資訊；第二，所喜好職業的知識，由學生先想出他們比較喜歡的 20 種職業，然後對這些職業回答一連串的問題，例如：工作性質、特徵、工作條件、所需要的工作能力、興趣以及價值。同樣的，此量表也可以採用大學版本，用此量表所獲得的結果，確實可以對個人未來職業的選擇有很大的幫助。

了解個人職業選擇的需要與影響選擇因素、接受選擇的責任與計畫、對喜歡的職業特殊計畫，以及獲取職業訊息的資源等，為測量各年齡層職業成熟的最佳測量指標。研究發現，初級中學主要的職業發展工作是：準備做職業的選擇；其他的職業發展以橫斷與縱貫的研究也有很大的貢獻。在最近研究的主要發展是，人生旅程中都需做職業的計畫或職業選擇。

何倫職業類型論

自我探索測驗（Self Directed Search Test），可以提供受測者發現適合自己未來生涯發展中適合從事的職業，這個測驗是依據何倫（John L. Holland）於 1973 年的六角形職業理論編製而成的。何倫的六角形職業理論認為，職業與人格特質有密切關係，以下就是這六種人格特質與職業：

1. 實務操作型（Realistic）：實務操作型人格者，喜歡從事動手操作或機械的工作，例如：烹飪、駕駛、園藝、建築、考古、修理、農作、畜牧、航太、武術、運動、消防、醫療等。

2. 調查研究型（Investigative）：調查研究型人格者，喜歡從事思考、資訊處理的相關工作，例如：實驗、統計、分析、科學、數學、物理、經濟、法律、醫學、生物、學術研究等。

3. 藝術創作型（Artistic）：藝術創作型人格者，喜歡從事表演、創作的相關工作，例如：音樂表演、美術、設計、造型、舞蹈、寫作、圖像等。

4. 社會助人型（Social）：社會助人型人格者，喜歡從事幫助別人的工作，

例如：社會工作師、教師、心理師、神職人員、保母、看護、輔導、教
練、救生員等。

5. 企業領導型（Enterprising）：企業領導型人格者，喜歡從事支配別人、謀
取商業利益的工作，例如：企業經營、行銷、金融、保險、仲介、投資、
貿易、出版、廣告、政治等。

6. 傳統事務型（Conventional）：傳統事務型人格者，喜歡從事規律性、系統
性的工作，例如：秘書、行政、助理、書記、校對、編輯、出納、文書、
公關、會計等。

何倫（Holland, 1973）認為，每個人都具有以上六個人格類型，只是強弱程
度不同而已。在這六種興趣類型之間，有低度到中度的相關，相互毗鄰的兩個興
趣類型之間的相關，高於非毗鄰的兩個興趣類型之間的相關，也就是各種興趣類
型並非各自獨立的。何倫的六種興趣類型，如圖 10-1 所示。

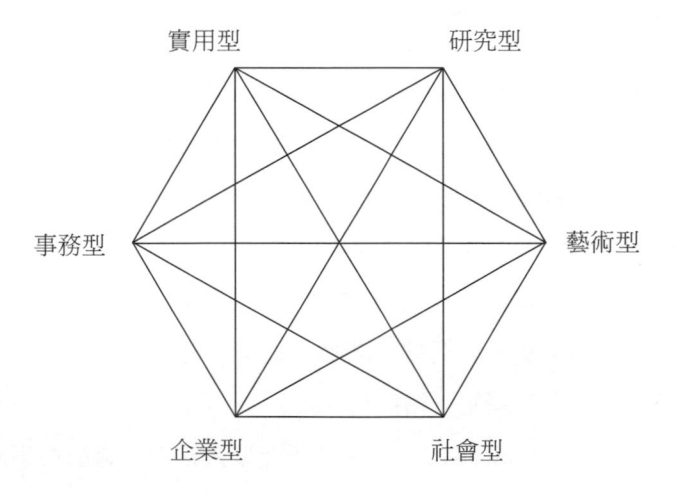

圖 10-1　何論的六種興趣類型

何倫設計的**自我探索量表**（Self-Direct Inventory），可作為受測者自我實施、
自己計分與自我解釋的職業探索工具，合計有 1,156 種職業供受測者選擇，有助

於個人做生涯的規劃。此份量表曾經廣泛的使用在各種情境，並且有許多學者對它進行研究，結果發現信度與效度均頗高。何倫（Holland, 1985）認為，職業興趣反映個人的自我概念與主要的人格特徵；他同時認為，職業興趣可以增進工作滿足、工作穩定與工作成就。

第四節　職業測驗的效度

壹　效標關聯效度

一般僱主最重視員工「適才、適所」，為了使新進員工在工作上有優良的表現。在建立職業測驗效度時，通常採用以下四個步驟：

1. 實施工作分析，以確定某一工作所涵蓋的因素，並且了解該工作所需要具備的技能、知識以及工作者的特質。
2. 選擇與編製測驗，以符合第一個步驟所敘述的特徵。
3. 將每一個測驗的分數，與受測者在效標測驗上的得分求相關，進而對最後的測驗組合選擇測驗。
4. 提出人事決定的策略，例如：決定測驗上的得分對於做人事決定的關係。

工作分析比較理想的程序，是僱用一非特定選擇的樣本，以他們在經過一段時間的工作表現，累積適當與穩定的效標資料後才實施。如果由於時間的限制或其他條件的需要，而使用在職的員工而非應徵者作樣本，就需要採用幾種特殊的實驗設計。在職的員工其工作經驗不同者，會在測驗的表現上反映出來，因此使測驗分數與效標產生混淆。此外，當員工接受測驗時，知道是為了研究的用途，其接受測驗的動機與態度，將與應徵工作者有所不同，這些狀況都可能反映在其測驗表現上。

貳 內容效度

　　內容關聯效度的建立程序，是經由系統的工作分析，這種方法在人事甄選測驗上逐漸受到重視。工作分析的方法，通常是由工作分析師仔細記錄工作的程序，或從某一工作的訓練與操作手冊上找尋有關資料。工作記錄包括員工在某一工作上共同錯誤之處，再做質性描述、學習困難以及工作失敗的原因。此外，可以經由與領班、工作指導員以及優秀員工等人會談來獲取資料。

　　另外一種人事甄選的方法，是將極接近全部工作的情況，對受測者實施測驗，但是受測者的動機、焦慮程度、自信心以及其他特徵有個別差異，因此對不同受測者會有不同的影響。尚有一種方法是將實際工作，取出一部分作為工作樣本，以這種作為測驗的題材，這種測驗適合於打字、簿記、電腦操作等工作。

　　有一些測驗採用模擬法，例如：測驗的內容與某一工作的功能極為相似。這種方法常使用在行政工作上。將測驗題目放在小型手提包的**公事包測驗**（in-basket test），在甄選高階經理人（簡稱CEO）、政府行政人員與學校校長時常被採用。布雷等人（Bray & Grant, 1966）發展出**衡鑑中心技術**（assessment center techniques），曾經大量的使用在評估經理或行政人員的人事甄選上；這種方法最早在第二次世界大戰期間，用來選拔高階軍官。

　　近年來，美國許多大型企業機構採用人格測驗來甄選新進員工。受測者在人格衡鑑中心，一起做相同類型的工作大約 2 至 3 天，在這段期間內，由人格衡鑑中心的專業人員對受測者實施多種衡鑑技術，除了晤談、智力、性向、人格測驗之外，並實施情境測驗，例如：公事包測驗之測驗內容包括工作模擬、角色扮演、問題解決，以及一些商業問題。另外，也邀請多名臨床心理學家，對應徵者的人際關係技巧以及其他人格特質進行評估。

　　另一種有效的工作分析，是區別工作優良與低劣的工作人員，對工作人員在工作一段期間內，由其主管加以觀察記錄。在第二次世界大戰期間，美國空軍發展出這種技術，後來許多工廠、牙醫、售貨員、物理科學實驗室的人事甄選，均採用上述方法。其焦點著重於工作所需具備的條件，發展工作元素方法以建構測

驗內容並提升其內容效度。它廣泛用來測驗商業與工業上的工人，但是它也可以測驗一些高階層人員的工作。**工作元素**（job element）是描述某一工作所必備的單位，工作元素的敘述大多由員工的主管來評估，因為他們對工作比較熟悉。工作元素能區分工作優良員工與一般員工的差異行為。

工作元素可以確定許多工作的技巧、知識，進而組成測驗題目，組成較大的類別，例如：計算的正確性、手與臂的靈巧、視覺辨別就是工作元素。工作元素法與**合成效度**（synthetic validity）的觀念有關。合成效度是在一特殊的情境中，從一個系統的分析工作元素得到的效度。建立合成效度包含以下三個步驟：(1)由工作分析發現工作的基本元素；(2)分析一件工作各元素之間的關係；(3)從這些元素在工作中所占的比重，合成一個測驗的效度。計算合成效度可以採用多元迴歸方程式，將工作元素與工作的相關係數乘以其加權數，就可以求得。

工作元素方法因為其重視工作相關技能，因此可以幫助教育程度較低者增加受僱的機會。同樣的，工作元素方法可以應用在評估婦女從事家事、育兒、社區服務以及其他生活經驗，這對婦女就業機會可以提供有益的訊息。

参 工作表現測量

在測量個別員工的工作表現時，常採用以下三類資料：

1. 工作生產量：大多數員工的工作表現，可以計算其工作量，例如：接線生接聽的電話數、業務員推銷的產品數量、警察逮捕罪犯的數量、水泥匠的砌磚數量、理髮師理髮的人數、機械工製造的零件數量、汽車保養或修車數量等。

2. 員工個人的資料：工商企業或政府機構的員工，都有一些工作的基本資料，例如：上班遲到、請假次數、缺席或曠職情形、產品不良的比率、加班的情形等。

3. 管理者判斷評分：員工的主管對部屬的評等或排名，有幾個常用的方法：

   (1) **排序法**：例如：有 10 個員工，由主管將工作表現從第 1 名排至第 10 名。

(2) **強制分配法**：例如：規定主管要對10名員工的工作表現，分為A、B、C等三類，工作表現在團體中前25％屬於「A」、後25％屬於「C」，其餘屬於「B」。將每一名員工的工作表現歸入其中一類。如表10-1所示。

表 10-1　強制分配量尺舉例

員　工	類　別
1. 張大為	B
2. 陳明伸	A
3. 王安士	A
4. 李元進	B
5. 王武山	C
6. 康之平	B
7. 馬文明	B
8. 周志凱	A
9. 蔡得義	A
10. 林義安	B

(3) **成對比較法**：例如：將所有員工每兩個一組相互比較，每一組工作表現比較好的人，再跟另一組工作表現比較好的人做比較，一直到所有員工比較結束為止。如表10-2所示。

表 10-2　員工表現成對比較舉例

等待比較員工　1.張大為
　　　　　　　2.陳明伸
　　　　　　　3.王安士
　　　　　　　4.李元進
　　　　　　　5.王武山
　　　　　　　6.康之平

哪一位員工表得比較好？
張大為或陳明伸？
張大為或王安士？
張大為或李元進？
張大為或王武山？
張大為或康之平？
陳明伸或王安士？
陳明伸或李元進？
　　　．
　　　．
　　　．

關鍵詞彙

工商職業測驗　　　　　公事包測驗

自我探索量表　　　　　合成效度

衡鑑中心技術　　　　　工作分析

強制分配法　　　　　　成對比較法

職業探索

自我評量題目

1. 建立職業測驗效度時，通常採用哪些步驟？

2. 試述工商職業測驗的特色。

3. 試述工作分析的程序。

4. 試說明台灣諮商心理師的應試科目。

5. 試述何倫的職業類型論。

6. 試述何論的六角型興趣模式。

7. 何謂公事包測驗（in-basket test）？有何用途？試述之。

第十一章　人格測驗

　　人格（personality）又稱個性或性格。人格是指個人在生活情境中，對一切人、事、物所表現持續的獨特特質。因為人格對一個人一生的發展影響很大，所以俗諺說：「改命改運，不如改個性。」一般人所說的人格大都指道德水準的高低，或強調個人為人處世的格調，例如：「人格高尚」、「人格掃地」、「人格破產」等。心理學家所謂的人格，是屬於一個中性的字眼，它的涵義與中國俗語：「人心各如其面」中的「心」相同。

　　人格一詞，在心理學上有兩種意涵：第一，人格是指個人在各種不同場合，表現出相當一致性的行為特質；第二，人格是指個人有自己獨特的特質，即使在相同情境下的行為表現，也有個別差異。

　　人格測驗（personality test）是測量個人情緒狀態、人際關係、動機、氣質、態度、自我概念、行為困擾、焦慮、絕望感、心理健康，以及價值觀等方面的特徵，也就是測量情意的層面。受測者對人格測驗的填答反應，只顯現出人格特質，並沒有對與錯之分別。

　　柯拉培林（E. Kraepelin）是人格測驗的先驅，他首先以**自由聯想**（free association）法測量心理變態者。1892 年，柯拉培林以相同的方法研究饑餓、疲勞、藥物等現象與自由聯想之間的關係；在 19 世紀末期，仍有人利用該種方法來分辨各種心理異常者的差異。後來，自由聯想法乃逐漸被用作心理測驗的工具。高爾登（F. Galton）、皮爾遜（K. Pearson）以及卡泰爾（R. B. Cattell）等人，陸續發展出標準化問卷與**評定量表**（rating scale）技術，雖然他們原來設計這些工具是作其他用途，但是，後來有許多學者以這些方法編製成一些現代的人格測驗。

第一節　人格測驗的功能

在臨床診斷方面

精神科醫師或諮商、臨床心理師在治療患者疾病之前，除了利用觀察和面談之外，有時為了深入了解患者的心理狀態，便需要藉助於各種人格測驗，廣泛蒐集個案相關的心理資料，以便做深入的分析與診斷。

在諮商輔導或心理治療方面

心理學家常以專業知識來幫助當事人（client）自我成長。諮商輔導的對象很廣泛，包括：學校學生、社會人士、軍中士兵、企業機構的從業人員、醫院的病患等。在與當事人諮商之後，實施人格測驗更能了解當事人的需要，以便能提供適切的輔導、轉介或心理治療。

學校機構的諮商輔導部門或學生生涯發展輔導中心，可以對學生實施人格測驗，測驗結果可以做為學生升學、就業的參考。

在員工甄選與安置方面

任何政府或企業機構都希望引進優秀人才，來提升工作績效及競爭力。人格測驗可以作為診斷新進員工人格的工具，再根據測驗結果做為錄用與否的參考依據。當錄取新進員工之後，工作的安排需要與個人的人格相配合，甚至主管人員的聘用，都需要藉助於人格測驗，才能夠甄選出具有卓越領導力的人才。

在研究方面

　　心理或教育學家有時需要進行各種學術性研究，例如：IQ 是否與 EQ 有關？資賦優異者具有哪些人格特質？住在鄉下的兒童是否比較內向？當研究問題涉及人格變項時，就需要以人格測驗作為工具，以幫助研究人員蒐集有關人格的資料。研究者將人格測驗的分數經過統計分析之後，就可以進行比較，考驗研究假設是否得到支持。

第二節　人格測驗的類型

　　人格測驗題目的編製方法有很多種，目前最常使用的人格測驗，有依據**內容效度法**（content validation method）、**效標基準法**（criterion keying method）、**因素分析法**（factor analysis method）與人格理論等來編製。就理論上而言，這些方法可以綜合發展成單一的人格量表，且大多數的人格測驗可以作為團體篩選工具，同時使用在臨床與諮商的領域上。

 自陳量表法

一、自陳量表法的緣起與內涵

　　美國在第一次世界大戰期間，大量徵兵投入戰場，為了解這些新兵的情緒與生活適應情形，由於傳統的面試相當費時，於是設計**自陳問卷**（self-report questionnaire）作為調查工具。這種自陳式人格測驗題目是由許多結構性問題或敘述語句所組成的，所謂結構性是指題目內容清楚而且明確，沒有曖昧不明的情形。

　　自陳量表（self-report inventory）是由受測者在人格測驗題目中，選答最適合描述自己情形的答案工具，這種量表在人格測驗中最常使用，例如：

	是	不一定	否
我常作白日夢…………………	（　）	（　）	（　）
我常有坐立不安的感覺………	（　）	（　）	（　）
我覺得人生沒有意義…………	（　）	（　）	（　）
我不喜歡參加團體活動………	（　）	（　）	（　）

　　自陳量表以紙筆測驗為主，每一個量表有許多題目，在受測者填答之後，依照一定的計分方法，以人工或電腦來計分，再以適當的統計分析方法進行分析，就可以對個別受測者或團體做解釋，自陳量表通常以團體方式進行施測。

二、自陳量表法的優缺點

　　一般而言，受測者對自陳量表比較容易做不實的反應，其所填答的反應會傾向於社會一般人士所期望的答案，尤其是受測者在求職或申請學校入學許可時，更容易表現得比事實更好。但是，有時候受測者在填寫自陳量表時，會選答不利於自己或比自己事實較差的答案，這在對犯罪嫌疑者實施測驗時最常見，其主要目的在使別人認為他們是有嚴重的身心疾病，進而希望能減輕法律責任。

　　簡單來說，自陳量表的優點就是：實施測驗、電腦計分與解釋相當簡便，而且容易建立常模，所以在從事學術研究上，心理輔導或心理與教育學者常採用它。但是，自陳量表的最主要缺點是受測者在作答時，不一定坦誠作答，受測者可能以符合**社會期望**（social desirability）的方向來作答，所以得到的測驗分數不一定真實。因此，以自陳量表法測驗人格，需要使用校正量表或效度量表。

　　自陳式人格量表只能對人格做粗略的衡量，在實際應用上仍需參酌其他人格測驗資料，因此有部分心理學家，僅以人格量表作為臨床、諮商輔導的參考工具。此外，有一些臨床心理學家利用自陳式量表，作為人事甄選或諮商的工具，由測驗結果來診斷受測者。但是受測者在填答人格量表時，難免會有心理防衛或受到社會期望的影響，選擇有利於自己的不真實答案；為了使這種情形的發生降至最低程度，應在編製測驗技術上研究改進。

自陳量表因為存在上述問題，所以有一些學者專家乃採因素分析法，對人格特質做更有系統的分析與探討，同時在衡鑑個人人格的時侯，也特別考慮到受測者個人與情境交互作用、測驗焦慮的影響。雖然自陳式人格量表有它的缺點與限制，可是它具有計分比較客觀、施測較為容易、測驗結果可以用電腦處理、解釋比較簡易等優點，因此它仍不失作為初步診斷人格特質的良好工具。

自陳量表法的分類

一、內容效度取向的人格量表

內容效度法是由編製者先決定所要測量的特質，然後編製測驗的內容，因為該內容都是未經過證實的資料，所以大都只具有表面效度，而無法鑑別心理正常者與異常者之間的差異。後來就很少有心理學者以這種方法來編製人格測驗。以下舉例有關內容效度法取向的人格量表，供讀者參考。

（一）伍德沃斯個人事實表格

在第一次世界大戰期間，伍德沃斯（R. S. Woodworth）所設計的**伍德沃斯個人事實表格**（Woodworth Personal Data Sheet），屬於**自陳量表**（self-report inventory），可以鑑定受測者是否具有神經質的傾向，以便發現哪些人不適於從軍。此量表是根據訪問精神病患者的結果，編製成團體適用的測驗工具。伍德沃斯從精神病的文獻與精神科醫師提供的資訊，蒐集有關一般神經質患者的問題與神經質前的症狀，再依據這些症狀編製成問卷量表題目。該測驗題目涵蓋恐懼、強迫性觀念與強迫性行為、惡夢、睡眠困擾、過分疲勞以及其他心身性症狀，動作困擾（例如：抽搐與顫抖）等。

（二）孟尼行為困擾調查表

孟尼行為困擾調查表（Mooney Problem Checklist），是為了方便諮商心理人

員與案主溝通而設計的調查問卷。該調查表題目設計之前，由 4,000 名美國高中學生描寫出自己感覺到的心理困擾問題，以及諮商人員從案主紀錄、諮商晤談等資料來源而組成的。

　　孟尼行為困擾調查表有國中、高中、大專等版本，不同層次對象的問題有部分重疊之處。高中與大學的行為困擾題目，包括：(1)健康與身體發展；(2)經濟、生活狀況與職業；(3)社交與娛樂活動；(4)人際關係；(5)求愛、性與婚姻；(6)家庭與家人；(7)道德與宗教；(8)對學校生活的適應；(9)升學與就業；(10)課程與教學等。

　　台灣學者胡秉正曾修訂該調查表，目前有國中、高中與大專等三個版本，其中國中版本有 210 題，高中版本有 330 題，大專版本有 300 題，由中國行為科學社出版。

　　孟尼行為困擾調查表，只是做為蒐集案主行為困擾資料之用，並不是一種測量工具，所以不計分，也沒有信度、效度、常模等數據，該調查表不是一種標準化的人格測驗。

（三）貝爾適應量表

　　貝爾適應量表（Bell Adjustment Inventory），是由貝爾（H. M. Bell）於 1934 年編製的。該量表適用於國小三年級至大學生，測驗內容涵蓋家庭、健康、社會、情緒等四部分。貝爾於 1962 年再修訂時，增加了「敵意」與「兩性傾向」兩部分，測驗結果可以得到 6 種適應分數，每個分數有 35 個項目，合計有 210 個項目，其內部一致性係數為 .35。

　　台灣測驗學者程法泌，根據貝爾適應量表 1934 年的版本加以修訂，測驗結果也是得到 4 種分數。1938 年編製適用於成人的適應量表，測驗內容涵蓋家庭、職業、健康、社會、情緒等五部分，每個分數包含 35 個項目。因為修訂年代久遠，所以常模已不適用於目前的受測者。

二、臨床診斷取向的人格量表

　　臨床診斷取向常採效標基準法，這是依據某些外在的效標為基準來編製測驗題目。伍德沃斯個人事實表格的編製，應先核對統計資料再選擇題目，如果有四分之一或更多正常受測者沒有某題所敍述的不良適應行為反應，則刪除該題。其理論基礎是基於正常人的行為特徵發生的次數，與變態者有顯著的不同。對照組可做為選擇題目的參考，凡比正常組出現變態行為兩倍以上的題目，就給予保留。

　　如果要編製一份人格自陳量表，可以先選擇兩個樣本：其中一組以正常人作為控制組；另一組為臨床上診斷為患有精神官能症患者作為效標組。再以許多人格問卷題目，對這兩個樣本實施測驗，接著再以合適的統計方法（或稱為實徵法），選擇最能有效鑑別正常人與精神官能症患者的題目，然後將這些題目編製成人格量表，之後再由受測者在該人格量表上的得分，就可以顯示其行為與精神官能症患者（效標樣本）相似的程度。

　　效標基準法最早由伍德沃斯（R. S. Woodworth, 1917）所創用，後來史壯（E. K. Jr, Strong, 1943）據以編製史壯職業與趣量表；黑瑟威（S. R. Hathaway, 1941）和麥克基里（J. C. McKinley, 1941）據以編製**明尼蘇達多相人格量表**（The Minnesota Multi-phasic Personality Inventory，簡稱 MMPI）。其後，以此方法編製人格測驗，比較著名者尚有**加利福尼亞心理量表**（California Psychological Inventory，簡稱 CPI）、**兒童人格量表**（Personality Inventory for Children，簡稱 PIC）等測驗。茲分述如下。

（一）明尼蘇達多相人格量表

　　在依據效標基準法來編製的人格測驗中，最具盛名與使用最廣泛者，首推明尼蘇達多相人格量表。許多學者以它作為研究工具。到目前為止，有關此測驗的研究出版已超過 1 萬種以上。

　　明尼蘇達多相人格量表合計有 566 題，但是其中 16 題是重複的，所以實際只有 550 題。每一題有「是」、「否」、「不知道」等三個選項，讓受測者選答其

中一項。此測驗最早屬於個別化測驗，全部題目分別印製在大張的卡片上，這些卡片要受測者分為三類。後來，即發展成團體用的型式，題目與答案紙分開。這兩種型式分別針對 16 歲至成人而設計。此外，為了使閱讀困難或視覺障礙者能夠接受測驗，亦備有採用語音播放的測驗題目。

　　明尼蘇達多相人格量表的題目內容涵蓋相當廣泛，包括：健康、心身性症狀、神經質、動作困擾、性、宗教、政治以及社會態度、教育、職業、家庭以及婚姻問題、精神官能或精神疾病的行為特徵（如強迫性觀念與強迫性行為、妄想、幻覺、恐懼症、虐待與被虐待傾向）。全部題目可以分為 26 項，再依照答案的性質算出 10 個臨床量尺，以及 4 種效度量表，部分題目如下：

　　1. 我不會很快疲勞。

　　2. 大多數的人會使用不公平的方法，去獲得利益。

　　3. 我對性問題感到困擾。

　　4. 當我疲勞時，我會尋找一些刺激。

明尼蘇達多相人格量表的 10 個臨床量尺如下：

　1. 疑病症（Hypochondrias, Hs）：懷疑自己的身體得了重大疾病，如心臟病、癌症。

　2. 憂鬱症（Depression, D）：很悲傷、覺得人生沒有意義、對任何事情不感興趣。

　3. 歇斯底里（Hysteria, Hy）：以身體症狀來逃避壓力與責任。

　4. 心理病理偏差（Psychopathic Deviate, Pd）：行為違反社會道德規範。

　5. 男性化—女性化（Masculine-Feminine, Mf）：行為與自己的性別角色不符合。

　6. 妄想症（Paranoia, Pa）：想一些不切實際的事情；可以分為關聯妄想、誇大妄想、支配妄想、迫害妄想。

　7. 虛感症（Psychasthenia, Pt）：自覺身體虛弱、無力、無精打采。

　8. 精神分裂（Schizophrenia, Sc）：注意力無法集中、有幻覺、缺乏病識感（不覺得自己生病）、無法適應正常的社會生活。

9. 輕躁症（Hypomania, Ma）：情緒激動、思想跳躍、過度活動。

10. 社會內向（Social Introversion, Si）：人際關係差、退縮、自我孤立。

明尼蘇達多相人格量表的主要特徵，就是使用四種效度量表，這些效度量表並非實際的效度。這些效度分數包括如下：

1. 撒謊分數（lie scale, L）：有一些題目可以測量受測者作答的誠實程度。

2. 頻率分數（frequency, F）：有一些題目可以測量全份人格量表的效度。

3. 校正分數（correction scale, K）：此項分數高表示受測者自我防衛強，反之，如果得分低表示受測者過分坦率、自我批評或認為自己不好。

4. 疑問分數（cannot say）：受測者填寫時選擇「不知道」的總題數。

撒謊分數如果超過 10 以上，測驗結果就視為無效。校正分數如果得分高，則測驗分數有待進一步探討。

頻率分數又稱**效度分數**（validity score），如果效度分數高，就表示受測者可能作答時粗心、誤會題意、未認真作答。另外有「疑問分數」以「？」表示，由於選擇此項目的人很少，所以這個分數已經不再使用。

上述這些量表題目的設計，曾經對大約 1,500 名精神異常者（效標組）與正常人（控制組）來施測，將這兩組人測驗得分達到統計上顯著差異水準的題目保留下來，並且據以建立常模（Hathaway & McKinley, 1941）。男性化與女性化量表的題目，是根據男性與女性的反應次數，以及對同性及異性的反應次數，在這個量表上得高分，表示對異性的興趣比較高。社會內向量表是從內向、外向的反應中挑選出來的，由此量表發現，受測者對社會內向量表的作答反應，與高中或大學生參與課外活動的數目有密切的關係。

受測者在明尼蘇達多相人格量表的每一個分量表，計算出原始分數之後，必要時可以將分量表的分數給予校正，然後將原始分數轉換為 T 分數，並且繪製整個量表的側面圖，以利測驗結果的解釋。由於明尼蘇達多相人格量表的解釋相當複雜，解釋者必須詳閱指導手冊。如果受測者在某一個分量表的得分高出平均數 2 個標準差，就表示受測者的反應顯著高於正常人。但是，不可以依此立即做出診斷，而應以全部量表的側面圖來解釋。

目前，明尼蘇達多相人格量表的側面圖，不只包括 10 個原來臨床的量表，尚有 4 個較新的量表，也就是：焦慮、壓抑、自我強度以及酗酒量表。以 11,500 名受測者為樣本建立常模，常模以平均數 50，標準差 10 的標準分數表示。將標準分數繪製成側面圖，測驗分數高於 70 分（落入平均數以上 2 個標準差）就視為不正常。

明尼蘇達多相人格量表的重測信度係數介於 .57 至 .93 之間，正常人重測信度係數在 .60 以上，精神疾病患者樣本的重測信度比較低。在效度方面，各分量表的效標關聯效度、各種側面圖的區別效度尚佳，所以本量表在臨床或研究上的使用價值都受到肯定；但是其題目很多，因此在使用上比較不方便。一般來說，在明尼蘇達多相人格量表上的分數愈高者，其心理困擾的程度也愈大。不過，受測者在明尼蘇達多相人格量表各分量表，有時得分雖然相同，但在臨床上的意義卻不一定相同，例如：虛感症與妄想症二個分量表都得 80 分，但是其變態行為的程度並不全然相同，因此在解釋測驗分數時應特別加以注意。目前明尼蘇達多相人格量表測驗分數的解釋，可以利用電腦來解釋側面圖資料。

明尼蘇達多相人格量表自 1942 年問世以來，世界許多先進國家分別予以修訂，以符合各國國情以及實際需要。台灣學者在此測驗的修訂，茲簡述如下。

1954 年，黃碧月、包重齡將它翻譯成中文，刪除其中 15 個題目並對翻譯的題目進行預試。1959 年，台灣海軍為了建立健全的人事制度，爰請路君約負責修訂，由海軍總部於 1967 年 4 月將修訂版出版，該版本中全部有 550 題，其中 30 題與原測驗內容稍有不同，其餘題目均與原來題目的題意相同，測驗時間約 50 分鐘，16 歲以上者都可施側，各量表的信度係數介於 .57 至 .82 之間。各量表均由正常組與效標組比較，有顯著差異之後才選出來，所以其效度頗高。此外，該修訂版建立各量表的常模，提供使用者解釋測驗結果的參考。馬傳鎮將路君約的明尼蘇達多相人格量表（修訂版）加以修訂，成為少年犯罪量表，適用於 14 至 19 歲的青少年。

總之，明尼蘇達多相人格量表是國際間知名的人格測驗之一，該量表全世界有許多國家的心理學者或精神科醫師使用。但由於該量表題目很多，比較繁瑣，

因此有學者將它簡化成其他類似的人格測驗，**加利福尼亞心理量表**（California Psychological Inventory，簡稱 CPI）就是其中一例。

（二）加利福尼亞心理量表

本量表是除了明尼蘇達多相人格量表以外，用途最廣的人格量表之一。加利福尼亞心理量表由高夫（H. G. Gough, 1987）編製完成。其題目大約有 200 題取自明尼蘇達多相人格量表，適用於 13 歲以上的兒童、青少年與成人，總共有 480 題，由受測者回答「對」或「錯」。1987 年修訂的加利福尼亞心理量表有 25 個分量表，歸納為五大類，如表 11-1 所示。

本量表的**幸福感**（Sense of Well-being, Wb）、**好印象**（Good impression, Gi）與**從眾性**（Communality, Cm）為效度量表，用來衡量接受測驗的態度。其餘的 17 個量表，例如：支配性、社交性、自我接納、責任感、社會化、自制力、**順從成**

表 11-1　加利福尼亞心理量表的分量表

1. 人際關係
   支配性：支配他人與領導能力
   能力：社會地位的個人能力
   社交性：社交與人際關係
   社會風度：人際風采
   自我接納：認識自己與自尊
   獨立性：自己獨立思考與行動能力

2. 社會化
   責任感：誠實可靠與責任心
   社會化：社會化過程的程度
   自制力：自我管理的能力
   好印象：給自己和別人留下好印象
   從眾性：盲目跟從別人的程度
   容忍性：對自己和別人寬容的程度

3. 成就感與智能效率
   順從成就：對成就關注的程度
   獨立成就：依靠自主達成成就的程度
   智能效率：自己具有的智慧與理性程度

4. 思考與行為傾向
   心理傾向：對別人的感情與要求關心的
   　　　　　程度
   變通性：個人適應社會環境的應變能力
   女性化：個人傾向女性化的程度

5. 特殊潛在能力
   管理潛在能力：管理事務的潛在能力
   工作取向：對工作熱忱的程度
   領導潛在能力：個人領導的潛在能力
   社會成熟度：個人社會成熟的程度
   創造潛在能力：個人創新的潛在能力

就（Achievement-via-Conformance）、獨立成就（Achievement-via-independence）、同理心（Empathy）與獨立性等，這些量表可以測量不同層面的人格特質。

本量表的施測時間大約一個小時，測驗分數求各分量表的原始分數，再轉換為 T 分數。加利福尼亞心理量表的標準分數，其平均數 50，標準差 10。此量表以 6,000 名男性與 7,000 名女性的標準化樣本所得到的，這些樣本在年齡、社經水準與地理區域的分布甚廣。此外，許多特殊團體的每一個量表，均算出平均數與標準差。每一個量表求出重測與內部一致性信度係數，各量表間的內部相關相當高。受測者在加利福尼亞心理量表的得分，在預測高中與大學成績上均頗具有實質性效果，對某些職業的表現也具有很高的預測力。最後再繪製成側面圖，做為解釋者的參考。

加利福尼亞心理量表的 1987 年修訂版，量表內容稍做改變，使填答者更清楚，內容更新穎。為了達到此目的，修訂版題目與原來題本略有增刪，新量表另外建立常模、信度、效度。在解釋時依 20 個量表的因素分析，分成：(1)內向—外向；(2)與傳統相符或不符；(3)自我了解與統整感。此外，編有使用者指導手冊，詳細說明修訂過程以及使用方法。目前加利福尼亞心理量表，仍然是美國常被廣泛使用的測驗工具之一。

（三）兒童人格量表

兒童人格量表的編製方法，與加利福尼亞心理量表或明尼蘇達多相人格量表相似。此量表由美國明尼蘇達大學的一群心理學者歷經 20 年，依據兒童發展理論與明尼蘇達多相人格量表，在臨床上的用途而設計的。兒童人格量表適用於 6 至 16 歲的兒童和青少年，但是也可以使用在 3 至 5 歲幼童。該量表與明尼蘇達多相人格量表主要不同之處，在於該量表題目的 600 題並非由兒童作答，而是由成人（通常是母親）作答。此量表可由兒童母親對兒童目前的問題與案主生活史，蒐集有關兒童的各種資料，並且根據標準化與診斷的資料來解釋。

兒童人格量表是一種觀察行為量表，而非自陳量表。由受測者的填答反應，可以反映出父母的動機、態度。此量表合計有 600 題，分成 3 個「效度量表」，

1 個普通篩選量表，以及 12 個臨床量表。效度量表包括：說謊量表、次數量表、防衛量表，另一種為適應量表，其餘 12 個量表可以衡鑑兒童的認知發展與學業成就、情緒與人際問題（例如：憂鬱、焦慮、退縮、過度活動）與家庭的心理氣氛，16 個量表的每一個原始分數可以畫成側面圖。

兒童人格量表（修訂版）共有 600 題，分成四大部分：第一部分得到四個量表以及說謊量表，這些量表是將原來題目經因素分析而得到的，題目自第 1 至第 131 題；第二部分包括第 1 至第 280 題；第三部分包括第 1 至第 420 題；第四部分包括第 1 至第 600 題。有些量表以實際比較效標組與控制組的反應次數，使每一個題目均達到最佳的效度，有些量表則具有內容效度。在指導手冊中，重測信度資料與側面圖的解釋，都有詳細說明。

三、因素分析取向的人格量表

（一）基晉氣質量表

吉爾福特（Guilford）與他的同事，以因素分析法研究人格特質，他們從許多人格量表計算出每個題目之間的相關係數，後來發展成三個人格量表的**基晉氣質量表**（Guilford-Zimmerman Temperament Survey）。此量表可以測量 10 個人格特質，每 30 題各得到一個分數，這些特質包括：一般活動、抑制性、支配、社會性、情緒穩定性、友善性、深思性、個人關係以及男性化等。

基晉氏氣質量表的題目都是肯定語句，每題由受測者選答「是」、「？」或「否」。其題目舉例如下：

1. 您經常精神不振 ……………………………………… 是 ？ 否
2. 您開始做一件事時會很有熱心 ……………………… 是 ？ 否
3. 您覺得作白日夢是一大樂事 ………………………… 是 ？ 否
4. 您經常很激動 ………………………………………… 是 ？ 否

基晉氏曾以大學生為樣本，建立該量表百分位數與標準分數常模；不同因素分數的折半信度介於 .75 至 .85 之間。基晉氏氣質量表的 10 個人格特質之間的內部相關仍佳。張肖松、路君約曾修訂基晉氏氣質量表，測驗內容與原測驗相似，

分為 10 個因素，合計 300 題。此修訂測驗適用於高中一年級至大學生，測驗時間大約 40 分鐘，可以採團體測驗方式實施之。根據研究，其信度係數介於 .70 至 .80 之間，內部一致性相關係數介於 .25 至 .69 之間，並且分別建立男女生常模，供解釋測驗結果之用。

（二）寇瑞量表

寇瑞量表（Coery Scale）是以因素分析法所建構的人格量表。該量表包含 8 個人格分量表（如表 11-2 所示）。

表 11-2　寇瑞量表的分量表

T －信任對防衛	C －社會服從對抗逆
E －外向對內向	O －規律對不規律
S －情緒穩定對神經質	A －活動對文靜
M －男性化對女性化	P －同理心對自我中心

該量表有一個效度檢核量表，可以檢驗受測者是否有隨意作答的情形；另外有一個偏見量表，可以衡量受測者對題目的反應，是否傾向社會期許的方向。該量表有一個特徵就是使用七點量表，來記錄題目反應，其範圍依題目性質，自「經常」至「從不」或從「一定的」至「不一定的」。其量表的折半信度係數介於 .80 至 .90 之間，有建立地區性常模，以外在效標得到的效度尚佳。

（三）卡特爾的量表

卡特爾（R. B. Cattell, 1986）為了對人格充分的了解，他從各種字典或精神醫學、心理學的有關文獻資料中，蒐集了大約 4,500 個可描述人格特質的詞彙，再自其中去蕪存菁找出 171 個特質名稱，並且以 100 名不同團體的成年人，將這些特質評定其同儕，計算出這些評量分數的內部相關，經過因素分析之後，將 171 個特質精簡為 35 個特質，再由 208 人評量這些人格特質，經過因素分析以後，獲得 12 種潛源特質（source traits）。

　　卡特爾乃以此 12 種人格特質編成問卷，經測驗許多人之後發現，尚可增加 4 個特質，合計 16 個特質。卡特爾與其同事依據這 16 個特質，編製成 **16 種人格因素問卷**（Sixteen Personality Factor Questionnaire，簡稱 16PF）。16 種人格因素如表 11-3 所示；題目舉例如表 11-4 所示。

表 11-3　卡特爾的 16 種人格因素

1.溫暖（Warmth）	9.懷疑（Suspiciousness）
2.聰明（Intelligence）	10.想像（Imagination）
3.情緒穩定（Emotional Stability）	11.精明（Shrewness）
4.支配（Dominance）	12.缺乏安全感（Insecurity）
5.衝動（Impulsivity）	13.激進主義（Radicalism）
6.順從（Conformity）	14.自足（Self-sufficiency）
7.膽量（Boldness）	15.自律（Self-discipline）
8.敏感（Sensitivity）	16.緊張（Tension）

表 11-4　卡特爾的 16 種人格因素問卷題目舉例

1. 我盡可能坦誠回答每一個問題
　　A.是　B.不一定　C.否

2.我有足夠的能力去面對我的困難
　　A.是　B.不一定　C.否

3.我不願意批評別人
　　A.是　B.不一定　C.否

資料來源：Cattell (2001)

　　卡特爾的 16 種人格因素問卷分成五種題本：題本 A 與 B 為複本，各包含 187 個題目，適用於中等以上智商與具有閱讀能力的受測者；題本 C 與 D 也是複本，各包含 10 個題目，適用於小學六年級程度者；題本 E 有 142 題，適用於閱讀能力低於小學六年級程度者。在 A 至 D 四種題本中，受測者對每一題的填答反應，可從「是」、「可能是」、「不是」或者「是」、「有時是」、「不是」等三種答案中任選一個答案。但是，E 題本只有兩個反應可供選答。

該測驗可採個別或團體方式實施測驗，測驗時間在半小時內可以完成，測驗結果可以用人工或電腦計分。因為該問卷中的各題目彼此獨立，因此在求得每一個分量表上的原始分數以後，可以轉化為百分等級與**標準十**（sten）。標準十分數是全距由 1 至 10，平均數 5.5，標準差 2.0 的標準分數。

此份問卷各因素的信度均偏低，信度係數介於 .50 至 .80 之間，因此各複本間的性質並不完全相同，卡特爾等人曾建議將兩個以上題本同時使用，可以提高測驗的信度。就其效度而言，卡特爾（Cattell, 1986）曾經指出，16 種人格因素問卷題目的效標關聯效度係數，介於 .54 至 .90 之間。

有一些學者如黎蓬來（Levonian, 1961）對該問卷量表題目的同質性與各量表之間的獨立性表示懷疑。雖然如此，該量表是經過相當嚴謹的統計分析歷程而編製出來的。由於該測驗指導手冊所提供的資料並不十分完整，因此在美國心理學界的使用並不十分普遍。

1976 年，劉永河與梅吉瑞曾經將卡特爾的 16 種人格因素問卷完成修訂，由台灣開明書店出版。該修訂版仍包括 16 種人格特質，合計有 187 題，適用於國民中學三年級以上程度者，測驗時間約為 50 分鐘。各分測驗重測信度係數介於 .62 至 .91 之間；效度係數則介於 .42 至 .99 之間，並且提供常模供解釋者使用。

（四）柯氏性格量表

柯永河於 1977 年，根據他在台灣大學精神科心理治療多年的臨床經驗，並參照明尼蘇達多相人格量表的內容編製**柯氏性格量表**，該量表計有 282 個題目，分為以下 11 個分量表（如表 11-5 所示）；題目舉例如表 11-6 所示。

表 11-5　柯氏性格量表的分量表

1.疑心量表	7.強迫量表
2.慮病量表	8.性壓抑量表
3.離群量表	9.攻擊性量表
4.信心量表	10.自我強度量表
5.自卑量表	11.獨立性格量表
6.不安量表	

表 11-6　柯氏性格量表題目舉例

1. 我的臉部很難看。
2. 我做事很有耐心。
3. 我常常作惡夢。
4. 常常有人在批評我。
5. 我是一個火星人。

資料來源：柯永河（1998）

　　除了上述 11 個分量表之外，另以項目分析法建立「男性量表」、「女性量表」、「內外向量表」、「神經質量表」，合計有 15 個分量表。每一題作答採「是」、「否」二選一的強迫選答方式，適用對象為國中三年級以上至成人，測驗時間大約 40 分鐘。本量表各分量表的再測信度係數，介於 .61 至 .91 之間。以大學正常學生與情緒困擾學生，在各分量表上的得分來做比較，結果發現這兩組學生，在大部分的分量表得分都有顯著差異，顯示本量表的信度與效度都頗高。

四、人格理論取向的人格量表

　　人格理論通常奠基於臨床的實證資料，許多人格測驗是依據人格理論而編製。茲舉幾個著名的測驗如下。

（一）艾德華個人偏好量表

　　繆瑞與其同事（Murray, 1938） 在美國哈佛心理診療所（Harvard Psychological Clinic），研發出著名的人格測驗，艾德華（Edwards）再依據繆瑞的 15 種人格需求，編製成**艾德華個人偏好量表**（Edwards Personal Preference Schedule，簡稱 EPPS）。艾德華為了避免受測者在填答人格測驗時不誠實，乃設計該量表為**強迫選擇**（forced-choice）式的作答方式，以期預防受測者隱瞞的行為。

　　艾德華個人偏好量表共有 225 對敘述語句，其中有部分題目重複，計分成 15 個分量表，每一個分量表測量一種需求，15 種人格需求如表 11-7 所示。

表 11-7　艾德華個人偏好量表的 15 種人格需求

1.成就（achievement）	9.親和（affiliation）
2.順從（deference）	10.求援（succorance）
3.表現（exhibition）	11.謙卑（abasement）
4.省察（intraception）	12.變通（change）
5.支配（dominance）	13.堅毅（endurance）
6.慈愛（nurturance）	14.異性（hetero-sexuality）
7.秩序（order）	15.攻擊（aggression）
8.自主（autonomy）	

　　本量表分成 15 個分量表，每一個分量表與其餘 14 個分量表配對，所以題目的重複性很高，在每一配對中，受測者必須選出最能代表自己特徵的一個敘述語句，舉例如表 11-8 所示。

表 11-8　艾德華個人偏好量表題目舉例

1. A.我喜歡對別人談論我自己。
　 B.我喜歡對自己設定的目標去努力。
2. A.當我在某事上失敗時，我會感到沮喪。
　 B.當我在眾人面前講話時，我會覺得不自在。
3. A.我樂於稱讚我所欽佩的人。
　 B.我喜歡能自由的去作我想做的事。
4. A.我喜歡問一些明知別人不能夠回答的問題。
　 B.我喜歡逃避責任和義務。

資料來源：黃堅厚（1999）

　　受測者在艾德華個人偏好量表上的 15 種分數，可以依據大學男、女生的百分位數與 T 分數常模來解釋。這些常模是以全美國 29 所大學的 760 名男生與 749 名女生為樣本而建立的。其他的百分位數常模，以 4,031 名男性與 4,932 名女性的一般成人為樣本建立的；一般成人樣本係由美國 48 州的城市與鄉村地區抽樣而得。

　　本量表 15 個分量表的再測信度係數介於 .74 至 .88 之間，折半信度係數介於 .60 至 .87 之間。在效度方面，此量表手冊所報告的效度資料不十分清楚，有許多效度研究已經出版，但是這些研究的結果並不一致，有些研究探討該量表測驗分

數與同儕評量、自我評量的相關,結果發現其相關並不高(Hicks, 1970)。雷德克利夫(Radcliffe, 1965)曾對有關此量表的效度進行分析,結果發現有關艾德華個人偏好量表效度的證據,均略顯薄弱。

黃堅厚曾在 1976 年對該量表進行修訂,修訂後的題目內容大致與原量表相似,可適用於高中以上及一般成人,以團體方式實施,測驗時間大約 50 分鐘,測驗結果分別求出 15 項量表分數,並且建立常模。根據研究該量表的信度,各分量表的信度係數介於 .57 至 .86 之間,效度則以建構效度表示。後來,朱瑞玲與李黛蒂在 1979 年,又將黃堅厚的修訂版加以修訂,修訂後的量表為**評定量表**(rating scale),名為艾德華斯性格測驗。

愛德華個人偏好量表中文版,由林美珠、周東山、林繼偉修訂,2009 年在心理出版社出版,有建立國內常模。修訂版可以作為大學校院輔導工作,快速而簡便協助學生了解人格偏好傾向,有助於輔導教師分析學生人際關係、個人抱負及工作期待的相關議題。測驗內容共 225 題,包括一致性量表及 15 個人格變項:

1.成就	6.隸屬	11.關懷照顧
2.順從	7.內在感受	12.改變
3.程序	8.求助	13.耐力
4.尋求表現	9.支配	14.異性戀
5.自主	10.卑屈	15.攻擊

修訂者自台灣北、中、南、東抽取標準化樣本,以 3,493 名大學生建立常模,各人格變項之折半信度係數介於 .56～.88 之間,與 75 題自行編撰題目之效標關聯效度介於中等之間,皆顯示本量表可以有效評量大學生之人格特質。

(二)賴氏人格測驗

賴保禎參考吉爾福特(J. P. Guilford)的人格特質理論,設計了賴氏人格測驗,於 1991 年出版。該測驗以因素分析法編製人格特質,每一項人格特質有 10

題，加上測量誠實性的效度量尺 10 題，合計總題數 130 題。每一題的作答方式採李克特式五點量表，測驗時間大約 40 分鐘。該測驗適用於中學與大學生，測驗結果可以作為諮商輔導人員了解受測者的人格特質與適應情形。

2003 年，新修訂的賴氏人格測驗共有 15 個分量表，如表 11-9 所示。受測者的測驗結果可以分為五類：平均型（A 型）、暴力型（B 型）、鎮靜型（C 型）、指導型（D 型）、怪癖型（E 型）。新修訂的賴氏人格測驗由千華數位文化公司出版，其內容與前一版本之差異如下：

1. 建立新的常模，且仍與前一版本一樣，分台灣北、中、南、東部，抽取國中、高中及高職、大學、學院及專科等在校學生為樣本，分別建立國中生、高中及高職、大專生等三種常模。

2. 修改原量表的各分量表部分題目，在前一版本各分量表中，各增加 3 至 5 題做預測，再做項目分析，選擇鑑別力較高的題目，重組 10 題構成一個分量表，代表一項人格特質，再由 3 至 5 項人格特質構成一個人格因素。

3. 增加緊張量表、焦慮量表以及憂鬱量表，做為心理健康因素的指標，進而提供輔導人員早期發現問題，並做為心理諮商或心理治療之參考。

4. 增加測驗題目與人格因素：前一版本的測驗題數為 130 題，新修訂的版本為 150 題。

5. 除了原來版本的測謊題保留之外，增加 2 組測謊題目。

表 11-9　賴氏人格測驗的 15 個分量表

（一）內外向	（三）心理健康狀況
1.活動性	9.緊張性
2.領導性	10.焦慮性
3.社交性	11.憂鬱性
4.思考性	（四）社會適應狀況
5.安逸性	12.客觀性
（二）情緒穩定性	13.合作性
6.變異性	14.攻擊性
7.自卑感	15.虛偽性
8.神經質	

（三）新五大人格因素量表

　　高登柏格（Goldberg, 1990）提出五大人格特質理論（Big Five Trait Theory of Personality），克斯塔（P. T. Costa）即設計**新五大人格特質修訂量表**（Neo-Personality Inventory, Revised edition，簡稱 NEO PI-R），來測量人格特質隨著年齡改變的情形（Costa & McCrae, 1992; Goldberg, 1993）。新五大人格特質修訂量表計有 240 題，作答方式採李克特式五點量表，測驗時間大約 50 分鐘。表 11-10 是該量表的結構。

表 11-10　五大人格因素

（一）友善性（agreeableness）	（四）自律性（conscientiousness）
1.利他（altruism）	1.秩序（order）
2.順從（compliance）	2.盡責（dutifulness）
3.謙遜（modesty）	3.能力（competence）
4.體貼（tendermindedness）	4.深思熟慮（deliberation）
5.信任（trust）	5.努力成就（achievement striving）
6.直率（straightforwardness）	6.自我修養（self-discipline）
（二）神經質（neuroticism）	（五）外向性（extroversion）
1.焦慮（anxiety）	1.合群（gregariousness）
2.敵意（hostility）	2.活動（activity）
3.憂鬱（depression）	3.冒險（excitement seeking）
4.衝動（impulsiveness）	4.溫暖（warmth）
5.害羞（self-consciousness）	5.正向情緒（positive emotion）
6.抗壓性（vulnerability）	6.自我肯定（assertiveness）
（三）開放性（openness）	
1.感性（feelings）	
2.幻想（fantasy）	
3.思考（ideas）	
4.行動（actions）	
5.價值（values）	
6.美學（aesthetics）	

　　克斯塔（P. T. Costa）和麥克克雷（R. R. McCrae）在 1988 年，設計出五大人**格特質簡式量表**（Neo-Five Factor Inventory，簡稱 NEO-FFI），該量表是以五大

人格特質理論為基礎而設計的，合計有 60 題，每一個人格特質有 12 題，測驗時間大約 15 分鐘。目前五大人格特質簡式量表，因為測驗時間短，可以很快分析出求職者的人格特質，所以在歐美先進國家工商企業界使用相當普遍。例題如表 11-11 所示：

表 11-11　五大人格特質簡式量表的例題

1.我對任何事情都很樂觀。
2.我喜歡有很多朋友。
3.我對每一個人謙恭有禮。
4.我常常覺得不如人。
5.我喜歡保持整齊清潔。
6.我做事都很積極。
7.我做任何事情容易衝動。
8.我一向喜歡幫助別人。
9.我覺得自己的表現很不錯。
10.我很容易為小事而煩惱。

第三節　受測者的態度與反應型態

壹　不誠實作答與社會期望

　　曾經有一些學者致力於研究人格量表中，受測者填答隱瞞真實情形的現象，例如：賈冠柏斯和巴隆（Jacobs & Barron, 1968）曾要一個班級學生扮演成三個不同角色，有一部分學生扮演適應良好與愉快大學生的心態回答每一個問題，另有一部分學生扮演嚴重不良適應者的心態回答每一個問題，最後有一部分學生依其自己真實的感受來填答題目。研究結果顯示，受測者的心態會影響填答的結果。

　　有一位心理學家曾做了一項有趣的研究，他對一組學生實施兩次測驗，前後

間隔一星期。在第一次測驗之前，主試人員先告訴學生，請他們假設自己去應徵某大公司的推銷員，要他們抱著必定錄取的態度去應試；在第二次測驗時告訴他們應徵的工作已經換為圖書館管理員了。測驗結果發現，在自信心這一個特質反應分數，在上述兩組之間有很大的差異，抱著非錄取不可心態者，其測驗分數比較高。由此可知，受測者填答人格問卷時的心態會影響測驗的結果。

葛林（Green, 1951）曾經做了一個研究，對在職員工與應徵工作者進行相同的測驗，事先均讓他們知道測驗結果僅作為研究之用。由於這兩組受測者接受測驗的動機很接近，因此發現其測驗分數並無顯著差異。

受測者在填答自陳量表時，傾向於選擇社會期望的反應。艾德華（Edwards, 1957）認為，受測者不自覺的選擇一般人認為較好的答案，這種**社會期許**（social desirability）傾向顯示出受測者對自己的缺點不願去面對的心理。另外，有一些學者認為，社會期望反應的強度與一個人自我保護的需要，或逃避批評、社會讚許等因素有關。另一方面，受測者在填答自陳量表時，選答不利於自己陳述句的答案，也許是為了凸顯個人的問題，進而爭取他人的注意或同情。

艾德華為了研究受測者的社會期望，對人格測驗反應的影響，乃在 1957 年發展出一個特殊的社會期望量表。受測者在此量表上的分數，與在任何人格測驗分數的相關，可以發現其社會期望變數的程度。人格量表編製比較中性的或細微的題目，可以減少受測者填答時做出社會期望的反應。此外，測驗指導語以及與受測者建立友善關係，也可以促使受測者坦白回答。

貳 強迫選擇技術

強迫選擇技術（forced-choice technique）指的是，要受測者在兩個敘述語句中選擇一個答案，但每一題的兩個答案可能都是受測者所期望的，或兩者都是受測者所不期望的；艾德華個人偏好量表（EPPS）的題本就是採用強迫選擇技術。強迫選擇式的題目有時也包括三、四或五個語句，受測者在各個敘述語句中，選擇最能描述自己或最不能描述自己的答案。強迫選擇式的題目舉例如下：

	是	否
1. 我是在火星出生的	（　）	（　）
2. 我是個容易煩惱的人	（　）	（　）
3. 我是一個很寂寞的人	（　）	（　）

採用強迫選擇技術可以避免受測者作答時，傾向於選擇社會所期望的答案。強迫選擇技術另外有一些優點，例如：使用測驗者對測驗結果可以做明確的解釋，因為受測者的填答反應相當明確。有一些人格測驗的選項，包含：「是」、「不一定」、「否」或者「贊同」、「無意見」、「不贊同」等，如果受測者大多選答「不一定」或「無意見」，就不容易對其人格做客觀的測量。雖然如此，該種技術無法肯定受測者填答時的行為反應，不受社會期望因素的影響，因此，在解釋測驗分數時，仍然有必要對受測者的**反應傾向**（response set）或**反應型態**（response style）進行了解。

反應傾向或反應型態

受測者在填答人格測驗時社會期望的反應，只是幾種填答反應傾向之一。受測者在填答人格測驗時，至少有三種反應傾向，有一種反應傾向就是對每一個題目都選答「是」或答「否」，並沒有仔細而且真實的來作答。第二種情形是對前半部題目都選答「是」，對後半部題目都選答「否」。第三種情形是做出一些相當特殊的反應，例如：奇數題選「是」，偶數題選「否」。

心理測驗學者對受測者選答時的不正常心態，常以特殊的計分方式給予校正。由於人類行為是經由複雜的學習歷程而得，因此近年來有些學者對受測者的選答反應，以因素分析法深入探討有關情境因素或反應型態，進而了解受測者填答態度的影響。

關鍵詞彙

人格測驗	自陳量表
評定量表	強迫選擇技術
潛源特質	基晉氏氣質量表
五大人格特質理論	16 種人格因素問卷
艾德華個人偏好量表	標準十分數
效標基準法	反應型態

自我評量題目

1. 試述人格測驗的功能。

2. 有哪些人格測驗可以測量受測者是否誠實作答？

3. 有哪些人格測驗可以使用在臨床領域？

4. 試述柯氏性格量表包含哪些分量表？

5. 試述賴氏人格測驗包含哪些分量表？

6. 試述明尼蘇達多相人格量表的主要特徵。

7. 如何減少受測者接受人格測驗時，做出社會期許的反應？

8. 何謂強迫選擇技術？有何功能？試分述之。

第十二章　興趣、價值與態度測量

一個人的興趣、價值與態度屬於人格的重要層面，也會影響學業、職業的選擇，以及人際關係。因為教育與職業諮商的需要，激發心理學者對「興趣」的研究，興趣測驗的發展也受職業選擇與分類的影響。就求職者與僱主的觀點，個人的職業興趣相當重要。意見與態度的衡量，是社會心理學的重要課題。本章有關興趣、價值與態度的工具，都屬於自陳式量表，茲分述如下。

第一節　職業興趣量表

大多數的興趣量表，都在衡量個人對不同工作領域的興趣。有些興趣量表可以用來分析個人對課程的興趣，有些則做為職業選擇研究的用途。長久以來，心理諮商使用興趣測驗有日漸增多的趨勢，近年來心理學者設計或修訂的興趣量表，對於職業諮商、協助個人生涯發展的探索，有很大的幫助。

心理學者使用興趣測驗，可以客觀的評量個人的興趣。除了可以做為個人職業選擇以及生涯輔導計畫的參考之外，而且可以根據受測者對各題目反應的分數，比較從事不同職業者興趣的差異情形。根據研究發現，各種從事不同職業團體者，其職業興趣常有明顯的差異。在許多職業類別中，男性與女性的職業興趣人數比率有顯著的不同，這些差異在解釋個人職業興趣時需特別注意。

 職業興趣量表的種類

 史壯職業興趣量表

1927 年，史壯（E. K. Strong）所設計的**史壯職業興趣量表**（Strong Vocational

Interest Blank，簡稱 SVIB），在 1933 年出版女性專用的興趣測驗，在 1938 年修訂男性專用的興趣測驗，1946 年修訂女性的興趣測驗。該量表在測量職業興趣上有兩種實施程序：第一，受測者對每一個題目的活動、人、事、物，選答喜歡或不喜歡；第二，對不同的職業表達喜歡或不喜歡的程度。

史壯職業興趣量表是最先使用標準計分法的測驗。根據研究發現，從事不同職業者其興趣也有所不同。這些興趣差異與職業活動、學業成績、嗜好、運動、個人喜歡的學科、社會關係以及日常生活等，都有密切關係。從受測者在興趣量表上的分數，可以決定將來從事某種職業成功的可能性。

史壯曾經進行一連串的研究，得到該量表的信度與效度。該量表在間隔二週、一個月以及 3 年的重測信度，分別為 .92、.89 與 .87。基本的興趣量表，其重測信度分別為 .91、.88 與 .82。

二、史壯—康培興趣量表

史壯於 1963 年往生之後，康培（J. T. Campbell）將他的職業興趣量表加以修訂，改稱為**史壯—康培興趣量表**（Strong-Campbell Interest Inventory，簡稱 SII）。該量表歷經 1981、1985 以及 1994 年等三次修訂，修訂版主要的改變，包括：(1)介紹職業興趣理論架構與解釋興趣分數；(2)合併早期男性與女性的量表，並且在新的男女樣本各種職業量表上，建立新的常模；(3)對大學以下程度者，增加各種職業的量表數。舉例如表 12-1 所示。

表 12-1　史壯—康培興趣量表的例題

從下面的題目中，選出喜歡、無意見、不喜歡		
喜 歡	無意見	不喜歡
1.律師 …………………（　）	（　）	（　）
2.會計師 ……………（　）	（　）	（　）
3.獸醫師 ……………（　）	（　）	（　）
4.機械操作員 ………（　）	（　）	（　）
5.小學教師 …………（　）	（　）	（　）
6.社會學家 …………（　）	（　）	（　）
7.從事研究工作 ……（　）	（　）	（　）

　　史壯—康培興趣量表共有 325 個題目，分成七個部分。在前五個部分中，受測者的填答反應包括：「喜歡」、「無意見」、「不喜歡」等三類。這五個部分的題目分為下述幾類：職業、學校學科、活動（例如：演講、修理時鐘、募款做慈善工作）、休閒活動、每天與人接觸。其餘兩個部分受測者需要在各配對題目之間，表示喜歡的程度，並且以「是」、「否」或「？」等三種答案作答。該量表只能以電腦計分，求得六種一般職業分數。

　　職業興趣的分類，是由何倫（Holland, 1985）的理論模式研發出來的，並由何倫等人廣泛的研究。何倫的職業興趣模式，涵蓋了實際的、研究的、藝術的、社會的、富於創業精神的，以及傳統的等六個類型。在何倫的職業興趣模式中，不硬性將受測者分成上述六類型之一，而是以一個或更多類型的程度來表示其職業興趣。

　　史壯—康培職業興趣量表在 1985 年出版，包括 207 個職業量表，並且建立男女性常模。在建立每一個職業量表常模時，大約以 200 人作為樣本，在 1985 年修訂版的受試樣本超過 14,000 人。職業效標組包含 25 至 60 歲而且至少受僱 3 年，滿意其工作並且達到職業成就的最低標準。該量表也有兩個參照樣本，包括 300 名一般男性與 300 名一般女性，這兩個樣本代表此量表的主要職業類型。

　　每一個職業量表根據職業效標樣本與參照樣本，以各題反應百分比的差異，來選擇測驗題目。在女性量表中，＋1 表示反應時常發生，－1 表示不常發生。每一個職業量表上的全部原始分數，以受測者的得分加權數來表示。

　　史壯—康培職業興趣量表的分數以平均數 50，標準差 10 的標準分數來表示。在一般職業主題與基本興趣量表中，由標準化樣本的測驗結果計算出標準分數與側面圖，但是以相同性別常模為基礎，異性常模可以由側面圖比較之。1985 年的史壯—康培職業興趣量表的報告，旨在做相同性別的比較，提供諮商者與受測者對異性比較，與個別案主反應類型更有效的解釋。史壯—康培男性職業興趣量表的信度，如表 12-2 所示。

表 12-2　史壯—康培男性職業興趣量表的再測信度

第一次施測年齡	再測時間的間隔					
	2 星期	1 年	2～5 年	6～10 年	11～20 年	20 年以上
17～18 歲	—	.80	.70	.65	.64	—
19～20 歲	.91	.80	.73	.67	.67	.64
21～25 歲	—	—	.78	.69	.75	.72
26 歲以上	—	—	.77	.81	.80	—

　　史壯—康培職業興趣量表的側面圖也提供一套指數，包括全部反應數目、特殊的反應與「喜歡」、「無意見」、「不喜歡」等反應的百分比，這些分數可用以檢驗特殊的反應組型。此外，有兩個特殊量表也衡量內向、外向與從事學術性工作的適合性。前者可以反映出受測者的性格，是偏向於喜歡與別人一起工作或個人單獨工作；後者可區分出個人是否會自高中輟學。上述兩份量表在預測個人從事不同職業者的適合性，頗有助益。

　　史壯—康培職業興趣量表，不只是興趣測量領域中的先驅，同時也是國際間使用最廣泛的職業興趣量表之一，但是還有一些其他頗著名的職業興趣測量工具，自 1960 年代起快速的成長。

三、傑克森職業興趣量表

　　傑克森職業興趣量表（Jackson Occupational Interest Inventory）屬於最新型的職業興趣量表，該量表具有以下兩個特徵：第一，其測驗編製程序特殊；第二，在幾方面其方法與史壯—康培興趣量表顯著不同。在目前所使用的各種興趣量表中，史壯職業興趣量表最具有悠久的歷史；史壯—康培興趣量表偏重在特殊職業的測量；而傑克森職業興趣量表，則偏重在題目發展與計分系統方面。史壯職業興趣量表採實徵性標準計分與效標關聯效度；傑克森職業興趣量表則採建構效度。史壯職業興趣量表大部分的題目以「喜歡」、「無意見」、「不喜歡」等三種答案供受測者填答；傑克森職業興趣量表則採強迫選擇式題目，供受測者填答。

　　傑克森職業興趣量表的測驗結果，可以利用電腦計分處理。該量表的層面可

分為兩個類型：其一依據工作角色定義；另一個層面就是依據工作型態的定義。工作角色，例如：機械、法律；工作型態是指工作環境，例如：獨立或支配式的領導。測驗題目依每一種工作角色與工作型態的說明而編製。

在最初題庫中有超過 3,000 個題目，經因素分析分成幾大類。受測者在全部題目作答「喜歡」或「不喜歡」，進一步以項目分析法選擇測驗題目。然後經由電腦程式將不同的工作角色或工作型態，編製成強迫選擇式的配對題目。

傑克森職業興趣量表，計有 34 個基本興趣量表題目，其中工作角色 26 題、工作型態 8 題。此問卷的設計以相同人數的男性、女性，來做為題目選擇與量表編製。在每一個量表上的標準分數常模，是從合併與相同加權的男女性標準化樣本計算而得到。另外，男女兩組分開的百分位數常模可以作為補充資料，並且以美國、加拿大的大學生與高中生的大樣本建立常模。

受測者在傑克森職業興趣量表的 34 個基本興趣量表中，對某一量表得分高的表示在某一工作領域的興趣也比較高。這些量表可以快速與方便的利用手工來計分，原始分數可以直接轉換成側面圖，同時可以轉換成平均數 30，標準差 10 的標準分數。此外，測驗結果可以利用電腦來計分，並且提供解釋的材料與有關訊息，以幫助受測者做好生涯探索。

四、庫德職業興趣量表

庫德職業興趣量表（Kuder Occupational Interest Survey）與史壯—康培職業興趣量表的使用並駕齊驅。最早的庫德職業喜好紀錄，其測量職業興趣的方法與史壯有兩方面的不同：第一，庫德職業興趣量表使用三個選項供受測者選答，受測者指出三種職業活動中，最喜歡與最不喜歡的是哪一個，不是特殊的職業，而是 10 個興趣領域，也就是：戶外的、機械的、計算的、科學的、說服他人的、藝術的、文學的、音樂的、社會服務的與文書的；第二，每一個量表的題目是依內容效度設計，最後依內部一致性與其他量表低相關兩個標準來選擇題目。

庫德的一般興趣量表後來發展成庫德職業喜好紀錄，此版本使用比較簡單的語言與字彙，適用於中學生，受測者只要有小學六年級的閱讀程度，就可以接受

測驗。

　　庫德職業興趣量表與史壯職業興趣量表，都參考特殊職業團體的分數，然而它與史壯職業興趣量表有些不同，該量表不使用一般參照團體。受測者在每一個職業量表上的分數，以其興趣型態與特殊職業團體的興趣組型間的相關來表示。此興趣量表只能以電腦計分，有些量表只適用於男性，有些量表只適用於女性，有些量表兩性均適用。此量表涵蓋的職業相當廣泛，從美容師、卡車司機到化學家與律師等。

五、布雷納德職業愛好量表

　　布雷納德（Paul P. Brainard）在 1932 年編製白氏特殊興趣問卷，測驗對象分為成人男性、成人女性、男孩、女孩等四類，合計有 140 題，分成 7 種興趣範圍，並且建立百分位數常模。1939 年修訂成為**布雷納德職業愛好量表**（Brainard Occupational Preference Inventory），1955 年又將此量表修訂，分成 7 種興趣範圍，每一興趣範圍包含 4 個項目，合計有 28 個興趣項目，分別如下：

　　1. 行政與商業：會計、書記、推銷、商業管理。

　　2. 機械：機械設計、機械操作、精細手工藝、建築。

　　3. 自由職業：醫藥工作、法律與社會工作、教育工作、人事工作。

　　4. 藝術：造型與色彩藝術、語文表達、建築設計與裝飾、音樂。

　　5. 科學：統計研究、物理研究、生物研究、化學研究。

　　6. 農業：農場與園藝、飼養動物、林業、畜牧。

　　7. 個人服務：家庭服務、健康服務、社區服務、縫紉。

　　本量表每一題有「非常不喜歡」、「不喜歡」、「無意見」、「喜歡」、「非常喜歡」等五個選項，由受測者根據自己對各類職業喜歡的程度，選擇其中一項。舉例如表 12-3 所示。

表 12-3　布雷納德職業愛好量表的例題

	非常不喜歡	不喜歡	無意見	喜歡	非常喜歡
1.看棒球賽		V			
2.聽音樂				V	
3.當警察					V
4.駕駛卡車	V				
5.飼養牛、羊、馬		V			
6.製作廣告			V		

　　程法泌（1974）則對布雷納德職業愛好量表加以修訂，測驗對象適用於國中二年級至高中三年級與成人，分別建立男性與女性常模，測驗時間大約30分鐘。布雷納德職業愛好量表的信度，中學生再測信度係數介於 .58 至 .75 之間，大學生則介於 .63 至 .82 之間，折半信度係數中學生介於 .75 至 .95 之間，大學生則介於 .72 至 .92 之間。在 28 個興趣項目分數中，內部相關係數都小於 .40，顯示 7 個職業興趣範圍具有相當的獨立性，也就是理論上本量表有高效度。惟，該修訂本年代距今久遠，在解釋受測者測驗分數時，指導手冊之常模已不適用。

六、生涯衡鑑量表

　　生涯衡鑑量表（Career Assessment Inventory，簡稱 CAI），是由喬漢森（C. B. Johanson）所編製的一種非專業的興趣量表。該測驗針對沒有受過大學教育或高深專業訓練者，為了尋找職業的需要而設計的，例如：飛機機械師、牙齒保健師、自助餐工作者、電腦程式設計師、特約護士等。該量表包含 305 個題目，分成三大類：活動、學校學科，以及職業名稱，每一個題目有 5 個選項，從「非常喜歡」到「非常不喜歡」。該量表也可以對閱讀能力欠佳的成人施測，而且有良好的信度。

　　生涯衡鑑量表與史壯職業興趣量表相同，它提供三個主要類型量表的分數，包括 6 個一般量表題目，22 個基本興趣領域量表以及 91 題職業量表，該量表的指導手冊，有男女兩性合併的常模可供使用。

七、自我探索量表

自我探索量表（Self-Direct Inventory）是由何倫（J. L. Holland）所設計的，可作為受測者自我實施、自己計分與自我解釋的職業測驗工具，該量表合計有1,156 種職業供受測者選擇，有助於個人生涯的決定。

此份量表曾經廣泛的使用在各種情境，並且有許多學者進行研究，結果發現信度與效度均頗高。舒波（Super, 1957）認為，職業選擇是自我概念的實踐。近年來，有一些學者探討不同職業團體者人格的差異（Borgen, 1986）。職業選擇常可反映出個人的基本情緒需求，職業適應是一般生活適應的主要部分，因此，個人職業興趣的衡量，對不同人格的了解有莫大的助益。何倫（Holland, 1985）認為，職業興趣反映個人的自我概念與主要的人格特徵，他同時認為職業興趣可以增進工作滿足、工作穩定與工作成就。

 職業興趣量表的發展趨勢

職業興趣量表可以測量個人對職業的期望，可以激發個人探索自己合適的工作領域，同時也可以增進自我了解。許多職業興趣量表可以應用電腦適性測驗。大多數的職業興趣量表，可以作為受測者個人職業生涯的指南，但偏重在測量個人職業的生涯。

史壯修訂的職業量表，受測者不必具有大學程度。庫德的興趣量表比以前的職業興趣量表包含更多的職業類別。喬漢森（Johansson, 1984）所設計的生涯衡鑑量表，特別重視技術性的商業行為、文書與技術工作，以及半技術性職業。另外，傑克森（D. N. Jackson）的生涯指南量表，適用於教育程度較低的受測者。此外，一個人的興趣，與從事各種職業者的人格以及工作經驗，均有極密切的關係。

第二節　價值量表

　　自從 1960 年代以來，有關價值觀的測量日漸受到重視；價值觀測量因著方法學、內容與特殊的目標而有很大的變化。它與興趣以及態度測量，彼此間有許多共通之處。茲就價值觀測量工具，簡述如下。

壹　價值觀的研究

　　人格心理學家歐波、維能和琳雷（Allport, Vernon, & Lindzey, 1960）在其《價值研究》（第三版）（*Study of Values*）一書中，介紹了**價值研究**（Study of Values）的概念。史普雷久（Spranger, 1928）最早將價值觀分為下述六類：

1. 理論的：以實證的、批判的、理性的、智慧的方法，發現真理。
2. 經濟的：強調使用的與實際的價值。
3. 審美的：重視和諧、優雅、對稱。
4. 社會的：利他與博愛、善行。
5. 政治的：追求個人的權力、名利、影響力。
6. 宗教的：尋求宇宙的奧祕。

　　上述這六個類型與何倫的職業類別、庫德的職業興趣有許多重疊之處。價值觀研究的題目在每一大類中，均具有內在一致性；在測驗題本中，題目是以隨機方式安排的，每一題為二選一或四選一的選項。

　　每一類價值觀的原始分數總分都繪製成側面圖，每一類價值觀都有高中生與大學男女生的平均數。六個分數的折半信度係數介於 .84 至 .95 之間，重測信度係數則介於 .77 至 .93 之間。就效度而言，該價值觀研究以對照團體考驗效度。不同職業與不同教育程度者，側面圖均有顯著的差異，例如：醫學院學生在理論領域上得高分，神學院學生在宗教領域上得高分。價值觀側面圖與學業成就有密切關

係，自我評量的分數與同僚的評量也有高相關存在。有些研究發現，不同教育程度者其價值觀有顯著的不同。

 工作價值量表

舒波（Super, 1970）設計的**工作價值量表**（Work Values Inventory），提供給高中生與大學生做為學業或生涯諮商之用，同時也可以做為人事甄選之用。此自陳量表合計有45題，屬於五點式量表。工作價值量表可以求得15種分數，例如：創造力、智慧的激發、安全、聲望，以及利他主義。舒波以美國 10,000 名中小學學生作為代表性樣本，建立不同年級、性別的百分位數常模。在 15 類工作價值中，每一類各有3題，探討高中學生的重測信度（間隔2週），結果發現其信度係數為 .83。此外，指導手冊中尚有建構效度與同時效度的資料。

道德判斷量表

柯爾柏格（L. Kohlberg, 1974）研究道德發展頗負盛名，他將人類的道德認知發展分為六個階段。柯爾柏格的**道德判斷量表**（Moral Judgment Scale）使用九種假設的困境，每次對受測者呈現一種困境。其中一個例子如下：某人他的太太罹患癌症即將死亡，但是這人聽醫師說，有一種名貴的藥可以治好這種病，但是他沒有足夠的錢購買這種藥來治好太太的病，於是這位先生乃去藥房偷竊藥物。由受測者判斷此人偷藥的行為，就可知悉其道德判斷的情形。柯爾柏格認為其道德判斷量表，可以用來增進個人的自我了解，並且激發其道德認知的發展。

柯爾柏格的道德判斷量表，使用在不同文化背景者也有效；他認為道德認知是循序漸進的。但是其理論也有一些爭論，有些人批評該道德發展過於強調認知或情感的歷程，以及個人推理或社會化歷程。後來，雷斯特（Rest, 1979）設計了一系列的道德困境問題，由受測者選擇反應經數量化的分數，就可以顯示出個人應用道德認知的程度；經由研究已獲得該量表的信度與效度資料。

第三節 意見、態度與控制信念測量

意見與態度的差異

態度（attitude）通常定義為：一個人對一組刺激的反應傾向，例如：個人對國家、民族、風俗或政府的態度。態度是無法直接觀察，但是可以經由個人的外顯行為來推知。狹義來說，態度是指個人對某類刺激反應的一致性。

意見（opinion）有時可以和態度通用，但是意見調查在傳統上與態度量表不同。意見是指個人對某些人、事、物的看法，比較不具持久性，會隨著時、空、經驗的變化而容易產生改變，例如：有一種員工意見調查包括：工作程序問題、報酬率、紅利、勞資關係等問題，受測者對該調查問題可以表示個人的意見，經綜合以後，可以得到許多員工的意見。

態度的測量

態度量表可以算出總分，由此分數顯示出個人對公司、組織、政府政策或其他刺激類別的意向與強度。在設計一個態度量表時，應以不同問題來測量一個單獨的態度或單層面的變項，並利用某些客觀的程序來探討這個目標。一份受僱員工態度量表得到的單一分數，從分數可以顯示：個人工作滿足與對公司的全部態度。

在心理測驗的文獻中，態度量表包括**佘斯統態度量表**（Thurstone-type Attitude Scale）、**古德曼態度量表**（Guttman-type Attitude Scale）與**李克特式態度量表**（Likert-type Attitude Scale）等三種。佘斯統態度量表共有 20 題，可以測量受測者對戰爭、死刑、教會、愛國主義、新聞檢查員、許多機構，以及國家或種族團體的態度。該量表的發展開始是綜合許多對某些事物態度的陳述句，要受測者將這些陳述語句依其個人的觀點分成 11 堆，11 表示最支持，1 表示最不支持，由一

群受測者對每一題評定值的中位數,就可求得該題的量表值。在該量表上並不顯示出量表值,僅在計分時才使用它。

一、Thurstone 態度量表

佘斯統(L. L. Thurstone)將所選用的態度題目,以隨機方式構成**佘斯統態度量表**(Thurstone-type Attitude Scale),研究者想要了解受測者的態度,可以請受測者在這20題中圈選最贊同的題目,再將這些題目的量表值求其平均數,就可知道其態度;該量表是具有等距尺度特性的態度量表。

佘斯統於 1928 年,研發具有等距性質的量表(equal-appealing interval scale),該量表編製程序如下:

1. 廣泛蒐集與研究題目有關的描述句子。
2. 請 50 至 100 名客觀的學者專家,將所有描述句子評定後,由最不贊成至最贊成分成 11 個等級。
3. 計算描述句子在 11 個等級中的次數分配。
4. 製作各描述句子累積次數百分比圖,並決定各項目的量表值。
5. 依據累積次數百分比圖,計算各描述句之得分與四分位差(Q 值),Q 值愈大表示該項目的反應愈不一致;反之,Q 值愈小表示該項目的反應愈一致。
6. 將 Q 值較小的描述句保留下來,Q 值較大者予以淘汰。
7. 選取 Q 值較小的描述句,大約 10 至 20 個組成態度量表。

由於研究者要蒐集足夠的描述句頗不容易,同時要請50名以上的專家做客觀評量頗費工夫,所以這個量表很少人使用。

二、Guttman 態度量表

古德曼態度量表(Guttman-type Attitude Scale)係由古德曼(L. Guttman)和他的同事,在第二次世界大戰期間,為研究美國士兵的態度所研發出來的。該量表由單一向度(unidimentionality)的項目所組成,因此依一定次序排列。當受測

者對第二個項目贊同時,則表示他同時贊同第一個項目;同理,贊同第三個項目者,他也贊同第一與第二個項目,依此類推。受測者贊同的項目位階愈高,其總分也愈高,因此古德曼態度量表亦稱為**累加量表**(cumulative scale)。古德曼態度量表的編製程序如下:

1. 蒐集與研究題目有關的描述句子。

2. 將這些句子構成量表,然後對一群受測者施測。

3. 將大多數受測者(約 80%)皆回答「同意」或皆回答「不同意」的句子淘汰。

4. 將剩餘受測者在該量表得分之高低,由「最同意」至「最不同意」順序,由上往下排列。

5. 將描述句依「最同意」至「最不同意」的反應順序,由左往右排列。

6. 找出無法判定「同意」或「不同意」的描述句子。

古德曼態度量表原來的設計,旨在決定一組態度陳述是單一向度的。此量表是將同一概念不同態度強度的陳述語句,依序排列在一個連續向度上,受測者如果贊成某一個陳述句,同理也應贊同比此陳述句較低強度態度的其他陳述句。此量表最大的優點是由受測者的得分,就可知道其態度的強弱,但是如何選擇與證明所選用的題目,確實是由弱至強而且在單一向度上的態度則頗為困難,因此這個量表也較少人採用。

三、Likert 式態度量表

因為上述兩份態度量表都有其缺點,因此李克特(Likert, 1932)設計了一種具有高信度的**李克特式態度量表**(Likert-type Attitude Scale)。一般態度量表包括 20 幾個題目,這些題目是經項目分析來決定的。通常每一個題目分成「極同意」、「同意」、「無意見」、「不同意」、「極不同意」等五點式量表,在計算態度量表的分數時,由「極同意」至「極不同意」分別給予 5 分至 1 分。再從每名受測者在各題的總得分,就可以了解受測者的態度,可是在解釋時仍需參照常模資料。

　　李克特式態度量表每一個問題供受測者填答反應時，有一定順序，由強而弱或由弱至強。其型式依填答項目之多寡，可分為二點式至九點式量表。選項名稱則依問卷問題來搭配，例如：同意、贊成、喜歡、重要、適合等。茲舉「你同意大學生打工的態度如何？」的例子如下：

二點式量表：(1)同意、(2)不同意。

三點式量表：(1)同意、(2)無意見、(3)不同意。

四點式量表：(1)極同意、(2)同意、(3)不同意、(4)極不同意。

五點式量表：(1)極同意、(2)同意、(3)無意見、(4)不同意、(5)極不同意。

六點式量表：(1)極同意、(2)大部分同意、(3)同意、(4)不同意、(5)大部分不同意、(6)極不同意。

七點式量表：(1)極同意、(2)大部分同意、(3)同意、(4)無意見、(5)不同意、(6)大部分不同意、(7)極不同意。

八點式量表：(1)極同意、(2)大部分同意、(3)同意、(4)稍微同意、(5)稍微不同意、(6)不同意、(7)大部分不同意、(8)極不同意。

九點式量表：(1)極同意、(2)大部分同意、(3)同意、(4)稍微同意、(5)無意見、(6)稍微不同意、(7)不同意、(8)大部分不同意、(9)極不同意。

　　由於李克特式態度量表的選項有一定順序，所以有些學者將此量表視為等距量表，因此給分時就依選項之強弱而定，例如：「極同意」5分、「同意」4分、「無意見」3分、「不同意」2分、「極不同意」1分。將每一名受測者在所有選項加起來的總分，就是其態度分數，總分愈高，態度愈趨向同意。如果給分相反，「極同意」1分、「同意」2分、「無意見」3分、「不同意」4分、「極不同意」5分，則總分愈高，就表示受測者的態度愈趨向不同意。李克特式態度量表的信度，可以採用內部一致性法求 α 係數。

　　李克特式態度量表的優點在於容易編製，作答方便，計分簡單，而且項目雖少，信度卻較高，所以許多心理與教育學者喜歡使用它。可是，以總分來代表受

測者的態度，不容易了解其真實的態度。因此，編製李克特式態度量表時，宜以項目分析法來選擇辨別值較佳的項目，例如：要研究小學教師的教學態度，以該量表對 80 名小學教師進行預試，將預試所得分數依高低排列，以分數較高的 27% 者為高分組，分數較低的 27% 者為低分組，然後計算高分組與低分組受測者，在每一項目上平均分數的差異，即得鑑別值或稱為決斷值，鑑別值愈大的項目表示愈好，應予以保留；鑑別值愈小的項目愈不好，應予以淘汰。

　　大部分的態度量表是作為研究的工具，有些則作為調查員工的態度與士氣，有些態度量表用來衡鑑教育與訓練計畫。態度量表可做為測量學生對不同學科、不同團體，或社會與經濟問題的態度。態度量表在社會心理學中，大多研究不同團體之間的態度以及不同團體態度的差異。

四、父母管教態度測驗

　　日本學者品川不二朗編製的**父母管教態度測驗**，可以做為了解兒童與青少年問題行為的原因，並且做為親職教育的參考；台灣學者賴保禎則加以修訂。測驗內容分為六種管教態度：(1)拒絕型；(2)嚴格型；(3)溺愛型；(4)期待型；(5)矛盾型；(6)分歧型。舉例如表 12-4 所示。

表 12-4　父母管教態度測驗的例題

1.父親是不是不理你的意見？
2.父親是不是會催促你去讀書？
3.你是不是覺得母親討厭你？
4.母親是不是會催促你去讀書？

資料來源：賴保禎（1972a）

　　本測驗總計有 120 題，分為父親部分與母親部分各 60 題，每一種管教態度各 10 題，每一題選答「經常是」給 0 分、「有時是」給 1 分、「不是」給 2 分，測驗時間約 30 分鐘。在計算每一種管教態度的分數之後，轉換成百分位數常模，將百分位數劃在六角形座標內，就構成六角形側面圖。

父母親管教態度測驗經研究分析發現，男生的父親六種管教態度的折半信度係數，介於 .56 至 .85 之間，母親管教態度則介於 .52 至 .81 之間；女生的父親六種管教態度的折半信度係數，介於 .61 至 .88 之間，母親則介於 .54 至 .80 之間。以效標基準法求兩者之間的差異，結果發現男女生的父母親管教態度，都達到統計上的顯著差異，顯示本測驗有極高的效度。

五、學習態度測驗

賴保禎參照美國與日本學者有關學習方面的測驗，並依據學習心理學的原理，再參酌台灣學校教學情形編製**學習態度測驗**，測驗內容包含八個學習態度項目，如表 12-5 所示。

表 12-5　學習態度測驗的分測驗

1.學習方法	5.學習慾望
2.學習計畫	6.學習過程
3.學習習慣	7.準備考試
4.學習環境	8.考試技巧

資料來源：賴保禎（1972b）

本測驗可以採用個別或團體施測，適用於國中學生，測驗卷與答案紙分開，測驗所需時間大約 30 分鐘。八個學習態度各有 10 題，合計 80 題。每一個問題回答方式有三種方式：(1)「經常有」或「經常是」；(2)「偶而有」或「偶而是」；(3)「沒有」或「不是」。每一項原始分數，再對照年級常模換算為百分位數，由側面圖即可知道其學習態度。

本測驗各項目的信度係數，折半信度係數介於 .52 ～ .88 之間，重測信度係數介於 .65 至 .91 之間。效度則以極端分組法來驗證，比較各年級學業成績優秀組與低劣組，結果發現這兩組的平均數都有達到顯著差異水準。由此可知，本測驗也有高的效度。

本測驗於 1995 年改稱為學習診斷測驗，除了保留原來的個人分測驗之外，另

外增加心理健康、師生與同學關係、家庭、社區和學校環境等分測驗,測驗結果可以作為了解學生學業成績欠佳的原因,以做為教師實施學習輔導之參考。

參 控制信念

羅特(Rotter, 1966)設計**內外在控制量表**(internal control scale and external control scale,簡稱 I-E scale),該量表可以測量一個人的內外**控制信念**(locus of control)。外在控制信念是指,一個人相信自己的前途、命運或已發生的事件,是由外在的力量所主宰控制的;反之,內在控制信念是指,一個人認為自己的命運完全掌握在自己手中。羅特認為,內在與外在控制信念都是重要的人格變項,它們是在一連續層面上,只是強弱不同而已;但是,內在控制信念的人通常比較會成功,外在控制信念的人比較會失敗。

內外在控制量表是強迫選擇式的自陳量表,該量表全部分數的折半信度與庫李信度大約為 .70。在 1 至 2 個月之後,重測信度大約也是 .70,但是它與實施測驗的程序及團體的性質有些關係。該測驗原始版本曾對數百名大學男女學生,建立百分位數常模以及建構效度。

根據亞布拉森等人(Abramson et al., 1978)、維能(Weiner, 1982)等人的實證研究,控制信念可以分成三種因果關係的層面:第一個層面為內在的(例如:性向、努力、健康)或外在的(例如:工作困難,從他人得到幫助、幸運);第二個層面為穩定,例如:性向以及可以改變的原因,如健康、情緒,以及努力,在第一個層面中,這些例子都可以列為內在的;第三個層面為個人控制能力,這個層面可以說明失敗是由於缺乏努力與短暫疾病所造成的。

已經有一些學者為學前兒童與在學學生,設計不同的控制信念量表,同時研究在此量表上的得分,與學習、創造性思考、成就動機、酗酒,分別與年齡、性別、社會經濟水準之間的關係。有一項以學齡兒童的研究報告發現,外在控制信念與憂鬱症呈現正相關,與學業成就之間呈現負相關。此外,許多研究發現,內在控制信念較強的人,其事業也比較容易成功。

關鍵詞彙

李克特式態度量表	工作價值量表
內外在控制量表	道德判斷量表
控制信念	自我探索量表
生涯衡鑑量表	

自我評量題目

1. 試述李克特式態度量表如何了解受測者的態度。

2. 試述布雷納德職業愛好量表的職業興趣範圍。

3. 試述庫德職業興趣量表的職業興趣範圍。

4. 試述柯爾柏格的道德判斷量表。

5. 試述舒波的工作價值量表之內容。

6. 史普雷久將價值觀分為幾類？

7. 何謂李克特式態度量表？試舉一例說明之。

第十三章　投射技術

　　投射測驗（projective test），又稱為**投射技術**（projective technique）。投射測驗工具是由不明確的結構材料所組成，在曖昧的刺激情境之下，讓受測者隨心所欲的想像，從其反應中探究其潛在的人格特質。心理學家對投射測驗功用的假設，認為受測者在曖昧情境之下，不受明確題意的限制，無形中將潛意識的需求、動機、心理防衛、心理衝突等投射出來（葉重新，1992；歐滄和，2002）。投射測驗可以彌補在自陳量表中，受測者只能對特定選項做反應的缺點。

　　投射技術的種類很多，本章僅介紹幾個比較著名的例子。就投射技術的方法論而言，該技術在研究與實務方面有很大的差異。因此，在臨床上這種技術至今仍然有很大的爭議。

　　投射技術的主要特點，是對受測者提供相當非結構性的作業，測驗題目幾乎沒有限制受測者各種可能的反應。題目內容屬於一些模糊的刺激。這種測驗的基本假設，乃受測者在知覺與解釋測驗材料時，反映出個人基本的心思意念。換言之，受測者的思想歷程、需要、焦慮，以及心理衝突等，都會在作答時無意中顯露出來。投射測驗在實施時，不容易讓受測者覺察到自己正在接受測驗，因此，它可以對受測者的人格做深入的探究；它不是測量片斷的人格特質，而是測量深層的人格特質。投射測驗可以有效的衡量受測者潛在的或潛意識的人格，尤其是測驗材料愈屬於非結構性，其衡量效果愈佳，因為受測者對這種材料的心理防衛作用比較低。

　　投射測驗最早是使用在臨床上，目前許多臨床心理師仍然繼續使用它，尤其是在精神醫療領域上使用得很普遍（例如：遊戲治療）。就理論而言，大多數投射測驗是源自心理分析的概念、刺激—反應理論，以及人格的知覺理論（Lindzey, 1977）。

<h1 style="text-align:center">第一節　墨漬測驗</h1>

壹　羅夏克墨漬測驗

一、緣起

羅夏克墨漬測驗（Rorschach Inkblot Test）是一種相當著名的投射測驗。這個測驗是由瑞士精神科醫師羅夏克（Hermann Rorschach）發展出來，並於 1921 年問世。羅夏克曾以許多墨漬對不同的精神病患者施測，觀察精神病患者的反應特徵，並建立計分系統。對心智遲緩者、正常人、藝術家、學者則各有獨特的計分方式，羅夏克墨漬測驗是由使用者主觀的計分。

二、測驗材料及施測方法

羅夏克以 10 張卡片作為測驗材料，每一張卡片的墨漬均左右對稱，如圖 13-1 所示。其中 5 張卡片只有灰色與黑色的陰影，2 張參雜紅色，其餘 3 張包含一些粉蠟筆的陰影。施測時每次對受測者呈現一張墨漬圖，請其說出該圖形看起來像什麼。除了仔細記錄受測者對每一張卡片的反應之外，主試者也應注意其反應的時間、對

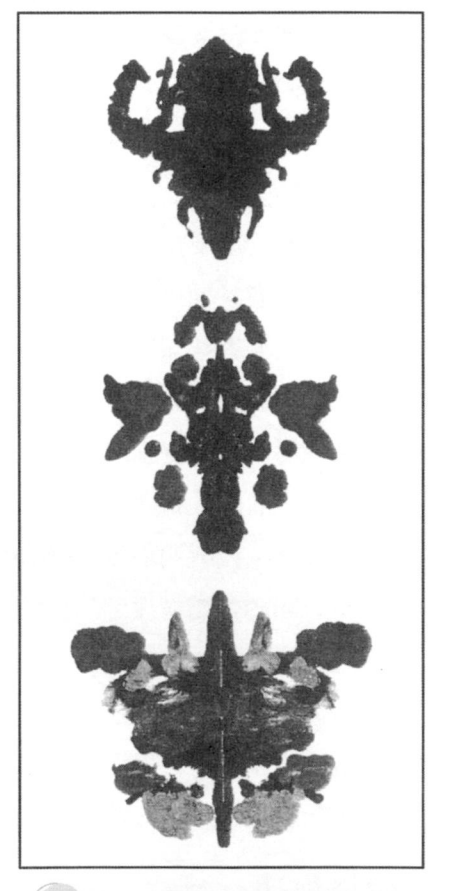

圖 13-1　羅夏克墨漬測驗圖例

圖形反應的部位、情緒反應以及測驗期間的所有行為反應。此外，在對受測者呈現墨漬圖時，主試者應詢問受測者，對這些圖形每一部分的聯想，同時受測者可以澄清其反應的意思。

三、計分方式與常模

羅夏克發展出幾種計分與解釋系統，最常見的計分方式有以下幾項：

1. 部位（location）：指受測者所說的內容，屬於墨漬圖形上的哪一個部位，受測者是看到全部墨漬、部分墨漬或空白地方？

2. 決定因素（determinant）：指受測者對墨漬圖形的反應，主要是依據形狀、顏色、色調、陰影或動作等。

3. 內容（content）：指受測者對墨漬圖形的反應內容，包括人形、人體細微部分、動物圖形、動物細微部分、無生命的景物、植物、地圖、雲、血液、X光、性器官、符號等。

4. 從眾反應（popular response）：指受測者對墨漬圖形的反應內容，是大多數人常顯示的反應，或極少數人的反應。

5. 形式（form）：指受測者對墨漬圖形的知覺反應，與原墨漬圖形的結構符合的程度。

受測者對墨漬圖形反應的內容，雖然規則是採用一定的分類，但是計分系統仍不一致。通常分為不同受測者對10張卡片，每一張如果均做出相同的反應，就記為**共通分數**（popularity score）。羅夏克墨漬測驗進一步對受測者的反應作質性分析與解釋，包括全部反應與概念的思考、顏色反應與情緒、人的動作反應與想像、幻想的生活等。臨床心理師在解釋受測者的羅夏克墨漬測驗資料時，除了根據此測驗的分數外，尚包括訪問、案主研究以及其他測驗資料。

羅夏克墨漬測驗的使用對象雖然可以自學前兒童至成人，但是其標準化的資料是來自大部分的成人團體。艾姆斯（L. B. Ames）與她的同僚在耶魯大學（Yale University）的居瑟（A. Gesell）兒童發展研究機構，以2至10歲兒童為對象，實施羅夏克墨漬測驗並且建立常模，同時以10至16歲青少年與70歲以上老年人為

對象建立常模。

四、相關研究

羅夏克墨漬測驗傳統計分的一些基本假設，有許多研究者對它產生質疑。在以標準及無彩色的羅夏克卡片上，進行比較研究，顯示顏色因素在大多數的反應特徵上並無影響（Baughman, 1958）。有一些證據顯示，語文性向對羅夏克墨漬測驗分數有所影響，因此語文性向常被視為人格特質的指標。有一項研究中分析100 名受測者，對羅夏克墨漬測驗反應的語文複雜性，結果發現「動作」反應似乎較長，語文比「形狀」反應更複雜，同時也發現羅夏克墨漬測驗反應的語文複雜性，與受測者語文性向測驗的分數，兩者之間具有高相關，與年齡及教育程度也是一樣。

羅夏克墨漬測驗分數的基本特徵，是創意反應似乎與年齡、智慧層次以及教育程度有密切關係，不同受測者的創意反應有顯著的不同。由所有這些結果可知，許多羅夏克墨漬測驗受測者的創意分數至為重要。

高登福萊德等人（Goldfried, Stricker, & Weiner, 1971）應用許多羅夏克墨漬測驗的技術，來研究臨床上的常模、信度與效度。這些應用的例子包括：對發展層次、敵意、焦慮與大腦異常功能的一些計分符號，每一種應用考慮適當的評量。他們認為幾個羅夏克指標顯示，它們在研究上具有足夠的效度。他們也認為，羅夏克墨漬測驗在測量認知型式，與知覺組織或作為臨床心理師結構性會談均頗為合適。由這些結果顯示，以羅夏克墨漬測驗引發幻想的反應，根據先前建立的心理分析符號系統，來解釋所有受測者的測驗反應分數，較為合適。

許多學者專家已經為羅夏克墨漬測驗的使用，發展出各種不同的體系，其中比較著名的有印克斯能（Exner, 1995）。這些體系均包含計分與解釋，但其程序都頗為複雜，而且各具有不同的特色，彼此間亦具有若干共同性。印克斯能發展出**羅夏克綜合系統**（Comprehensive Rorschach System），該系統汲取不同臨床心理師與學者專家的見解，另外備有標準化的實施、計分與解釋的程序。他強調在結構上而非內容變項，以及在比率、指標和各種變項的綜合使用，而非單一分數。

印克斯能使用這種統一的系統，與其同僚已經蒐集了相當大量的心理計量資料，包括從病患、正常人樣本中，得到成人與兒童在許多羅夏克變項上的常模。經過幾個時段的重測信度研究，顯示大部分的分數變項均極為穩定，而許多實驗結果也發現其建構效度。印克斯能所發展出來的系統，其解釋不根據任何人格理論，而是以重要的實證資料來解釋。此外，印克斯能系統的主要貢獻乃提供統一的羅夏克系統，它可以對不同研究者的研究發現做比較。此系統對羅夏克墨漬測驗而言，是具潛在的心理計量工具。

阿羅能和雷茲尼克夫（Aronow& Reznikoff, 1983）對羅夏克墨漬測驗在臨床上有深入的研究，他們特別重視半標準化的臨床訪問。同時，偏重在內容的解釋，而非基於反應的知覺決定因素，與結構性的計分系統。他們建議在臨床上應用羅夏克墨漬測驗，作為深入了解案主的工具。此解釋主要依靠反應的內容以及語文、非語文的行為；基於可應用的研究與臨床的經驗，他們準備了一套更有效的個人解釋指南。羅夏克墨漬測驗可以作為探討人際行為的基礎，它可以對夫妻、家庭成員、同事、少年幫派成員或其他性質團體實施測驗，再由他們對墨漬反應的一致性，分析其人群關係。

霍茲曼墨漬測驗

霍茲曼（W. H. Holtzman）與其同事，在 1961 年編製了**霍茲曼墨漬測驗**（Holtzman Inkblot Test）。由於羅夏克墨漬測驗的應用很廣，可是其實施、計分與解釋的客觀性，都不如預期理想，因此霍茲曼乃針對其缺點，再編製一套墨漬測驗。該測驗適用於 5 歲兒童至成人，並分為兩套，每一套各有 45 張卡片。在實施測驗時，每名受測者對每張圖形只能做一次反應，這些圖形黑白或彩色都有，圖片上的墨漬有些是不對稱的，有些是對稱的，這些墨漬圖片是根據以下三個特色：第一，它對自願接受測驗的大學生與一群住院的精神病患者，施測結果有顯著的差異；第二，它依據傳統羅夏克墨漬測驗的變項，例如：位置、顏色、陰影與移動來計分；第三，具有評分者信度。

　　霍茲曼墨漬測驗的實施與計分，都有標準化程序。受測者每一個反應可依 22 種反應類別予以計分，這些評分有些是羅夏克技術所使用的，也有一些是新增加的，例如：焦慮與敵意。在每一個變項上，分別建立 5 歲兒童至成人正常人樣本的百分位數常模，同時也對一些不正常團體，例如：精神分裂、心智遲緩、情緒困擾兒童、少年犯罪以及酗酒者，建立百分位數常模。

　　霍茲曼墨漬測驗的評分者信度、折半信度以及複本信度，經研究發現均極高。在施測時以幻燈及個別方式實施，均得到相當類似的結果；以團體施測可以使用電腦來計分。霍茲曼墨漬測驗在心理計量方面，比羅夏克墨漬測驗的優點較多，它可以使用複本不僅可以測量重測信度，同時複本可以作追綜研究之用。每一張卡片限制只做一個反應，可以使受測者的反應數相同，如此可以避免羅夏克墨漬測驗計分的缺點，但是反應的長度（字數）仍然無法控制。

　　希爾（E. F. Hill, 1972）綜合許多有關霍茲曼文獻與臨床經驗後，提出解釋該測驗分數可分為兩個層次：第一個層次是有關 22 個量化分數變項與它們的相關；第二個層次是依據較廣泛與更高的整合人格變項，做更深層次的解釋。採用三個主要敘述的類別：認知的功能、情感功能與自我概念，在他所撰寫的手冊上也提供 5 個詳細的案主研究。

　　有不少學者對霍茲曼技術的效度進行研究，包括發展趨向、泛文化比較，與其他測驗的相關以及人格特徵的行為指標；對照組與正常及病患者比較，均得到滿意的結果。但是需要更多的資料，以增進各種分數的診斷效果。

第二節　主題統覺相關的測驗

壹　緣起

　　主題統覺測驗（Thematic Apperception Test，簡稱 TAT）的材料，比墨漬技術更具有結構性的刺激，受測者需要更複雜與更有組織的語文反應，主試者在解釋

反應時通常注重內容的分析。該測驗是由莫瑞（H. A. Murray）和其同事在美國哈佛心理診療所（Harvard Psychological Clinic），於 1938 年編製完成的。主題統覺測驗通常採個別方式施測，但是也可以以團體方式施測，測驗結果可以廣泛使用在臨床與研究上。

 **實施程序**

　　主題統覺測驗有 19 張黑白朦朧的圖畫，測驗時主試者要受測者看圖片講故事，故事內容包括圖片所代表的意思，描述圖片中人物的特性，包括其感覺、思考以及後來的結果。另外有 1 張空白卡片，要受測者想像在該卡片上的一些圖片，並且詳細說出一個故事。主題統覺測驗依測驗手冊的實施程序需要 2 個小時，分兩個階段實施，每一個階段使用 10 張卡片。在第二階段給受測者的卡片，是更具有戲劇性的、奇異的，並且鼓勵受測者儘量去想像，這些圖片比較容易引起受測者情緒反應。實施測驗時分為男、女、男童、女童等 4 組，其中

圖 13-2　主題統覺測驗圖例

男、女各 14 歲以上。大多數臨床心理師都選擇一些卡片，給每名受測者測驗，但是很少超過 10 張卡片。對成人女性測驗的圖片，如圖 13-2 所示。

 計分與解釋

　　麥克可蘭等人（McClelland, Atkinson, Clark, & Lowell, 1953）發展出主題統覺

測驗評分系統,評分之前將受測者講故事的內容分為以下三類:

1. 無關的意像(unrelated imagery):指受測者講故事的內容與圖形意像不相關,評為－1分。

2. 可疑性成就意像(doubtful achievement imagery):指受測者講故事的內容與圖形意像有相關,但是並非故事的主題,評為0分。

3. 成就意像(achievement imagery):指受測者講故事的內容與圖形意像有相關,評為＋1分。

主試者在解釋主題統覺測驗的資料時,應先決定受測者講故事內容的主角,然後根據莫瑞(H. A. Murray)的「需要」與「壓力」方法(need-press method),來分析故事內容。其所謂「壓力」與艾德華個人偏好量表(EPPS)以及人格研究表格有關聯,包括成就、親和與攻擊。壓力是指會促進或干擾需要滿足的環境力量,例如:被其他人攻擊或批評、接受情感,與置身於危險情境的感受。在評價對一個人特殊需要或壓力的重要性或強度時,需特別注意在不同故事中發生的強度、期間與次數。

將大多數受測者對每一張卡片反應特徵的次數,編印成常模資料,包括每一張卡片被看成什麼、故事主題的發展、故事人物的角色、性格、情緒表現、反應的速度、故事的長度等。雖然這些常模資料,對解釋個人反應有所幫助,但是大部分臨床心理師,仍然依其自己主觀的常模與經驗來解釋測驗結果。量化的分數與評定量表,已經得到良好的評分者信度。由於其應用相當耗費時間,因此計分程序在臨床上很少使用它。主題統覺測驗大多採用個別化施測,但是也可以採取團體施測,由受測者書寫故事來描述其所看見的圖片內容。

 測驗結果解釋

主題統覺測驗曾經廣泛被應用在人格研究上,有些研究者認為,該測驗可以解釋自我對故事主角人物的認同,但是不容易建立效標關聯效度,這些研究對主題統覺測驗的解釋偏重在建構效度方面。有一種基本的假設是說,主題統覺測驗

與其他投射技術，激發受測者對非結構性測驗情境的反應，進而顯露出其動機與情緒。有一些研究報告指出，受測者如有饑餓、睡眠不足、社會挫折與失敗的經驗，都會對其在主題統覺測驗的反應產生影響（Atkinson, 1958）。在解釋主題統覺測驗的測驗結果時，宜參照受測者在艾德華個人偏好量表（EPPS）以及**形容詞檢核表**（Adjective Checklist）的測驗結果。

伍 其他主題統覺測驗

有些學者為了特殊目的，將主題統覺測驗加以改編。有些主題統覺測驗版本是做為態度調查之用，例如：評量受測者對勞工問題、學校、權威的態度。有些改編的主題統覺測驗是做為職業諮商以及研究計畫之用，其使用對象包括：學前兒童、小學生、青少年、殘障兒童，以及不同文化背景的人。

主題統覺測驗原來是應用在 4 歲大的兒童，而**兒童主題統覺測驗**（Children Apperception Test，簡稱 CAT），特別適用於 3 至 10 歲之間的兒童（Bellak, 1986）。其卡片大多以動物為主題，以期引起受測者作答的興趣，同時可以激發兒童對飲食問題與其他口腔活動、同胞兄弟姐妹的競爭、親子關係、攻擊、衛生訓練，以及其他兒童經驗。但是根據默斯頓（Murstein）的研究，兒童對測驗工具中人物的反應，並不亞於對動物圖片的反應。對這些研究發現的反應，兒童主題統覺測驗的作者準備一套有人物的卡片，供 10 歲以上兒童或年紀較大兒童使用。有一些研究者認為，採用人或動物圖形來測驗，還需要考慮兒童的人格特徵。

羅柏斯（Roberts）設計的**兒童主題統覺測驗**（Apperception Test for Children，簡稱 ATC）包括 27 張卡片，分成兩套，重疊部分有 16 張，分別使用在男孩與女孩。這些圖片有兒童與成人、兒童之間人際關係情境。這些故事在一系列量表上計分，涵蓋兒童常見的臨床問題，有測驗指南與客觀計分。200 名教師推薦良好適應兒童在每個量表上的反應，轉換成標準分數，將兒童的反應與兒童輔導中心評鑑結果做比較，以作為效度資料。此工具綜合了投射技術與標準化測驗的程序，應用結果相當理想，惟其全部效能的衡鑑必須等到進一步的研究方可知曉。

第三節 其他投射技術

壹 語文技術

有某些投射技術全部採用語文的材料，受測者以語文來反應；有一些語文技術則可以使用口語或書寫型式來實施。但是，全部都適用於書寫方式的團體實施測驗，其受測者必須具備閱讀能力以及了解測驗內容，因此幼童、文盲或說外國話者均不適用。

一、字詞聯想測驗

1879 年，高頓（F. Galton）設計了**字詞聯想測驗**（Word Association Test），原來稱為**自由聯想測驗**（Free Association Test）。馮特（W. Wundt）和卡泰爾（J. M. Cattell）相繼在心理實驗室進行實驗，發現它乃具有許多用途。此過程包括只呈現一系列的不連續的字，讓受測者對這些字聯想出其他字，利用這種方法探討受測者的思考歷程。字詞聯想測驗的題目範例如下：

1._____票　　7._____生

2._____票　　8._____生

3._____票　　9._____生

4._____票　　10._____生

5._____票　　11._____生

6._____票　　12._____生

受測者如果想到飛機票、車票、船票,可以解釋為其潛在意念對旅遊感興趣;如果想到股票、支票,受測者可能對金錢有強烈需求;如果想到選票、買票,受測者可能關心選舉;如果想到綁票、撕票,就可能有犯罪的意圖。

在臨床上使用字詞聯想測驗,是受到心理分析學派的影響。雖然有一些精神科醫師,例如:克雷伊培林(E. Kraepelin)曾經使用這種技術;但是在心理分析學家中,榮格(C. G.. Jung)對字詞聯想的發展貢獻最大。榮格(Jung, 1910)選擇刺激字代表一般「情緒的反應」,並依反應時間、內容與身體表現情緒的緊張程度來分析反應。在歷經 30 年之後,字詞聯想測驗由拉帕波特(J. Rapaport)和其同事在曼寧哲(Menninger)醫院加以推廣。字詞聯想測驗由榮格心理分析找出 60 個重要的單字,這些字大多與性心理衝突有關。根據拉帕波特的看法,此測驗至少有兩個目的:(1)幫助偵察思考歷程的缺陷與內在衝突;(2)測驗結果以反應時間與聯想的內容來分析。

字詞聯想測驗也可以作為「**測謊器**」(lie detector)之用,這種應用也是由榮格首先在實驗室與實際情境中所採用的。受測者對聯想內容、反應時間,以及反應困擾,都成為分析說謊或犯罪的線索;同時,可以測得生理上的情緒反應。被選為測謊用的文字,通常涵蓋特殊罪犯的特徵;字詞聯想是否具有測謊的實際價值,仍然是不完全確定的,其效果受到使用情境的影響很大。

字詞聯想測驗的另外一種研究,是由肯特和羅山諾夫(Kent & Rosanoff, 1910)共同進行的,當時他們將它作為精神疾病的篩選工具。**肯特—羅山諾夫自由聯想測驗**(Kent-Rosanoff Free Association Test)完全採用客觀計分與統計常模。刺激字包含 100 個一般性的中性字眼,這些文字可以引發一般人的聯想,例如:椅子,大多數人會想到桌子、大會想到小、黑會想到白。每一個刺激字準備一組次數表,對 1,000 名正常成人的標準化樣本,每個反應次數均加以記錄。

此測驗計分時,受測者對 100 個刺激字反應的平均次數,作為共同的指數;在標準化表中找不到的反應視為個別化反應。比較精神病患者與一般正常人的反應發現,前者個別化反應較多,後者一般性反應較多。此測驗診斷上的用途逐漸減少,反應次數隨著年齡、社會經濟地位與教育程度、地區與文化背景、創造力

與其他因素而變化。因此，適當解釋測驗分數，需要參考許多小團體常模與受測者的補充資料。

二、句子完成測驗

另外，還有一種語文投射技術為**句子完成測驗**（Sentence Completion Test），這種方法在研究與臨床上的應用相當普遍。句子完成測驗以開放式句子或語句，供受測者自由聯想反應。句子完成測驗的題目範例如下：

1.我希望＿＿＿＿＿＿＿＿＿＿＿＿＿＿＿＿＿＿＿＿＿

2.我的父親＿＿＿＿＿＿＿＿＿＿＿＿＿＿＿＿＿＿＿

3.女人＿＿＿＿＿＿＿＿＿＿＿＿＿＿＿＿＿＿＿＿＿＿

4.我最害怕＿＿＿＿＿＿＿＿＿＿＿＿＿＿＿＿＿＿＿

5.我的母親＿＿＿＿＿＿＿＿＿＿＿＿＿＿＿＿＿＿＿

6.我要＿＿＿＿＿＿＿＿＿＿＿＿＿＿＿＿＿＿＿＿＿＿

7.再過十年，我＿＿＿＿＿＿＿＿＿＿＿＿＿＿＿＿＿

句子完成測驗對受測者提供比較明確的刺激，羅特（J. B. Rotter）曾設計一些標準化的題型，合計有 40 題，稱為**羅特不完整句子表格**（Rotter Incomplete Sentence Blank）。羅特不完整句子表格的題目範例如下：

1.假如我有＿＿＿＿＿＿＿＿＿＿＿＿不知該有多好

2.我的＿＿＿＿＿＿＿＿＿＿＿＿＿＿真的令人失望

3.我未來的＿＿＿＿＿＿＿＿＿＿＿＿充滿期待

4.最好的＿＿＿＿＿＿＿＿＿＿＿＿＿即將到來

5.我對＿＿＿＿＿＿＿＿＿＿＿＿＿＿充滿憤怒

在實施測驗時，主試者應對受測者宣讀：「完成這些句子以表達您內心真正

的感受,每一題請務必回答,使每一題成為完整的句子。」在進行評分時,每一題均包括適應或不良適應的程度,以七點式量表來評量,在指導手冊上均列有評量的範例,因此每一題都可以客觀計分。每一名受測者各題評分的總和,可以做為臨床診斷的參考。

三、不完整句子作業

蘭用和蘭用(Lanyon & Lanyon, 1980)共同設計出不完整句子作業(Incomplete Sentence Task)。此測驗工具是綜合投射技術與測驗編製、評量的標準化心理計量程序。適用於中學生與大學生者作為學校版本,測驗結果可以得到敵意、焦慮以及依賴等三個分數。這些題目是根據人格理論而編製的,對學生的適應頗具臨床的重要性。同時,各個題目是由高中教師比較學生的作答反應,作為效度複核。每一題的評分由 0、1或 2 不等,評分標準可以參照指導手冊。上述三個變項的原始分數,依年齡與性別排列出標準化對照表。此測驗三個變項的信度、效度均頗高,並且具有代表性常模可以供使用。

圖畫式投射技術

有一些投射技術是採用圖畫作為材料,以激發受測者的幻想及各種語文的反應。以下介紹羅山維格(S. Rosenzweig, 1976)的圖畫挫折研究(Picture-Frustration Study,簡稱 P-F Study)。此測驗工具可以分別使用於成人、14 歲青少年及14 歲以上者,亦適用於 12 至 18 歲青少年或 4 至 13 歲的兒童(Rosenzweig, 1960)。根據羅山維格的挫折與攻擊假說(frustration-aggressive hypothesis),P-F Study 提供了一系列的卡通圖畫,這些圖畫的內容都是一些挫折的情境。在這些卡通圖畫中有 2 張取自兒童使用的題本,如圖 13-4 所示,在該圖中空白處是讓受測者填答的地方。

圖 13-4　圖畫挫折研究的例題

資料來源：Rosengweig (1976)

　　受測者對圖畫挫折研究圖畫中的反應，可以根據攻擊的型態以及方向而加以分類。攻擊的型態分為：(1)障礙—支配型：受測者如果強調挫折的事物，就是屬於這個類型；(2)自我防衛型：受測者如果反應內容重視保衛自己，就是屬於這個類型；(3)需求堅持型：受測者如果堅持己見，追求自己需求的獲得，就是屬於這個類型。遇到挫折攻擊的方向分為：(1)責己反應：指責自己的不對；(2)責他反應：指責他人的不是；(3)免責反應：表示自己沒有侵犯他人的意圖。

　　羅山維格將受測者的反應，以攻擊的型態以及方向組合成九種類型。實施測驗者可以根據指導手冊的範例來評分，然後計算受測者在各張挫折情境反應的百分比，進而參照常模做比較，就可以了解受測者的人格特質。

　　由於圖畫挫折研究的圖片具有高結構性，因此其計分程序比較客觀，其統計分析也比其他投射技術容易，常模、信度與效度也比較容易建立。近幾十年來，許多有關圖畫挫折研究的文獻，建立了信度、效標關聯與建構關聯效度；羅山維格也曾提出該測驗的臨床診斷、性別差異，以及文化差異的相關研究。

參 表達技術

許多投射技術涵蓋自我表達的各種型式，**表達技術**（expressive techniques）曾用作診斷與治療的工具，經由自我表達的機會，不僅可以顯露個人情緒上的障礙，同時也可以得到情緒的發洩。這種技術常使用玩具或圖畫供受測者自由表達，其中又以畫人形為最常見。

在麥克胡佛（K. Machover）的畫人測驗中，給受測者紙張和筆要求其畫一個人。在完成第一幅人形畫之後，請受測者畫一個與原來圖形不同性別的人。當受測者畫完圖形時，主試者請其評論圖畫中人形的各個部位，並且對其所畫的每一個人說一個故事，接著詢問該故事主角人物的年齡、教育程度、職業、家庭以及其他事實。

畫人測驗的評分以質性為主，包括分析這些圖形的各種特徵，再對受測者的人格做綜合性的敘述。解釋時應考慮圖畫中男女主角人物的絕對與相對的大小，其圖畫上的品質、線條的品質、各部位畫圖的順序、手臂的位置、穿著與背景、身體部位、不成比率、陰影、細節的量與分布、對稱以及其他型態的特徵。另外，仔細討論每一個身體主要部位，例如：頭、臉部特徵、頭髮、頸、肩、胸部、軀幹、臀部等重要性。畫人測驗可以作為臨床晤談的一部分資料，由圖畫可以獲得受測者的其他訊息。

在投射測驗中有時會使用玩具測驗，玩具測驗以傀儡、洋娃娃以及小玩偶作為工具，適用於兒童的遊戲治療，這些材料亦可以作為診斷兒童與成人心理異常的工具。各種玩具的選用，通常洋娃娃代表不同性別的成人與兒童、傢俱、浴室、廚具以及其他各種家庭用品都有其意義。兒童玩這些玩具可以顯現對自己家庭的態度，以及對兄弟姐妹、恐懼、攻擊、衝突等態度。主試者應注意兒童選擇的題目，以及如何玩這些玩具、講話內容、情緒表現，以及其他外顯的行為。有一些學者使用遊戲技術，來研究個人的偏見與團體間的偏見。

<h1>第四節 投射技術的評價</h1>

<h2>壹 投射測驗的優點</h2>

<h3>一、受測者接受測驗時自我防衛較低</h3>

在臨床或諮商心理師與患者初次接觸期間,使用投射技術是了解患者各種心理問題的有效工具。投射技術的作業大都是有趣的,測驗時可以分散受測者的注意力,並且轉移或減少其自我防衛的心理,這是因為測驗題目內容對受測者不具有威脅性,受測者每一個反應都是「對的」。有一些投射技術的題目以非語文為主,因此特別適用於兒童、文盲,以及語言障礙、缺陷等受測者。投射測驗對有語文限制的團體也很有幫助,有助於主試者與受測者之間的溝通;這種技術也有助於個人澄清其自己內心深處的行為。

<h3>二、作答時不容易隱瞞</h3>

受測者接受投射測驗時,比自陳量表較不容易作假或偽裝。其主要原因乃是因為投射測驗的材料,大多屬於非結構性的刺激,受測者在接受測驗時,其潛在意念會無意中投射出來,並且不易覺察到自己正在接受測驗。因此,其作答反應比較少具有自我防衛,或傾向社會期許的答案。

<h2>貳 投射測驗的缺點</h2>

<h3>一、測驗實施不容易標準化</h3>

大多數投射技術在實施與計分時,通常不易標準化。可是有些證據顯示,少許的語文指導與主試者、受測者之間的關係,可以改變受測者的表現;主試者會

影響作答反應的行為。因此，投射測驗的實施方式與測驗的條件，比其他心理測驗更重要。

　　大部分的投射測驗缺乏客觀的計分方法，即使有客觀的計分系統，最後在評量與綜合原始資料時，大多依靠主試者的技術與臨床經驗。這種情況有幾個涵義：第一，主試者需要具備使用投射技術的技能，因此，不同主試者所得到的結果，不容易客觀比較；第二，對於測驗結果的解釋，頗受解釋者個人人格特質、價值觀的影響。

二、不容易建立常模

　　由於投射測驗大多以個別化測驗為主，因此不容易取得大量資料來建立常模。在缺乏適當客觀的常模之下，臨床心理師以一般臨床經驗，來解釋受測者在投射測驗上的表現。每名臨床心理師的理論基礎、觀念、人格特質不盡相同，而且他們所接觸的患者，其教育程度、社經地位、性別比率、年齡分布或其他特徵也不同。此外，臨床心理師長期診治病患，因而缺乏正常人反應特徵的第一手資料，在解釋受測者測驗結果時，難免會產生偏差的現象。

三、信度不容易考驗

　　一般心理測驗的信度，大多採用折半法、重測法、複本法、庫李法，並以相關係數表示測驗信度的高低。但是，上述這些方法均不適用於投射測驗。在各種投射測驗中，例如：羅夏克墨漬測驗、主題統覺測驗與圖畫挫折研究等各張圖片的內容都不相同，其所欲測量的品質也不一致，因此難以分成相等的兩半來求折半信度。就重測法而言，如果安排兩次測驗的時間相距過長，在這期間受測者的人格可能已經產生了變化；反之，如果時間過短，受測者可能會受到訓練或記憶的影響。

　　霍茲曼墨漬測驗的作者曾以複本法研究其信度，但是投射測驗欲製作複本是相當困難的，因為在墨漬圖片中，各種圖片均隱含許多不同的刺激，想要編製複本使兩個複本的題材具有同質性，是很不容易的事。

為了解決上述方法的限制，有一些學者建議改採評分者信度，但是不同評分者之間的異質性可能很大。大體言之，投射測驗的計分方法比一般心理測驗較為複雜，而且變化比較大，因此各評分者間的評分者信度偏低。此外，投射測驗的各項分數並不能表示測驗結果的意義，而是要經過適當的解釋才有意義，但是各評分者的人格特質、臨床經驗與訓練並不一定相同，因此對測驗分數所做的解釋也不全然相同。

四、效度不容易考驗

投射測驗的效度，學者們常以「病症」或「職業適應」做為效標進行研究，例如：在投射測驗上得多少分數者，其是否被醫師診斷為某病症或職業適應不良；或以測驗結果與案主的行為紀錄相比較，藉以驗證其同時效度；或以投射測驗結果來預測心理疾病的治療效果，進而確定預測效度。但是事實上，效標組大多以臨床診斷為基礎，而臨床心理師對於各種精神或心理疾病的診斷，也並不是完全正確的。

主試者在實施投射測驗時，可以由受測者的個人基本資料、行為觀察或會談中獲得一些訊息，其對測驗結果的解釋，與上述訊息的取得有密切的關聯，而非純由測驗所產生的效果，因此不容易獲得投射測驗的真實效度。

雖然投射測驗的效度不容易考驗，但是該測驗在有臨床實務經驗的心理學家，或醫師參與設計之下，並依測驗標準化程序計分與解釋，投射測驗也可得到頗高的效度。投射測驗可以作為諮商晤談與心理治療的輔助工具，它對於受測者的行為解釋，有相當大的助益；同時，可以提供更廣泛的資訊，以便對受測者的心理做更深入的了解。由此可知，投射測驗可以彌補一般人格測驗的不足，有助於使用者對案主的問題做全盤的認識，進而有益於心理治療或諮商輔導的進行。

關 鍵 詞 彙

字詞聯想測驗	句子完成測驗
圖畫挫折研究	霍茲曼墨漬技術
羅特不完整句子表格	不完整句子作業
主題統覺測驗	表達技術

自 我 評 量 題 目

1. 試說明羅夏克墨漬測驗在臨床上的用途。

2. 試述霍茲曼墨漬測驗的原理、內容與分析方法。

3. 試述羅夏克墨漬測驗的原理、內容與分析方法。

4. 試述主題統覺測驗的原理、內容與分析方法。

5. 請自編一個語句完成測驗。

6. 投射技術有何優缺點？試說明之。

7. 明尼蘇達多相人格測驗（MMPI）可以得到幾個臨床量尺？

8. 哪一種測驗屬於投射測驗？

第十四章　其他人格衡鑑技術

　　人格測驗除了自陳量表與投射技術之外，尚有其他衡鑑的工具，這些工具可以粗略分為三大類，包括：客觀式實作測驗、情境測驗、自我概念與個人建構等人格測驗。在這些人格測驗中，有一些採用自然觀察、面試、行為評量，與生活史料的分析等非測驗技術。茲分述如下。

第一節　客觀式實作測驗

　　有許多人格測驗包含相當簡單與客觀的程序，這些程序需要知覺的、認知的或評價的反應。主試者提供的測驗材料與效標行為極相似，但這些測驗的內容與特殊的技術雖然有很大的變化，然而它們有幾個顯著的特徵：第一，受測者是作業導向的，而非如人格問卷中是報告導向的，他們要做客觀的作業，而非要他們描述其習慣性的行為；第二，這些測驗的目的是偽裝的，受測者不知道他們表現的哪一方面是要被計分的；第三，測驗的作業是相當結構化的；第四，測驗題目就受測者的觀點而言，有一定的正確解答方法。

藏圖測驗

　　有一些客觀式人格測驗，在測量受測者的**認知型式**（cognitive style）。所謂認知型式是指，對他人的喜好與認知、記憶、思考與問題解決的歷程，由受測者的認知型式可來判定其人格特質。許多實驗的文獻顯示，個人的態度、動機或情緒，以及其在知覺或認知作業上的表現，都有顯著的關係。有些人認為，許多投射技術基本上就是知覺測驗，例如：羅夏克墨漬測驗就是其中的一個例子。

　　根據知覺因素分析發現，利用封閉式圖形可以作為研究人格的工具（Pemberton, 1952），如圖 14-1 所示；有一些研究也探討知覺因素與人格特質關係。從前有一個研究指出，在封閉式圖形上得高分者，具有故步自封、人群關係欠佳、喜歡理論與科學的問題，而不喜歡固定的制度與常規。

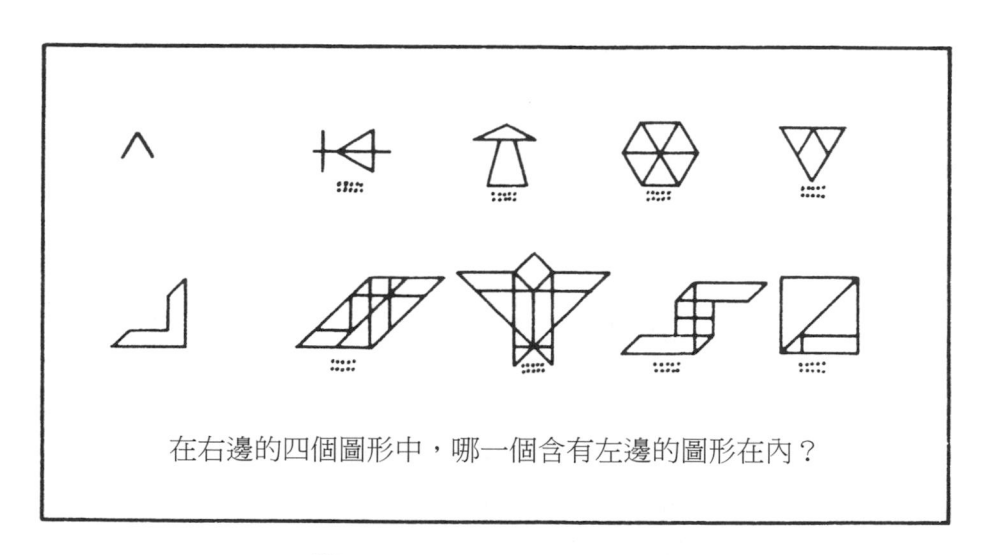

在右邊的四個圖形中，哪一個含有左邊的圖形在內？

圖 14-1　封閉式圖形樣本例題

資料來源：Thurstone (1950)

　　在 20 世紀中葉，有一些學者曾經採用改編的**高斯圖形**（Gottschadt figure），研究認知與非認知的行為，從不同角度來探討這個問題。維特金（H. A. Witkin）和其同事經過長期研究知覺空間的定向，將個人不受場地刺激變化的影響，在面對問題時能從渾沌的情境中釐清問題的癥結，進而找出解決問題之道，此稱為**場地獨立**（field independence）；反之，比較容易受到場地刺激影響的人，稱為**場地依賴**（field dependence）。有一些研究資料指出，場地依賴是一種相當穩定、一致的特質，其折半與重測信度均很高。

　　在這些**定向測驗**（Orient Test）與**藏圖測驗**（Embedded Figures Test）的得分裡，彼此具有顯著的相關，藏圖測驗可以在純視覺、紙筆的情境之下，測量其場地依賴性。有時，場地依賴可以視為人格變項的一個成分，例如：領導與社會服從。

　　有關場地獨立的各種研究，從人際關係到學習與記憶、數學成就、大學或研究所選組、泛文化差異等，有許多學者致力於此領域的探討（Berry, 1976）。有一些調查研究發現，場地獨立的人傾向於積極與努力學習，而場地依賴的人則相反。在人際情境上，場地獨立的人容易與人相處，他們傾向於注意社會線索，會對其他人的行為有所反應，以及更開放自己。

　　有許多研究以藏圖測驗作為工具，這種測驗相當容易實施。此測驗適用於成人、兒童或學前兒童，而且適於團體施測。團體藏圖測驗的例題，如圖 14-2 所示。個人認知型式可以使用藏圖測驗來測量。以圖 14-2 為例，先讓受測者看上面一個圖形，然後要他分別從底下 A、B、C、D 四個圖形中，找出哪一個圖形是隱藏在上面圖形的，若受測者能正確辨認，就是屬於場地獨立型的人；反之，不能正確辨認者，就是屬於場地依賴型的人。

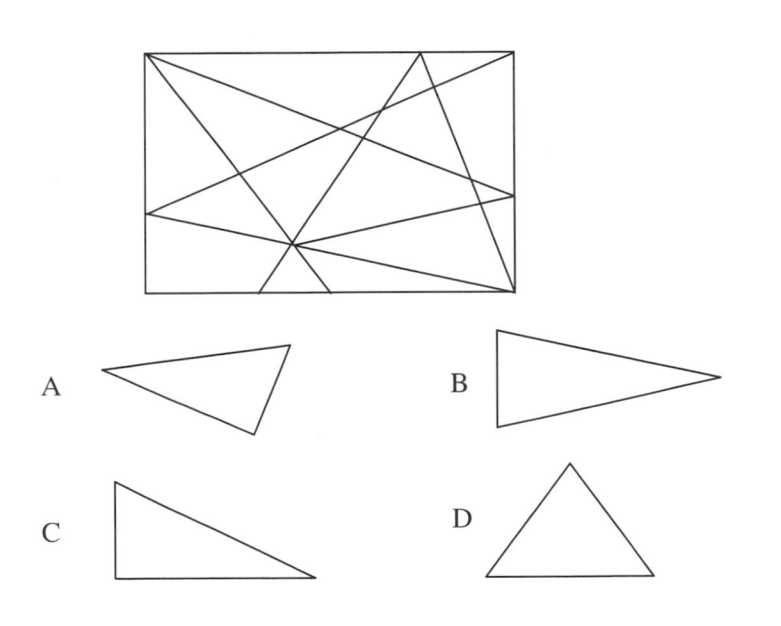

圖 14-2　藏圖測驗例題

貳 評價的判斷

有一些學者利用**人格的幽默測驗**（Humor Test of Personality），測量受測者對幽默的反應，由受測者評價的判斷反應來探討其人格。在此測驗進行時，要受測者在每一配對的幽默話語中，選出比較幽默的，再根據受測者的選擇反應，衡鑑受測者對各種社會團體與對不同觀點的態度。

有一些學者採用另一種評價判斷技術，要受測者對格言做反應。貝斯（Bass, 1958）設計著名的說話測驗，受測者對 130 個格言表示其同意的程度，由其反應資料可以分析其是否具有敵意、害怕失敗、人群關係等人格特質。為了探討其效度，分析各種不同職業、地區、教育與臨床團體之間，測驗分數的差異情形，結果發現該測驗的效度頗高。

另一種評價技術，是以美感的偏好作為評量人格特徵的工具。威許（G. S. Welsh）的**圖形偏好測驗**（Figure Preference Test）即屬於此類測驗，它於 1950 年代發展出來，已廣泛地應用在研究上，由於其實施程序很簡單，該測驗已經廣泛的使用在兒童、成人、語言障礙者。受測者只要對 400 個黑白幾何圖形分別表示喜歡或不喜歡，其結果可對不同受測者團體，將原始分數轉換成標準分數。由受測者在重複題目上反應的一致性，來分析其效度。

第二節 情境測驗

情境測驗（situational test）是指，測驗問題與真實生活的情境相類似的測驗，可以做為探索人格、職業成就測驗之用，例如：公事包測驗，就是一種情境測驗。情境測驗自第二次世界大戰起就普遍使用。由受測者測驗對情境的反應，就能評量其情緒、人際關係、態度等人格特質，以下介紹幾種常用的情境測驗。

 品格測驗

　　一個人的品格可以採用情境測驗來測量。哈特修爾（H. Hartshorne）和梅（M. A. May）以及其同事於 1928～1930 年曾經設計**品格測驗**（Character Test），來測量兒童的品格，例如：誠實、自我控制、利他等行為。此測驗的題目，大都屬於兒童日常生活自然情境中熟悉的情況，在教室內舉行實施測驗，或作為學生家庭作業、體育競賽、團體遊戲的一部分，兒童比較不容易察覺自己被測驗。測驗可以得到客觀的與量化的分數，此測驗大多用來測量學生的誠實度。

　　品格測驗通常在教室實施，測驗時教師會給學生一份試卷，測驗結束後收回試卷，將每一名學生的答案紙複印一份保留下來，在下次上課時教師對學生宣布說：「老師沒有時間批改試卷。」接著將原試卷發還給每一名學生，教師再公布每一題目的標準答案，請學生自己閱卷並且計分，再將此份試卷收回。教師將收回的試卷逐一與複印卷對照，清查學生有無偷改原試卷答案，由對照資料就可知道學生的誠實度。

　　另外有一種測驗，測驗時發給每一名兒童一張紙，該紙上先畫好 10 個大小不相等、不重疊、彼此分開的小圓圈，每一個圓圈內寫上一個數字，由 1 至 10，請兒童閉上雙眼、手上拿一隻鉛筆隨意垂直放下，如果筆尖落在圓圈 3 處就得 3 分，每名兒童做 3 次，測驗後請每名兒童報告自己做 3 次得分的總分數，如果其報告分數超過 13 分，可能是不誠實的；因為根據許多兒童實際測驗的統計結果，3 次得分超過 13 分的可能性極小。

　　另外還有**自我控制**（self-control）測驗，旨在衡量兒童自我管理的能力，例如：解決困惑問題或閱讀一篇沒有標點符號的文章，由測驗結果可以知道其堅持的毅力。在進行測驗時，先由主試者閱讀一篇有趣的故事，再由兒童看一份沒有標點符號的文章，測量其花多少時間找出正確的標點符號，時間愈長表示其忍耐性愈強。

　　根據一些研究發現，大部分品格測驗具有良好的鑑別力，測驗分數有很大的個別差異，信度也相當高，但在每一類別不同測驗的內部相關都很低。兒童在各

種不同情境中接受測驗的動機,會影響其誠實行為,例如:某生在甲教師擔任學科的誠實測驗是誠實的,但在乙教師的學科就未必如此。

在衡鑑中心的情境測驗

美國戰略勤務處(Office of Strategic Service,簡稱 OSS),曾經採用各種**情境測驗**(situational test)。受測者接受測驗時會在衡鑑中心住幾天,由心理測驗專家觀察並給予各種方式的測驗。這也是選拔軍事情報人員,赴國外蒐集敵人情報的主要方法(OSS Assessment Staff, 1948)。心理學者在美國加州大學的研究,以及新成立的軍事與工程人事衡鑑機構中,相繼採用這種方法;有不少大型的工業公司,在甄選高階人員時也常採用此種方法。

美國戰略勤務處備有一種**情境壓力測驗**(Situational Stress Test),測量受測者在壓力、挫折或情緒困擾情況下的行為,例如:要受測者完成一件工作,該工作需要兩人合作才容易完成,但是這兩個人是不合作的、魯莽的。另一種情境是**無領袖團體**(leaderless group)情境測驗,此測驗需要團體成員們合作才能完成,此團體一開始群龍無首,沒有人當領導者。由此測驗可以衡鑑其團隊工作、領導、利用現有資源、想像力等人格特質,例如:有一個渡河情境測驗,若有人能以最快速度將許多人和一批設備,設法安全的運送到河流對岸,這種人就具有領導能力。

由於無領袖團體情境測驗所需要的時間、設備較少,因此這種技術曾經廣泛的使用在選拔軍事主管人員、工程顧問與行政人員、工業管理人員、教師、推銷員以及社會工作者(Bass, 1954)。基本上,這種測驗的實施是設計一個主題供團體成員討論,然後由主試者觀察與評定每一個人的表現,但主試者通常不參與團體討論。根據研究結果顯示,此測驗的評分者信度頗高。

無領袖團體情境測驗在情境測驗效度研究中,其效度頗高。由受測者在該測驗上的分數與在軍事、工業、社會情境上所得到的評量,發現有高度的相關。此測驗對於衡量人格特質也很具有效果,尤其在預測需要語文溝通、問題解決等能

力方面，也具有很高的效度。

 角色扮演或即席表演

　　角色扮演（role playing）是美國戰略勤務處衡鑑計畫中的一項技術，它起源很早且已廣泛使用。在角色扮演之前，先告訴受測者扮演一部分、全部或口頭說明其能做或能說的是什麼。在扮演時可以利用錄音或錄影方式蒐集其表演資料，以做為日後分析的依據。

　　即席表演（improvisation）自 1970 年起，已成為人格測驗的重要方法。這種方法目前已廣泛應用在人事的職業衡鑑上，尤其是在職業功能的人際行為上。在測驗時，通常由人事主管人員，預先選擇一些標準化問題呈現給受測者，受測者看到題目以後，依每一個題目的內容上台表演，主試人員再從其表演的內容、態度加以觀察並予以衡鑑。曾經有心理測驗學者以一些不良青少年，在鄰居游手好閒並且偷竊的情境，對應徵警察工作者給予即席表演，看其如何處置。

　　角色扮演在臨床心理學上的應用相當廣泛，它常被應用在行為改變、**自我肯定訓練**（self-assertive training）、社會人際關係技巧的改善方面。角色扮演也可以使用在家庭治療、夫妻婚姻問題諮商中。在角色扮演時，由案主扮演一齣戲劇中的某一個角色，觀察其扮演過程中的行為表現，就可以分析當事人的人格特質。

第三節　自我概念測驗

　　有一些人格測驗旨在測量個人對自己或他人的看法，而**自我概念**（self-concept）測驗即可以測量一個人對自己的看法。茲介紹以下幾種自我概念測驗。

壹 形容詞檢核表

高福（Gough, 1960）曾經以**形容詞檢核表**（Adjective Checklist）測量受測者的自我概念。該測驗是一張印有幾百個形容詞，依英文字母順序排列的材料，這些形容詞都是在描述人格特質，例如：狡猾的、羞怯的、緊張的、聰敏的、友善的、樂群的、可愛的、自私的、自在的、幽默的等。受測者從這些材料中，選出適合自己性格的形容詞，研究者分析受測者所選擇的形容詞，就可以對受測者的人格做深入的了解。

前述形容詞檢核表新的版本，可以分成 37 個量表來計分，其中 4 個分量表為反應傾向量表，如果受測者選出許多形容詞，就表示其具有熱心、坦誠的性格；反之，如果選出很少形容詞，就表示其具有保守、沉默的性格。但是，受測者在此量表上的得分，具有很大的個別差異，因此在做診斷解釋時，仍應根據常模資料。

形容詞檢核表可以測量莫瑞（H. A. Murray）的艾德華個人偏好量表（EPPS）之 15 種心理需求，例如：成就、支配、秩序、自主等需求。該量表也可以測量人際行為，例如：自我控制、自我信任與個人適應等。其餘 2 個量表是依據人格理論而設計的，其中有一個量表包含 5 個溝通分析題目，這些題目是依據布尼（Berne）的人格理論與心理病理學原理編製而成；另外 4 個題目是依據威爾許（G. S. Welsh）的創造與智力理論而編製。形容詞檢核表也可以作為探討心理病理、職業選擇、創造力的工具。

貳 Q 分類法

史蒂文生（Stephenson, 1953）設計的 Q 分類（Q sort），是一種分析自我概念的方法。以該方法進行測驗時，應給受測者一疊描寫各種不同行為特徵的卡片，由受測者選出最能描述自己行為特質的卡片並將其放在一起，再將最不適合描述自己行為特質的卡片放在另一堆。由受測者的分類結果，就可以知道其最強與最弱的人格特質。但是測驗結果需要與常模比較，才可以知道受測者的自我概念在

團體中所占的位置。

　　以 Q 分類法來分析個人人格時，要受測者將同一組題目，依不同參照架構再進行分類。題目可以分成對自己、對他人，例如：對自己的父親、母親、丈夫或妻子；或是將它們分類成其他情境，例如：職業、家庭或社會情境。從 Q 分類法所得到的資料，可以得到受測者的三種自我：**真實自我**（real self），也就是認為自己是一個怎樣的人；**社會自我**（social self），也就是認為別人對他自己的看法；**理想自我**（ideal self），也就是個人希望成為何種人物。

語意差別法

　　歐斯古德（C. E. Osgood）與其同事共同設計**語意差別法**（the semential differential），可以作為人格衡鑑的工具（Osgood, Suci, & Tannenbaum, 1957）。在進行測驗時，給受測者一些文字，測量受測者對這些文字涵義的概念。每一個概念都是七點式量表，如圖 14-3 所示。就每一個概念而言，將幾個形容詞分別置於量表的兩極，通常以 15 組以上的形容詞來測量一個概念。

```
                    父        親

好  的  ___:___:___:___:___:___:___壞  的

整潔的  ___:___:___:___:___:___:___髒  的

殘酷的  ___:___:___:___:___:___:___仁慈的

慢  的  ___:___:___:___:___:___:___快  的

有價值的___:___:___:___:___:___:___無價值的

緊張的  ___:___:___:___:___:___:___放鬆的

強壯的  ___:___:___:___:___:___:___軟弱的

大  的  ___:___:___:___:___:___:___小  的
```

圖 14-3　語意差別法示例

　　歐斯古德原來設計的 50 組量表，其內部相關與因素分析涵蓋了三個主要因素：第一：評價的，例如：好的—壞的、有價值的—無價值的，以及清潔的—骯髒的等量表上的負荷量較高；第二：力量的，例如：強的—弱的、大的—小的、重的—輕的等量表上的負荷量較高；第三：活動的，例如：主動的—被動的、快的—慢的、伶俐的—魯鈍的等量表上的負荷量較高，其中以評價的因素最重要。

　　受測者對各題語意的反應，有幾種分析方式，為了方便量化每一個量表的評量，可以給予1至7分，或從−3至+3分。每一個人對任何兩個概念的相似性，可以根據其在全量表上的位置予以測量。每一個人評定所有語意的涵義，是由計算每一個概念在上述三個主要因素的分數，例如：有一個人評定「我的父親」這個概念，也許在評價的因素上評定為+2，在力量的因素上為−1.5，在活動的因素上評定為−2.3。

　　語意差別法，可以用來評量受測者對自己、家人、朋友、僱主、教師或著名人士的看法，或對不同種族、文化團體或不同職業者的看法，或對學習、戶外活動、抽象觀念等的看法。語意差別法曾經被用在許多不同情境上，例如：臨床診斷與治療、職業選擇、文化差異以及顧客對公司或產品的反應。

肆　角色建構測驗

　　凱利（Kelly, 1970）的人格理論認為，一個人知覺事物的構念會影響其行為，因此依據該理論研發出**角色建構測驗**（Role Construct Repertory Test），該測驗可作為臨床診斷治療的輔助工具。在心理治療上經常需要案主建立新的構念，在案主逐漸拋棄舊有的概念以後，其行為會漸漸的進步。

　　此測驗有助於臨床心理師，確認案主對他人的重要看法。這個測驗可以利用許多方式實施，包括團體與個別施測。在進行測驗時，首先給予受測者一些角色量表，然後依照其個人經驗，說出誰最適合這些角色的名稱，包括：您的母親、您的妻子或女朋友、您喜愛的老師、一個與您有密切關係而最近不喜歡您的人。主試者接著選出三個人並且問道：「這其中哪兩個人在哪些方面有相似的地方，

但是與第三人不同？」以此類推。

由受測者接受角色建構測驗，可以得到許多質性資料，如果以因素分析可以得到量化資料。一個人在這些層面上的分數，與某些人格或認知變項有顯著相關，有些研究發現此測驗的重測信度頗高。

第四節　觀察報告

有關人格的衡鑑不能只靠標準化測驗，還有一些方法可以採用，這些方法包括：自然觀察、面試、行為評量、提名技術等。茲分別說明如下。

壹　自然觀察

由於學前兒童不能填寫各種測驗資料，因此**自然觀察法**（natural observation）特別適用於學前兒童。一般來說，年齡愈小的兒童，在自然情境中所表現的行為，愈不會受到觀察者的影響。觀察技術也適用於觀察學生，在教室上課時所表現的行為。有一些心理學者在學校、家庭、診療所、醫院、托兒所，利用觀察法來發現案主的不良適應行為，進而做為諮商、輔導或心理治療的參考。

自然觀察時間的長短，可以分為長期或短期，觀察時間大都依觀察的目的而定，觀察可以集中在一天或間隔好幾個月，或對特定的行為，例如：語言、動作、人際關係、攻擊行為觀察等，在觀察時可以使用檢核表。此外，可以利用錄音、錄影、照相等工具，作為觀察過程中的輔助工具。

自從 1970 年代末期，心理學家以自然觀察法探討人格有日益增多的趨勢，這種觀察是在毫無控制的情境之下，觀察受測者的行為表現，再從所觀察到的行為來分析判斷其人格，例如：教師在上課時觀察班上學生，經過一個學期之後，發現某學生具有退縮性格；如果決定給予輔導，最好再參酌其他測驗資料，比較容易獲得實質效果。

貳 面試

　　面試（interview）技術，在臨床心理學、人事心理學、諮商輔導、企業甄選都會使用到它。面試就其型式而言，可分為結構式面試、非指導式面試與深度面試。結構式面試是預先準備好面試的範圍或重點；非指導式面試是讓對方自由自在的表達自己的心思意念；深度面試是與當事人多次晤談，以便發現其內心深處的問題。

　　面試可以對接受面試者直接觀察其行為，例如：語言、姿勢、表情、態度等。此外，面談有更多重要的功能，就是可以深入了解對方的生活歷史資料，對於個人過去所做的以及未來可能有的行為表現，都可以在面試中得到部分訊息。面談不只在了解個人過去做了哪些事，同時也可以了解其對人、事物的看法。面試需要有高度的技巧，才能夠蒐集到對方的各種行為資料，例如：想要知道某學生是否有抽菸的習慣，面試者如果直接問：「你有抽菸的習慣嗎？」該生會立即說：「沒有！」這樣通常得不到答案；如果面試者改個方式問他：「你每天抽幾根菸？」該生可能說：「三根！」這樣就知道他有抽菸的習慣。當接受面試者在面試中停頓下來，面談者需要視情況，引導接受面試者繼續談論下去。

參 行為評量

　　在日常生活中，由評量者對個人實施行為評量（behavior evaluation），這種評量資料是慢慢累積的，再對這些資料來做判斷或解釋。行為評量廣泛的應用在教育與企業的人員工作考評情境上，它重視系統的調查，由評量所得到的資料有助於做人事決策，例如：學校單位主管想要了解職員的工作表現，以便作工作績效評估，評估成績優良的職員給予加薪晉級，這時就需要使用行為評量。

　　如何改進評量的正確性至為重要，評量常遭遇到特質名稱、量表單位不明的困難。因此，每一個特質均應以特殊的名詞給予定義，同時應以一致的形式表示評量的資料，以利所有評量者的解釋；而非以許多描述性的形容詞，對不同評量

者傳遞不同的意義。有些人認為，不同量表型式的相對正確性，會隨著被評量的工作性質或表現功能，而有所變化。

評量者與被評量者接觸的程度，會影響行為評量的效度。評量者想要了解一個人，需要有足夠的時間去觀察個人在某些情境的行為表現；反之，如果沒有足夠的機會去觀察，對其行為表現即難以做正確的評估。在評量一個人的行為時，通常會有一些誤差，最常見的就是**月暈效應**（halo effect）。月暈效應是指，評量者具有某一先入為主的觀念，會影響對他人行為的判斷，例如：評量者認為禿頭者比較聰明，或西裝筆挺的人其行為較正直，在對新進員工評量時，會影響其對具有這些特質者，做不正確的判斷。如果想要減少月暈效應，應根據對方的行為加以評斷。

另外一種常見的錯誤為**趨中誤差**（error of central tendency），也就是將一個人不論好或不好都評量為普通。另有一種為**寬大誤差**（leniency error），也就是將個人評量得比實際更好，評量結果會將受測者置於量表的前端。為了消除上述兩種誤差，可以使用排等第的方法，或強迫對受測者加以辨別。另有一種配對比較技術，是將群體中的每一個人做兩兩比較，再將比較結果分類，這種比較方法可以使用在單一個體內，但不適於由不同評量者對各種團體做直接比較。

由評量者評定一個人的人格特質，通常可以由受過訓練的評量者來實施。在各種情境的研究中顯示，對評量者實施訓練可以提高評量的信度與效度，並且減少評量的誤差。因為經過訓練之後，個人的觀察能力提升，進而能產生客觀的評量結果。

肆 提名技術

提名技術（nominating technique）特別適用於了解同儕之間的人群關係。這種方法原來是由莫瑞諾（Moreno, 1953）在社會計量中，為了探討團體結構而發展出來的。提名技術適用於一個團體成員，彼此之間都很熟悉，請每一個人選出團體中的一個人或一些人，這個人或這些人是他（她）喜歡與其接近或在一起工

作者。

提名技術可以找出團體中潛在的領導者，或發現團體中的疏離者。此外，一個人被提名的次數，可以視為其同儕對他（她）的評量。由團體中每一個成員被提名的結果，就可以得知這個人在團體中的人際關係。

猜是誰技術（guess who technique）也可以了解同儕之間的人群關係。實施測驗時，先給受測者一些簡短的描述語句，然後要受測者在班級學生中，找出誰最符合這些敘述句的內容，例如：

1. 非常有領導能力的人是：＿＿＿＿＿＿＿＿＿＿＿＿＿＿＿＿＿＿＿＿。
2. 時常找別人麻煩的人是：＿＿＿＿＿＿＿＿＿＿＿＿＿＿＿＿＿＿＿＿。
3. 非常有愛心的人是：＿＿＿＿＿＿＿＿＿＿＿＿＿＿＿＿＿＿＿＿＿＿。
4. 非常友善的人是：＿＿＿＿＿＿＿＿＿＿＿＿＿＿＿＿＿＿＿＿＿＿＿。
5. 非常慷慨的人是：＿＿＿＿＿＿＿＿＿＿＿＿＿＿＿＿＿＿＿＿＿＿＿。
6. 最不喜歡參加班上團體活動的人是：＿＿＿＿＿＿＿＿＿＿＿＿＿＿＿。

威居士（Wiggins, 1973）曾發展出同儕提名量表，以評量青少年前期男孩的社會適應情形。該量表對每一個被提名者的問題或描述的語句，從與 250 名 8 至 12 歲男孩的會談紀錄而得，結果列出 64 題同儕評量題目，例如：「他經常遺失東西」、「他時常缺席」等。此量表可以得到五個變項分數：攻擊、依賴、退縮、憂鬱、可愛的。

亞虛（Asher & Sciarrino, 1974）等人曾經對學前兒童使用猜是誰技術，測驗材料包括全班兒童的團體照片。實施測量時，要每名兒童指出班上同學中，三個自己喜歡與三個不喜歡一起遊玩的同學。在另一部分，要兒童根據自己喜歡與誰一起遊玩的程度，找出班上同學的照片，然後將照片分成：快樂、自然、悲傷等三類面孔。

同儕之間相互評量，例如：各級學校學生之間相互評量，這種技術具有良好的預測效度，其主要的理由是：第一，評量者人數眾多，涵蓋全體成員；第二，

評量者與被評量者彼此朝夕相處，因此評量者可以對被評量者的行為、人格特質
了解深入，所以能做更正確的判斷；第三，團體成員的意見影響他們的行為，對
個人以後與團體的互動情形有深遠的影響。

第五節　自傳量表

　　大多數人格測驗，需要以各種方法蒐集受測者的生活史等有關資料，或是以
問卷、量表、面談的方式，獲取各種訊息進而分析其人格特質。但是有時候卻無
法如此做，在這種情況下使用**自傳量表**（biographical inventory）可以作為衡量人
格的工具。

　　自傳量表屬於自陳量表的一種，這種量表所涵蓋的問題，大部分屬於非常客
觀但是容易驗證的一些事實。一般求職者或學生申請入學所填寫的申請書，就是
屬於自傳量表，該量表中的題目包括：教育程度、畢業科系、過去工作經驗、個
人專長、嗜好、宗教信仰、交友情形等；有時也問及受測者對過去生活經驗事件
的反應，例如：在學校裡最喜歡與最不喜歡的學科、最崇拜的人物是誰，或個人
在過去生活中最難忘的事。

　　自傳量表常以標準計分法來編製題目，最後以新樣本對同一量表進行效度複
核。因此，受測者在此量表上的填答資料，可以預測其在某些工作上的表現。曾
經有些測驗學者，以人壽保險公司業務員推銷保險的金額、銀行職員的流動率、
科學家的創作力、海軍人員在潛水訓練上的表現，設計出各種自傳量表，這些量
表對辦公室職員、工程師、公司經理人員的工作表現，都有很高的預測力。

　　自傳量表的編製方式有兩種：第一種是依據某一理論與因素分析法；第二種
乃是依據**實徵性研究**（empirical study）的結果。這兩種方式各有其優缺點，前者
所編製的量表其適用範圍比較廣，後者則相反。不過，最好是依照測驗編製的原
理與步驟，兼採上述兩種方法來編製自傳量表。

　　美國人事管理局曾研發出自傳量表的實用技術，它強調受測者過去與工作有

關的特殊行為表現，因此填答者需列出與工作有關的成就。該局又發展出**行為一致性法**（behavioral consistency method），其實施程序包括以下三個步驟：

1. 由經驗豐富的主管，找出工作表現優秀與低劣員工的差異行為，並將這些行為列入自傳量表中，例如：您面對不同類型的人，通常採取什麼態度？

2. 請受測者寫出每一行為有關的成就，並且詳細描述該事件的問題或目標是什麼、實際做了什麼以及在何時做的、結果如何、該事件最後的成果有多少來自於自己的努力、有誰能證明這項成就，請列出證明者的電話號碼與通訊處等。

3. 由人事心理學家就受測者列出的各項成就與該特定工作相關程度，分別給予評量，根據評量的結果做為工作表現的參考。

關 鍵 詞 彙

自傳量表	趨中誤差
寬大誤差	猜是誰技術
提名技術	月暈效應
語意差別法	Q 分類
場地獨立	場地依賴
定向測驗	情境壓力測驗
藏圖測驗	形容詞檢核表
角色建構測驗	

自我評量題目

1. 試說明行為一致性法的實施程序。

2. 試說明猜是誰技術的用途。

3. 人格測驗如何減少趨中誤差與寬大誤差？

4. 試述 Q 分類的用途。

5. 如何測量學生是否誠實？

6. 試述語意差別法在測驗上的用途。

7. 何謂提名技術？試說明之。

8. 試說明情境測驗的用途。

第十五章　臨床測驗

臨床心理學家（clinical psychologist）常以面談以及各種測驗資料，來深入了解案主的問題。一般而言，具有高信度與效度的測驗，不一定能夠對案主做精確的診斷；但是，優良的臨床測驗工具比較能夠對案主的問題做精確的剖析。

第一節　智力測驗的診斷功能

測驗分數的分析

臨床心理學家除了使用智力測驗，測量受測者的一般心智能力之外，同時也由測驗分數來分析案主的心理疾病。有些案主大腦損傷或精神失常，對心智功能有一定程度的影響。受測者在接受**魏氏量表**（Wechsler Scale）的測驗以後，各分測驗的分數可以轉換成標準分數，所以該量表適於做側面圖分析。魏氏量表可以分析腦傷、精神分裂症、焦慮症、犯罪等特殊臨床症狀與得分的型態。

魏氏智力量表測驗分數的型態，經過幾十年研究已經證實在臨床上有其實用價值。在評估這些測驗分數的意義時，必須考慮到以下幾個問題：

1. 確定任何兩個分測驗分數之間，在統計上最小的顯著差異，宜設定在 $p <$ .05，例如：受測者在魏氏成人智力量表（修訂版）的語文與實作智商，兩者達到統計顯著差異水準，就顯示這兩個分測驗分數有顯著差異。
2. 對受測者各分測驗分數進行比較時，應注意各分測驗間發生差異的機率。
3. 對於團體測驗分數的差異，應進行效度複核，以避免因抽樣誤差而造成假性的差異。

4. 有許多因素可以造成測驗分數之間的差異，除了疾病之外，教育、職業、文化與其他背景因素，都與此差異有關，所以在解釋測驗資料時，應注意各種可能的因素，例如：語文的障礙可能造成語文分數低於實作分數；勞工在實作上的得分高於語文分數，而白領階級者就無此現象。此外，社會經濟地位、居住地區對測驗分數也有所影響，而教育程度也會影響語文與實作量表的分數。

質性觀察與個別的解釋

就客觀層次而言，個別化智力測驗所測得的智商分數，具有高的信度以及效度。如就主觀層次而言，因為每一個案主之間有個別差異，而且這種測驗不容易大量實施，所以對於個別化智力測驗結果之解釋，不容易數量化或建立常模。

有一些臨床心理師對案主的智能以及人格特質等資料，進行**質性分析**（qualitative analysis），例如：解決問題、概念發展或認知的型態等。在實施個別化智力測驗時，可以獲得受測者的各種質性資料，其方法包括：觀察受測者在測驗情境中的行為反應，例如：語言、動作、情緒反應、對主試者的態度、對測驗材料與測驗環境的反應等。

以質性方法所蒐集到的各種臨床資料，由於受到案主個別特徵不同的限制，因此不容易加以量化，可是在臨床上採用質性觀察，可以彌補量化資料的不足。

 第二節　神經心理測驗

班達完形測驗

過去在檢驗大腦是否損傷時，因為缺乏精密的科學檢驗儀器，所以有一些臨

床心理學者，設計了衡鑑神經心理損傷的臨床工具。受測者在這些測驗的分數，可以作為大腦機能損傷的指標，此類測驗可以測量智能退化及大腦損傷情形，且大多可以測量空間知覺與新學習材料的記憶情形。有一個著名的測驗已經使用多年，也就是班達視覺動作完形測驗，臨床心理學家通常稱為**班達完形測驗**（Bender-Gestalt Test），此測驗需要空間知覺、立即回憶以及圖畫的視覺動作。

班達完形測驗有 10 張卡片，在每一張卡片上有一個或多個簡單的幾何圖形。在標準化的施測過程中，每一張卡片對受測者呈現 10 秒鐘，然後拿開卡片，請受測者立即畫出所見的圖形，再根據受測者正確再仿繪出圖形的卡片數與全部錯誤數目來計分。此外，可以從受測者繪圖的扭曲、錯誤、移位與大小錯誤等資料，來獲得質性資料。

班達完形測驗的實施程序，是讓受測者一面看圖形，一面仿照所看見的圖形來繪圖。在解釋測驗分數時，將正確的圖形與錯誤的圖形數目，分別與每一年齡組的「正常」分數加以比較，如果分數低於正常人很多，就診斷為大腦機能損傷，但是在診斷時應參酌受測者個人的生活史資料。

有幾名學者的研究發現，大腦受傷者與正常人在仿繪圖型的正確或錯誤數目上，有顯著的差異；但是使用在兒童腦傷時，其效果不如成人腦傷者那麼顯著。此外，此測驗可以使用在精神分裂、情緒困擾、心智遲緩，以及超過 65 歲以上的老年人。

在此測驗中，如圖 15-1 有 9 張簡單的圖形，每一次對受測者呈現一張，要受測者再仿繪每一張其所看到的圖形。這些圖形設計是由完形學派創始人之一的渥斯梅爾（M. Wertheimer）在其研究視知覺所採用的圖形，這種特殊設計的圖形可以說明完形心理學的原理，班達依據完形的觀念來分析測驗結果，此測驗可以顯著的區分出正常人與精神病人。

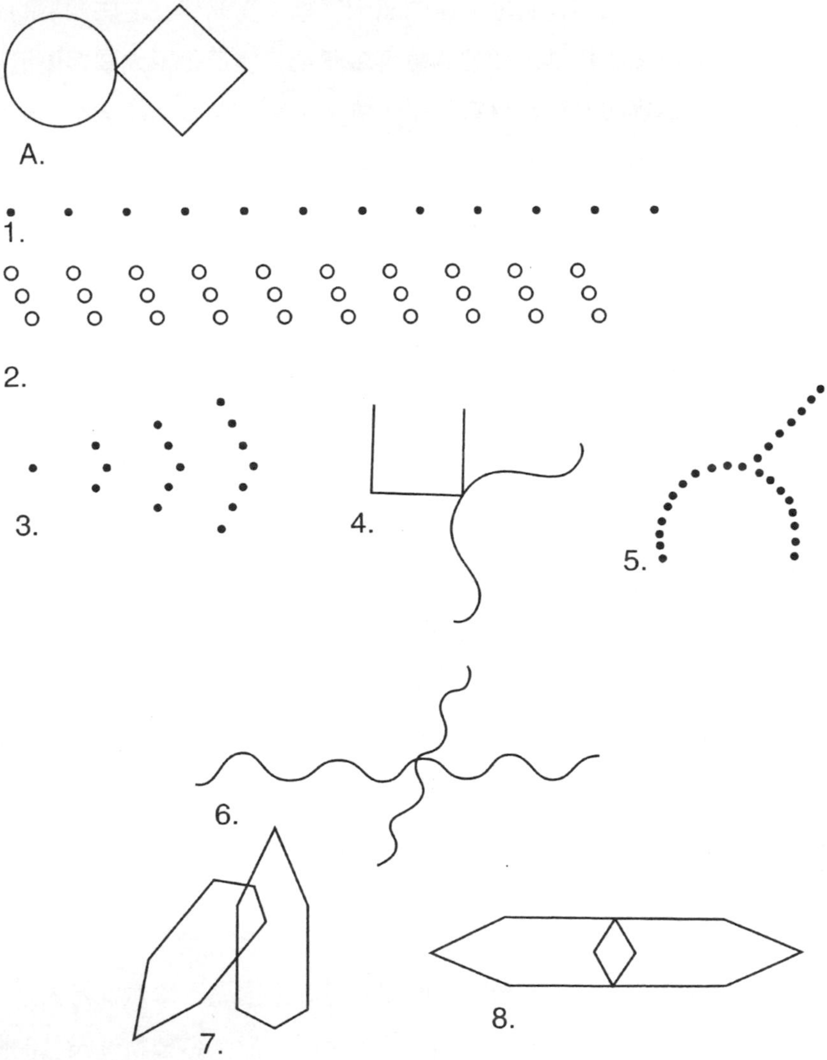

A.

1.

2.

3.   4.   5.

6.

7.   8.

圖 15-1　班達完形測驗示例

資料來源：Bender (1938)

　　班達完形測驗之間隔 24 小時的重測信度係數大約為 .70，評分者信度大約為 .90。在此測驗的表現顯然與繪圖的能力無關，而與教育程度有高相關。班達完形測驗可以作為快速篩選的工具，尤其是使用在偵測嚴重的行為困擾頗為有效。標

準化樣本受限於地區、教育程度以及其他方面，因此不容易建立常模。

　　科波茲（Koppitz, 1975）曾以班達完形測驗施測兒童，以美國中西部與東部公立學校，1,104 名幼稚園至小學四年級的兒童來建立常模。班達完形測驗適用於測量 5 至 10 歲兒童的非語文發展。評分者信度頗高，評分者間相關係數介於 .88 至 .96 之間。以單一年級學生為對象，其重測信度係數介於 .547 到 .659 之間。在 5 至 10 歲之間，測驗分數隨年齡的增加而增加，同時與標準智力測驗有高度相關。

　　單一個團體，其班達完形測驗分數與史比智力量表或魏氏智力量表的相關係數，介於 .48 至 .79 之間。在 10 歲以後，班達完形測驗與智力測驗分數，不再有顯著相關，因為正常人超過此年紀者，在該測驗都可以得到滿分。

　　根據科波茲的研究發現，此測驗對一年級學生後來的教育成就，具有相當高的預測效度。研究一年級與二年級兒童，也顯示班達完形測驗的分數，以及在閱讀與數學成績之間具有顯著的相關。最後，心智遲緩兒童接受班達完形測驗後的分數，在測量智力層次與預測學業成就上，也具有高效度。

　　在比較 5 至 10 歲正常與腦傷兒童其班達完形測驗的總分，結果發現有顯著的差異。可是，在診斷大腦傷害時，科波茲認為全部分數應補充觀察兒童的表現，包括：所需的時間、畫圖所用的空間等，仔細分析個人的錯誤，觀察兒童的行為，探討兒童了解其畫圖錯誤的原因。此外，科波茲提出此測驗在用作偵測兒童情緒困擾的投射工具時，有 10 個「情緒指標」。在作為診斷大腦損傷的篩選工具，班達完形測驗頗具有功效。

診斷大腦受傷的方法

　　診斷大腦是否受傷，神經外科醫師常採用**核磁共振造影**（magnetic resonance imaging，簡稱MRI），這種儀器診斷準確而且不侵入大腦，對醫療與後續治療都非常重要。但臨床或諮商心理學家不能使用這種檢驗儀，以下說明以心理測驗診斷大腦受傷的方法。

　　高登（I. L. Goldstein）觀察許多大腦受傷者，認為大腦損傷與智能降低有密

切關係，尤其是在抽象性思考能力與知覺能力的減退最明顯。史卓斯（E. Strauss）和其同事對大腦受傷兒童進行深入的研究，結果發現心智遲緩兒童，在出生前、生產中或出生後的腦部均有受到傷害。大腦受傷的兒童通常有智能與情緒異常的現象，此外，還有好動、分心、攻擊性等特徵。因此，這類兒童需要施予補救教學措施。

到了 1950 年代，有許多心理學家認為，大腦受傷會產生各種異常行為，但大腦受傷者其症狀並不一致，有時兩個大腦受傷者其行為類型正好相反。雷坦（R. M. Reitan）曾經研究三組患者：第一組為大腦左半球受傷，第二組為右半球受傷，第三組為大腦兩個半球受傷。在使用大腦**電波圖**（electroencephalograph，簡稱 EEG）來診斷後，結果發現左半球受傷者，其在魏氏兒童智力量表上的語文分數低於實作分數；反之，右半球與各部位腦傷者，其語文分數高於實作分數。

大腦受傷對成人、學校兒童與嬰兒也有不同的影響。大腦受傷的類型與受傷者受傷時的年齡有關，行為影響也依受傷前學習的量與智能發展而定。對學前兒童的研究發現，這個階段的大腦受傷會產生智能功能的缺陷。學前兒童大腦受傷者，其字彙與認知或知覺功能都會受到損害。

有些學者研究懷孕或生產受傷的嬰兒，發現其史比智力量表與其他標準化智力測驗的智商都比較低，因為大腦損傷造成語文發展的障礙，進而影響其他能力的學習。兒童智能障礙來自大腦損傷者多於成人，這類兒童大多有學習障礙、過度活動、衝動行為以及動作失常的現象。同時，對兒童的認知、動作與情緒發展均有所影響，可是經由學習的活動，對行為復原有很大的助益。有些人格異常兒童，因為智能偏低而產生人際間的適應不良，至於其人格異常的程度，與父母、教師在其生活環境中的接觸也有關聯。

腦性麻痺兒童常有心智遲緩現象，有些兒童的大腦皮層受損，其動作與智能的異常是直接起因於有機體的損傷。有些兒童的副皮層受損，只引起動作障礙，如果這些動作障礙相當嚴重，將會嚴重影響到語言、動作與書寫能力的發展。這些個案經由特殊教育可以克服動作障礙，但是要恢復到正常人的心智水準，則相當不容易。

 神經心理的測驗組合

　　很少有單一個測驗，就能夠篩選出大腦功能是否失常，單一個測驗很少能夠做合適的診斷。臨床心理師常使用一組測驗來進行衡鑑，這種測驗組合具有多種功能，它可以確認大腦受傷的部位以及特殊的症狀。神經心理組合測驗最著名的有：海雷神經心理測驗組合與盧內神經心理組合。

　　海爾斯疊與雷坦（Halstead & Reitan）的**海雷神經心理測驗組合**（Halstead-Reitan Neuropsychological Test Battery），曾經廣泛使用在臨床以及研究上，該份測驗包含感覺動作、知覺測驗與失語症測驗。在這測驗系列中，尚有類別測驗與嘗試測驗。類別測驗是要受測者從一系列的圖形中找出一些原則；在嘗試測驗的作業裡，圖中包含一些文字或數目，受測者從 1 到 A、 2 到 B，再繼續其他數目與文字。通常測驗組合也包含魏氏成人智力量表與明尼蘇達多相人格量表，以及測量情緒失常的自陳量表。

　　盧內神經心理組合（Luria-Nebraska Neuropsychological Battery）實施測驗所需的時間比較少，平均大約需要 2.5 個小時。此外，其內容、材料、實施方式與計分方法都有較高的標準。它可以測量神經缺陷、行為異常以及腦傷相對的正確位置。此測驗組合的主要特徵，是使用個別化的題目。

　　盧內神經心理組合（型式 I）包含 269 題，每一題代表一種特殊技能的層面，各題的計分是依正確性、速度、品質或反應的數目而定。每一題的原始分數可轉換成量表分數。量表分數 0 分涵蓋原始分數範圍，是正常人比腦傷者較可能出現的分數；量表分數 1 分涵蓋的範圍正常人與腦傷者的機率相同；量表分數 2 分為腦傷者較可能的分數。表 15-1 為該量表的分測驗。

表 15-1　盧內神經心理組合的分測驗

1.動作功能	7.書寫
2.節奏	8.閱讀
3.觸覺功能	9.數學
4.視覺功能	10.記憶
5.接納的語言	11.智慧的歷程
6.表達的語言	

智能量表大都涵蓋推理、問題解決的題目，這些題目與魏氏成人智力量表的一些分測驗相似。此外，計算三個其餘的摘要分數：右半球分數、左半球分數，以及 31 個對腦傷特別敏感題目的特殊病變分數。

另外，發展出大約相等的型式 II，此型式在實施程序上有些改進，並且加上一些新的量表，例如：立即記憶，以評估延宕回憶。其他分數也已經發展作為另一種型式之用，包括兩種新的摘要分數、幾個大腦位置分數與大量的因素分數；後者可以經由幾個因素分析，發現原量表的效度。

盧內神經心理組合對於篩選大腦損傷有高度的功效，同時對於損傷部位的判定也有良好的結果。在使用這個組合時，臨床醫師綜合量化的分數與質性結果，可用來解釋分數類型；在診斷時，可分析受測者在每一個題目上的表現。雖然在神經心理診斷上有大量的需求，但是這種質性分析仍無法全面應用。該量表是為有專業訓練的神經心理學家使用而設計，盧內神經心理組合可以使專家更有效的篩選大腦損傷者。綜而言之，神經心理測驗組合對於腦傷患者的復健，具有很大的貢獻。

第三節　學習障礙的測量

壹　學習障礙的涵義

學習障礙（learning disability）是指，聽覺、思考、言語、閱讀、拼音或計算等方面的障礙，而造成學習困難，但並不包括環境不良、動作障礙、心智遲緩或情緒困擾等原因，所造成的學習問題。

學習困難常被視為是大腦受傷或輕微大腦功能失常的指標；神經的病理會導致學習困難、過分好動、衝動行為以及動作失常。學習困難的專家常強調，依照每個案主行為異常的類型，以便對這類兒童進行補救教學，例如：教師需要知道

兒童知覺的缺陷，以便教導兒童使用其他感覺器官。

　　有些學習困難兒童具有正常或高於正常人的智力，但是這些兒童常有發音困難，以致於無法學習到一種或多種技能。可是，特殊的學習困難在任何智力層次者均可能發生，他們通常有行為的症狀，最常見的症狀包含：知覺失常、感覺與動作之間的協調能力不良，以致於產生閱讀困難與其他學習方面的問題，例如：記憶力差、注意力不集中，以及某種情緒的困擾。

　　在學習困難的兒童中，通常有語言發展失常的現象，患者不能了解語言或不能正常使用語言。有些學習困難兒童，動作失調、時間與空間知覺不正常，以致於不容易有正常的活動。此外，尚有衝動、過度活動、攻擊、其他情緒與人際關係問題等，因此導致學業成績低落，在評估兒童的行為時應多加注意。

衡鑑技術

　　學習困難的診斷，經常需要藉助各種測驗與觀察的程序。在診斷時至少會面臨三個問題：(1) 行為異常影響學習困難的原因相當複雜；(2)每個人的症狀特殊組合有很大的個別差異；(3)不容易蒐集每一個學習困難個案的資訊。

　　歷年來，評估學習困難兒童都是以團隊合作方式進行。教師可以實施團體測驗與使用其他篩選工具，例如：史林哲蘭德（B. H. Slingerland）的特殊語言障礙兒童篩選測驗，其包含 8 個測驗組合，可以得到 21 個分數；麥克里巴士特（H. R. Myklebust）設計的學生行為評定量表，可以提供教室觀察記錄之用。上述這些測驗均包含許多分測驗，尤其是為了確認學習困難，這些測驗的題型均頗為相似。

　　有幾個個別實施或廣泛的成就測驗，可以用來評定學習困難。這些測驗可以由任課教師施測，學校諮商心理師能有效的觀察與解釋測驗分數，再由心理或教育學家，深入分析研究每一個案主，找出各種學習困難的型態。為了深入探討每一個案主所採用的測驗組合，通常包括一些失語症測驗，與其他涵蓋理解、使用文字與語言方面的重要測驗，而設計一些測驗以偵察知覺困擾及短期記憶也相當合適，例如：班達完形測驗特別適用於測驗聽力辨別以及動作的功能。

在學習困難兒童這個領域中，最早而且最著名的測驗，同時也曾經做過大量研究者，首推伊利諾心理語言能力測驗（Illinois Test of Psycholinguistic Assessment，簡稱 ITPA），其適用於 2 至 10 歲兒童的個別化測驗。這個測驗的設計其溝通歷程有三個層面的模式，此模式包含聽覺—口語，視覺—動作兩個管道、三個歷程（接受的、組織的、表達的），與象徵的—自動的兩個層次。伊利諾心理語言能力測驗涵蓋此三個層面的能力，例如：在表達測驗（視覺—動作管道，表達的歷程、象徵的層次）中，兒童執行手冊中的姿勢。

 動態的衡鑑

動態衡鑑技術（dynamic assessment technique）不採用標準化或單一的測驗方式，主要的原因是為了發現受測者個人質性方面的資料。動態衡鑑不只是針對特殊學習困難，同時也包括其他曾經在求學歷程中經歷到困難的兒童，後者包括輕微或中度心理遲緩（又稱為可教育型）兒童。

動態的衡鑑方法，特別適用於項目反應理論與電腦化適性測驗，測驗時只給受測者合乎其能力水準的題目，這些測驗題目可以診斷出個人的特殊困難，然後針對這些困難的問題來實施訓練。這項技術也可應用於數學推理與空間性向領域，並且具有高的效度。

長久以來許多心理學者認為，以傳統的測驗測量學習表現，會產生技術上的難題與無法解釋的結果。伊布雷特森（Embretson, 1988）發展出多層面的潛在特質模式，使測驗題目能夠測量每一個人最大的學習效果。伊布雷特森應用認知心理學的方法，來分解工作程序，分析每個題目所需的認知歷程。筆記型電腦能夠精確的分析這些工作呈現的條件，以便評估個體在不同工作成分上的表現。使用數學的模式可以估計個人的能力，與每一個工作成分上的題目難度。簡言之，心理計量的技術，已經普遍應用在臨床心理學領域上。

 第四節 行為的衡鑑

壹 行為改變的性質

　　心理學者常採用制約原理來改變案主的行為，例如：增進案主的自我肯定能力以及建立良好的人際關係，並且設法消除不適應的行為，例如：恐懼、發脾氣或酗酒。行為改變技術可以廣泛的應用到學校、工廠、醫院或司法機構，它們可以應用在改變員工怠惰、攻擊行為等方面。在臨床心理學上，也常使用行為治療這種方法。

　　行為治療（behavior therapy）常採強化作用、刺激類化、消弱作用、反制約、觀察與模仿學習、角色扮演等方法，其對於各種不良適應行為的治療範圍，有愈來愈大的趨勢。行為治療有一個主要的行為目標，就是敘述所期望的行為，例如：要退縮性精神分裂症患者，能夠以適當的方法與他人溝通。

　　此外，在行為治療之前應先將達到目標的過程分成幾個段落，從最容易成功的行為開始，例如：注意他人、對他人講話、點頭或說出一個字。行為治療可應用到各年齡層，與不同教育或文化背景的患者，也曾被應用到精神疾病、少年犯罪以及心智發展遲緩等患者。

貳 衡鑑技術

　　行為治療自從 1970 年代中期起，其衡鑑程序日益受到重視，有關的行為衡鑑手冊也日漸增加。《行為衡鑑手冊》後來又稱為《**心理病理學與行為衡鑑雜誌**》（*Journal of Psychopathology and Behavioral Assessment*）；此外，《**行為衡鑑技術字典**》（*Dictionary of Behavioral Assessment Techniques*）的出版，也介紹了許多可用的工具。

行為治療衡鑑過程有三個主要功能：第一，衡鑑技術經由相關行為的功能分析，藉以界定個人的問題。基本上，這種分析包括完全說明治療的目標，例如：減輕在大眾面前說話的心理焦慮、克服害怕蛇或蟑螂。這種過程包括敘述引發目標行為的刺激、行為發生的情境、性質、大小與特殊反應的次數。探討案主一直表現不良行為的原因也是很重要的。行為改變的目標包括：外在行為、內在的思想及情感等內在行為。

第二，對行為治療有助益的衡鑑程序，是選擇適當的治療方式。治療者在選擇各種適當的治療工具時，應先了解案主問題的特徵與其現在所處的環境。另外一個相關的問題，就是如何選擇有效的強化刺激，以促進學習效果。這種有效的強化物，例如：社會讚許與短暫的獎賞等。

第三，評鑑由治療結果所產生的行為改變。此評鑑應包括追綜各個治療期間改變的情形，同時也應包括最終的測量，以確定個人達到滿意的狀態，這應包括追綜觀察，以確定案主是否維持滿意的狀態。

在考慮特別的衡鑑過程時，應注意以下三點：第一，相同的程序必須能夠時常對上述三種功能提供各種訊息；第二，選擇的程序應依據問題的性質、案主的特徵以及診療單位可用的設施；第三，大多數案主需要綜合幾個衡鑑的過程是比較理想的。

這些衡鑑的程序可以分成三種型態：由案主自己報告；直接觀察行為與生理的測量（例如：血壓、胃酸、腦電波等），這些測量能夠了解案主的生理狀況；也可以在自然的情境（例如：學校、家庭、工作場所等）直接觀察目標行為，由父母、教師、機構的人事主管，或特別觀察者負責觀察。

觀察的輔助工具，包括檢核表、評定量表等。這種觀察通常會出現幾個缺點，例如：觀察者的出現會影響案主的行為；觀察者個人自己的觀點，會影響對行為的知覺，同時在觀察期間會忽略重要的行為。為了上述原因，類似情況在臨床上或實驗上可以採用角色扮演的方式，讓案主根據錄影、錄音資料或文稿的內容來扮演，並且使用各種儀器客觀的記錄案主的真實生活情形。

案主自我陳述包括各種技術，也包括由臨床心理學家臨床的晤談、自我監督

的記錄目標行為與案主想像自己的狀況，或寫出各種檢核表。有些標準化的自我陳述人格量表，為了作初步篩選與確定目標行為，乃採用案主第一次的口述資料。有些恐懼行為調查的題目，會激發受測者的心理焦慮或困擾。

另一種調查目標行為是自我肯定，每一個題目由受測者表示他們是否拒絕他人的請求，以及拒絕他人請求有何感覺，這種技術不只可用在初步的衡鑑，也可以使用在訓練課程。肯定訓練的目標，是使個人以理性的態度表達自己的感受，而不損傷自己或他人的尊嚴。

自我肯定行為可以使用**大學自我表達量表**（College Self-Expression Scale）來測量。此工具可以衡量受測者正面的肯定、負面的情緒，以及自我否認。正面的肯定包括：表達自己的感受、愛、情感；負面的情緒是指：生氣、懊惱、不滿；自我否認是指過度自貶與過度稱讚他人。大學自我表達量表亦包含與陌生人、權威人士、家人、友伴等的人際關係之題目。

行為衡鑑的評價

早期的臨床心理學者認為，行為屬於穩定的特質，因此，測驗旨在測量這些特質，並且對個人提供診斷的標記。反之，行為治療專家的觀點與心理計量的觀點比較相近，他們認為行為是個人與環境交互作用的結果，測驗旨在測量這些行為，此行為樣本的目的在幫助擬定有效的治療計畫。

自從 1970 年代起，行為衡鑑法頗為盛行，導致行為治療專家主張，行為衡鑑必須配合傳統的心理計量標準，並且注意其信度、效度。行為治療曾激起廣泛的研究，但是其缺乏標準化的材料與程序，使用在不同的實驗與診療時，常使得不同的研究結果不容易比較。雖然行為治療注重個人行為的改變，但是仍然需要常模；常模有助於確定誰需要治療，並確立合適的治療目標；它也能提供一致的客觀分數量表，以衡鑑治療的結果，與比較不同研究者的研究發現。不同觀察者與不同情境的衡鑑技術信度，也需要加以考慮。任何單一的觀察結果，均涵蓋有測量標準誤的因素。

行為衡鑑可以由具有代表性的行為樣本，來提高其內容效度。這種衡鑑技術的內容效度，可以利用觀察方法發現個人的行為，例如：自我陳述、在醫院、家庭、辦公室、學校等情境中觀察。

由於行為衡鑑快速的發展，許多學者專家致力於改進衡鑑技術的心理計量品質。有一些行為衡鑑工具，可以使用傳統的統計程序來評量，例如：使用重測、內部一致性、評分者來分析信度，與幾種類型的效度分析。

第五節　臨床的衡鑑

壹　臨床衡鑑的性質

臨床（clinical）是指，傳統上深入研究案主的方法學。因此，臨床工作不僅為診療單位所採用，同時可用在諮商中心、學校以及工商企業機構。臨床衡鑑（clinical assessment）在衡鑑案主的過程中，有時需要依賴治療者主觀的判斷，而不是採用客觀、標準化測驗或使用統計方法。

臨床心理師在衡鑑一個案主時，可視為特殊的個人認知或人際知覺的歷程，在此過程中，觀察者常依自己的經驗來解釋案主的行為。雖然臨床心理師不能夠直接了解他人的各種感受，但是可以經由對方的臉部表情、姿勢、口語以及其他外在行為來了解他們。可是，當案主的文化背景、教育程度或社會經濟地位水準，顯著的與臨床心理師不同時，就容易產生錯誤的診斷。

貳　蒐集臨床資料

臨床心理師蒐集許多案主的資料，以之做為診斷的依據。在資料蒐集過程中，與案主建立與維持和諧關係，並深入了解案主個人生活的歷史，此歷史資料可以

提供良好的診斷基礎,並且可以了解個體及預測案主以後的行為表現。

　　首先,在找尋案主生活歷史的事實資料時,臨床心理師宜根據案主的人格發展歷史、相關研究發現,以及專業的經驗,對特殊的反應形成假設,然後以其他有關資料來驗證這些假設。另一方面,臨床心理師可採用測驗、問卷或其他標準化的程序,更有效的使用各種方法來蒐集案主的各種資料。

　　第二,如果臨床心理師過度相信其原來的假設,他們也許只找尋支持這些假設的資料。他們問案主的問題以及表達同意或不同意,都會影響案主的報告。這種蒐集資料技術是有些心理分析家的共同缺點。

　　第三,臨床心理師在案主人際情境中發現問題。據此,臨床的會談可視為是一種情境測驗,從會談中可以了解案主的部分人際行為。

 臨床心理師的資料綜合功能

　　有許多文章描寫臨床心理師在資料處理、綜合或解釋上所扮演的角色。有些人認為臨床心理師藉著直覺的判斷,對測驗分數、案主生活史或與案主面談,就可了解案主是具有創造性的,或可能自殺,或不容易心理治療等,其實,臨床心理師在臨床上的診斷,還是需要根據測驗分數、特殊反應、分數組型、案主歷史等資料。

　　由相關與迴歸分析可以找出各種資料,以利做最後診斷的依據,同時它們可以顯示出這些統計資料是否是直線的(附加的),或是一些非直線組合,才能得到最好的應用效果。許多研究結果顯示,由直線迴歸方程式,就可以很正確的診斷案主的行為表現。

 臨床與統計預測的比較研究

　　以目前臨床心理學的觀點,對案主的了解最有效的程序包括臨床與統計的方法。臨床心理師應使用各種客觀的測驗資料、迴歸方程式與其他實際的方法,以

應用到特殊的情境。臨床上的預測需要有理論與實務的配合，最重要的就是要有客觀的資料做為依據。每一個臨床心理師的能力、人格、專業訓練與經驗不同，因此在臨床判斷的技能及客觀性也不盡相同。

伍 電腦在臨床衡鑑上的應用

　　許多心理測驗可以採用電腦計分，包括自陳人格量表，已經用了幾十年之久。大部分的電腦程式也執行一般的統計分析，提供各種類型的分數，例如：特別的指數與綜合分數、測量標準誤的分數組距與分數側面圖等。近年來，電腦除了可以對這些分數提供服務之外，尚有電腦的解釋資料。電腦對案主病情的診斷、解釋，有時並不亞於心理師或醫師。

　　電腦可以整合各種測驗、案主生活史以及行為觀察等資料。雖然電腦在案主心理的資料方面具有綜合的功能，但是它在解釋測驗分數上也有其限制，因為在臨床上對案主的診斷，有時需要數量的資料，同時對案主的症狀需要做質性判斷，而這些質性判斷需要根據許多人格理論以及臨床工作經驗，但是上述這些程序並非電腦所能夠勝任的。

　　在有些世界先進國家，有幾個專業化與科學的團體，發展出電腦化的解釋服務中心，這些中心有負責的合格專業人員，以便提供解釋測驗資料的服務。

　　合格的電腦解釋服務者需要具有專業的溝通能力，能夠使用更多資料來解釋測驗報告。此外，他們如果具有臨床心理學、精神醫學的專業素養與訓練，以及接觸案主的實際經驗，對於案主就比較能夠做適當的診斷與處置。

關 鍵 詞 彙

學習障礙	行為衡鑑
班達完形測驗	臨床衡鑑
神經心理組合測驗	動態衡鑑

自我評量題目

1. 試說明魏氏量表在臨床診斷上的用途。

2. 診斷大腦受傷有哪些方法？

3. 神經心理組合測驗有哪些？

4. 試說明班達完形測驗的功能。

5. 如何診斷學生學習困難？

6. 試說明電腦在臨床衡鑑上的應用。

7. 試說明智力測驗在臨床診斷上的功能。

第十六章　心理與教育測驗的實施與應用

第一節　測驗的實施

任何測驗的實施程序與測驗結果，都有密切的關係，以下僅就一般測驗的實施程序，加以介紹。

壹　準備工作

任何測驗的實施程序，都必須依照指導手冊的規定來進行，以避免有任何失誤的情形發生，因而影響測驗結果。因此，主試者必須在實施測驗之前，對該測驗的實施有充分的了解；在實施團體測驗之前，測驗的材料與有關的器材，也需要事先準備妥當，否則在施測時容易臨時慌亂而影響測驗結果。

另外，有一些個別化測驗的進行，必須依照規定的順序排列各種測驗材料，以免臨場施測時不易找尋；而且所使用的各種材料，最好放置在靠近測驗台的桌面上，以便主試人員容易取得測驗的材料。

此外，測驗時需要使用的各種儀器或工具，應定期加以檢驗以及試用，以期測驗時能發揮其正常的功能。有些團體測驗的答案紙、測驗題本、鉛筆以及其他所需的材料，也要預先清點、查核並且做適當的安排。

有些特殊的個別化測驗，主試人員最好先接受專家的督導與訓練，事先詳細閱讀指導手冊。在大規模的團體測驗中，主試者應召集監試人員，先說明測驗實施要點、注意事項、各人負責的任務，使監試人員能夠充分了解自己應做的工作。在一般大型的團體測驗中，主試者在測驗實施過程中負責朗讀指導語、控制測驗

時間與秩序，監試人員的任務是分發以及收回測驗的材料、注意觀察受測者是否按照指導語行事，或有無作弊行為，並且在特殊情境下回答受測者的問題。

貳　測驗的環境

　　測驗的場地應該要有良好的通風、充足的光線、沒有噪音干擾、適宜的溫度、舒適的座位或良好的作業場所。在測驗室門外應貼上標誌，例如：「測驗進行中，請勿進入」，以防止外人任意闖入試場，影響受測者的情緒與測驗成績。如果實施大規模的測驗（如托福測驗、高中或大學入學考試、高普考試），應有測驗助理人員守候在測驗場所的四周圍，以便處理各種意外發生的事情，使測驗能夠順利進行。

　　測驗的各種情境都可能影響測驗分數，分述如下：

1. 測驗用的桌子型式與測驗分數有關，學生使用長條式的桌子測驗，比個人單獨使用桌子的得分較高。
2. 一般測驗的答案紙都是為了方便電腦計分而設計；答案紙與測驗題本分開，會影響測驗的成績。
3. 主試者與受測者彼此相互認識的程度，與測驗的分數有關。
4. 主試者的行為與態度，諸如：微笑、點頭、批評等，都會影響受測者的測驗結果。
5. 在投射測驗中，要受測者對某些圖片寫出故事，主試人員如果在場，將會影響受測者對故事的情緒反應。
6. 受測者接受打字速度的測驗，與參加測驗人數的多寡有密切關係，通常單獨一個人打字的速度比較快。
7. 小學五年級以下學生的測驗，如果答案紙與題本分開，測驗分數會比較低；反之，答案紙與題本在一起的測驗，測驗分數會比較高。

　　綜上所述，測驗情境必須注意以下幾個方面：第一，編製者與測驗出版者應將測驗情境對測驗結果的影響，在測驗指導手冊上明白說明；第二，任何測驗情

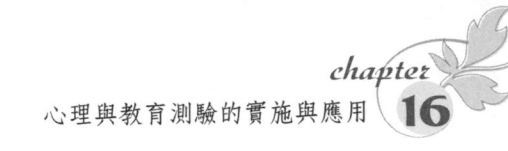

境均須記錄下來；第三，當解釋測驗時應考慮到情境影響的有關因素。

參 建立投契關係

　　受測者接受測驗的動機、興趣以及與主試者合作的程度，都會影響測驗的表現。主試者在實施各種不同性質的測驗時，應設法讓受測者努力完成測驗，例如：在實施人格測驗時，要求受測者以平常心坦誠回答問題；在實施能力測驗時，應告訴受測者專心注意每一個題目，並且鼓勵其盡其所能來作答；在實施投射測驗時，要受測者對各個題目將其所想到的事件，都充分表達出來。

　　主試者應設法使參加測驗的受測者，保持一致的動機與態度，以便測驗結果能夠做客觀的比較。如果主試者告訴某一名受測者，正確解答某些測驗題目可以得到獎勵，而對另一名受測者只以口頭讚美其正確解決問題，在此情境之下，這兩名受測者的測驗成績不宜直接拿來做比較，因為他們接受測驗的動機並不相同。因此，在解釋測驗結果時，應對受測者接受測驗的動機有所說明。

　　一般而言，個別化測驗比較容易與受測者建立**投契關係**（rapport relationship）。在團體測驗上，也要與受測者建立投契關係，但必須考慮到受測者的年齡、性別、測驗的性質、測驗的用途。以學前兒童為對象實施心理測驗時，為了避免兒童產生陌生、害羞、分心以及不合作的態度，主試者不可立即就實施測驗，應先讓兒童熟悉測驗室的環境，與其建立友善關係，等待情緒平穩之後才進行測驗。對小學低年級學生實施測驗，引發其接受測驗興趣最有效的方法，就是先玩團體遊戲；至於小學高年級學生，可以採用團體比賽或先了解其內心的期望，來引發其接受測驗的興趣。

　　如果受測者為特殊兒童或不同文化背景的兒童，就不宜採用一般正常兒童的測驗方法。另外，對於情緒困擾、受刑人或不良犯罪青少年，在實施測驗之前更應與其建立友善關係，因為他們對測驗大都懷有猜忌、排斥、敵對或故意不合作的態度，所以在測驗之前，可以告訴他們測驗的目的及用途。

　　為了避免一般受測者對測驗結果的得失心太重，或測驗結果被他人知道，在

進行測驗之前主試者應詳加說明，例如：告訴受測者這些測驗題目很少人能在規定時間內做完，以緩和其緊張的情緒。另外，有一些比較周全的方法，可以防範受測者對測驗情境的慌張，或對測驗突然不知所措，以致產生嚴重的焦慮，例如：在測驗前幾天，即將測驗的目的、性質、作答方法印在書籤上，先分發給受測者，並且附上測驗的例題，使受測者事先知道測驗的題型，以免正式測驗時產生誤答情形。

在一些比較大型的團體測驗，例如：美國職業服務處備有書籤，記載有關測驗注意事項。此外，更理想的方法是將測驗的一切細節，編印成測驗指南，包括書籤與 CD 或 DVD，提供受測者了解全部測驗的過程。

肆 測驗的焦慮

測驗焦慮（test anxiety）是指，受測者對測驗產生緊張不安的情緒，因而影響測驗的結果。在測驗實施之前，主試者宜對受測者說明其測驗結果絕對保密，或說明測驗結果只做學術研究的用途，以緩和其緊張的心理，並且消除測驗的焦慮心理。

有一些心理學家研究發現，焦慮與測驗成績的關係如下：

1. 輕微的焦慮對測驗的表現有益；毫不焦慮或焦慮過度者，其測驗表現較差。
2. 未曾接受過測驗者，其測驗焦慮程度比較高。
3. 受測者接受智力測驗、性向測驗時，其焦慮程度比較高。
4. 受測者的**抱負水準**（aspiration level）與測驗焦慮成正相關，抱負水準高者，其測驗焦慮比較高。

伍 主試者與測驗情境

主試者與測驗情境會影響測驗的結果，一般而言，學前兒童比成人較容易受

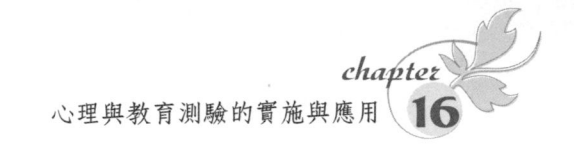

到主試者與測驗情境的影響。因此，主試者所扮演的角色非常重要。此外，情緒障礙者比正常人較容易受到上述因素的影響。

主試者的年齡、性別、種族、職業、社經地位、專業訓練與工作經驗、人格特質、服裝儀容、面貌特徵等因素，都可能影響受測者的作答反應。因此，在正式實施測驗之前，應先將上述因素設法加以控制，使其不致於影響測驗結果。

主試人員在實施心理測驗前，或在進行測驗中與受測者的關係也會影響測驗的結果。印克斯能（Exner, 1966）的研究發現，主試者與受測者之間的關係或表情，都會影響受測者在智力測驗上的成績。此外，受測者的人格特質也會影響測驗分數。受測者對自己在該測驗上的期望，也會影響測驗分數，這是**自我應驗預言**（self-fulfilling prophecy）的現象。

受測者在接受測驗前的任何活動，都會影響其測驗表現，特別是其所從事的活動會引起情緒的困擾、疲勞、生理不舒適等情況的影響更大。另外，有一些研究發現，受測者對其個人測驗表現是否了解，將對其以後的測驗結果有所影響。換言之，測驗結果的**回饋**（feedback），對受測者接受測驗的表現將有所影響。

訓練的影響

受測者過去接受訓練的材料與測驗的內容愈相似，測驗分數的進步愈大。同一個測驗，第二次的測驗分數大都有較高的傾向。一個測驗如果連續對相同受測者連續多次施測，就可能使測驗分數產生改變。個人曾接受過某一標準化測驗，其後的測驗分數大都優於第一次的測驗分數，這種現象可能是受測者克服初次接受測驗的焦慮感，以及對測驗產生信心或良好的態度。另外，許多測驗內容與功能之間具有部分重疊，特別是相同型式的測驗題目，通常會使受測者的測驗分數稍微提高。因此，將受測者測驗的分數進行比較時，應考慮其過去接受測驗的經驗。

在實施測驗前，對受測者施予講解以及給予練習，讓受測者熟悉測驗程序，可以使測驗結果更能顯現其真實的能力。美國大學入學委員會提供了「測驗指

南」，每一位應考者可以收到一份書籤，該書籤詳細載明接受測驗的要點，也有許多例題，使考生明瞭測驗的作答與計分標準。

「測驗指南」是特別為沒有測驗經驗者而設計，它包含一份書籤以及一份應試 CD、測驗練習題以及測驗題範例，供受測者在應試前在家裡練習。美國職業服務局也準備了一份應試用書籤，並有接受測驗的詳細說明書提供給受測者。

 第二節　測驗的使用

 測驗材料的取得

心理與教育測驗通常只限於心理與教育測驗的學者專家，或具有合格的心理師才能夠購買與使用。因此，國內外大多數測驗的出版者，都有規定購買測驗者必備的資格。世界先進國家有一些心理與教育測驗出版公司，會依據測驗使用者的層次分類，包括教育成就與職業測驗，團體智力測驗與興趣測驗。臨床方面的工具包括個別化智力測驗與大多數的人格測驗。出版公司在出售測驗材料時，必須了解購買與使用者的資格及其專長，才決定是否把測驗材料賣給對方。

心理與教育測驗出版社對於測驗使用者條件有嚴格限制，其主要目的乃在測驗材料的安全及防止被濫用。但是，有些測驗出版者為了商業上的利益，罔顧測驗的倫理，擅自出售測驗，這是違反測驗倫理與法律責任的作法。

不可使用未標準化的測驗

心理與教育測驗的編製者及出版者，應擔負起專業的責任，例如：任何測驗在尚未標準化（例如：建立常模、信度、效度、實施程序）之前，不應該公開銷售。測驗指導手冊的內容，至少應涵蓋測驗的實施、計分，以及常模等資訊。

測驗內容不可任意公開

　　心理與教育測驗在使用一段時間之後，應加以修訂並且建立新的常模。心理測驗的題目、標準答案、計分標準等資料，不可以登載於報紙、雜誌或一般書籍。受測者不要任意找測驗來自我施測，以免產生測驗誤差，或對個人的心理造成傷害。此外，在實施測驗之後應將測驗題本悉數收回，以免對以後的測驗結果產生偏差。

　　心理與教育測驗的實施，不可將測驗資料郵寄給受測者自行施測，任何人在性向或人格測驗上的表現，都不宜將測驗資料郵寄給專家計分與解釋測驗結果。

 保護受測者的隱私權

　　由於有些測驗容易侵犯到受測者個人的隱私權，因此有關情緒、動機、態度的測驗，受測者比較不願意坦誠回答，因而影響到測驗結果。事實上其他各類型的測驗，例如：智力、性向或成就測驗，也會使個人的知能顯露出來。因此，心理與教育測驗是否會侵犯到當事人的隱私權，仍有不少爭議。如果我們認為測驗是測量行為的樣本，並非揭穿個人行為的真面目，就能對測驗的性質有更正確的認識。到目前為止，在保護個人的隱私方面，尚無公認的規則可循，解決之道在於視特殊的情況而定。

　　在臨床或諮商情境中，案主為了解決其困擾問題，通常願意其測驗資料讓心理師知道，因此專業人員獲悉測驗資料，並不侵犯案主的隱私。此外，有一些受測者接受職業測驗，僱主為了決定錄取適當人選，必須要先了解每一位應徵者的測驗分數，在這種狀況下並不侵犯受測者的隱私權。可是，有些學者專家為了學術研究的需要，對一些受測者實施心理測驗，在這種狀況之下應將受測者匿名，否則應先取得受測者的同意方可實施測驗。

　　在心理與教育測驗中，假如以兒童或青少年為測驗的對象，一些比較敏感的測驗項目，應先徵得其父母的同意方可進行測驗。一般而言，性向測驗、成就測

驗、人格測驗，都需要取得家長的同意書方可施測，以免日後產生不必要的爭論與困擾。

伍 測驗資料的保存

　　凡是與測驗結果有直接接觸的人士，都應列為保密的對象。此外，測驗的內容或與測驗有關的人士均應加以保密，這是心理測驗從業人員的基本職業道德，也是在維護受測者的人權。受測者有權利了解自己接受測驗的結果，因此測驗結果的資料應清晰易懂。使用測驗者不可以將受測者的測驗資料，未經受測者的同意而任意向第三者公開。

　　在機構中實施心理或教育測驗，例如：在學校、醫院、法院、企業公司、監獄等，主試人員應告訴受測者有關測驗的目的，測驗結果作何種用途。在這種情境之下，如果沒有獲得受測者進一步的允許，測驗結果只能在該機構內使用。除非是醫院、僱主或學校機關要求調閱受測者的測驗資料，否則不允許任何人借閱。

第三節　測驗結果的解釋

壹 應由專業人員解釋

　　一般心理測驗結果的解釋，應由有獲得政府舉辦考試合格證書的專業人員，例如：諮商心理師或臨床心理師，或在政府立案的大學教授心理測驗的學者專家來解釋。解釋者必須充分了解測驗的功能、實施過程，並且應知道測驗的信度、效度、難易度以及常模。

　　一般而言，大多數的人格測驗與個別化智力測驗，需要由大學心理測驗教師、臨床心理師或諮商心理師來解釋，而教育成就測驗或職業測驗，可以由學校教師

來擔任主試者與解釋者。

如果以一份測驗對一群人施測,而且測驗結果要做比較,或者受測者其個人的分數要與常模比較,解釋者應先熟悉該測驗的指導語,指導受測者真實作答、了解作答的方法、適當的控制測驗情境與正確的計分方法,使用測驗者應熟悉測驗的標準計分方法,以避免計分時發生錯誤。

在解釋任何測驗分數時,應先了解受測者個人的基本背景資料與受測者的身心狀況,因為不同受測者即使得到相同的測驗分數,其產生的原因不完全相同。此外,了解受測者接受測驗時的生理、情緒狀況以及其以前接受測驗的經驗,也都是相當的重要。

貳 解釋用語使人容易了解

心理與教育測驗學家將測驗結果與受測者溝通時,應以中性的字眼向受測者解釋,要比只告訴對方一些測驗結果的統計數字較佳;除非受測者曾接受過心理測驗專業訓練,否則他們不容易了解標準分數、百分等級、百分位數、常模、標準差等統計學的概念。但是,如果主試者只將測驗結果的原始分數告訴受測者,則容易使受測者對其測驗結果產生誤解。

如果要將測驗分數以郵寄方式寄發給受測者時,有關解釋的資料應該清楚、簡明扼要。假如受測者是學童,應以更有效的方式向其父母或教師做充分的溝通,不宜直接對兒童解釋測驗結果。

參 查明測驗分數的可靠性

一般心理與教育測驗都有提供指導手冊,解釋測驗者需先查明該測驗的信度、效度、常模,如果信度、效度不高,就表示該測驗的可靠性值得懷疑,例如:某學生接受一個智力測驗得到智商 120,如果該測驗的信度係數為 .50、預測效度係數為 .32,則該生的智商 120 就不見得正確。通常測驗分數需要對照常模來解釋,

但是有許多測驗缺乏適當的常模，或有些測驗的常模建立的時間距離現在已經 20 或 30 年，像這種測驗的常模已經不適用；另外，有些測驗是直接翻譯自外國，在本地並沒有可用的常模，測驗結果要使用外國常模也是不適當的。

 解釋測驗結果應具有教育的意義

大多數的受測者對其接受測驗的結果都很關心，因此將測驗結果告知受測者時，不僅應由合格的心理師來解釋測驗資料，同時應注意到解釋的技巧，例如：對一名學業性向測驗分數偏低的學生，可以對他說：「你的測驗分數雖然偏低，但只要努力用功就可以贏過別人。」對一名智商很高的學生，不宜直接告訴他是天才，以免使其產生高傲心理，造成「聰明反被聰明所誤」的後果，最好對他說：「你的測驗分數雖然很高，但仍然要努力用功，才不會被別人贏過去。」

第四節　心理與教育測驗的應用

壹　心理與教育測驗不可以濫用

由於許多人對測驗的認識並不夠深入，因此常有一些錯誤的觀念以及濫用測驗的情事發生，這不但會影響測驗的信度與效度，同時可能損害受測者的個人權益，因此使用測驗者必須非常謹慎行事。下述是一些常見的錯誤觀念：

1. 借給我一份智力測驗好嗎？我想測量朋友的智力，因為許多人都說他很聰明。

2. 我想借一份性向測驗來做幾次練習，以便能夠順利通過就業考試。

3. 前天晚上，我填寫了一份雜誌上的智力測驗題，結果我的智商只有 80，心理測驗真是騙人的玩意兒。

4. 我有一位同學就讀心理學系，他給我做了一份人格測驗，測驗結果說我有

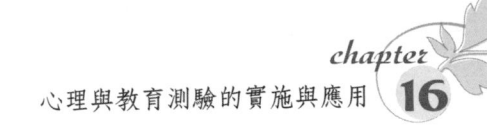

自卑感,從此以後我覺得很難過。

從上述幾個例子中可知,有一些人對心理測驗誤解及濫用,以致測驗結果的價值偏低,甚至會傷害到受測者。心理測驗如同任何科學儀器一樣,必須適當的使用方能產生其最大的效果。如果一個人在接受心理測驗之前,已經熟練該測驗的題目或知道答案,則該測驗結果即毫無正確性可言。由此可知,測驗內容不可以隨便洩露出去,也不可以隨意借給不懂測驗或未受過專業訓練的人員使用。

一般來說,限制測驗的使用有以下兩個主要原因:(1)測驗能夠完全由受過心理學或心理與教育測驗專業訓練的專家使用;(2)預防受測者事先知道或熟練某些測驗內容。

貳 測驗使用者分級制

由於測驗種類繁多,實施測驗的過程與計分方式各不相同,解釋與應用測驗結果也需要具備不同層次的專業知能,所以需要對測驗使用者訂定分級制。因此各個出版社為了保護測驗內容不外洩,對購買者都有資格限制,例如:心理出版社在其出版品目錄中,將測驗使用者分成四級,並且說明哪些測驗需要哪一級使用者才可以使用。

通常投射測驗、個別智力測驗、神經心理測驗,需要修過心理與教育測驗課程,並且具有實習經驗者才可以使用;性向測驗、診斷測驗、人格測驗,需要修過心理與教育測驗課程,並且熟悉標準化施測過程者才可以使用。標準化成就測驗與大規模甄選測驗,主試者需要參加施測程序講習,並且熟悉指導手冊的內容才可使用;教師自編測驗可由教師實施測驗並且解釋測驗結果。

參 測驗內容的保密

受測者如果在接受測驗之前,已經事先知道測驗題目的答案,或曾經接受過測驗的練習,將影響測驗分數的真實性,在這種情況之下,此測驗的預測效度將

會降低。

　　受測者如果在測驗之前，就已經知道測驗內容，這樣的測驗結果就會不準確，同時會影響測驗的信度與效度。因此，心理與教育測驗的內容不可以在任何刊物或雜誌上曝光；測驗題目不可以郵寄給受測者，提醒受測者不要在測驗題本上作記號或寫字，以免以後的受測者事先知道題目的答案，而且在測驗結束之後所有的題目本都要回收。

　　為了確保各種測驗內容的安全性，應與受測者做有效的溝通，使受測者除去測驗的疑慮。測驗前提供測驗指南給受測者參考，使其熟悉測驗的過程，降低心裡的焦慮感，以便測驗時願意全力以赴。在測驗結束之後，應讓受測者知道自己在測驗上的表現。

肆　心理與教育測驗使用者的倫理道德

　　長久以來，測驗的學者專家都很關切心理與教育測驗在研究與應用上的專業倫理問題。美國在 1950 年代初期，就訂定了〈心理測驗的專業倫理準則〉，迄 1953 年，美國心理學會就將它公布，到了 1979 年修訂的心理學家倫理原則，有關倫理問題的例子，每年均刊載於《美國心理學家》（*American Psychologist*）一書中。

　　心理學家的主要任務在深入認識與了解個人，並且尊重個人的價值與尊嚴。因此，心理與教育測驗學者學家需要接納服務對象，維護當事人的權益，以及增進其福祉，不可藉著自己的知識、職權，從其服務對象謀求特殊的利益。為了達到上述目的，必須遵守下列基本的倫理道德：

1. 心理與教育學家如果認為案主的問題需要研究，在擬訂研究計畫時，必須考慮周全。在提出研究報告時應提出具體可靠的資料，以防止他人對其研究結果做錯誤的解釋。

2. 從事教育工作的學校心理學家或教師，應了解其主要職責乃在協助學生獲得知識與技術，並應具有深厚的學養。

3. 從事實務工作的心理與教育學者，應時時體認自己的重責大任，處處為

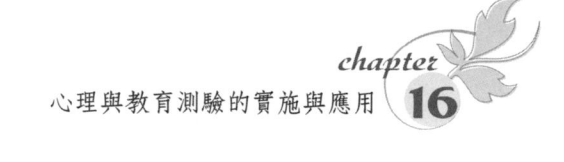

人謀福利。

4. 從事諮商或臨床工作，需具有獲得政府舉辦考試的合格證書或證明文件。對於不合格者應設法加以勸阻，若發現從事上述工作者違背職業倫理道德時，應給予糾正；如果無法糾正，則應報請有關單位做適當處理。

5. 應明瞭自己的人格特質會影響專業的能力，甚至對服務對象造成傷害。

6. 不可冒名或自誇專業能力。

7. 不可利用自己與某學會的關係，做出違背該學會的各種活動。

8. 不可對自己所屬的機構或組織做不實的報導。

9. 在發布大眾傳播媒體言論時，應保持謙虛與嚴謹的態度。

10. 在大眾傳播媒體對社會大眾報導各種消息時，必須正確、不誇張或不虛偽。

11. 利用大眾傳播媒體報導各種訊息時，不可具有商業色彩，例如：不可推薦何種測驗最好。

12. 服務對象的各種個人資料，都應給予保密。

13. 由服務對象獲得的各種資料不可任意公開，除非有特別必要時，才提供給其他協同診治的專家或機構參考。

14. 在教學、研究或著作上，切勿透露個案的身分及其各種有關資料。

15. 在個案研討會時，應對個案的身分加以保密。

16. 對個案的檔案資料應嚴密保管。

17. 當專業工作者之間相互衝突時，應先關心服務對象的福祉，其次才考慮到自己工作團體的利益。

18. 若對服務對象的問題不能做有效的幫助時，應設法終止服務或做轉介的工作。

19. 在實施心理或教育測驗過程中，若有必要請服務對象說出其私人的祕密時，應向服務對象說明這些資料之用途。

20. 在將心理與教育測驗做為教學或研究之用時，應對測驗結果做最適當的使用，以保障受測者的權益。

21. 在實施測驗、諮商或心理輔導時，如欲使用錄音、記錄、錄影，宜先徵

求案主的同意。

22. 不對自己的家族、親友實施諮商、輔導或心理治療。

23. 根據測驗資料做人事用途時,應參酌其他資料做審慎的解釋。

24. 不可直接主動要求案主接受診斷與治療。

25. 在電話簿上刊登服務廣告,不可誇張測驗的效果。

26. 私人開業的心理師廣告,應只列舉姓名、最高學歷、證件、文憑、住址、電話號碼以及主要服務項目。

27. 專業服務的收費標準,應考慮對方的經濟能力,以及同業間的收費標準。

28. 轉介個案時,不從中收取任何介紹費。

29. 如在醫院或政府機構服務時,不可私下再收取任何服務費用。

30. 測驗題目除非在專業性刊物中呈現,否則不可以隨便影印,以確保測驗的信度與效度。

31. 測驗資料不可隨意借給外行人使用。

32. 對受測者或其父母解釋測驗資料時,應根據測驗的原理做最適當的解釋。

33. 解釋測驗結果時,不可使用極端的字眼。

34. 解釋測驗資料時,應先了解該測驗的性質及其限制。

35. 出版者應準備測驗指導手冊或測驗刊物,以說明測驗編製過程、實施方法,並說明測驗的信度與效度。

36. 在測驗指導手冊中,應載明編製該測驗的抽樣人數、母群體的特性、測驗的目的並且說明其效度,以及測驗結果的解釋方法。

37. 測驗指導手冊中應該說明,需要接受何種專業訓練才可以對測驗結果做適當的解釋。

第五節 電腦在解釋測驗分數上的應用

各種心理測驗從測驗的實施、計分、資料呈現或解釋,都可以利用電腦,它

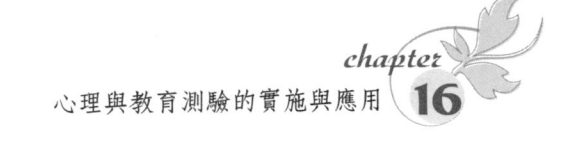

可以增進資料的處理速度及正確性，尤其是採用項目反應理論以計算免受樣本影響狀況下，採用電腦有其必要。

目前有許多團體測驗，由於受測者人數眾多，因此測驗所得到的結果通常利用電腦來計分。國內外有一些測驗出版公司，開始對測驗使用者提供這項服務。此外，有一些比較複雜的人格與性向測驗，也利用電腦來計分並且印出測驗各分量表的分數，例如：**明尼蘇達多相人格量表**（MMPI），測驗使用者可以利用電腦報表，印出受測者的人格傾向、情緒狀況等診斷數據；區分性向測驗的資料可做為生涯計畫的參考，它可利用電腦報表印製受測者在各分測驗上的分數，以做為諮商者對受測者提供諮商輔導的依據。

有些測驗使用者會使用電腦程式，不僅可以將測驗分數加以量化，同時對於某些特別的測驗報告也有所幫助，例如：魏氏兒童智力量表與魏氏成人智力量表，都可利用電腦來協助測驗資料的處理。有些學校或機關團體，將學生或員工的個人心理與教育測驗資料，利用電腦來建立個人檔案資料，對於教育與職業輔導有莫大的助益。

雖然電腦對心理與教育測驗有很大的幫助，但是有時候使用電腦也會導致誤用以及對測驗分數做錯誤的解釋。為了避免上述情形的發生，有些測驗學者發展出使用電腦測驗指南。1985 年《電腦與人類行為》期刊問世，該刊物包括心理測驗的電腦軟體程式，提供測驗使用者使用。它是由**布洛斯心理測量學苑**（Buros Institute of Mental Measurements）所開發的，其中有一些電腦套裝軟體程式，是專門針對某些測驗設計的。

心理與教育測驗利用電腦來計分與解釋，已經有逐漸增加的趨勢，但是在使用它的時候，應注意兩個基本原則：第一，輸入電腦的測驗資料應正確，測驗使用者才能正確評估測驗的信度與效度；第二，當解釋分數的報告資料，做為臨床或諮商上用途，或是對受測者的前途做重大決定時，應附帶說明受測者的其他可供參考的資料。測驗分數的報告，應僅由具備心理與教育測驗資格者來使用。

關鍵詞彙

自我應驗預言　　　　　測驗焦慮

免受樣本影響　　　　　抱負水準

投契關係

自我評量題目

1. 心理與教育測驗的主試者應具備哪些資格？

2. 如何保護測驗受測者的隱私權？試述之。

3. 如何降低測驗的情境對測驗分數的影響？

4. 諮商心理師向受測者解釋測驗結果時，應注意哪些原則？

5. 試說明測驗內容保密的重要性。

6. 測驗資料應如何保存？試述之。

7. 試說明心理與教育測驗使用者的專業倫理道德。

8. 試說明電腦在解釋測驗分數上的應用為何。

一、中文部分

王文中、陳承德（譯）（2009）。K. R. Murphy & C. O. Davidshofer 著。心理測驗（Psychological testing: Principles and applications, 5th ed.）。台北市：雙葉。

毛連塭、郭有遹、陳龍安、林幸台（2000）。創造力研究。台北市：心理。

朱錦鳳（2005a）。問題解決創造力測驗。台北市：心理。

朱錦鳳（2005b）。圖形思考智能測驗。台北市：心理。

吳裕益、侯雅齡（2000）。國小兒童自我概念量表。台北市：心理。

吳靜吉、高泉豐、王敬仁、丁興祥等（1981）。托浪斯圖形創造思考測驗（甲式）。台北市：遠流。

李乙明（2006a）。陶倫斯創造思考測驗（語文版）。台北市：心理。

李乙明（2006b）。陶倫斯創造思考測驗（圖形版）。台北市：心理。

周文欽、賴保禎、歐滄和（2004）。心理與教育測驗。台北縣：國立空中大學。

林一真（2000）。貝克焦慮量表（譯）。台北市：中國行為科學社。

林邦傑（1989）。大專人格測驗指導手冊。台北市：教育部訓育委員會。

林幸台（編譯）（1986）。心理測量導論。台北市：五南。

林美珠、周東山、林繼偉（2009）。艾德華個人偏好量表。台北市：心理。

邱紹春（1997）。中華畫人測驗指導手冊。台北市：心理。

金樹人（2001）。職業興趣組合卡指導手冊。台北市：心理。

俞筱鈞（1994）。瑞文氏圖形推理測驗中文版。台北市：中國行為科學社。

柯永河（1992）。柯氏性格量表。台北市：中國行為科學社。

柯永河（1998）。柯氏性格量表。台北市：中國行為科學社。

胡秉正（1969）。多元性向測驗。台北市：中國行為科學社。

胡秉正（1971）。羅氏職業性向測驗。台北市：中國行為科學社。

胡秉正（1976）。大專行為困擾調查表。台北市：中國行為科學社。

胡秉正（1978）。修訂行為困擾調查表。台北市：中國行為科學社。

胡秉正（1986）。多元性向測驗。台北市：中國行為科學社。

徐正穩、陸君約（1988）。圖形式智力測驗。台北市：中國行為科學社。

高蓮雲（1962）。賽斯頓性格測驗的修訂。測驗年刊，**9**，35-40。

張本聖、洪志美（譯）。G. Groth-Marnat 著。心理衡鑑大全（Handbook of psychological assessment, 3rd ed.）。台北市：雙葉。

教育部國教司（1977）。比奈西蒙智力量表第四次修訂版。台北：中國行為科學社。

郭生玉（1975）。心理與教育測驗。台北市：精華書局。

郭生玉（2004）。教育測驗與評量。台北市：精華書局。

心理與教育測驗

陳心怡（2000）。貝克憂鬱量表。台北市：中國行為科學社。

陳明終、吳青山、許勝哲、林天佑（1989）。我國心理與教育測驗彙編。高雄市：復文。

陳榮華（1977）。魏氏兒童智力測驗中文修訂版（III）。台北市：中國行為科學社。

陳榮華（1998）。陳氏非語文能力測驗。台北市：中國行為科學社。

陳龍安等（1984）。托浪斯圖形創造思考測驗（乙式）。台北市：遠流。

陸君約（1968）。少年人格測驗的編製。師大心理與教育，2，23-36。

陸君約（1972）。青年諮商量表指導手冊。台北市：中國行為科學社。

陸君約（1976）。高爾登人格測驗甲種指導手冊。台北市：中國行為科學社。

陸君約（1977a）。學校能力測驗。台北市：中國行為科學社。

陸君約（1977b）。比西量表第四次修訂報告。測驗年刊，24，1-10。

陸君約（1992）。心理測驗。台北市：中國行為科學社。

陸君約、陳淑美（1991）。輔導性向測驗。台北市：中國行為科學社。

陸君約、歐滄和（2003）。多向度性向測驗組合。台北市：心理。

陸君約、簡茂發（1983）。青年性向測驗。台北市：行政院青年輔導委員會。

陸君約、簡茂發、范德鑫（1983）。青年性向測驗之編製。測驗年刊，30，1-22。

陸君約、簡茂發、陳榮華（1999）。區分性向測驗中文版修訂（DAT-V）。台北市：中國行為科學社。

陸君約、簡茂發、盧欽銘、林一真（1987）。職業探索量表參考手冊。台北市：行政院青年輔導委員會。

程法泌（1970）。教育測量的理論與實施。台北市：台灣書店。

程法泌（1972）。修訂石爾斯頓性格量表指導手冊。台北市：中國行為科學社。

程法泌（1974）。白氏職業興趣量表指導手冊。台北市：中國行為科學社。

黃堅厚（1955）。我國人在羅氏墨漬測驗上之從眾反應。測驗年刊，3，63-70。

黃堅厚（1964）。普通分類測驗。台北市：國立台灣師範大學教育心理學系。

黃堅厚（1999）。人格心理學。台北市：心理。

葉重新（1984a）。心理測驗。台北市：大洋。

葉重新（1984b）。論文式測驗之優劣及其改進之道。測驗與輔導，57，959-960。

葉重新（1992）。心理測驗。台北市：三民。

葉重新（2005）。教育心理學。台中市：作者。

葉重新（2007）。教育研究法。台北市：心理。

葉重新（2009）。心理學（簡明版）（第二版）。台北市：心理。

葛樹人（1990）。心理測驗。台北市：桂冠。

葛樹人（2006）。心理測驗學。台北市：桂冠。

劉永和等（1976）。卡式十六種人格因素測驗指導手冊。台北市：台灣開明書店。

劉英茂（1974）。托浪斯語文思考測驗（甲式）。台北市：中國行為科學社。

歐滄和（1992）。測驗編製發展的程序。測驗與輔導，113，2276-2282。

歐滄和（2002）。教育測驗與評量。台北市：心理。

鄭信雄、李月卿（1998）。**兒童感覺發展檢核表**。台北市：心理。

盧欽銘（1988）。**考夫曼智力測驗**。台北市：國立台灣師範大學教育心理與輔導學系。

賴保禎（1972a）。**父母管教態度測驗指導手冊**。台北市：中國行為科學社。

賴保禎（1972b）。**學習態度測驗指導手冊**。台北市：中國行為科學社。

賴保禎（1976）。**身心健康調查表**。台北市：心理。

賴保禎（1993）。**賴氏人格測驗**。台北市：心理。

賴保禎、賴美玲（2003）。**賴氏人格測驗**（新訂版）。台北市：千華。

簡茂發（1975）。解釋測驗結果應注意事項。**測驗與輔導**，3（3），163。

簡茂發（1992）。**我國心理與教育測驗彙編**。台北市：教育部訓育委員會。

二、英文部分

Abramson, L. Y. et al. (1978). Learned helplessness in humans: Critique and reformulation. *Journal of Abnormal Psychology, 87*, 49-74.

Aiken, L. R. (1982). *Psychological testing and assessment* (4th ed.). Boston, MA: Allyn & Bacon.

Aiken, L. R. (1985). *Psychological testing and assessment* (5th ed.). Boston, MA: Allyn & Bacon.

Aiken, L. R. (2005). *Psychological testing and assessment* (12th ed.). Boston, MA: Allyn & Bacon.

Allport, G. W., Vernon, P. E., & Lindzey, G. (1960). *Study of values* (3rd ed.). Boston, MA: Houghton Mifflin.

American Psychiatric Association [APA] (2000). *Diagnostic and statistical manual of mental disorders* (4th ed., text revision). Washington, DC: The Author.

Anastasi, A. (1976). *Psychological testing* (4th ed.). New York: Macmillan.

Anastasi, A. (1982). *Psychological testing* (5th ed.). New York: Macmillan.

Anastasi, A. (1988). *Psychological testing* (6th ed.). New York: Macmillan.

Anderson, J. E. (1940). The prediction of terminal intelligence from infant and preschool test. *Thirty-ninth Yearbook, National Society for the Study of Education, Part I*, 385-403.

Anderson, S. B., & Messick, S. (1974). Social competency in young children. *Developmental Psychology*, 282-293.

Aronow, E., & Reznikoff, M. (1983). *Rorschach content interpretation*. Orlando, FL: Grune & Stratton.

Asher, J. J., & Sciarrino, J. A. (1974). Realistic work samples: A review. *Personnel Psychology, 27*, 519-533.

Atkinson, J. W. (Ed.) (1958). *Motives in fantasy, action, and society*. New York: Van Nostrand.

Bass, B. M. (1954). The leaderless group discussion. *Psychological Bulletin, 51*, 465-492.

Bass, B. M. (1958). Validity studies of a proverbs personality test. *Journal of Applied Psychology, 41*, 158-160.

Baughman, E. E. (1958). The role of the stimulus in Rorschach responses. *Psychological Bulletin, 55*, 121-147.

Bayley, N. (1969). *Bayley Scale of Infant Development.* San Antonio, TX: The Psychological Corporation.

Bayley, N. (1993). *Bayley Scale of Infant Development* (2nd ed.). San Antonio, TX: The Psychological Corporation.

Beck, S. J. (1987). *Beck Anxiety Inventory.* New York: The Psychological Corporation.

Beck, S. J. (1988). *Beck Hopelessness Scale.* New York: The Psychological Corporation.

Bellak, L. (1986). *The Thematic Apperception: The children's apperception test, and the senior apperception technique in clinical use* (4th ed.). Orlando, FL: Academic Press.

Bender, L. (1938). A visual motor Gestalt and its clinical use. *American Orthopsychiatric Association, Research Monographs, 3.*

Bennett, H., Seashore, G., & Wesman, A. G. (1974). *Manual of the Differential Aptitude Test* (5th ed.). New York: The Psychological Corporation.

Bennett, H., Seashore, G., & Wesman, A. G. (1984). *Differential Aptitude Tests: Technical Supplement.* San Antonio, TX: The Psychological Corporation.

Benton, A., Hamsher, K., Rey, G., & Sivan, A. (1994). *Multilingual aphasia examination* (3rd ed.). Iowa City, IA: AJA Associates.

Berry, J. W. (1976). *Human ecology and cognitive style: Comparative studies in cultural and psychological adaptation.* Beverly Hills, CA: Sage.

Binet, A., & Simon, T. (1916). *The development of intelligence in children.* Baltimore, MD: Williams & Wilkins.

Borgen, F. H. (1986). New approaches to the assessment of interests. In Walsh & S. H. Osipow (Eds.), *Advances in vocational psychology (Volume 1): The assessment of interests.* Hillsdale, NJ: Lawrence Erlbaum Associates.

Bouchard, Lykken, D., McGue, M., Segal, N., & Tellegen, A. (1990). Sources of human psychological differences: The Minnesota study of twins reared apart. *Science, 250*, 223-228.

Bray, D. W., & Grant, D. L. (1966). The assessment center in the measurement of potential for business management. *Psychological Monographs, 80* (whole number 17).

Brown, C. W., & Ghiselli, E. E. (1953). Percent increase in proficiency resulting from use of selective devices. *Journal of Applied Psychology, 37*, 341-345.

Buck, J. N. (1948a). *Administration and interpretation of the H-T-P test: Richmond.* Los Angeles, CA: Western Psychological Service.

Buck, J. N. (1948b). *The House-Tree-Person technique: A revised manual.* Los Angeles, CA: Western Psychological Service.

Burns, R. C. (1970). *Kinetic Family Drawings (K-F-D).* New York: Brunner & Mazel.

Buros, O. K. (Ed.) (1978). *The eighth mental measurement yearbook.* Lincoln, NE: Buros Insti-

参考文献

tute of Mental Measurements.

Campbell, D. T. (1963). Social attitude and other acquired behavioral dispositions. In S. Koch (Ed.), *Psychology*.

Campbell, D. T., & Fiske, D. W. (1959). Convergent and discrimiant validation by the multitrait-multimethod matrix. *Psychological Bulletin, 56,* 8105.

Campbell, O. T. (1974). *Manual for the Strong-Campbell Interest Inventory*. Stanford, CA: Stanford University Press.

Carroll, J. B. (1993). *Human cognitive abilities*. New York: Cambridge University Press.

Carve, C. S., Scheier, M. F., & Weintraub, J. K. (1989). Assessing coping strategies: A theoretically based approach. *Journal of Personality and Social Psychology, 56*(2), 267-283.

Cattell, H. (2001). The Sixteen Personality Factor (16PF) Questionnaire. In W. Dorfman & M. Hersen (Eds.), *Understanding psychological assessment*. Dordrecht, Netherlands: Kluwer Academic Publishers.

Cattell, J. M. (1889). Mental association investigated by experiment. *Mind, 14*, 250-280.

Cattell, J. Mc K. (1890). Mental tests and measurements. *Mind, 15*, 373-380.

Cattell, K. B. (1949). *Manual for from A and B: Sixteen Personality Factor Questionnaire*. Champaign, IL: Institute For Personality and Ability Testing.

Cattell, R. B. (1963). Theory of fluid and crystallized intelligence: A critical experiment. *Journal of Educational Psychology, 54*, 1-22.

Cattell, R. B. (1971). *Abilities: Their structure, growth, and action*. Boston, MA: Houghton Mifflin.

Cattell, R. B. (1986). *The handbook for the 16 Personality Factor Questionnaire*. Champaign, IL: Institute for Personality and Ability Testing.

Comrey, A. L. (1970). *Manual for the Comrey Personality Scales*. San Diego, CA: EdITS.

Costa, P. T. Jr., & McCrae, R. R. (1989). *NEO Five-Factor Inventory Test: Manual*. PortHuron, MI: Sigma Assessment Systems.

Costa, P. T. Jr., & McCrae, R. R. (1992). Four ways five factors are basic. *Personality & Individual Difference, 13*(6), 653-665.

Cromwell, R., & Lundy, R. (1965). Productivity of clinical hypotheses on sentence completion test. In B. I. Mustein (Ed.), *Handbook of projective techniques*. New York: Basic Books.

Cronbach, L. J. (1951). Coefficient alpha and the internal structure of test of test. *Pschometrika, 16*, 297-334.

Cronbach, L. J. (1984). *Essentials of psychological testing* (4th ed.). New York: Harper and Row.

Cronbach, L. J. (1990). *Essentials of psychological testing* (5th ed.). New York: Harper Collins.

Cunningham, G. K. (1986). *Education and psychological measurement*. New York: Macmillan.

Cureton, E. E. (1957). The upper and lower twenty-seven percent rule. *Psychometrika, 22*, 293-296.

Das, J. P. (1975). Simutaneous and successive processing in children: An alternative model for cognitive abilities. *Psychological Bulletin, 82*, 87-12.

Doll, E. A. (1935). The Vineland Social Maturity Scale. *Training School Bulletin, 32*, 1-7, 48-55, 68-74.

Dorothy, R., & Marlow, B. A. (1988). *Reading textbook of pediatric nursing* (6th ed.). New York: W. B. Saunders.

Dunn, L. M., & Dunn, L. M. (1981). *Peabody Picture Vocabulary Test: Revised edition.* Circle Pines, MN: American Guidance Service.

Ebel, R. L., & Frisbie, D. A. (1991). *Essential of educational measurement* (5th ed.). NJ: Prentice-Hall.

Edward, A. S. (1959). *Edwards Personal Preference Schedule.* New York: The Psychological Corporation.

Edwards, A. J. (1964). Social desirability and performance of the MMPI. *Psychometrika, 29*, 295-308.

Edwards, A. L. (1954). *Manual of the Edwards Personal Preference Schedule.* New York: The Psychological Corporation.

Edwards, A. L. (1957). *The social desirability variable in personality assessment and research.* New York: Dryden.

Embretson, S. E. (Ed.) (1988). *Test design: Developments in psychology and psychometrics.* Orlando, FL: Academic Press.

Esquirol, J. E. D. (1838). *Mental maladies* (Trans. by E. K. Hunt). Philadelphia, PA: Lea & Blanchard.

Exner, J. E. Jr. (1966). Variations in WISC performance as influenced by difference in pretest rapport. *Journal of General Psychology, 74*, 299-306.

Exner, J. E. Jr. (1995). *Issues and methods in Rorschach research.* Mahwah, NJ: Lawrence Erlbaum Associates.

Exner, J. E. (1969). *The Rorschach systems.* New York: Grune & Stratton.

Exner, J. E. (1972). How clinicions use the Rorschach. *Journal of Personality Assessment, 36*, 402-408.

Exner, J. E. (1974). *The Rorschach: A comprehensive system.* New York: John Wiley & Sons.

Fan, C. T. (1952). *Item analysis table.* Princeton, NJ: Educational Testing Service.

Flanagan, J. C. (1956). The evaluation of methods in applied psychology and the problem of criteria. *Occupational Psychology, 30*, 1-9.

Flavell, J. (1976). Metacognitive aspects of problem-solving. In L. Resnick (Ed.), *The nature of intelligence.* Hillsdale, NJ: Lawrence Erlbaum Associates.

Galton, F. (1879). Psychometric experiments. *Brain, 2*, 149-162.

Galton, F. (1883). *Inquiries into human faculty and its development.* London: Macmillan.

Gardner, H. (1993). *Multiple intelligences: The theory in practice*. New York: Basic Books.

Glaser, R. (1963). Instructional technology and the measurement of learning outcomes: Some questions. *American Psychologist, 18,* 519-521.

Goldberg, L. R. (1990). An alternative "description of personality": The big-five factor structure. *Journal of Personality and Social Psychology, 59*, 1216-1229.

Goldberg, L. R. (1993). The structure of phenotypic personality traits. *American Psychologist, 48*, 26-34.

Goldfried, M. R., Stricker, G., & Weiner, I. R. (1971). *Rorschach handbook of clinical and research applications*. Englewood Cliffs, NJ: Prentice-Hall.

Goodenough, F. L. (1926). *Measurement of intelligence by drawings*. New York: Harcourt, Brace & World.

Gough, H. G. (1960). The Adjective Checklist as a personality assessment research technique. *Psychological Reports, 6*, 107-122.

Gough, H. G. (1987). *California Psychological Inventory: Manual*. Palo Alto, CA: Consulting Psychologists Press.

Gough, H. (1987). *Manual for the California Psychological Inventory*. Palo Alto, CA: Consulting Psychologists Press.

Green, R. F. (1951). Does a selection situation induce testees to bias their answers on interest and temperament test? *Educational and Psychological Measurement, 11*, 503-515.

Gregory, R. J. (2007). *Psychological testing: History, principles, and applications* (5th ed.). Boston, MA: Allyn & Bacon.

Gronlund, N. E. (1976). *Measurement and evaluation in teaching* (3rd ed.). New York: Macmillan.

Gronlund, N. E., & Linn, R. L. (1990). *Measurement and evaluation in teaching* (6th ed.). New York: Macmillan.

Guilford, J. P. (1956). The structure of intellect. *Psychological Bulletin, 53,* 267-295.

Guilford, J. P. (1985). The structure-of-intellect model. In B. B. Wolman (Ed.), *Handbook of intelligence theories, measurements, and applications*. New York: John Wiley & Sons.

Gulliksen, H. (1950). *Theory of mental tests*. New York: John Wiley & Sons.

Guttman, L. (1944). A basis for scaling qualitative data. *American Sociological Review*, *9*, 139-150.

Hathaway, S. R., & McKinley, J. C. (1941). *Minnesota Multiphasic Personality Inventory*. New York: The Psychological Corporation.

Hicks, L. E. (1970). Some properties of ipsative, normative, and forced normative measures. *Psychological Bulletin, 74*, 167-184.

Hill, E. F. (1972). *Holtzman Inkblot Technique: A handbook for clinical application*. San Francisco, CA: Jossey-Bass.

Holland, J. L. (1973). *Making vocational choices: A theory of careers*. Upper Saddle River, NJ:

Prentice-Hall.

Holland, J. L. (1985). *Self-directed search: Professional manual.* Odessa, FL: Psychological Assessment Resources.

Holtzman, W. H. (1961). *Inkblot perception and personality: Holtzman inkblot technique.* Austin, TX: University of Texas Press.

Hopkins, K. D. (1998). *Educational and psychological measurement and evaluation* (8th ed.). Boston, MA: Allyn & Bacon.

Hopkins, K. D., & Stanley, J. C. (1982). *Educational and psychological measurement and evaluation* (6th ed.). Boston, MA: Allyn & Bacon.

Horn, J. L. (1994). Theory of fluid and crystallized intelligence. In R. J. Sternberg (Ed.), *Encyclopedia of human intelligence.* New York: Macmillan.

Humphreys, L. G. (1971). Theory of intelligence. In R. Cancro (Ed.), *Intelligence: Genetic and environmental influences.* New York: Grune & Stratton.

Jackson, D. N. (1967). *Personality research from manual.* Part Huron, MI: Research Psychologists Press.

Jacobs, A., & Barron, R. (1968). Falsification of the Guilford-Zimmerman Temperament Survey: II Making a poor impression. *Psychological Reports, 23,* 1271-1277.

Jensen, A. R. (1980). *Bias in mental testing.* New York: The Free Press.

Johanson, C. B. (1984). *Manual for Career Assessment Inventory.* Minneapolis, MN: National Computer Systems.

Jung, C. G. (1910). The association method. *American Journal of Psychology, 21,* 219-269.

Kaufman, A. S. (1983). *Kaufman assessment battery for children: Administration and manual.* Circle Pines, MN: American Guidance Service.

Kaufman, A. S., & Kaufman, N. L. (1990). *Kaufman Brief Intelligence Test manual.* Circle Pines, MN: American Guidance Service.

Kaufman, A. S., & Kaufman, N. L. (1997). The Kaufman Adolescent and Adult Intelligence Test. In D. P. Flanagan & P. Harrison (Eds.), *Contemporary intellection assessment: Theories, tests, and issues.* New York: The Guilford Press.

Kaufman, A. S., & Kaufman, N. J. (2004). *Kaufman Brief Intelligence Test* (2nd ed.). Circle Pines, MN: American Guidance Service.

Kelly, G. A. (1970). A summary statement of a cognitive-oriented comprehensive theory of behavior. In J. C. Mancuso (Ed.), *Readings for a cognitive theory of personality* (pp. 27-58). New York: Holt, Rinehart and Winston.

Kent, G. H., & Rosanoff, A. J. (1910). A study of association in insanity. *American Journal of Insonity, 67,* 37-96.

Keplan, R. M., & D. P. (1993). *Psychological testing: Application, and issues* (3rd ed.). Pacific Grove, CA: Brooks.

Klopfer, B., & Kelly, D. (1942). *The Roschach technique: Yonkers-on-Hudson.* New York: World Book.

Kohlberg, L., & Elfenbein, D. (1975). The development of moral judgments concerning capital punishment. *American Journal of Orthopsychiatry, 45,* 614-639.

Koppitz, E. M. (1975). *The Bender Gestalt Test for young children: Research and application.* New York: Grune and Stratton.

Kraepelin, E. (1912). *Lehrbuch der psychiatrie.* Leipzig: Barth.

Kuder, G. F. (1966). *Kuder Occupational Interest Survey: General Manual.* Chicago, IL: Science Research Associates.

Kuder, G.. F. (1964). *Kuder General Interest Survey: Manual.* Chicago, IL: Science Research Associates.

Lanyon, B. P., & Lanyon, R. L. (1980). *Incomplete Sentence Task: Manual.* Chicago, IL: Stoelting.

Lawshe, C. H., & Balama, M. J. (1966). *Principle of personnel testing.* New York: McGraw-Hill.

Levonian, E. A. (1961). Statistical analysis of the 16 Personality Factor Questionnaire. *Educational and Psychological Measurement, 21,* 589-596.

Likert, P. (1932). A technique for the measurement of attitudes. *Archives of Psychology, 140.*

Lindzey, G. (1977). *Projective techniques and cross-cultural research.* New York: Irvington.

Machover, R. (1949). *Personality projection in the drawing of human figure: A method of personality investigation.* Springfield, IL: Charles C. Thomas.

McCall, W. A. (1939). *Measurement.* New York: Macmillan.

McCarthy, D. (1972). *Manual for the McCarthy Scales of Children's Abilities.* New York: The Psychological Corporation.

McClelland, D. C., Atkinson, J. W., Clark, R. A., & Lowell, E. L. (1953). *The achievement motive.* New York: Appleton-Century-Croft.

McNemar, Q. (1942). *The revision of the Stanford-Binet Scale: An analysis of standardization data.* Boston, MA: Houghton Mifflin.

Milgram, N. A. (1971). IQ constancy in disadvantaged Nergo Children. *Psychological Reports, 29,* 319-326.

Mooney, R. L., & Gordon, L. V. (1950). *Mooney Problem Checklist: Manual.* NY: The Psychological Corporation.

Moreno, J. L. (1953). *Who shall survive? Foundations of sociometry, group psychotherapy, and sociodrama* (2nd ed.). Beacon, NY: Beacon House.

Murray, H. A. (1938). *Explorations in personality.* New York: Oxford University Press.

Murray, H. A. (1943). *Thematic Apperception Test: Manual.* Cambridge, MA: Harvard University Press.

Murray, H. A. (1983). *Explorations in personality.* New York: Oxford University Press.

Murrray, H. A., & Morgan, C. D. (1943). *Thematic Apperception Test Manual.* Cambridge, MA:

Harvard University Press.

Myers, D. (2002). *Social psychology* (7th ed.). New York: McGraw-Hill.

Nitko, A. J. (1983). *Educational assessment*. NT: Harcourt Brace Jovanovich.

OSS Assessment Staff (1948). *Assessment of men: Selection of personnel for the office of strategic services*. New York: Rinehart.

Osgood, C. E., Suci, G. J., & Tannebaum, P. H. (1957). *The measurement of meaning*. Urbana, IL: University of Illinois.

Oskamp, S. (1977). *Attitude and opinions*. Englewood Cliffs, NJ: Prentice-Hall.

Patterson, J. M., & McCubbin, H. I. (1987). Adolescent coping style and behaviors: Conceptualization and measurement. *Journal of Adolescence, 10*, 163-186.

Pemberton, C. L. (1952). The closure factors related to temperament. *Journal of Personality, 21*, 159-175.

Piaget, K. (1972). *The psychology of intelligence*. Totowa, NJ: Littlefield Adams.

Piaget. J. (1953). *The origin of intelligence*. London: Routledge and Kegan Paul.

Popham, W. J. (1981). *Modern educational measurement*. Englewood Cliffs, NJ: Prentice-Hall.

Radcliffe, J. A. (1965). Edwards Personal Preference Schedule. In O. K. Buros (Ed.), *The sixth mental measurements yearbook*. Hilgard Park, NJ: Gryphon Press.

Rash, G. (1966). An individualistic approach to item analysis. In P. F. Lazarsfeld & N. W. Henry (Eds.), *Readings in mathematical social sciences* (pp. 89-107). Cambridge, MA: The MIT Press.

Raven, J. (1983). The Progressive Matrices and Mill Hill Vocabulary Scale in western societies. In S. H. Irvine & J. W. Berry (Eds.), *Human assessment and cultural* factors (pp. 107-114). New York: Plenum Press.

Raven, J. C. (1938). *Progressive Matrices*. London: H. K. Lewis.

Raven, J. C. (1981). The 1979 *British standardization of the standard Progressive Matrices and Mill Hill vocabulary scale*. London: H. K. Lewis.

Raven, J. C., Count, J. H., & Raven, J. (1992). *Standard Progressive Matrices*. Oxford: Oxford Psychologists Press.

Rees, A. H., & Palmer, F. H. (1970). Factors related to change in mental performance. *Developmental Psychology Monograph, 3*, 2.

Roe, A. (1964). *The origin of interests*. Washington, DC: APGA.

Rokeach, M. (1986). *Beliefs, attitudes and values: A theory of organization and change*. San Francisco, CA: Jossey-Bass.

Rosenzweig, S. (1960). The Rosenzweig Picture-Frustration Study: Children's Form. In A. I. Rabin & M. Hawoth (Eds.), *Projective techniques with children* (pp. 149-176). Orlando, FL: Grune & Stratton.

Rosenzweig, S. (1960). *The Rosenzweig Picture-Frustration, Children's Form: Projective techn*

ques with children. New York: Grune & Stratton.

Rosenzweig, S. (1987). An investigation of the reliability of the Rosenzweig Picture-Frustration (P-F) Study, Children's Form. *Journal of Personality Assessment, 42*, 483-488.

Rotter, J. B. (1966). Generalized expectancies for internal versus external control of reinforcement. *Psychological Monographs, 80*(1,whole, no.609).

Rotter, J. B., & Rafferty, J. E. (1950). *Manual: The Incomplete Sentences Black.* New York: The Psychological Corporation.

Rotter, J. B., Lah, M., & Rafferty, (1992). *Manual: Rotter Incomplete Sentences Black* (2nd ed.). Orlando, FL: The Psychological Corporation.

Rust, J., & Golombok, S. (1989). *Modern psychometrics: The science of psychological assessment.* London: Routledge.

Salvia, J., & Ysseldyke, J. E. (1995). *Assessment* (6th ed.). Boston, MA: Houghton Mifflin Company.

Schaie, K. W. (1996). *Intellectual development in adulthood: The seattle longitudinal study.* New York: Cambridge University Press.

Seachore, E. C. (1939). *Psychology of music.* New York: McGraw-Hill.

Seguin, E. (1907). *Idiocy: Its treatment by psychological method.* New York: Teachers College Press. (Original Published 1866)

Silverstein, A. B. (1968). Validity of a new approach to the design of WAIS, WISC, and WPPSI short form. *Journal of Consulting and Clinical Psychology, 32*, 478-479.

Spearman, C. (1923). *The nature of 'intelligence' and the principle of cognition.* London: Macmillan.

Spearman, C. (1927). *The abilities of man.* New York : Macmillan.

Spranger, E. (1928). *Types of man.* Halle: Niemeyer.

Stephenson, W. (1953). *The study of behavior: Q-technique and its methodology.* Chicago, IL: University of Chicago Press.

Sternberg, R. J. (1986). *Intelligence applied: Understanding and increasing your intellectual skills.* San Diego, CA: Harcourt Brace Jovanovich.

Sternberg, R. J. (1985). *A triarchic theory of human intelligence.* New York: Cambridge University Press.

Sternberg, R. J. (1986). *Intelligence applied: Understanding and increasing your intellectual skills.* San Diego, CA: Harcourt Brace Jovanovich.

Sternberg, R. J. (1994). The triarchic theory of intelligence. In R. J. Sternberg (Ed.), *Encyclopedia of human intelligence.* New York: Macmillan.

Strong, E. K. Jr. (1943). *Vocational interests of men and women Stanford.* CA: Stanford University Press.

Super, D. E. (1957). *The psychology of careers: An introduction to vocational development.* New

York: Harper & Row.

Super, D. E. (1970). *Work values inventory: Manual.* Chicago, IL: Riverside.

Terman, L. M., & Merrill, M. A. (1960). *Stanford-Binet Intelligence Scale: Manual for the third revision, Form L-M.* Boston, MA: Houghton Mifflin.

Terman, L. M., & Merrill, M. A. (1973). *Stanford-Binet Intelligence Scale: 1972 norms edition.* Boston, MA: Houghton Mifflin.

Thompsom, C. (1949). The Thompsom modification of the Thematic Apperception Test. *Journal of Projective Technique, 13,* 369-478.

Thorndike, E. L. (1921). Intelligence and its measurement: A symposium. *Journal of Educational Psychology, 12,* 123-127.

Thorndike, R. L. (1985). *Examiner's manual for the Stanford-Binet Intelligence Scale* (4th ed.). Chicago, IL.

Thorndike, R. M. (1997). *Measurement and evaluation in psychology and education* (6th ed.). Upper Saddle River, NJ: Prentice-Hall.

Thurstone, L. L. (1931). Multiple factor analysis. *Psychological Review, 38,* 406-427.

Thurstone, L. L. (1938). Primary mental abilities. *Psychometric Monographs, 1.*

Torrance, E. P. (1965). *Rewarding creative behavior.* Englewood Cliffs, NJ: Prentice-Hall.

Torrance, E. P. (1959). Current research on the nature of creative talent. *Journal of Counseling Psychology, 6,* 309-316.

Torrance, E. P. (1962). *Guiding creative talent.* Englewood Cliffs, NJ: Prentice-Hall.

U.S. Department of Labor, Employment and Training Administration (1981). *Manual for the USES General Aptitude Test Battery.* Washington, DC: U. S. Government Printing Office.

ULginis, I. C., & Hunt. J. (1975). *Assessment in infancy: Ordinal scales of psychological development.* Urbana, IL: University of Illinois Press.

Van der Linden, W. J. (1995). Advances in computer applications. In T. Oakland & R. K. Hambleton (Eds.), *International perspectives on academic assessment* (pp. 105-124). Norwell, MA: Kluwer Academic.

Van der Linden, W. J. (Ed.) (1986). Test item banking (Special issue). *Applied Psychological Measurement, 10,* 325-421.

Vernon, P. E. (1950). *The structure of human abilities.* London: Methuen.

Wallas, G. (1926). *The art of thought.* New York: Harcourt Brace World.

Walsh, W. B., & Betz, N. E. (1990). *Tests and assessment* (2nd ed.). Englewood Cliffs, NJ: Prentice-Hall.

Wechsler, D. (1958). *The measurement and appraisal of adult intelligence* (4th ed.). Baltimore, MD: Williams and Wilkins.

Wechsler, D. (1974). *Manual for the Wechsler Intelligence Scale for Children: Revised edition.* New York: The Psychological Corporation.

Wechsler, D. (1981). *Manual for the Wechsler Adult Intelligence Scale: Revised edition.* San Antonio, TX: The Psychological Corporation.

Wechsler, D. (1989). *Manual for the Wechsler Preschool and Primary Scale of Intelligence: Revised edition.* San Antonio, TX: The Psychological Corporation.

Wechsler, D. (1997). *Manual for the Wechsler Adult Intelligence Scale-III.* San Antonio, TX: The Psychological Corporation.

Wechsler, D. (2003). *WISC-IV: Technical and interpretive manual.* San Antonio, TX: The Psychological Corporation.

Welsh, G. S. (1975). Adjective check list descriptions of Freud and Jung. *Journal of Personality Assessment, 39,* 160-168.

Wiggins, J. S. (1973). *Personality and prediction: Principles of personality assessment.* Reading, MA: Addison-Wesley.

Wing, H. D. (1941). A actorial study of musical test. *British Journal of Psychology, 31,* 341-355.

Wing, H. D. (1962). A revision of the Wing Musical Test. *Journal of Research in Music Education, 10,* 39-46.

Woodworth, R. S. (1917). *Personal data sheet.* Chicago, IL: Stoelting.

索 引

一、漢英索引

心理與教育測驗

索引

二、英漢索引

索引

索引

筆記欄

筆 記 欄

國家圖書館出版品預行編目資料

心理與教育測驗 / 葉重新著. -- 初版. --
臺北市：心理，2010. 10
　面；公分. -- (教育研究系列；81038)
　ISBN 978-986-191-391-9 (平裝)

　1. 教育測驗　2. 心理測驗

521.3 　　　　　　　　　　　　　　99018630

教育研究系列 81038

心理與教育測驗

作　　　者：葉重新
責任編輯：郭佳玲
總 編 輯：林敬堯
發 行 人：洪有義
出 版 者：心理出版社股份有限公司
地　　　址：231 新北市新店區光明街 288 號 7 樓
電　　　話：(02) 29150566
傳　　　真：(02) 29152928
郵撥帳號：19293172 心理出版社股份有限公司
網　　　址：http://www.psy.com.tw
電子信箱：psychoco@ms15.hinet.net
駐美代表：Lisa Wu (lisawu99@optonline.net)
排 版 者：辰皓國際出版製作有限公司
印 刷 者：東緒彩色印刷有限公司
初版一刷：2010 年 10 月
初版四刷：2019 年 3 月
I S B N：978-986-191-391-9
定　　　價：新台幣 500 元